Dictionnaire
français/anglais
de l'informatique

France H. Lafargue

Dictionnaire français/anglais de l'informatique

> plus de 3 800 définitions

> informations normatives commentées

France H. Lafargue

AFNOR

France H. Lafargue est ingénieur en normalisation au département Technologies de l'information et de la communication à AFNOR. Outre les secrétariats internationaux dont elle a aujourd'hui la charge, elle est Secrétaire général de la Commission spécialisée de terminologie et de néologie de l'informatique et des composants électroniques (CSTIC). Elle est par ailleurs membre fondateur et trésorier de l'Office de développement par l'automatisation et la simplification du commerce extérieur (ODASCE).

Elle a été rédacteur en chef de la *Lettre de l'EDI,* de 1990 à 1993, et de *Edipôle,* de 1993 à 1994, auteur de l'ouvrage *Comprendre et mettre en œuvre l'échange électronique des données (EDI)*, publié par l'Agence pour la diffusion de l'information technologique (ADIT) en 1994, et secrétaire du SC 1 de l'ISO/CEI JTC 1, « Technologies de l'information – Vocabulaire ».

Elle a été nommée chevalier des Arts et des Lettres en 2000.

ISBN 2-12-486931-0

AFNOR – 11, avenue Francis de Pressensé – 93571 Saint-Denis-La Plaine Cedex
Tél. : +33 (0)1 41 62 80 00 – www.afnor.fr

Sommaire

Remerciements

Né d'une norme internationale, ce dictionnaire est une œuvre collective menée par des acteurs et des professionnels du monde de l'informatique d'une vingtaine de pays, membres d'une instance internationale officielle de normalisation des technologies de l'information.

Cet ouvrage leur est dédié en hommage à l'immense tâche qu'ils ont accomplie sans compter au fil des trois dernières décennies.

Parmi eux, il importe de relever le nom de deux experts français : Jean Schwob et Bernard Bourguignon, qui ont activement contribué aux travaux dès l'origine et qui, en 2002 et 2003, se sont attelés à poursuivre la révision de certains chapitres, l'achèvement d'autres, la fusion de deux autres encore, totalisant plusieurs centaines de mots.

Ils ont également amélioré, mis à jour et rajeuni certaines définitions.

Leur implication a été déterminante pour la réalisation de cet ouvrage.

Jean Schwob, ingénieur en chef honoraire des télécommunications, a été rédacteur de projets de plusieurs groupes de travail du SC 1 de l'ISO/CEI JTC 1. Il est président de la Commission spécialisée de terminologie et de néologie des télécommunications (CSTNT) et membre de la Commission spécialisée de terminologie et de néologie de l'informatique et des composants électroniques (CSTIC). Il a participé à des travaux de vocabulaire à l'Union internationale des télécommunications (UIT) et contribue, depuis de longues années, aux activités des Comités d'études 1 (Terminologie) et 25 (Grandeurs et unités) de la Commission électrotechnique internationale (CEI)

Bernard Bourguignon, ingénieur informaticien, a été rédacteur de projets de plusieurs groupes de travail du SC 1 de l'ISO/CEI/JTC 1. Il est membre de la Commission spécialisée de terminologie et de néologie de l'informatique et des composants électroniques (CSTIC).

Préface

Mal nommer les choses, c'est ajouter au malheur du monde.
Albert Camus

Pythagore estimait que celui-là était non seulement le plus raisonnable mais aussi le plus vénérable parmi les sages, qui donnait leurs noms aux objets. (*Stromates*, Clément d'Alexandrie, 150 après J.-C.).

Philippe Dreyfus, qui forgea le terme « informatique » à partir des mots « information » et « automatique », Jacques Perret qui proposa « ordinateur » et Philippe Renard qui inventa « logiciel » tiennent assurément le haut du pavé.

Dénommer, par exemple, les objets concrets comme « boulier », apparu vers 3 000 avant notre ère, et « machine à calculer », inventée par l'Allemand Wilhelm Schickard en 1623 et le Français Blaise Pascal en 1641, est plus aisé que les idéalités comme « spoule » ou « morphose ».

Dans sa *Défense et Illustration de la langue française* (1549), Joachim du Bellay insiste sur la nécessité d'aborder la création des termes avec prudence. La nouveauté, l'évolution rapide et la complexité croissante de l'informatique rendent délicats le choix des termes et la description de leur contenu sémantique. L'attention doit être redoublée lorsqu'il s'agit de définir les mots que cette discipline emprunte au langage courant et d'en ajuster l'acception propre.

Nul ne doute que les définitions de vocables comme « trame » par exemple, aient donné du fil à retordre à leurs auteurs. Pierre Richelet avait déjà eu maille à partir avec ce terme qui figure aussi dans son *Dictionnaire français contenant les mots et les choses, le tout tiré de l'usage et des bons auteurs de la langue française*, publié en 1680. Il constate : « *Les habiles gens que j'ai consultés sur ces deux mots disent « trâme » mais les tapissiers et les tisserands que j'ai vus, disent tous « trême », et l'on pense que quand on parlerait comme des gens de métier, on ne parlerait point mal* ».

L'avis de spécialistes est incontestablement le meilleur guide.

La terminologie de cet ouvrage a été, à l'origine, élaborée par des experts du monde entier, de différents horizons de l'informatique, souvent polyglottes et parfois normalisateurs chevronnés. Ainsi sont rassemblés les termes des domaines majeurs de l'informatique, accompagnés de définitions qui allient la rigueur et la précision à la clarté.

Ce dictionnaire est publié en français et comporte un lexique en anglais. Il démontre à l'envi qu'il est possible d'utiliser la langue française dans l'univers des techniques et des sciences. Les occasions de la mettre en valeur et de l'enrichir sont très présentes. La révolution technique qui se profile dans les moyens de diffusion de l'information va apporter un cortège d'objets nouveaux « à nommer ». L'exercice est infini tant sont innombrables les pans qui viendront s'ajouter à la « toile » qui se tisse au-dessus de nos têtes.

France H. Lafargue

Présentation

D'où vient ce dictionnaire ?

La matière première de ce dictionnaire repose sur la norme internationale bilingue ISO/CEI 2382 *Technologies de l'information – Vocabulaire*, élaborée et maintenue par les membres du SC 1 de l'ISO/CEI JTC 1.

ISO désigne l'Organisation internationale de normalisation ; CEI, la Commission électrotechnique internationale ; JTC, *Joint Technical Committee*, ou comité technique mixte, et SC, sous-comité.

Le JTC 1 a été créé par l'ISO et la CEI en 1987 pour normaliser les technologies de l'information, à commencer par le vocabulaire associé qui en constitue le socle, d'où le numéro 1 attribué à ce sous-comité.

Cette norme est composée de 35 chapitres thématiques partant de l'organisation, de la représentation et de la communication des données, en passant par la productique, l'infographie, les réseaux locaux et neuronaux, jusqu'au multimédia, l'intelligence artificielle, le courrier électronique. La liste complète est placée dans la bibliographie du présent ouvrage.

Les techniques ou « technologies de l'information », qualifiées souvent de « nouvelles » pour souligner l'évolution fulgurante que connaît cette discipline, entraînant dans son sillage la percée de nouveaux outils, se traduisent par l'explosion de nouvelles notions. Elles caractérisent les innovations dans les domaines des réseaux de télécommunications et du multimédia au premier chef.

La terminologie que contient ce dictionnaire englobe bien d'autres champs dont certains visent même des techniques qui ne sont plus couramment utilisées mais sur lesquelles s'appuient les processus les plus récents. C'est donc à dessein que le mot « informatique » apparaît dans le titre de l'ouvrage.

La collection des termes et expressions ainsi rassemblés est harmonisée et officiellement reconnue au plan mondial. Les définitions sont rigoureuses et précises. Elles ont été rédigées de manière à être à la portée de tous.

À l'origine, les termes ont été établis et définis parallèlement en anglais et en français. La juxtaposition, dans cet ouvrage, du terme anglais et du terme français permet de mieux comprendre la notion véhiculée et de mieux en cerner la signification : chaque terme français est accompagné de son équivalent en anglais et éventuellement de l'abréviation usuelle et des synonymes associés. Un index qui regroupe l'ensemble de ces termes anglais figure à la fin du dictionnaire.

Le choix des termes et des définitions a été effectué de façon consensuelle et en fonction de l'usage établi, lors de réunions qui ont présidé à l'établissement de la norme. Pour respecter les recommandations liées à la notion d'adaptabilité culturelle et linguistique, la précaution a été prise d'affranchir les définitions de tout particularisme propre à une langue donnée afin de permettre l'établissement de versions dans des langues autres que l'anglais et le français.

En outre, quelques termes émanent de la Commission spécialisée de terminologie et de néologie de l'informatique et des composants électroniques (CSTIC), chargée par les autorités gouvernementales de proposer des équivalents français aux vocables notamment anglo-américains de cette discipline, pour publication au Journal officiel après approbation par la Commission générale de terminologie et de néologie.

Une recommandation à propos de l'usage du préfixe « e- » pour « électronique » et de ses équivalents possibles en français complète le présent ouvrage.

À qui s'adresse ce dictionnaire ?

Ce dictionnaire s'adresse à tous les usagers de l'informatique, qu'ils soient amateurs ou professionnels : consultants, exploitants et fournisseurs de réseaux, concepteurs, installateurs, éditeurs de logiciels, constructeurs informatiques, intégrateurs de services, chefs de projet, ingénieurs, rédacteurs et traducteurs techniques, responsables de la communication d'entreprise, responsables de centres de « francisation », documentalistes, professeurs et étudiants, chercheurs, concepteurs de moteurs de recherche sur l'internet, fournisseurs d'accès à l'internet, simples utilisateurs de l'internet.

Pourquoi utiliser ce dictionnaire ?

Pour :

- s'assurer de l'usage d'un mot ou d'une expression tant en français qu'en anglais, ainsi que du terme officiel français dont l'emploi est obligatoire, à la place de l'anglais, par les administrations et les services publics ;
- parler un langage universel coupant court à la création de « tours de Babel » ;
- avoir la garantie d'une interprétation cohérente et non ambiguë des termes de l'informatique ;
- permettre au néophyte de comprendre les ressorts de l'informatique ;
- connaître les notions fondamentales et spécialisées permettant d'élaborer et d'exploiter un cahier des charges, un schéma directeur, une documentation technique décrivant un produit, un service, une solution technique ;
- aider les entreprises françaises à sauvegarder leurs intérêts, asseoir leur autorité et faire entendre leur voix à l'échelle internationale grâce aux termes en anglais ;
- faciliter la transposition des termes dans les langues d'origine latine en partant du français.

Que contient ce dictionnaire ?

Ce dictionnaire est constitué d'une liste alphabétique de termes et expressions se rapportant aux matériels et logiciels, aux techniques et mécanismes, aux notions et méthodes couverts par les diverses disciplines de l'informatique.

Le texte de la majeure partie des définitions, des exemples et des notes reprend des termes et des expressions définis dans l'ouvrage.

Par exemple :

compatibilité

compatibility

Aptitude d'une unité fonctionnelle à satisfaire sans modification notable aux règles d'une interface spécifiée.

Les mots « unité fonctionnelle » et « interface » se trouvent en bonne place dans le dictionnaire.

Les particularités orthographiques de l'anglais des États-Unis et de l'anglais de Grande-Bretagne ont été prises en compte ; c'est le cas à l'article « en ligne », par exemple, où les orthographes américaine *on line* et anglaise *on-line* sont toutes deux mentionnées.

Les abréviations et les synonymes sont répertoriés. Ils sont suivis du symbole (➡) qui renvoie le lecteur au terme principal.

Comment utiliser ce dictionnaire ?

Les termes et expressions sont présentés par ordre alphabétique.

Chaque article peut comporter, dans l'ordre, les éléments suivants :

- les chiffres **1**, **2**, etc., pour les termes homonymes français qui ont des équivalents anglais différents ;
- le terme en français ;
- l'abréviation courante éventuelle ;
- le terme en anglais et son abréviation éventuelle ;
- le nom (entre parenthèses, éventuellement précédé du chiffre romain I, II, III, etc.) du domaine d'application pour les termes recouvrant plusieurs acceptions ;
- la définition ;
- un ou plusieurs exemples, précédé de l'intitulé EXEMPLE(S) ;
- des commentaires indiquant la catégorie grammaticale du terme ou une prescription d'emploi, par exemple ;
- une ou plusieurs notes, précédée de l'intitulé NOTE(S) ;
- les synonymes de certains termes sont également indiqués (par le symbole ≈), tout comme les variantes orthographiques (=) ; les termes associés (introduits par le symbole ☞) invitent le lecteur à compléter ses informations ;
- une figure ou un tableau, souvent commun à plusieurs articles, peut venir éclairer la définition.

Exemple

Terme en entrée

adresse électronique

originator/recipient address (O/R address)

Liste d'attributs qui permet de distinguer entre eux les utilisateurs ou les listes de distribution, et qui identifie le point d'accès de l'utilisateur au système de messagerie ou l'emplacement de la liste de distribution.

≈ adresse d'expéditeur/des

Terme associé

☞ identificateur d'adresse

boîte aux lettres

BAL

Forme abrégée

mailbox, electronic mailbox

Zone de mémoire qui contient des messages électroniques c

Numéro d'homonyme

particulier.

NOTE Une boîte aux lettres électronique peut contenir du courrier arri

Variante

courrier départ ou les deux.

= boîte aux lettres électronique

couche d'entrée

Équivalent étranger

input layer

Couche dont les neurones artificiels reçoivent des signaux provenant de sources extérieures.

NOTE Par extension, le terme « couche d'entrée » est aussi employé pour désigner un groupe de nœuds sources.

Note

fonctionnement en interréseau

➡ **interréseautage**

Renvoi

fusion de documents

document merge

Fonction d'un système de traitement de texte permettant à un utilisateur de créer un document à partir de documents ou de parties de documents enregistrés précédemment.

EXEMPLE Fusion d'une lettre type avec les noms et adresses d'un destinataire enregistrés dans une liste séparée.

Exemple

interréseautage

internetworking, internetting

Processus consistant à interconnecter plusieurs réseaux, en vue de fournir aux utilisateurs des services unifiés.

≈ fonctionnement en interréseau

Synonyme

1 prévisualisation

print preview

Affichage d'une page entière d'un document de façon à reproduire l'aspect qu'aurait la page après l'impression.

NOTE La fonction de prévisualisation doit être demandée par l'utilisateur, alors que le mode tel écran-tel écrit permet d'afficher en permanence sur l'écran la réplique de la page telle qu'elle sera imprimée.

2 prévisualisation

preview

Contexte

(en hypermédia et multimédia)

Courte représentation du contenu d'un média, fabriquée dynamiquement.

👁 Tableau P.1

Renvoi à l'illustration

A

abandon de connexion
aborted connection

Déconnexion ne suivant pas les procédures établies, et permettant éventuellement un accès non autorisé à d'autres entités.

NOTE Une déconnexion peut permettre à d'autres entités d'obtenir un accès non autorisé.

abduction
abduction, abductive inference

Inférence qui part de faits particuliers pour aboutir à des explications plausibles de ces faits.

≈ inférence abductive

abonné
subscriber

Utilisateur autorisé à utiliser un ou plusieurs services d'un système bureautique.

abonner (s'–)
to subscribe

Ajouter son adresse à une liste de distribution ou se joindre à un forum.

≈ inscrire (s'–)

accéder
to access

Obtenir l'utilisation d'une ressource.

accélérateur graphique
graphics accelerator

Adaptateur vidéo qui contient un coprocesseur graphique pour mettre à jour l'affichage plus rapidement que ne le pourrait l'unité centrale et libérer celle-ci pour d'autres tâches.

acceptation des risques
risk acceptance

Décision de gestion consistant à accepter un certain niveau de risque informatique généralement pour des raisons techniques ou financières.

= acceptation de risque

1 accès
access

Moyen, possibilité ou permission d'utiliser une ressource.

2 accès
➡ **port**

accès à califourchon
piggyback entry

Accès non autorisé à un système informatique *via* la connexion légitime d'un utilisateur autorisé.

≈ accès à dada, accès superposé

accès à dada

➡ **accès à califourchon**

accès à une base de données distante

remote database access

Service d'application qui permet à un processus d'application d'un utilisateur d'accéder à une base de données distante.

accès commuté à l'internet

IP dialup access

Accès non permanent à l'internet par l'intermédiaire d'un réseau commuté.

NOTES

1 Le réseau commuté peut être le réseau téléphonique.

2 Deux protocoles très répandus pour l'accès commuté sont PPP (protocole point à point) et SLIP (*serial line Internet protocol*).

accès direct

direct access, random access

Dans une mémoire, mode de stockage ou d'extraction de données, s'effectuant dans un ordre indépendant de leur position relative, au moyen d'adresses repérant leur emplacement.

≈ accès sélectif

accès direct en mémoire

direct memory access (DMA)

Technique permettant de déplacer directement des données entre la mémoire centrale et des périphériques sans que l'unité de traitement ait à traiter ces données.

accès en écriture

write access

Droit d'accès autorisant à écrire des données.

NOTE L'accès en écriture peut autoriser à ajouter, modifier, supprimer ou créer des données.

accès en lecture

read access

Droit d'accès autorisant à lire des données.

accès multiple

multiple access

Technique permettant à un certain nombre de terminaux de partager la capacité d'une ressource d'une façon prédéterminée ou selon les nécessités du trafic.

accès multiple par répartition dans le temps

AMRT

time division multiple access (TDMA)

Technique d'accès multiple selon laquelle un créneau temporel distinct est attribué à chaque voie de transmission affluente sur le support commun.

accès multiple par répartition en fréquence

AMRF

frequency division multiple access (FDMA)

Technique d'accès multiple selon laquelle une bande de fréquences distincte est attribuée à chaque voie de transmission affluente sur le support commun.

accès par infiltration

between-the-lines entry

Accès obtenu par une entité non autorisée qui effectue un branchement clandestin actif sur une voie de communication de données temporairement inactive, reliée à une ressource d'une entité légitime.

≈ faufilage

accès sélectif

➡ **accès direct**

accès séquentiel

sequential access, serial access

Dans une mémoire ou sur un support d'enregistrement, mode de stockage de données dans l'ordre de leur présentation, ou mode d'extraction de données dans l'ordre dans lequel elles y ont été introduites.

accessoire

prop

Entité qui ne participe pas activement au déroulement d'un script.

accessoire de périphérique
peripheral accessory

Dispositif supplémentaire qui ne fait pas partie d'un périphérique mais qui est nécessaire à son fonctionnement ou pour lui apporter des caractéristiques particulières.

EXEMPLE Écran antireflet, moniteur, câble d'imprimante.

accès superposé
➡ **accès à califourchon**

accès sur défaillance
failure access

Accès non autorisé et généralement accidentel à des données dans un système informatique, par suite d'un dysfonctionnement du logiciel ou du matériel.

= accès par défaillance

accumulateur
accumulator

Registre dans lequel on range un opérande d'une opération arithmétique ou d'une opération logique, qui se trouve remplacé ensuite par le résultat de l'opération.

accusé de réception
acknowledgment

Notification envoyée par une station réceptrice à la station émettrice pour indiquer que des données émises ont été reçues.

acquisition de données
data acquisition

Opération combinant la collecte et la saisie de données.

acquisition des connaissances
knowledge acquisition

Processus consistant à repérer, recueillir et structurer des connaissances en vue de les rendre utilisables par un système à base de connaissances.

NOTE L'acquisition des connaissances suppose normalement l'intervention d'un cogniticien, mais représente aussi une composante importante de l'apprentissage automatique.

acquisition d'image
image acquisition, acquisition

Technique dans laquelle une image extérieure est importée dans un système d'enregistrement d'analyse.

NOTE L'acquisition d'image implique généralement la conversion d'analogique à numérique.

acteur
actor

I (en intelligence artificielle) Entité qui joue un rôle thématique dans un script.

EXEMPLES Agent, co-agent, bénéficiaire, patient.

II (en hypermédia et multimédia) Objet multimédia animé et interactif utilisé dans les applications multimédias.

action
action

I (en intelligence artificielle) Opération effectuée par un acteur dans une représentation des connaissances à base de scripts.

II (dans une base de données) Suite d'insertions, de suppressions ou d'extractions d'un ensemble de phrases dans une base d'information ou un schéma conceptuel, qui les transforme en un autre ensemble de phrases ou les fait connaître.

action autorisée
permissible action

Action conforme à des règles ou des contraintes déterminées.

actionneur vibrotactile
vibrotactile actuator

Dispositif installé dans un gant à sortie tactile ou une combinaison intégrale et comportant de minuscules cristaux vibrants.

activation
activation

I (en intelligence artificielle) Opération qui permet de déclencher une règle, ou d'appeler un programme ou un sous-programme.

II (en programmation) Établissement d'un article d'activation.

adaptateur de communications
communication adapter

Dispositif matériel qui permet de raccorder une unité fonctionnelle à des moyens de transmission.

adaptation au locuteur
speaker adaptation

Méthode de reconnaissance de la parole qui permet à un système de modifier automatiquement des modèles de reconnaissance en utilisant des échantillons supplémentaires de parole du locuteur.

☞ entraînement adaptatif, système de reconnaissance adaptatif

additionneur
adder

Unité fonctionnelle dont les données de sortie représentent la somme des nombres représentés par des données d'entrée.

additionneur analogique
➥ **sommateur**

adjonction
append

(en traitement de texte)
Fonction ou mode permettant à l'utilisateur d'ajouter un nouveau document ou une nouvelle chaîne de caractères à la suite d'un texte précédemment saisi.

administrateur de base de données
database administrator (DBA)

Personne ou groupe de personnes ayant une responsabilité d'administration de base de données.

administrateur de réseau
network administrator

Personne responsable de l'exploitation et de la maintenance d'un réseau.

administrateur de serveur
webmaster

Personne responsable de la gestion et de la maintenance d'un serveur.

Le terme *webmestre* est utilisé au Canada.

administrateur de site
webmaster

Personne responsable de la gestion et de la maintenance d'un site.

Le terme *webmestre* est utilisé au Canada.

administration d'adresse générale
universal address administration, global address administration

Administration d'adresses dans laquelle les adresses individuelles sont uniques dans un ensemble comprenant le réseau local considéré ainsi que certains autres.

administration d'adresse locale
local address administration

Administration d'adresses dans laquelle les adresses individuelles sont uniques dans le réseau local.

administration d'adresses
address administration

Affectation d'adresses individuelles sur une base locale ou générale.

administration de base de données
database administration

Exécution des fonctions consistant à définir, organiser, gérer, contrôler et protéger toutes les données d'une base de données.

NOTE Les données protégées comprennent aussi les métadonnées ainsi que la représentation des autres descriptions de la base de données.

administration de réseau
➥ **gestion de réseau**

adressage à progression automatique
one-ahead addressing

Méthode d'adressage implicite selon laquelle les opérandes d'une instruction sont supposés se trouver aux emplacements de mémoire suivant ceux des opérandes utilisés pour la dernière instruction exécutée.

adressage calculé
➥ **hachage**

adressage implicite
implicit addressing, implied addressing

Méthode d'adressage selon laquelle la partie opérateur d'une instruction indique aussi l'emplacement d'un ou plusieurs opérandes.

EXEMPLE Si un ordinateur n'a qu'un accumulateur, une instruction concernant l'accumulateur n'a pas besoin d'autre information pour le décrire.

adressage répétitif
➡ **adressage sous-entendu**

adressage sous-entendu
repetitive addressing

Méthode d'adressage implicite selon laquelle une instruction utilise les mêmes opérandes que la dernière instruction exécutée.

≈ adressage répétitif

adresse
address

Valeur identifiant un emplacement.

EXEMPLES Un numéro de registre, l'adresse d'une partie déterminée de mémoire, l'adresse d'un dispositif, une adresse réseau.

adresse absolue
absolute address

Adresse directe qui identifie un emplacement sans utiliser d'adresse de base.

NOTE Une adresse absolue peut être elle-même une adresse de base.

adresse autorelative
self-relative address

Adresse qu'il faut ajouter à celle de l'instruction dans laquelle elle apparaît pour obtenir l'adresse de l'emplacement de mémoire concerné.

≈ adresse différentielle

adresse calculée
generated address

Adresse évaluée pendant l'exécution d'un programme.

adresse de base
base address

Adresse utilisée comme point de départ pour le calcul des adresses.

adresse de chargement
loaded origin

Adresse de l'emplacement de mémoire initial d'un programme qui a été chargé en mémoire principale.

adresse de groupe
LAN group address

Adresse qui identifie un groupe de stations de données dans un réseau local.

adresse d'expéditeur/destinataire
➡ **adresse électronique**

adresse différentielle
➡ **adresse autorelative**

adresse directe
direct address

Adresse qui identifie un emplacement sans recourir à un emplacement de mémoire contenant une autre adresse.

NOTE L'emplacement peut être un emplacement de mémoire ou un dispositif.

adresse effective
effective address

Adresse qui résulte de l'exécution d'une indexation, d'un adressage indirect ou de toute autre modification d'adresse sur une adresse particulière.

NOTE Si l'adresse particulière ne nécessite pas de modification d'adresse, elle est aussi l'adresse effective.

adresse électronique
originator/recipient address (O/R address)

Liste d'attributs qui permet de distinguer entre eux les utilisateurs ou les listes de distribution, et qui identifie le point d'accès de l'utilisateur au système de messagerie ou l'emplacement de la liste de distribution.

≈ adresse d'expéditeur/destinataire

☞ identificateur d'adresse

👁 Tableau A.1

Tableau A.1 – Exemples d'adresses électroniques

Dans X.400

Symbole	Nom anglais	Nom français	Exemple
C	country name	nom de pays	C = FR
A	administration domain name	nom de domaine d'administration	A = ATLAS
P	private domain name	nom de domain privé	P = univ-paris1
O	organization name	nom d'organisation	O = inst_pasteur
OU*n* (*n* = 1...4)	organization unit names	noms d'unités d'organisation	OU1 = cs
S	surname	nom de famille	S = smith

Exemple de syntaxe : C=FR; A=ATLAS; O=inst_pasteur; OU1=cs; P=univ-paris1; S=smith

Dans l'internet

<utilisateur>@<nom de domaine de gestion>.<nom de domaine de premier niveau>
nom de domaine de gestion = <nom de domaine de gestion>|<nom de domaine de gestion>.<nom de domaine de gestion (de niveau supérieur)>
nom d'utilisateur = <nom d'utilisateur>|<nom d'utilisateur>.<identificateur>
identificateur = <nom de famille>|<prénom>|...|<nom courant>
Exemples : maître_de_poste@inst_pasteur.univ-paris1.fr; john.smith@cs.univ-paris1.edu

adresse globale

➥ **adresse pour diffusion**

adresse indexée

indexed address

Adresse qui doit être modifiée par le contenu d'un ou plusieurs registres d'index.

adresse indirecte

indirect address, multilevel address

Adresse qui identifie l'emplacement de mémoire d'une autre adresse.

NOTE L'emplacement de mémoire désigné peut contenir l'adresse de l'opérande souhaité ou une autre adresse indirecte ; cette chaîne d'adresses conduit finalement à l'opérande.

adresse individuelle

LAN individual address

(dans un réseau local)

Adresse qui identifie une station de données particulière dans un réseau local.

adresse IP

IP address, dot address, dotted decimal notation, IP number

Adresse d'un hôte utilisée dans le protocole IP.

NOTE Cette adresse correspond à un nom de domaine complet. C'est un nombre de 32 bits (ou peut-être davantage dans les prochaines versions de ce protocole). Elle est généralement représentée par une suite de quatre nombres écrits en notation décimale et séparés par des points. L'adresse IP d'un ordinateur comprend généralement deux parties : le numéro de réseau du réseau sur lequel cet ordinateur est situé, et une partie identifiant l'ordinateur à l'intérieur de son réseau.

≈ numéro IP

adresse multidestinataire

LAN multicast address

Adresse de groupe qui identifie un sous-ensemble de stations de données dans un réseau local.

adresse nulle
null address

Dans une trame, adresse qui n'est associée à aucune station.

NOTE Une adresse nulle peut être utilisée à des fins de maintenance.

adresse piste
home address

Information écrite sur chaque piste d'un disque magnétique, qui indique le numéro de la piste sur la face considérée du disque.

= adresse de piste

adresse pour diffusion
LAN broadcast address, LAN global address

Adresse de groupe qui désigne l'ensemble de toutes les stations de données dans un réseau local.

≈ adresse globale

adresse réelle
real address

Adresse d'un emplacement de mémoire dans la mémoire centrale d'un système à mémoire virtuelle.

adresse relative
relative address

Adresse directe qui identifie un emplacement au moyen de son écart par rapport à une adresse de base.

adresse relogeable
➡ **adresse translatable**

adresse symbolique
symbolic address

Identificateur qui représente une adresse.

adresse translatable
relocatable address

Adresse qui devra être adaptée lorsque les données auxquelles elle se réfère, ou le programme qui la contient, seront translatés.

≈ adresse relogeable

adresse universelle
➡ **adresse URL**

adresse URL
URL

Chaîne de caractères normalisée, qui sert à localiser des ressources internet et à y accéder.

Le symbole d'*adresse URL* est *URL*, qui est l'abréviation de l'expression anglaise *universal resource locator.*

EXEMPLES URL identifiant un site de la toile, un fichier ou un service :

« http://www.iso.ch » est l'URL du site du siège de l'Organisation internationale de normalisation « ISO ». Ce site est situé à Genève (Suisse), et « ch » est le nom de pays ISO de la Suisse.

« http://www.iso.ch/welcomef.html» est l'URL de la page d'accueil en français du site « ISO ». Ce fichier est accessible en protocole HTTP, *via* la toile (représentée par « www »).

« news:comp.os.unix » est l'URL d'un forum dont le nom est « comp.os.unix » et « news:XYZ123@news.iso.ch » pourrait être l'URL d'un article dont l'identificateur serait « XYZ123 » situé dans l'hôte « news.iso.ch ».

NOTE La forme générale d'une adresse URL est la suivante :

<mode>://<utilisateur>:<motdepasse>
@<hôte>:<port>/<chemin>/fichier

Certaines parties ne sont pas toujours nécessaires.

<mode> représente le mode d'accès, par exemple http, ftp ou news.

<utilisateur>, <motdepasse> et <port> sont facultatifs, et le séparateur @ est omis lorsqu'il n'est pas nécessaire.

<hôte> est une adresse IP, un nom d'hôte, un nom canonique ou un alias, mais est omis pour des ressources internet locales.

<chemin> indique l'accès à une ressource ou à un document à l'intérieur de l'hôte. S'il est omis, on obtient généralement une page d'accueil implicite.

≈ adresse universelle

adresse virtuelle
virtual address

Dans un système à mémoire virtuelle, adresse affectée à un emplacement de mémoire dans une mémoire externe pour en permettre l'accès comme s'il faisait partie d'une mémoire centrale.

affectation de ressources
➡ **attribution de ressources**

affectation dynamique de mémoire
dynamic storage allocation

Affectation temporaire d'espace en mémoire à des objets de données, seulement pour la durée d'exécution correspondant à leur portée.

affectation dynamique des ressources
➡ **attribution dynamique des ressources**

affectation par nom
named parameter association, assignment by name

Dans un appel de sous-programme, désignation explicite des paramètres formels correspondant aux paramètres effectifs pour établir l'association de paramètres.

NOTE Dans l'affectation par nom, les paramètres effectifs peuvent être spécifiés dans n'importe quel ordre.

☞ affectation par position

affectation par paramètre à position fixe
➡ **affectation par position**

affectation par paramètre positionnel
➡ **affectation par position**

affectation par position
positional parameter association

Dans un appel de sous-programme, correspondance établie entre un paramètre effectif et un paramètre formel ayant la même position dans la déclaration du sous-programme.

≈ affectation par paramètre positionnel, affectation par paramètre à position fixe

☞ affectation par nom

affichage
display

Présentation visuelle des données.

affichage à double balayage
➡ **affichage à matrice passive à double balayage**

affichage à matrice passive à double balayage
dual-scan passive-matrix display, dual-scan display (DS), enhanced passive matrix display

Dispositif d'affichage à matrice passive dont l'écran est divisé en deux moitiés qui sont balayées simultanément.

NOTE Cette technique rend cet afficheur à matrice passive plus proche en qualité des afficheurs à matrice active, plus coûteux.

≈ affichage à double balayage

affichage d'immersion
➡ **infographie immersive**

affichage dynamique d'outil
dynamic tool display

En conception et fabrication assistées par ordinateur, affichage d'une figure représentant un outil de coupe à commande numérique, que l'on déplace le long d'une trajectoire d'outil affichée à l'écran pour simuler et vérifier le processus de coupe.

affichage haptique
haptic display

Objet créé par ordinateur dans un univers virtuel et comportant des champs de forces, des couples de torsion, des frictions, la chaleur et la pression, qui sont rendus perceptibles à une personne interagissant avec cet objet.

affichage nématique à double torsadage
➡ **affichage nématique en double hélice**

affichage nématique en double hélice
double supertwist nematic display (DSTN display)

Dispositif d'affichage à matrice passive employant un nématique en double hélice comme cristal liquide.

≈ affichage nématique à double torsadage

affichage pleine page
full-page display
Affichage simultané d'un nombre de lignes de texte ou de graphiques constituant une page à l'impression.

afficher
to display
Présenter visuellement des données.

afficheur
➡ **dispositif d'affichage**

afficheur à cristaux liquides
➡ **dispositif d'affichage à cristaux liquides**

afficheur à éclairage périphérique
edge-lit display
Dispositif d'affichage à cristaux liquides qui emploie une source lumineuse périphérique.

afficheur à matrice active
➡ **dispositif d'affichage à matrice active**

afficheur à matrice passive
➡ **dispositif d'affichage à matrice passive**

afficheur à plasma
➡ **écran à plasma**

afficheur à rétroéclairage
back-lit display
Dispositif d'affichage à cristaux liquides qui emploie une source lumineuse située derrière l'écran.
≈ afficheur rétroéclairé

afficheur à transistors en couches minces
thin-film transistor display (TFT display)
Dispositif d'affichage à matrice active dont le circuit de commande de chaque pixel est constitué d'un transistor en couches minces.
≈ dispositif d'affichage à transistors en couches minces

afficheur de tête
➡ **visiocasque**

afficheur plat
➡ **écran plat**

afficheur rétroéclairé
➡ **afficheur à rétroéclairage**

afficheur rétroréfléchissant
reflective liquid-crystal display, reflective display (reflective LCD)
Dispositif d'affichage à cristaux liquides dont le fonctionnement dépend de la lumière ambiante réfléchie.

affinage
➡ **rendu (2, sens I)**

affinement progressif
stepwise refinement
Technique de développement de logiciel dans laquelle les étapes de traitement et les données sont d'abord définies approximativement, puis sont redéfinies avec plus de détails.

affiner
➡ **rendre (2)**

agenda
agenda
Liste ordonnée des activités à entreprendre.
NOTE En intelligence artificielle, ces activités consistent généralement à appliquer des éléments de connaissance.

agent de navigation
navigation agent
Logiciel effectuant des tâches de navigation, et d'autres tâches, pour le compte d'un utilisateur sans intervention de celui-ci.

agent de réseau
network agent
(en gestion de réseau)
Unité fonctionnelle qui peut effectuer des opérations de gestion sur des objets gérés et qui peut envoyer des notifications pour le compte d'objets gérés.
NOTE Un agent de réseau réside sur le système informatique contenant les objets gérés, et communique avec un gestionnaire de réseau.

agent de système d'annuaire
directory system agent (DSA)

Unité fonctionnelle du système d'annuaire, qui permet d'accéder aux informations contenues dans la base d'information d'annuaire.

☞ agent d'utilisateur d'annuaire

agent de transfert de messages
message transfer agent (MTA)

Unité fonctionnelle du système de transfert de messages, qui envoie des messages à des utilisateurs ou à des groupes d'utilisateurs identifiés par des listes de distribution.

☞ système de messagerie

agent d'usager

➡ **agent d'utilisateur**

agent d'utilisateur
user agent (UA)

Unité fonctionnelle par l'intermédiaire de laquelle un usager direct interagit avec un système de messagerie.

NOTE L'agent d'utilisateur est une composante du système de messagerie par laquelle l'utilisateur crée, présente ou reçoit des messages.

≈ agent d'usager

☞ système de messagerie

agent d'utilisateur d'annuaire
directory user agent (DUA)

Unité fonctionnelle par l'intermédiaire de laquelle un utilisateur d'annuaire interagit avec un système d'annuaire.

👁 Figure A.1

agrandir
to expand

Augmenter la taille d'une fenêtre (sens I).

agrégat
aggregate

Collection structurée de composants, dans laquelle les composants peuvent avoir ou non la même structure de données, et où la structure de données de la collection elle-même peut aussi être une partie constitutive d'un type composite correspondant.

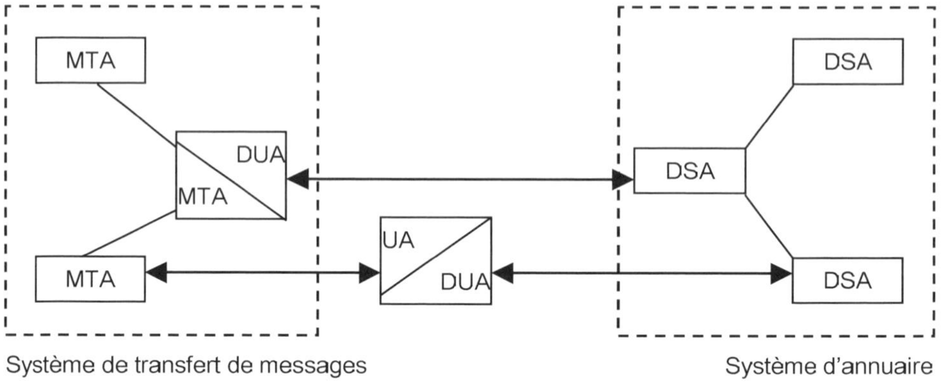

Unités fonctionnelles
DSA : agent de système d'annuaire
DUA : agent d'utilisateur d'annuaire
MTA : agent de transfert de messages
U : agent d'utilisateur

Figure A.1 – Interfonctionnement entre le système de messagerie et le système d'annuaire

agrégation conceptuelle
conceptual clustering

Organisation d'objets, d'événements ou de faits en classes caractérisées au moyen de concepts descriptifs simples.

☞ apprentissage non supervisé, regroupement

aide vocale
automated attendant, auto-attendant

Système à réponse vocale d'aide à l'acheminement d'appels ou de messages par l'intermédiaire de requêtes transmises par la parole ou par des touches de clavier.

NOTE Une aide vocale est un exemple de serveur vocal.

aiguillage
switch

Choix, commandé par un drapeau, d'un saut parmi plusieurs sauts possibles.

aire de pincement
clamping zone, clamping area

Partie annulaire d'un disque optique à laquelle le dispositif de friction applique la force de friction.

≈ zone de bridage, zone de friction

ajournement
deference

Processus par lequel une station de données retarde ses émissions lorsque le support de transmission est occupé, de façon à éviter une collision avec les émissions en cours.

algèbre d'images
image algebra

Ensemble d'algorithmes de traitement d'image dont les variables sont des images et dont les opérations sont logiques ou arithmétiques.

algèbre relationnelle
relational algebra

Algèbre permettant d'exprimer et de manipuler des relations.

NOTE En algèbre relationnelle, les opérations courantes sont la projection, la sélection, la jointure, le produit cartésien, l'union, l'intersection et la différence.

algorithme
algorithm

Ensemble ordonné et fini de règles déterminées servant à résoudre un problème.

algorithme apprenant
➥ **algorithme d'apprentissage**

algorithme d'apprentissage
learning algorithm

(dans les réseaux neuronaux)

Algorithme qui ajuste les poids synaptiques d'un réseau neuronal pendant l'apprentissage.

NOTE En général, un algorithme d'apprentissage ajuste les poids synaptiques.

≈ algorithme apprenant

algorithme de temporisation de retransmission
truncated binary exponential backoff

Dans un réseau CSMA-CD, algorithme utilisé pour programmer les retransmissions après une collision, de telle sorte que chaque retransmission est retardée d'un laps de temps calculé à partir de la durée d'une tranche et du nombre d'essais de retransmission.

alias
alias

I (en courrier électronique) Autre désignation d'un identificateur d'adresse ou d'une adresse électronique.

NOTE L'alias peut être utilisé dans un annuaire.

II (en programmation) Identificateur de substitution attribué à un élément de langage.

III (dans l'internet) Identificateur de substitution désignant une ressource interne qui a déjà un nom canonique.

aligné à droite
right-aligned, right-adjusted, flush right, right-justified

Qualifie un texte qui est aligné sur la marge droite, mais pas nécessairement sur la marge gauche.

≈ justifié à droite

aligné à gauche
left-aligned, left-adjusted, flush left, left-justified

Qualifie un texte qui est aligné sur la marge gauche, mais pas nécessairement sur la marge droite.

≈ justifié à gauche

alignement de secteur
sector alignment

Technique de protection contre la copie qui détermine si un disque est une copie non autorisée en vérifiant si les secteurs sont correctement positionnés de piste en piste.

alignement temporel dynamique
dynamic time warping (DTW)

Procédure utilisant un algorithme de programmation dynamique qui ajuste de façon non linéaire les échelles de temps des modèles de référence vocaux mémorisés et qui teste les échantillons de parole à reconnaître.

NOTE Un alignement non linéaire est meilleur qu'un alignement linéaire et offre une mesure plus réaliste des différences entre formes.

≈ comparaison dynamique

alimentation en papier
paper feed

Mécanisme qui entraîne le papier dans une imprimante.

alimentation feuille à feuille
single feed

Mode d'alimentation en papier où les feuilles sont présentées manuellement une à une.

allocation dynamique de mémoire tampon
dynamic buffering

Attribution de mémoire tampon lorsque le besoin se présente.

allocation statique de mémoire tampon
static buffering

Attribution de la mémoire tampon pour la durée d'exécution d'un programme.

alphabet
alphabet

Jeu de caractères dans lequel l'ordre des éléments résulte d'une convention.

EXEMPLE Les 128 caractères ASCII.

alphanumérique
alphanumeric

Qualifie des données représentées par des lettres, des chiffres et généralement d'autres caractères tels que des signes de ponctuation, ainsi que les processus et les unités fonctionnelles qui utilisent ces données.

altération
irrelevance, prevarication, spread

Entropie conditionnelle d'un ensemble déterminé de messages reçus par un collecteur de messages lorsque l'on connaît un ensemble déterminé de messages issus d'une source reliée au collecteur par une voie déterminée.

≈ dispersion, mesure de l'incertitude

altération des données
data corruption

Violation accidentelle ou intentionnelle de l'intégrité des données.

amélioration des contours
edge enhancement

Technique d'amélioration d'image dans laquelle les contours sont affinés par l'augmentation du contraste entre les valeurs des pixels de contour.

amélioration d'image
image enhancement

Traitement d'une image destiné à rendre cette image plus appropriée à l'analyse.

amélioration du contraste
contrast enhancement

Opération d'amélioration d'image qui améliore le contraste d'une image.

amincissement
thinning

Opération morphologique portant sur les composantes d'une image et remplaçant les valeurs des pixels périphériques par les valeurs des pixels du fond.

amorçage à distance
remote boot, remote bootstrapping

Exécution d'une amorce au moyen de ressources distantes.

≈ amorce à distance

amorce
bootstrap, initial program load (IPL)

Programme bref, résidant permanent ou facile à charger dans un ordinateur, et dont l'exécution a pour effet d'amener en mémoire un programme plus gros, tel qu'un système d'exploitation ou son chargeur.

amorce à distance
➡ **amorçage à distance**

amorce de bande magnétique
magnetic tape leader, leader

Partie d'une bande magnétique qui précède le repère de début de bande et sert à mettre en place la bande.

NOTE L'amorce n'est pas nécessairement magnétique.

amorcer
to bootstrap

Exécuter une amorce.

amplificateur d'entrée analogique
analog input channel amplifier

Amplificateur placé sur une ou plusieurs voies d'entrée analogique, et servant à adapter le niveau des signaux analogiques à la plage d'entrée du convertisseur analogique-numérique installé à sa suite.

amplificateur de sortie analogique
analog output channel amplifier

Amplificateur placé sur une ou plusieurs voies de sortie analogique, et servant à adapter la gamme des signaux de sortie du convertisseur numérique-analogique au niveau des signaux qui commandent le processus technique.

NOTE Si le sous-système dispose d'un convertisseur numérique-analogique commun à plusieurs voies, l'amplificateur joue le rôle d'un échantillonneur bloqueur.

amplificateur différentiel
differential amplifier

Amplificateur ayant deux circuits d'entrée, et qui amplifie la différence entre les deux signaux d'entrée.

amplificateur isolé
isolated amplifier

Amplificateur n'ayant pas de connexion électrique entre le circuit de signal et tous les autres circuits, y compris la terre.

amplificateur multigamme
multirange amplifier

Amplificateur dont le gain peut être commandé manuellement, par programme ou automatiquement, de façon à adapter plusieurs gammes différentes de signaux analogiques à une gamme de sortie spécifiée.

amplificateur non isolé
non-isolated amplifier

Amplificateur possédant une connexion électrique entre le circuit de signal et au moins un autre circuit, y compris la terre.

amplificateur opérationnel
operational amplifier

Amplificateur qui, associé à des éléments extérieurs, réalise une opération déterminée ou une fonction spécifique.

AMRT
➡ **accès multiple par répartition dans le temps**

AMRF
➡ **accès multiple par répartition en fréquence**

analogique
analog

Qualifie des grandeurs physiques variant de façon continue ou des données représentées sous une forme continue, ainsi que les processus et les unités fonctionnelles qui utilisent ces données.

analyse causale
causal analysis

Pour une stratégie d'apprentissage donnée, analyse par repérage des causes probables d'un événement observé, tel que l'échec à atteindre un but.

analyse contextuelle
contextual analysis

Identification d'un objet au moyen de facteurs connus qui régissent son apparition dans un contexte donné.

analyse cryptographique
cryptanalysis

Analyse d'un système cryptographique ou de ses entrées et sorties, pour en déduire des informations sensibles, telles que du texte en clair.

≈ décryptage

analyse de la parole
speech analysis

Extraction des paramètres caractéristiques d'un signal de parole.

NOTE Les paramètres caractéristiques comprennent la nature des différents segments sonores (voyelles et consonnes), la structure syllabique, les traits prosodiques, le lexique, la syntaxe au niveau des syntagmes ou locutions et des phrases, ainsi que les contraintes du discours à long terme.

analyse de l'information
information analysis

Étude systématique des informations et de leur flux, au sein d'un système existant ou projeté.

analyse de plage
blob analysis

Analyse d'image utilisant un algorithme qui identifie les objets segmentés d'après des propriétés géométriques telles que le périmètre.

analyse de réseau
network analysis

Processus consistant à observer le comportement dynamique d'un réseau et à évaluer les résultats.

EXEMPLE Analyse de la présence, de l'absence, du volume, du sens et de la fréquence du trafic du réseau.

analyse des besoins
requirements analysis

Étude systématique des besoins d'un utilisateur, visant à définir un système.

analyse de scène
scene analysis

Recherche d'information sur une scène à partir de données tirées d'une image ou d'une esquisse de cette image.

analyse des connexités
connectivity analysis

Analyse d'image utilisant une technique de segmentation des images binaires fondées sur l'adjacence de pixels.

NOTE La technique de connexité sert à établir les « plages » de pixels. Dans une grille rectangulaire de pixels, la connexité est considérée comme ayant 4, 6 ou 8 pixels adjacents.

analyse des données
data analysis

Étude systématique des données et de leur flux, au sein d'un système existant ou projeté.

analyse des menaces
threat analysis

Étude des événements et des actions qui peuvent nuire au fonctionnement d'un système informatique.

analyse des risques
risk analysis, risk assessment

Méthode systématique d'identification des éléments constitutifs d'un système informatique, des menaces pesant sur ces éléments et de la vulnérabilité du système à ces menaces.

analyse de système
system(s) analysis

Étude systématique d'un système existant ou projeté, afin d'en déterminer les besoins et processus d'information, leurs interdépendances et les relations avec d'autres systèmes.

analyse de zone
area analysis

Détermination des régions d'une scène définies par une caractéristique spécifiée.

analyse d'image
image analysis

Génération d'un ensemble de vecteurs de caractéristiques pour décrire une image.

analyse du trafic
traffic analysis

Déduction d'informations à partir de l'observation des flux de données.

EXEMPLE Analyse de la présence, de l'absence, de la quantité, de la direction et de la fréquence des flux.

analyse fonctionnelle
functional analysis

Étude systématique des fonctions au sein d'un système existant ou projeté.

analyse moyens-fins
means-end(s) analysis

Résolution de problème dans laquelle on recherche, à chaque étape, les opérations susceptibles de réduire au maximum l'écart entre l'état actuel et les états visés.

analyse par amas
➡ **analyse par groupe**

analyse par éléments finis
finite-element analysis

Analyse des caractéristiques structurelles d'une pièce mécanique, ou plus généralement d'un système physique, fondée sur une décomposition théorique en éléments discrets.

analyse par groupe
cluster analysis

(en vision artificielle)

Analyse qui consiste à traiter comme un tout les ensembles de pixels adjacents ayant une caractéristique commune.

≈ analyse par amas

analyser
to parse

Déterminer la structure syntaxique d'un élément de langage en le décomposant en ses unités lexicales et en établissant les relations entre elles.

EXEMPLE Décomposer les blocs en instructions, les instructions en expressions, les expressions en opérateurs et opérandes.

analyse stéréoscopique
stereoscopic analysis, stereo analysis

Analyse d'image utilisant deux images de la même scène, prises de deux endroits différents, pour déduire l'information de profondeur des différences de position des mêmes traits dans chacune des deux images.

analyseur
➡ **scanneur**

analyseur de parole
speech analyzer, speech analysis system

Unité fonctionnelle destinée à l'analyse de la parole.

≈ système d'analyse de la parole

analyseur de réseau
network analyzer

Unité fonctionnelle utilisée pour l'analyse de réseau.

analyseur optique
➡ **scanneur optique**

analyseur syntaxique
parser

Outil logiciel qui analyse les programmes ou autres textes, souvent comme première étape d'un assemblage, d'une compilation, d'une interprétation ou d'une autre forme d'analyse.

angle de collecte
collection angle

Angle formé par une ligne allant d'une source de lumière au centre d'un détecteur et une ligne allant de la même source au bord du même détecteur.

angle de vue
angle-of-view

Angle formé par deux lignes joignant l'observateur aux points les plus écartés dans le plan objet.

animateur

➡ **modérateur**

animation 3-D

➡ **animation tridimensionnelle par ordinateur**

animation tridimensionnelle par ordinateur
three-dimensional animation (3-D computer animation, 3-D animation)

Animation par ordinateur dans laquelle les scènes peuvent être observées sous différents angles.

≈ animation 3-D

animatronique
animatronic

Créé, fabriqué et manipulé électroniquement pour apparaître vivant.

Ce terme est un adjectif.

anneau

➡ **réseau en anneau**

anneau d'autorisation d'écriture

➡ **anneau de protection d'écriture**

anneau de protection d'écriture
write-enable ring, write ring

Protection d'écriture pour bandes magnétiques, ayant la forme d'un anneau amovible de plastique ou de métal.

≈ anneau d'autorisation d'écriture

anneau logique
logical ring

Représentation abstraite d'un réseau en bus à jeton qui effectue le passage du jeton entre stations de données d'une façon qui simule le passage du contrôle dans un réseau en anneau.

annuaire
directory

(en courrier électronique)

Liste organisée des utilisateurs ou des services qui disposent d'une adresse sur un réseau d'ordinateurs.

annulation de commande
undo

Fonction permettant à l'utilisateur de supprimer les effets de la commande ou du groupe de commandes exécuté en dernier.

NOTE Certaines commandes ne peuvent être annulées.

annuler une suppression
to undelete

Restaurer du texte ou des graphiques qui ont été supprimés ou écrasés tant que ces modifications n'ont pas été rendues irréversibles, par une commande de sauvegarde par exemple.

anomalie
fault

Condition anormale qui peut entraîner une réduction de capacité ou la perte de capacité d'une unité fonctionnelle à accomplir une fonction requise.

NOTE Le *Vocabulaire électronique international* définit *fault* (en français « panne ») comme un état d'inaptitude à accomplir une fonction requise, en excluant l'inaptitude due à la maintenance préventive, à d'autres actions programmées ou à un

manque de ressources extérieures. Le terme *fault* a donc deux sens différents rendus par deux termes français différents.
☞ défaillance

anomalie détectée par le programme
program-sensitive fault
Anomalie qui peut être détectée à la suite de l'exécution d'une séquence particulière d'instructions.
≈ anomalie mise en évidence par le programme

anomalie détectée par les données
data-sensitive fault
Anomalie qui peut être détectée à la suite du traitement d'une combinaison particulière de données.
≈ anomalie mise en évidence par les données

anomalie intrinsèque
indigenous error, indigenous fault
Dans un programme, anomalie qui ne provient pas d'une injection d'anomalies.
≈ faute intrinsèque

anomalie mise en évidence par le programme
➥ **anomalie détectée par le programme**

anomalie mise en évidence par les données
➥ **anomalie détectée par les données**

antémémoire
➥ **mémoire cache**

anticiper
➥ **intervenir**

anticrénelage
antialiasing
Technique d'élimination du crénelage qui consiste à lisser les lignes et les contours d'une image.

antidéflagrant
explosion proof
Qualifie un appareil ne pouvant ni exploser ni provoquer d'explosion.

antiprogramme
➥ **logiciel malveillant**

antivirus
➥ **vaccin**

appareil de surveillance
➥ **moniteur**

appariement de formes
pattern matching
Identification d'une forme en la comparant à un ensemble prédéterminé de formes et en choisissant la plus proche selon des critères donnés.

appariement de formes linguistiques
speech-pattern matching
Appariement de paramètres caractéristiques extraits d'un échantillon de parole à ceux d'un modèle de référence vocal préenregistré dans un vocabulaire de reconnaissance.

appariement par forme de référence
template matching
Appariement de formes qui utilise une forme de référence.

appariement par règles
rule matching
Appariement du but et des éléments d'un problème par application en cascade d'un ensemble de règles conditionnelles dont les prémisses sont vraies.

1 appel
call
I Voir le mot *communication.*

II (en programmation) Instruction destinée à transférer la commande d'un module à un autre, et qui implique généralement le retour de la commande au module appelant.
EXEMPLE L'appel d'un sous-programme.
NOTE Un appel spécifie généralement les paramètres échangés entre les modules appelant et appelé.

2 appel
calling

(en communication de données)

Suite d'opérations permettant d'établir une connexion entre des stations de données.

NOTE L'appel comprend notamment l'émission des signaux de sélection et la réponse de la station demandée.

appel automatique
automatic calling

(dans un réseau de données)

Appel dans lequel les éléments du signal de sélection sont introduits consécutivement dans le réseau de données à la cadence maximale permise par le débit binaire.

NOTE Le signal de sélection est produit par l'équipement terminal de traitement de données appelant. Les spécifications du réseau de données peuvent prévoir la limitation du nombre de tentatives d'appel infructueuses vers une même adresse pour un laps de temps défini.

appel de fonction
function call

Élément de langage qui fournit les paramètres effectifs d'une fonction et en provoque l'exécution.

NOTE Un appel de fonction peut être utilisé comme opérande dans une expression ou comme paramètre effectif dans un appel de sous-programme.

☞ instruction d'appel de procédure

appel de macro-instruction
macrocall

Instruction qui appelle une macrodéfinition au niveau du langage de programmation appelant.

= appel de macro

appel de transaction
transaction call

Appel de fonction qui permet à une tâche de demander un rendez-vous avec une autre tâche.

appeler
to call

Exécuter un appel.

appel manuel
manual calling

Appel dans lequel les signaux de sélection peuvent être introduits dans le réseau de données à un rythme quelconque par la station de données appelante.

NOTE Les caractères de sélection sont produits soit par l'équipement terminal de traitement de données, soit par l'équipement de terminaison de circuit de données.

appel par adresse
➡ **appel par référence**

appel par nom
call by name

Appel dans lequel le module appelant fournit au module appelé les noms d'un ou plusieurs paramètres qui doivent être évalués chaque fois que le paramètre associé est utilisé dans le module appelé.

appel par référence
call by reference, call by address, call by location

Appel dans lequel le module appelant fournit au module appelé les adresses des paramètres.

NOTE Dans un appel par référence, le module appelé peut changer la valeur des paramètres stockés par le module appelant.

≈ appel par adresse

appel par valeur
call by value

Appel dans lequel le module appelant fournit au module appelé les valeurs réelles des paramètres.

NOTE Dans cet appel, le module appelé ne peut pas changer les valeurs des paramètres stockés par ou pour le module appelant.

applet
➡ **appliquette**

application
map, mapping

Ensemble de valeurs ayant une correspondance déterminée avec les grandeurs ou valeurs d'un autre ensemble.

application bureautique
desk application

Programme d'application qui peut être exécuté directement depuis une station de travail, pour obtenir des services de bureautique.

EXEMPLES Agenda électronique, calculatrice, répertoire téléphonique.

appliquer
to map

Définir un ensemble de valeurs ayant une correspondance déterminée avec les grandeurs ou valeurs d'un autre ensemble.

EXEMPLE Calculer une fonction mathématique, c'est-à-dire déterminer les valeurs de la variable dépendante, correspondant aux ensembles admissibles des variables indépendantes présentant un intérêt immédiat.

appliquette
applet

Petit programme d'application effectuant une fonction particulière, s'exécutant sur l'ordinateur client, et transféré selon les besoins à partir d'un serveur.

NOTE Les appliquettes sont couramment utilisées pour des fonctions d'animation ou pour vérifier l'introduction de données.

apprentissage
learning

I Processus par lequel un système vivant ou automatique acquiert des connaissances ou des aptitudes qu'il peut utiliser pour améliorer ses performances.

II (dans les reseaux neuronaux) Processus par lequel un réseau neuronal améliore son mode de fonctionnement par ajustement de ses paramètres en réponse à une suite de formes d'entrée.

NOTE En général, l'apprentissage consiste à ajuster les poids synaptiques.

apprentissage adaptatif
adaptive learning

Stratégie d'apprentissage qui consiste à ajuster les connaissances en mémoire selon les indications d'une source de connaissances extérieure ou à transformer les informations nouvelles selon les connaissances en mémoire.

apprentissage analytique
analytic learning, explanation-based learning

Apprentissage déductif évolué qui permet de dériver des connaissances abstraites ou structurées de connaissances opératoires ou des connaissances d'un domaine.

apprentissage associatif
➡ **apprentissage par analogie**

apprentissage automatique
➡ **apprentissage machine**

apprentissage compétitif
➡ **apprentissage concurrentiel**

apprentissage concurrentiel
competitive learning

Apprentissage dans lequel des neurones artificiels sont en compétition pour obtenir le droit de répondre à un sous-ensemble donné de formes d'entrée.

NOTE La réponse d'un neurone à une forme d'entrée tend à inhiber les autres neurones.

≈ apprentissage compétitif

apprentissage connexionniste
connectionist learning

Dans un réseau neuronal, apprentissage par modification des poids synaptiques des neurones artificiels.

apprentissage de concept
concept learning

Construction de la représentation d'un concept en appliquant les connaissances existantes à de nouvelles informations afin d'obtenir de nouvelles connaissances et de les stocker pour usage ultérieur.

NOTE L'apprentissage de concept présuppose une interaction entre l'espace de versions et l'espace d'exemples de ce concept. Cette interaction peut à son tour exiger une reformulation ou une transformation des assertions initiales, une expérimentation et un choix d'exemples provisoires.

apprentissage déductif
deductive learning, learning by deduction

Stratégie d'apprentissage qui permet de déduire de nouvelles connaissances en appliquant aux assertions disponibles des transformations qui préservent la valeur de vérité.

NOTES

1 En règle générale, l'apprentissage déductif entraîne une spécialisation des connaissances acquises.

2 L'apprentissage déductif comprend la reformulation et la compilation des connaissances ainsi que d'autres transformations qui préservent la valeur de vérité.

apprentissage de Hebb
Hebbian learning

Apprentissage qui augmente le poids synaptique d'une connexion synaptique si les deux neurones artificiels sont activés en synchronisme et diminue le poids synaptique si les neurones sont activés de façon asynchrone.

NOTE Dans le cas le plus simple, la variation du poids synaptique est proportionnelle au produit des deux valeurs de sortie.

apprentissage génétique
genetic learning

Apprentissage machine effectué avec un algorithme de classification itératif qui sélectionne les paires de classificateurs les plus puissants et leur applique des opérateurs génétiques pour engendrer des descendants, dont les plus puissants remplaceront les classificateurs les plus faibles pour créer de nouvelles règles plausibles dès qu'une règle existante s'avérera inadéquate.

NOTE Le terme « génétique » est emprunté à la génétique des espèces naturelles avec ses connotations d'hérédité, de variation des espèces et de persistance du plus apte.

apprentissage heuristique
heuristic learning

Stratégie d'apprentissage élaborée à partir de résultats d'expérimentations, d'évaluations ou d'essais successifs.

apprentissage incrémental
incremental learning

Apprentissage adaptatif multipoint dans lequel des connaissances acquises à un moment donné peuvent subir des transformations qui les harmonisent avec des connaissances acquises à un moment ultérieur.

= apprentissage incrémentiel

apprentissage inductif
inductive learning, learning by induction

Stratégie d'apprentissage fondée sur l'induction à partir des connaissances, observations et exemples fournis.

apprentissage machine
machine learning, automatic learning

Processus par lequel une unité fonctionnelle améliore son mode de fonctionnement par acquisition de connaissances et aptitudes nouvelles, ou par réorganisation des connaissances et aptitudes existantes.

≈ apprentissage automatique

apprentissage non supervisé
unsupervised learning, learning without a teacher

Stratégie d'apprentissage qui procède par observation et analyse d'entités afin d'en déterminer les sous-ensembles regroupables en classes, sans vérifier la justesse des connaissances acquises par rétroaction à partir d'une source de connaissances extérieure.

NOTE Lorsqu'un concept est formé, on lui donne un nom qui peut être utilisé lors de l'apprentissage ultérieur d'autres concepts.

apprentissage par analogie
learning by analogy, associative learning

Stratégie d'apprentissage, à la fois inductive et déductive, qui fait appel à l'induction pour déterminer les caractéristiques communes des concepts comparés ou associés, et à la déduction pour tirer de ces caractéristiques les traits distinctifs d'un concept à apprendre.

NOTE L'apprentissage par analogie requiert l'aptitude à reconnaître la similitude entre deux problèmes et à appliquer les

règles élaborées pour un espace de problème à un autre espace de problème.
≈ apprentissage associatif

apprentissage par cas
case-based learning

Stratégie d'apprentissage qui procède en comparant le problème à traiter avec un ensemble de problèmes résolus antérieurement et en utilisant leurs solutions pour obtenir une solution du problème en question.

NOTE Après vérification réussie, la solution obtenue et le problème correspondant sont ajoutés à la base des cas.

apprentissage par consultation
advice taking

Apprentissage par instruction qui consiste à modifier un comportement procédural suivant les indications déclaratives d'une source de connaissances extérieure.

apprentissage par correction d'erreur
error-correction learning

Apprentissage supervisé qui utilise le signal d'erreur, à savoir la différence entre la valeur de sortie voulue et la valeur de sortie réelle, pour modifier les poids synaptiques.

apprentissage par découverte
learning by discovery, learning from observation

Apprentissage non supervisé qui procède par formation taxinomique ou dérivation de nouvelles règles ou lois relatives à un domaine, en décrivant des régularités dans les données observées.
≈ apprentissage par observation

apprentissage par exemples
learning from examples, example-based learning, instance-based learning

Apprentissage inductif de concepts qui procède en inférant une description de concept à partir d'exemples et, éventuellement, de contre-exemples du concept.

NOTE L'apprentissage à partir d'exemples bruités ou incomplètement définis est une des formes évoluées d'apprentissage par exemples.

apprentissage par instruction
learning by being told, learning from instruction

Apprentissage par mémorisation consistant à acquérir des connaissances auprès d'une source de connaissances extérieure sans choisir ni transformer les éléments pertinents des informations fournies.

apprentissage par la pratique
learning while doing

Apprentissage par renforcement, commençant avant que ne soit trouvé le cheminement qui mène à la solution, et où l'attribution du crédit-blâme s'effectue pendant la recherche de cette solution.

NOTE L'apprentissage par la pratique comprend des techniques pour repérer les circularités et les méandres du cheminement, ainsi que les impasses et les échecs, afin de mieux les éviter plus tard.

apprentissage par mémorisation
rote learning

Stratégie d'apprentissage qui consiste à accumuler de nouvelles connaissances sans effectuer d'inférences à partir des informations fournies.

NOTE Cette stratégie comprend l'apprentissage par mémorisation directe de descripteurs de concept déterminés et l'apprentissage par programmation.

apprentissage par observation
➡ **apprentissage par découverte**

apprentissage par renforcement
reinforcement learning

Apprentissage optimisé par attribution de crédit-blâme.

apprentissage par voies de résolution
learning from solution paths

Apprentissage par renforcement qui commence une fois établi le cheminement menant à la solution d'un problème, et qui s'effectue en marquant tout déplacement conforme à ce cheminement comme exemple positif, et tout écart par rapport à ce cheminement comme exemple négatif.

apprentissage supervisé
supervised learning

Stratégie d'apprentissage dans laquelle la justesse des connaissances acquises est vérifiée par rétroaction à partir d'une source de connaissances extérieure.

approche stéréoscopique
stereoscopic approach

Triangulation entre deux ou trois vues, prises de deux endroits différents, pour déterminer la zone ou la profondeur.

appui-poignets
wrist support, wrist rest

Dispositif placé devant le clavier d'un ordinateur pour soutenir les poignets dans une position ergonomiquement neutre.

≈ repose-poignets

arbre
tree, rooted tree

Structure de données contenant des nœuds reliés entre eux dans une hiérarchie et ayant chacun au plus un nœud parent pour chaque nœud, et un seul nœud racine.

arbre binaire
binary tree

Arbre ordonné dans lequel chaque nœud a au plus deux autres nœuds qui lui sont directement subordonnés.

arbre d'appel
➡ **graphe d'appel**

arbre de connaissances
knowledge tree

Réseau sémantique hiérarchisé représenté par un graphe orienté en forme d'arbre.

arbre de quadrants
quadtree

Expression d'un objet bidimensionnel sous une forme arborescente, obtenue par subdivision récursive des quadrants non homogènes jusqu'à ce que tous les quadrants soient homogènes par rapport à une caractéristique spécifiée, ou jusqu'à ce qu'une profondeur de découpage prédéterminée soit atteinte.

NOTE La technique des arbres de quadrants permet de comprimer les données stockées concernant un objet bidimensionel.

arbre de recherche
search tree

Graphe arborescent qui indique les règles appliquées durant une recherche, les nœuds explorés et les résultats obtenus.

arbre de type B
B-tree

Arbre équilibré dans lequel tous les chemins conduisant du nœud racine à un nœud terminal ont la même longueur.

NOTE Un arbre de type B a les propriétés suivantes, où n est l'ordre de l'arbre de type B :

a chaque nœud contient au plus $2n$ articles ;

b chaque nœud, à l'exception du nœud racine, contient au moins n articles ;

c chaque nœud, soit est un nœud terminal, soit a $m+1$ nœuds subordonnés, où m est son nombre d'articles.

Les arbres de type B sont utilisés pour l'accès rapide aux données sur stockage externe. Le nombre d'accès à chaque article de données est $\leq \log_{n+1}(m)$.

👁 Figure A.2

arbre d'information d'annuaire
directory information tree

Structure arborescente utilisée dans le système d'annuaire pour identifier les objets de façon non ambiguë au moyen de noms d'annuaire.

NOTE Cette structure arborescente est mise en correspondance avec les noms d'annuaire en composant un nom à partir des nœuds conduisant à la rubrique particulière.

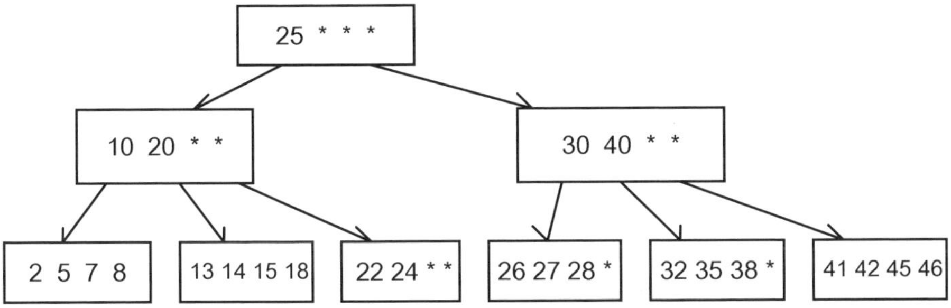

Note
Un astérisque (*) indique un élément vide.

Figure A.2 – Arbre de type B d'ordre 2

arbre d'octants
octree

Expression d'un objet tridimensionnel sous une forme arborescente, obtenue par subdivision récursive des octants non homogènes jusqu'à ce que tous les octants soient homogènes pour une caractéristique déterminée ou jusqu'à ce qu'une profondeur de découpage prédéterminée soit atteinte.

NOTE La technique des arbres d'octants permet de comprimer les données stockées concernant un objet tridimensionnel.

arbre équilibré
balanced tree, height-balanced tree

Arbre dans lequel les hauteurs des sous-arbres immédiats de chaque nœud diffèrent au plus d'un.

arbre ordonné
ordered tree

Arbre dans lequel l'ordre des nœuds subordonnés à chaque nœud est significatif.

Archie

Nom d'une base de données répartie destinée à localiser des fichiers publics sur l'internet.

architecture de document
document architecture

Ensemble fini de règles associées définissant les structures acceptables pour les documents pris en compte dans un contexte de traitement de texte déterminé.

architecture de réseau
network architecture

Description de la structure logique et des principes de fonctionnement d'un réseau d'ordinateurs.

NOTE Les principes de fonctionnement d'un réseau d'ordinateurs comprennent notamment ceux des services, des fonctions et des protocoles.

architecture d'ordinateur
computer architecture

Description de la structure logique et des caractéristiques fonctionnelles d'un ordinateur ainsi que des relations entre les composants matériels et logiciels de cet ordinateur.

archivage
archiving

Stockage de fichiers de sauvegarde et des journaux associés à ces fichiers, généralement pendant une période déterminée.

archives électroniques
electronic archive

Collection de documents stockés en mémoire pour des raisons historiques ou comme copies de sauvegarde.

EXEMPLE Collection stockée en mémoire des versions successives d'un document.

argent électronique

➡ **monnaie électronique**

argument
argument

I Variable indépendante.

II Valeur quelconque prise par une variable indépendante.

EXEMPLE Une clé de recherche, un nombre identifiant l'emplacement d'un élément dans une table.

arobase
➡ **arrobe**

arrêter
to abort

Terminer, d'une façon contrôlée, un traitement dans un système informatique parce qu'il est impossible ou non souhaitable de continuer ce traitement.

arrière-plan d'image
➡ **fond d'image**

arrobe
at-sign

Caractère @ fréquemment employé dans les adresses de courrier électronique pour séparer le nom identifiant l'utilisateur de celui du gestionnaire de la messagerie.

Le terme *arrobe* est officiellement recommandé.

Les mots *arrobe* et *arobase* sont des noms féminins.

NOTES

1 Le signe @ est à l'origine le symbole de l'*arroba* (de l'arabe *ar-roub,* « le quart »), ancienne unité de capacité et de poids espagnole et portugaise. Ce signe est également utilisé en anglais, dans des formules telles que « tant de tel article @ tant l'unité ». Dans ces emplois, il est appelé *a commercial* et son tracé, identique à celui de l'arroba, résulterait de la ligature de l'accent grave avec le *a* de la préposition française *à*, autrefois d'usage courant dans le commerce international.

2 Lorsqu'une adresse électronique est fournie oralement, @ se dit « arrobe », alors qu'il se dit « at » en anglais.

≈ arobase

arrondir
to round

Supprimer ou omettre un ou plusieurs des chiffres de plus faible poids dans une représentation pondérée, et ajuster la partie conservée selon une règle donnée.

NOTES

1 Le but de l'arrondi est généralement de limiter la précision du numéral ou d'en réduire le nombre de caractères, ou bien les deux à la fois.

2 Les formes d'arrondi les plus courantes en arithmétique sont l'arrondi par défaut, l'arrondi par excès et l'arrondi au plus près.

arrondir par défaut
to round down

Arrondir un numéral sans en ajuster la partie conservée.

EXEMPLE Les numéraux 12,6374 et 15,0625, arrondis par défaut à deux décimales, deviennent respectivement 12,63 et 15,06.

NOTES

1 L'arrondi par défaut d'un numéral n'augmente pas sa valeur absolue.

2 L'arrondi par défaut est une forme de troncature.

arrondir par excès
to round up

Arrondir un numéral en ajoutant 1 au chiffre de plus faible poids de la partie conservée et en effectuant les reports qui en résultent, si et seulement si un ou plusieurs chiffres non nuls ont été supprimés.

EXEMPLE Les numéraux 12,6374 et 15,0625, arrondis par excès à deux décimales, deviennent respectivement 12,64 et 15,07.

NOTE L'arrondi par excès d'un numéral ne diminue pas sa valeur absolue.

arrosage
spamming

Envoi d'un même message non désiré à un grand nombre de destinataires à la fois.

EXEMPLE Envoi de messages publicitaires.

1 article
article, posting

(en réseautique)

Message, dans un forum ou dans un babillard électronique.

≈ contribution

2 article
logical record

(en organisation de données)

Enregistrement dont les éléments de données sont associés de manière logique, indépendamment de leur environnement physique.

NOTE Des portions d'un article peuvent être situées dans différents enregistrements physiques, ou plusieurs articles ou parties d'articles peuvent être situées dans un seul enregistrement physique.

≈ enregistrement logique

article d'activation
activation record

Objet de donnée qui représente une instance d'une tâche ou d'un sous-programme, et qui contient des valeurs de données et des données d'état du processus, propres à cette instance.

NOTE Un article d'activation peut contenir des paramètres, des résultats, des données locales, etc.

article variable
➡ **enregistrement variable**

1 ascendant
➡ **montant**

2 ascendant
bottom-up

Qualifie une méthode ou procédure allant du niveau d'abstraction le moins élevé vers le niveau le plus élevé.

≈ de bas en haut

assainissement
➡ **nettoyage**

assemblage-exécution
assemble-and-go

Technique d'exploitation dans laquelle il n'y a pas d'interruption entre l'assemblage, l'édition des liens, le chargement et l'exécution d'un programme.

assembler
to assemble

Traduire d'un langage d'assemblage vers un langage objet.

assembleur
assembler

Traducteur conçu pour assembler.

assembleur absolu
absolute assembler

Assembleur qui produit du code absolu.

assembleur croisé
cross-assembler

Assembleur qui utilise un ordinateur pour assembler un programme vers un langage objet d'un ordinateur de type différent.

assembleur de microcode
microcode assembler

Programme qui traduit des microprogrammes de forme symbolique en forme binaire.

≈ microassembleur

assembleur-désassembleur de paquets
packet assembler/disassembler (PAD)

Unité fonctionnelle permettant à des terminaux de données inaptes à communiquer en mode de transmission par paquets d'utiliser un réseau à commutation de paquets.

assembleur translatif
relocating assembler

Assembleur dont le résultat est translatable.

assertion
assertion

Élément de langage qui spécifie l'état particulier qui doit exister ou la condition particulière que l'on doit satisfaire en un certain point de l'exécution d'un programme.

assertion de boucle
loop assertion

Assertion qui doit être vérifiée tout au long de l'exécution d'une boucle.

assistant de réseau
network assistant

(en gestion de réseau)
Unité fonctionnelle qui peut assister un gestionnaire de réseau.

EXEMPLE Un système de gestion de base de données.

NOTE Les assistants de réseau résident sur le système informatique contenant le gestionnaire de réseau et sont placés sous sa direction.

assisté par ordinateur
computer-aided, computer-assisted (CA)

Qualifie une technique ou un processus dans lequel une partie du travail se fait à l'aide d'un ordinateur.

NOTE En français, le suffixe *AO* pour « assisté par ordinateur » est fréquemment utilisé pour construire des sigles tels que PAO, EAO, etc.

association d'application
application association, association

Relation de coopération entre deux entités d'application ayant pour but de communiquer des informations et de coordonner leur fonctionnement conjoint.

NOTE Une association d'application s'appuie sur l'échange d'informations de contrôle du protocole d'application par l'entremise du service de présentation.

= association

association de paramètres
parameter association

Association entre les paramètres formels et les paramètres effectifs correspondants dans un appel ou une instanciation générique.

associer une adresse
to bind an adress

Faire correspondre une adresse absolue, une adresse virtuelle ou un identificateur de périphérique à une adresse symbolique ou à une étiquette contenue dans un programme.

assurance de fiabilité
➥ **assurance de qualité**

assurance de qualité
quality assurance (QA)

Ensemble d'opérations systématiques visant à s'assurer qu'un système ou une unité fonctionnelle est conforme aux exigences techniques.

≈ assurance de fiabilité

assurance produit
product assurance

Ensemble de dispositions et d'activités qui garantit que les exigences de production ont été prises en compte dès l'étape de la conception, et que le produit réalisé possède bien les qualités correspondantes pendant toute sa durée de vie.

assurance qualité assistée par ordinateur
computer-aided quality assurance (CAQA, CAQ assurance)

Assurance qualité utilisant des techniques informatisées de planification, de surveillance et de gestion des processus, des pièces et des produits dans toutes les phases du cycle de vie du produit.

NOTE Cette assurance qualité comprend un système de revue de qualité allant de la conception à la mise en œuvre et de l'atelier aux responsables, et peut comprendre un historique de la fabrication.

asynchrone
asynchronous

Se dit de plusieurs processus dont les instants significatifs homologues ne sont pas tous simultanés ou séparés par des intervalles de temps de durée pratiquement constante.

atelier flexible
flexible manufacturing system (FMS)

Système composé d'unités de fabrication et de mécanismes de transport à commande numérique, qui facilite l'adaptation des moyens de fabrication en fonction des modifications des tâches.

≈ système flexible de fabrication

attaque
attack

Tentative de violation de la sécurité informatique.

EXEMPLES Logiciel malveillant, branchement clandestin.

☞ menace

attaque analytique
analytical attack, cryptanalytical attack

Tentative pour briser un code ou trouver une clé par des moyens systématiques.

EXEMPLES Analyse statistique de formes, recherche de failles dans un algorithme de chiffrement.

≈ attaque cryptanalytique

☞ attaque exhaustive

attaque cryptanalytique
➡ **attaque analytique**

attaque en force
➡ **attaque exhaustive**

attaque exhaustive
exhaustive attack, brute-force attack

Tentative de violation de la sécurité informatique par une technique d'essais et erreurs consistant à essayer des valeurs possibles de mots de passe ou de clés.

≈ attaque en force

☞ attaque analytique

attaque par cryptogramme
ciphertext-only attack

Attaque analytique dans laquelle le cryptanalyste ne dispose que du cryptogramme.

attaque par texte en clair choisi
chosen-plaintext attack

Attaque analytique dans laquelle le cryptanalyste peut soumettre un nombre illimité de textes en clair et examiner les cryptogrammes correspondants.

attaque par texte en clair connu
known-plaintext attack

Attaque analytique dans laquelle le cryptanalyste dispose d'une quantité importante de texte en clair et du cryptogramme correspondant.

attribut
attribute

I (en courrier électronique) Donnée qui décrit un utilisateur ou une liste de distribution et qui peut servir à situer cet utilisateur ou cette liste par rapport à la structure physique ou organisationnelle du système de messagerie.

EXEMPLES Noms, adresses.

II (dans une base de données) Propriété relative à une entité et portant un nom.

👁 Tableau A.2

attribut de donnée
data attribute

Caractéristique prédéfinie d'un type de données, d'un objet de données, d'un module, ou de tout autre élément de langage.

EXEMPLES Un type réel peut avoir l'attribut de données PRÉCISION, avec les valeurs de donnée SIMPLE ou DOUBLE. Une tâche peut avoir l'attribut de données TERMINÉ qui prend la valeur VRAI si la tâche est terminée, et FAUX dans le cas contraire.

attribution de crédit-blâme
credit/blame assignment

Identification des décisions ou des opérateurs déterminant le succès ou l'échec quant à l'atteinte d'un but.

≈ attribution de récompense-punition

attribution de récompense-punition
➡ **attribution de crédit-blâme**

attribution de ressources
resource allocation

Action d'allouer les ressources d'un système informatique aux travaux ou tâches à accomplir.

EXEMPLES Attribution de mémoire principale, d'organes d'entrée-sortie, de fichiers.

≈ affectation de ressources

Tableau A.2 – Choix d'attributs dans une adresse électronique

Attributs les plus courants dans les adresses électroniques	Exemples
Nom de pays	CA, FR
Nom de domaine d'administration	d400, ATLAS
Nom de domaine privé	univ-paris1
Nom d'organisation	inst_pasteur
Nom d'unité d'organisation	cs
Nom de famille	smith
Prénom	john
Initiales	P.X.
Nom courant	maître de poste
Attributs propres au domaine	réponse automatique

attribution dynamique des ressources
dynamic resource allocation

Allocation de ressources affectées à l'exécution des programmes en fonction de critères évalués au moment où le besoin se présente.

≈ affectation dynamique des ressources

atypique
➠ **sans type explicite**

audioconférence
conference call

Téléconférence dans laquelle les participants sont reliés par des circuits téléphoniques permettant un dialogue interactif, et éventuellement la télécopie.

☞ téléconférence, visioconférence

audit
audit

(en réseautique)

Revue et examen de données collectées durant l'analyse de réseau.

audit de sécurité
security audit

Revue indépendante et examen des enregistrements et de l'activité du système, afin de vérifier l'exactitude des contrôles du système, pour s'assurer de leur concordance avec la politique de sécurité établie et les procédures d'exploitation, pour détecter les infractions à la sécurité et pour recommander les modifications appropriées des contrôles, de la politique et des procédures.

audit de système informatique
➠ **vérification de système informatique**

auteur de réalité virtuelle
virtual-reality author (VR author)

Concepteur ou programmeur d'univers virtuels.

authentifiant
➠ **justificatif d'identité**

authentification
authentication

Action de vérifier l'identité déclarée d'une entité.

authentification de message
message authentication

Vérification qu'un message a été émis par l'émetteur supposé au destinataire prévu et que ce message n'a pas été modifié au cours de sa transmission.

authentification des données
data authentication

Processus servant à vérifier l'intégrité de données transmises, tout particulièrement dans un message.

EXEMPLES Vérification que les données reçues sont identiques aux données envoyées, vérification qu'un programme n'est pas atteint par un virus.

authentification du locuteur
➡ **vérification du locuteur**

autoapprentissage
self-learning

Apprentissage accompli à partir d'une base de connaissances interne ou de nouvelles données d'entrée, sans introduction de connaissances extérieures explicites.

automatique
automatic

Qualifie un processus ou un appareil qui, dans des conditions déterminées, se déroule ou fonctionne sans intervention humaine.

automatisation
automation

Transformation d'un processus ou d'un appareil en vue de le rendre automatique, ou résultat de cette transformation.

automatiser
to automate

Rendre automatique un processus ou un appareil.

autonome
offline, off-line

Se dit du fonctionnement d'une unité fonctionnelle qui n'est pas connectée à une autre unité fonctionnelle ou qui lui est connectée sans être capable d'interagir avec elle.

≈ hors ligne, non connecté

autoorganisation
self-organization

Capacité d'un réseau neuronal à apprentissage non supervisé d'ajuster ses poids synaptiques suivant les traits rencontrés dans les formes d'entrée.

autorisation
authorization

Attribution à une entité d'un droit d'accès, complet ou restreint, à une ressource.

autorité de dénomination
naming authority

Autorité responsable de l'attribution des noms.

NOTE La dénomination est une activité normalement hiérarchique. La responsabilité de l'attribution est limitée à une portion d'un niveau particulier.

≈ autorité de nommage

autorité de nommage
➡ **autorité de dénomination**

autorité d'enregistrement
registration authority

Organisation qui effectue l'enregistrement.

avance de formulaire
➡ **positionnement de formulaire**

avance de ligne
line feed

Passage de la position d'impression ou d'affichage à la position correspondante dans la ligne suivante.

avance de page
form feed

Passage de la position d'impression ou d'affichage à la première ligne du prochain feuillet ou de la prochaine page ou de leur équivalent.

avatar
avatar

Représentation abstraite d'un participant dans un univers virtuel.

NOTE Les dimensions physiques de l'avatar sont utilisées pour la détection de collision et le suivi sur le terrain.

avertissement vocal
speech-based alerting

Message vocal synthétisé qui avertit ou informe un utilisateur du fonctionnement d'une unité fonctionnelle ou d'une machine.

EXEMPLE Message avertissant de problèmes liés au fonctionnement d'une automobile.

aveuglement
blinding

Suppression de la sensibilité d'un imageur par exposition à une lumière intense.

avis de non-réception
nonreceipt notification

Avis de personne à personne signalant à l'expéditeur un échec ou un retard dans la réception ou dans l'acceptation d'un message interpersonnel.

avis de personne à personne
interpersonal notification (IPN)

Information transmise à l'expéditeur d'un message interpersonnel indiquant si le message a été reçu ou non par le destinataire prévu.

avis de réception
receipt notification

Avis de personne à personne signalant à l'expéditeur la bonne réception d'un message interpersonnel.

NOTE La « bonne réception » de ce message peut signifier une réception future, attendue et préparée.

axe d'entraînement

➥ **broche d'entraînement**

B

babillard électronique
bulletin board

Conférence par ordinateur, consacrée à des messages intéressant une communauté particulière d'utilisateurs.

NOTES

1 En général, dans un babillard électronique, seules les personnes autorisées peuvent publier des articles, contrairement aux forums.

2 Un babillard électronique est généralement ouvert aux lecteurs anonymes ; aucune identification d'utilisateur n'est exigée pour lire les messages.

3 Un babillard électronique permet également de télécharger des fichiers dans l'un ou l'autre sens, ainsi que d'obtenir des données et services en ligne.

bac à papier
paper tray

Dans une imprimante, réservoir contenant un paquet de feuilles qui sont automatiquement prélevées une à une.

bactérie
bacterium, chain letter

Programme qui se propage lui-même par courrier électronique à toutes les adresses de la liste de distribution de chaque destinataire.

BAL
➡ **boîte aux lettres**

balayage
scanning

Examen systématique de données.

≈ exploration

balayage ligne par ligne
➡ **balayage tramé**

balayage tramé
raster scan

Technique de production ou d'enregistrement des éléments d'une image, qui consiste à parcourir ligne par ligne la totalité de l'espace d'affichage.

≈ balayage ligne par ligne

balise
tag

Élément d'un langage de balisage, utilisé pour structurer des données, du texte ou des objets.

EXEMPLES Balises de début, balises de fin de document.

bande de base
baseband

Bande de fréquences occupée par un ou plusieurs signaux multiplexés, qui n'ont pas subi de modulation.

bande magnétique
magnetic tape

Bande recouverte d'une couche aimantable sur laquelle des données peuvent être stockées.

bande multipiste
band

Groupe de pistes, sur un support d'enregistrement, qui sont lues ou écrites en parallèle.

= bande

banque de données
data bank

Ensemble de données relatif à un domaine défini des connaissances et organisé pour être offert en consultation aux abonnés.

barre de défilement
scroll bar

Barre située à l'un des bords d'un écran ou d'une fenêtre (sens I), et utilisée pour contrôler le défilement ou pour indiquer la position relative des données ou des images effectivement affichées.

barre de menus
menu bar, action bar

Rectangle situé généralement sur l'un des côtés d'une fenêtre (sens I), et affichant les noms ou les icônes des choix au menu.

barrette SIMM
➡ **module de mémoire unirangée**

barrière de sécurité
➡ **pare-feu**

bascule bistable
flip-flop, bistable trigger circuit, bistable circuit

Dispositif qui passe alternativement de l'un à l'autre de deux états stables possibles, chaque fois qu'une impulsion d'entrée appropriée est appliquée.

≈ circuit bistable, multivibrateur bistable

basculement
➡ **transfert (1)**

bascule monostable
monostable trigger circuit, monostable circuit, monostable multivibrator, one-shot

Dispositif à déclenchements comportant un état stable et un état instable.

≈ circuit monostable, multivibrateur monostable

base de connaissances
BDC

knowledge base (K-base, KB)

Base de données contenant des règles d'inférence et des informations relatives à l'expérience et à la compétence humaines dans un domaine particulier.

NOTE Dans les sytèmes évolutifs, la base de connaissances contient aussi des informations provenant de la résolution de problèmes antérieurs.

base de développement
developmental baseline

Ensemble des spécifications en vigueur à un moment précis, concernant un système en cours de développement.

base de données
database

Ensemble de données, qui est organisé selon une structure conceptuelle décrivant les caractéristiques de ces données ainsi que les relations entre leurs entités correspondantes, et destiné à un ou plusieurs domaines d'application.

base de données relationnelle
relational database

Base de données dont les données sont organisées selon un modèle relationnel.

base de données répartie
distributed database

Base de données physiquement décentralisée et gérée par un système de gestion de base de données de façon à fournir à l'utilisateur une vision logiquement centralisée et cohérente de la base de données.

base de numération
radix, base

En numération à base, et pour un rang de chiffre donné, entier positif par lequel doit être multiplié le poids du rang pour obtenir le poids du rang immédiatement supérieur.

EXEMPLE En numération décimale, la base de numération de chaque rang est 10 et les poids sont des puissances entières de dix.

NOTE En anglais, le terme *base* est déconseillé dans ce sens, car il désigne la base des puissances.

☞ base des puissances

base de séparation flottante
floating-point base, floating-point radix

En numération à séparation flottante, entier positif fixe, supérieur à l'unité, constituant la base des puissances implicite qui est élevée à la puissance désignée explicitement par l'exposant, puis qui est multipliée par la mantisse pour déterminer le nombre réel représenté.

☞ représentation à virgule flottante

base des puissances
base, radix

Dans un système de numération, nombre que l'on élève à une puissance indiquée par un exposant, puis que l'on multiplie par une mantisse pour déterminer le nombre représenté.

EXEMPLE Le nombre 10 dans l'expression $3,15 \times 10^3 = 3150$.

NOTE En anglais, le terme *radix* est déconseillé dans ce sens, car il désigne la base de numération.

☞ base de numération

base des temps
time base

Vecteur qui définit la direction et la vitesse de déroulement du temps dans une animation.

base d'information
information base

Ensemble de phrases, cohérentes entre elles et avec le schéma conceptuel, exprimant des propositions qui sont vraies pour un monde d'entités particulier.

base d'information d'annuaire
directory information base

Ensemble des informations gérées par le système d'annuaire.

bas en haut (de –)
➡ **ascendant**

bâtonnet de pointage
pointing stick

Petit dispositif de pointage en forme de bâtonnet, généralement disposé au milieu du clavier de certains ordinateurs portables.

NOTE Le nom « Trackpoint » est une marque déposée.

≈ ergot de pointage

baud
baud

Unité de rapidité de modulation égale au nombre d'éléments de signal transmis en une seconde lorsque les éléments sont d'égale durée et que chaque élément représente un ou plusieurs bits.

Le symbole de *baud* est *Bd*.

NOTE Pour certains modems fonctionnant à 1200 bit/s ou plus, la rapidité de modulation exprimée en bauds est généralement inférieure au débit binaire parce que plusieurs bits sont acheminés par élément de signal.

bavardage
➡ **causette**

Bd
➡ **baud**

BDC
➡ **base de connaissances**

besoin
requirement

Condition essentielle qui doit être satisfaite par un système.

besoin d'en connaître
need-to-know

Besoin légitime qu'a un destinataire potentiel d'une information sensible d'en connaître l'existence, d'y accéder ou de la détenir.

biais
bias

Écart systématique entre une valeur et la valeur de référence.

bibliothèque de liens dynamique
dynamic-link library (DLL)

Interface de programmation d'application, composée de sous-programmes auxquels les applications peuvent accéder sans la nécessité d'établir des liens au préalable.

bibliothèque de logiciels
software library

Collection contrôlée de logiciels et documentation associée, conçue pour aider au développement, à l'utilisation et à la maintenance du logiciel.

bibliothèque de macros
macro library

Collection d'appels de macros et de macroinstructions, accompagnés de leurs macrodéfinitions, mise à la disposition d'un macrogénérateur.

bibliothèque de programmes
program library

Collection organisée de programmes ou de parties de programmes, associés éventuellement à des informations relatives à leur utilisation.

NOTE Une bibliothèque de programmes est souvent désignée en fonction des caractéristiques de ses éléments ; par exemple, une bibliothèque de procédures, une bibliothèque de programmes sources.

≈ programmathèque

bibliothèque hypermédia
hyperlibrary, hypermedia library

Ensemble de documents hypermédias parmi lesquels des hyperliens peuvent être établis.

Les termes *bibliothèque hypermédia* et *hyperbibliothèque* sont des noms féminins.

≈ hyperbibliothèque

bibliothèque système
system library

Bibliothèque de logiciels résidant dans un système informatique et à laquelle on peut avoir accès pour l'utiliser ou pour l'incorporer par référence dans d'autres programmes.

EXEMPLE Une bibliothèque de macros.

binaire
binary

I Qualifie une numération à base fixe dont la base est deux.

II Qualifie un objet, une condition ou une action pouvant présenter l'un quelconque de deux valeurs ou états distincts.

binette
➡ **frimousse**

biocapteur
biosensor

Dispositif destiné à détecter et à numériser des signaux bioélectriques.

biométrique
biometric

Qualifie l'utilisation d'attributs spécifiques, qui reflètent des caractéristiques personnelles uniques, telles que les empreintes digitales, l'empreinte des vaisseaux de l'œil ou une empreinte vocale, pour valider l'identité d'une personne.

biscuit
➡ **témoin**

bistable
bistable

Qualifie une entité qui peut se trouver dans l'un ou l'autre de deux états stables, à des instants différents.

1 bit
bit, binary digit

L'un des chiffres 0 et 1, lorsqu'il est employé en numération binaire.

≈ chiffre binaire

2 bit

➡ **caractère binaire**

bit de poids faible

➡ **bit le moins significatif**

bit de poids fort

➡ **bit le plus significatif**

bit de service

overhead bit, service bit

Bit auxiliaire, utilisé pour représenter les informations de service.

NOTE Les bits de service sont utilisés essentiellement lorsque l'émetteur effectue un traitement, en particulier un traitement apériodique, pour s'assurer que le récepteur effectue le traitement complémentaire. Ces bits sont normalement ajoutés à intervalles réguliers dans un signal numérique à l'émission et sont supprimés à la réception.

bit de signe

sign bit

Bit occupant la position du signe et indiquant le signe algébrique à attribuer au nombre représenté.

bit d'information

information bit

Bit utilisé pour représenter les données des utilisateurs par opposition aux informations de service dans une trame.

bit faible

weak bit

Bit écrit sur un disque avec un champ magnétique volontairement faible qui peut être interprété comme zéro ou un, et qui est écrit en tant que technique de protection contre la copie.

bit le moins significatif

least significant bit (LSB)

Dans une numération pondérée, position binaire ayant le poids le moins élevé.

≈ bit de poids faible

bit le plus significatif

most significant bit (MSB)

Dans une numération pondérée, position binaire ayant le poids le plus élevé.

≈ bit de poids fort

Bitnet

Nom d'un réseau mondial, créé avant le réseau internet, pour les conférences par ordinateur, et maintenant connecté à Usenet.

Bitnet est un acronyme qui provient de l'expression anglaise *because it's time network.*

blanc

blank, blank character

Caractère qui représente une position libre dans une chaîne de caractères graphiques.

NOTE Le blanc est essentiellement différent du caractère espace, mais peut ne pas en être distinct dans un jeu de caractères particulier. Par exemple, certains jeux de caractères contiennent un blanc comme « blanc insécable », qui peut être utilisé entre deux caractères graphiques sans être considéré comme délimiteur.

bloc

block

I (en organisation de données) Chaîne de caractères, de mots ou d'enregistrements, traitée comme un tout pour un usage particulier.

II (en traitement de texte) Segment de texte défini par l'utilisateur et auquel doit s'appliquer une opération de traitement de texte.

bloc-notes

➡ **presse-papiers**

bloqué

blocked

Se dit de l'état de tâche d'une tâche exécutable, dans lequel la tâche est retardée ou en attente d'un événement.

bluff
spoofing

Action de prendre des mesures destinées à tromper un utilisateur, un observateur (qui effectue par exemple un branchement clandestin) ou une ressource.

≈ mystification

bobine
reel

Cylindre muni de flasques sur lequel une bande peut être enroulée.

bogue
bug

Défaut de conception ou de réalisation se manifestant par des anomalies de fonctionnement.

Le mot *bogue* est un nom masculin.

boîte aux lettres
BAL
mailbox, electronic mailbox

Zone de mémoire qui contient des messages électroniques concernant un utilisateur particulier.

NOTE Une boîte aux lettres électronique peut contenir du courrier reçu ou du courrier envoyé, ou les deux.

= boîte aux lettres électronique

boîte de dialogue
dialog box

Fenêtre flash qui sert à l'entrée des données.

≈ fenêtre de dialogue

boîtier
jewel case, jewel box

Conteneur destiné à protéger un ou plusieurs disques optiques et à faciliter leur échange.

≈ étui

boîtier de chargement
caddy

Conteneur de protection dans lequel on insère un disque optique avant de l'insérer lui-même dans le lecteur de disque optique.

≈ étui de chargement

bombardement
bombing

Envoi d'une grande quantité de messages ou de données à un même destinataire, dans une intention malveillante.

bombe à retardement
time bomb

Bombe logique destinée à être activée à un instant prédéfini.

bombe logique
logic bomb

Logiciel malveillant qui cause des dommages à un système informatique quand il est déclenché par des conditions spécifiques du système.

bord de marque
mark edge

Transition entre un arc contenant une marque et un arc sans marque, ou vice versa, le long d'une piste.

bordure
border

Ligne entourant une fenêtre (sens I) et présentant une épaisseur fixe.

bouclage
wraparound

I (en traitement de texte) Fonction permettant de reporter automatiquement au début de la ligne suivante le texte introduit après la dernière position de la ligne courante.

II (en infographie) Action de traiter la partie d'une image qui déborde de l'espace d'affichage, en la faisant apparaître sur le bord opposé de cet espace.

boucle
loop

Suite d'instructions qui peut être exécutée de façon répétée tant qu'une certaine condition est vérifiée.

NOTE Dans certaines réalisations, on exécute la boucle une fois avant de tester si la condition est vérifiée.

boucle à compteur
fixed-count iteration

Type de boucle qui termine l'exécution d'une boucle après un nombre spécifié d'itérations plutôt que par l'apparition d'un événement particulier.

boucle à test final
posttest loop

Contrôle de boucle qui effectue le test après le corps de la boucle.

EXEMPLE En Pascal, la construction « repeat ... until ».

boucle à test interne
in-test loop

Contrôle de boucle qui effectue le test quelque part dans le milieu du corps de la boucle.

EXEMPLE L'instruction « exit » en Ada.

boucle à test préliminaire
pretest loop

Contrôle de boucle qui effectue un test avant l'entrée dans le corps de la boucle.

EXEMPLE Une boucle « for » en Ada.

NOTE Habituellement, on préfère une boucle à test préliminaire, parce qu'une boucle à test final provoque une exécution de la boucle avant même d'effectuer une fois le test.

boucle fermée

➡ **boucle infinie**

boucle infinie
infinite loop, closed loop

Boucle dont l'exécution ne peut être arrêtée que par une intervention extérieure.

≈ boucle fermée

boule de commande
trackball, control ball

Releveur de coordonnées ou dispositif de pointage comportant une boule mobile dans son logement.

≈ boule roulante

boule roulante

➡ **boule de commande**

bourrage
traffic padding

Mesure de prévention consistant à générer des données parasites dans des supports de transmission afin de rendre l'analyse du trafic et le déchiffrement plus difficiles.

bouton poussoir
pushbutton, button

Touche de fonction ou sa simulation par une zone d'écran, servant à sélectionner une opération ou un objet parmi plusieurs.

branche
branch

Dans un réseau, interconnexion directe entre deux nœuds.

NOTE En topologie de réseau ou dans une structure abstraite, les branches sont des lignes sur un schéma. Dans un réseau d'ordinateurs, les branches sont des liaisons de données.

☞ réseau

branchement clandestin
wiretapping

Accès clandestin à une partie d'un circuit de données pour obtenir, modifier ou insérer des données.

branchement clandestin actif
active wiretapping

Branchement clandestin destiné à modifier ou insérer des données.

branchement clandestin passif
passive wiretapping

Branchement clandestin limité à l'obtention de données.

branchement continu
continuous branching

Dans une présentation sur un média interactif, fonction permettant à un utilisateur de modifier le programme à n'importe quel point plutôt qu'à des points de branchement spécifiques.

bras d'accès
access arm
Dans un lecteur de disque magnétique, bras sur lequel sont montées les têtes magnétiques.

brèche
➡ **faille**

broche d'entraînement
spindle
Partie d'un lecteur de disque optique qui entraîne le disque en rotation.
≈ axe d'entraînement

brouiller
➡ **embrouiller**

brouillon
draft copy
Version préliminaire d'un document préparé pour relecture, approbation ou édition.
≈ document provisoire

bruit
noise
Perturbation s'ajoutant à un signal et pouvant brouiller l'information portée par le signal.

bruit spatial
spatial noise
Ensemble d'effets non désirés, apparaissant dans une image par suite des variations de la luminosité et selon la position.

bureautique
office automation (OA)
Intégration des activités de bureau, au moyen d'un système de traitement de l'information, pour améliorer la productivité.

NOTES

1 Ce terme s'applique en particulier au traitement et à la transmission du texte, de l'image, de la voix et de séquences vidéo.

2 Les activités de traitement de données telles que l'établissement des bulletins de salaire ou la saisie de commandes informatisées ne sont pas habituellement considérées comme des activités bureautiques.

bureau virtuel
virtual office, virtual workplace
Environnement de travail dans lequel des employés travaillent ensemble depuis des emplacements différents, au moyen d'un réseau.

bus
bus
Dispositif non bouclé destiné à transférer des données entre plusieurs dispositifs placés entre ses deux extrémités, un seul dispositif pouvant émettre à un instant donné.

C

câble coaxial
coaxial cable

Câble qui contient une ou plusieurs paires coaxiales.

câble de dérivation
drop cable, lobe

Câble qui relie une station de données à un coupleur au câble principal.

☞ coupleur au câble principal

câble principal
trunk cable

Câble réunissant des coupleurs au câble principal pour permettre des communications entre des stations de données.

☞ coupleur au câble principal

cache
cache

Mémoire ou partie de mémoire dans laquelle sont stockées de façon temporaire les données utilisées fréquemment ou ayant été récemment consultées, et à laquelle l'ordinateur accède systématiquement, afin de réduire les temps de réponse.

EXEMPLES

- Le cache de disque ou cache-disque (en anglais *disk cache*) est un cache, intercalé entre processeur et disque, qui évite une lecture sur le disque auquel l'accès serait plus lent.
- Le cache-toile (en anglais *Web cache*) est une partie du disque gérée par le logiciel d'accès à la toile, qui contient temporairement une copie des fichiers consultés récemment et qui permet à l'utilisateur d'en disposer sans qu'il soit nécessaire de les redemander sur la toile.

Le mot *cache* est un nom masculin.

NOTE Parmi les caches les plus utilisés, on trouve les mémoires caches ou antémémoires, les caches situés sur disque, ceux destinés à améliorer les performances des disques eux-mêmes (cache de disque), ainsi que des zones de la mémoire principale réservées par certains logiciels.

cache à écriture différée
write-back cache

Mémoire cache dans laquelle les modifications des données en mémoire ne sont pas effectuées simultanément dans les données originales, mais sont marquées pour une mise à jour ultérieure.

cache à écriture immédiate
write-through cache

Mémoire cache dans laquelle les modifications des données en mémoire sont effectuées simultanément dans les données originales.

cache de disque
disk cache

Zone de la mémoire centrale dans laquelle sont conservées les données qui ont été récemment lues ou écrites sur disque et qui sont susceptibles d'être de nouveau nécessaires.

cache de niveau 1
level-one cache, primary cache, L1 cache

Mémoire cache incorporée dans un processeur.

≈ cache de premier niveau

cache de niveau 2
level-two cache, secondary cache, L2 cache

Mémoire cache constituée de mémoire vive statique extérieure au processeur.

≈ cache de second niveau

cache de premier niveau
➡ **cache de niveau 1**

cache de second niveau
➡ **cache de niveau 2**

cache disque d'écriture
write-behind cache

Mémoire tampon dans laquelle les données sont conservées avant leur écriture sur un disque.

cadence
rate

Grandeur qui exprime le rythme auquel passe le temps pour une base des temps.

EXEMPLE Soit une base des temps utilisée dans un système de coordonnées temporelles ayant une échelle temporelle de 60. Si cette base des temps a une cadence de 1, alors 60 unités temporelles passent par seconde. Si cette cadence est de 1/2, alors 30 unités temporelles passent par seconde. Si enfin elle est de 2, alors 120 unités temporelles passent par seconde.

NOTE Pour calculer le nombre d'unités temporelles qui passent par seconde, on multiplie la cadence par l'échelle temporelle.

cadence brute de transfert
actual transfer rate, transfer rate, the average number of bits | characters | blocks

Nombre moyen de bits, de caractères ou de blocs transférés entre deux points pendant l'unité de temps.

Le terme *débit de transfert* est employé au Canada.

≈ débit de transfert, vitesse réelle de transfert

cadence utile de transfert
effective transfer rate, the average number of bits | characters | blocks

Nombre moyen de bits, de caractères ou de blocs transférés par unité de temps entre deux points et acceptés comme valables au point de réception.

≈ vitesse utile de transfert

cadre
frame

(en intelligence artificielle)

Représentation des connaissances orientée vers les données, qui associe à un objet une collection de caractéristiques dont chacune est stockée dans un compartiment spécialisé, appelé tiroir.

cadre de page
page frame

En mémoire réelle, partie de mémoire de la taille d'une page.

cadre de surimpression
form overlay

Dessin représentant, par exemple, un formulaire, une grille, un plan ou une carte, utilisé en fond d'image.

cadre d'objet
bounding box

(en infographie)

Rectangle normalement invisible qui englobe un objet graphique, et qui peut apparaître lorsque cet objet graphique est sélectionné.

≈ zone de délimitation

cadrer
to justify

Décaler le contenu d'un registre de façon que le caractère situé à une extrémité déterminée de la donnée occupe une position particulière dans le registre.

cadrer à droite
to right-justify

Cadrer le contenu d'un registre à droite.

cadrer à gauche
to left-justify

Cadrer le contenu d'un registre à gauche.

cahier des charges
project specification

Ensemble des spécifications, des objectifs, des besoins, de la portée d'un projet et de ses relations avec d'autres projets.

≈ spécification d'un projet

calage
registration

Mesure dans laquelle une image peut être superposée exactement à une autre image par une opération géométrique telle que rotation, translation ou agrandissement.

calculateur
computer

Unité fonctionnelle qui est capable d'effectuer des calculs importants, comportant de nombreuses opérations arithmétiques et opérations logiques, sans intervention humaine.

NOTES

1 Un calculateur peut se composer d'une seule ou de plusieurs unités interconnectées.

2 En français, le terme « ordinateur » est souvent utilisé dans un sens général pour désigner un calculateur.

calculateur analogique
analog computer

Calculateur qui accepte, traite et produit des données analogiques.

calculateur de processus
process computer system

Système informatique pourvu d'une interface de commande et destiné à superviser et commander un processus technique.

calculateur hybride
hybrid computer

Calculateur dont les caractéristiques combinent celles d'un ordinateur et d'un calculateur analogique et qui convertit les données entre les représentations numériques et analogiques.

NOTE Un calculateur hybride peut utiliser ou produire des données analogiques et des données discrètes.

calculateur numérique
➡ **ordinateur**

calculatrice
calculator

Appareil convenant particulièrement à l'exécution d'opérations arithmétiques, mais nécessitant une intervention humaine pour modifier un éventuel programme stocké en mémoire et pour lancer toute opération ou suite d'opérations.

NOTE La calculatrice remplit certaines fonctions de l'ordinateur mais requiert généralement de fréquentes interventions humaines.

calculatrice à alimentation autonome
battery-powered calculator

Calculatrice dont l'alimentation électrique provient d'une pile chimique ou solaire ou d'un accumulateur incorporés.

calculatrice à alimentation mixte
mains/battery powered calculator

Calculatrice dont l'alimentation électrique provient au choix soit du secteur, soit d'une pile ou d'un accumulateur incorporés.

calculatrice à alimentation sur secteur
mains-powered calculator

Calculatrice dont l'alimentation électrique provient exclusivement d'un branchement sur le secteur.

calculatrice à écran
display calculator

Calculatrice dans laquelle les données apparaissent de façon temporaire sous forme de caractères.

calculatrice à écran et imprimante
display and printing calculator

Calculatrice qui laisse à l'utilisateur le choix, pour la présentation des données, entre un affichage et une impression.

calculatrice à logique algébrique
calculator with algebraic logic

Calculatrice dont l'organisation interne est telle que, pour les opérations d'addition et de soustraction, le symbole de l'opération est fourni avant l'entrée de chacun des opérandes suivants.

EXEMPLE Dans une calculatrice à logique algébrique, voici la succession des étapes nécessaires pour exécuter le calcul : $\frac{12+3-5}{2} = 5$

Touche	Affichage	Impression
12	12	
[+]	12	12 +
3	3	
[–]	15	3 –
5	5	5 ÷
[÷]	10	
2	2	
[=]	5	2 =
		5 *

NOTE Quand l'addition et la sustraction se combinent avec la multiplication ou la division, le passage par des résultats intermédiaires est superflu.

☞ calculatrice, opération, entrée (1), opérande, résultat

calculatrice à logique arithmétique
calculator with arithmetic logic

Calculatrice dont l'organisation interne est telle que, pour les opérations d'addition et de soustraction, le symbole de l'opération est fourni après l'entrée de chaque opérande.

EXEMPLE Dans une calculatrice à logique arithmétique, voici la succession des étapes nécessaires pour exécuter le calcul : $\frac{12+3-5}{2} = 5$

Touche	Affichage	Impression
12	12	
[+/=]	12	12 +
3	3	
[+/=]	15	3 +
5	5	
[–/=]	10	5 –
[÷]	10	10 ◊
2	2	10 ÷
[+/=]	5	2 =
		5 *

NOTE Quand l'addition et la soustraction se combinent avec la multiplication ou la division, le passage par le résultat intermédiaire est obligatoire.

☞ calculatrice, opération, entrée (1), opérande, résultat

calculatrice à mémoire adressable commandée à partir d'un clavier
calculator with keyboard-controlled addressable storage

Calculatrice ne permettant de commander la mémorisation et le cumul des données qu'à partir d'un clavier, les données dans les mémoires n'étant modifiées que par des opérations adressées à ces dispositifs à partir du clavier.

calculatrice à mémoire adressable commandée par programme

calculator with program-controlled addressable storage

Calculatrice ne permettant de commander la mémorisation et le cumul des données que par programme, les données dans les mémoires n'étant modifiées que par des opérations programmées adressées à ces dispositifs.

calculatrice à mémoire adressable commandée par programme et par clavier

calculator with program-controlled and keyboard-controlled addressable storage

Calculatrice permettant la mémorisation et le cumul des données commandés à la fois par programme et par clavier, les données dans les mémoires n'étant modifiées que par les opérations ultérieures adressées à ces dispositifs.

calculatrice avec logique à notation polonaise inverse

calculator with postfix notation logic, calculator with suffix notation logic, calculator with reverse-Polish notation logic

Calculatrice dont l'organisation interne est telle que, après l'introduction du premier opérande au moyen d'une touche « entrée », les opérandes ultérieurs sont immédiatement suivis du symbole de l'opération.

EXEMPLE Dans une calculatrice à notation polonaise inverse, voici la succession des étapes nécessaires pour exécuter le calcul : $\frac{12 + 3 - 5}{2} = 5$

Touche	Affichage	Impression
12	12	
ENTER	12	12 #
3	3	
+	15	3 +
5	5	
−	10	5 −
2	2	
÷	5	2 ÷
		5 *

NOTE Lorsque l'addition et la soustraction sont combinées avec la multiplication et la division, il n'est pas nécessaire de passer par des résultats intermédiaires.

☞ calculatrice, opération, entrée (1), opérande, résultat

calculatrice de table

desk-top calculator

Calculatrice conçue pour être, en utilisation normale, posée sur un plan de travail.

calculatrice imprimante

printing calculator

Calculatrice dans laquelle les données s'impriment sur papier.

calculatrice non-programmable

nonprogrammable calculator

Calculatrice dont le programme ne peut être modifié par l'opérateur.

calculatrice programmable

programmable calculator

Calculatrice dont le programme peut être modifié par l'opérateur.

calculatrice programmable au clavier

calculator with keyboard program input

Calculatrice dans laquelle on peut introduire, à partir du clavier, un nombre déterminé de pas de programme qui y seront stockés pour un usage répété.

calculatrice programmable au clavier et par support externe

calculator with keyboard and external program input

Calculatrice dans laquelle on peut introduire, soit à partir du clavier, soit à partir d'un support externe d'enregistrement, un nombre déterminé de pas de programme qui y seront stockés pour un usage répété.

calculatrice programmable par support externe

calculator with external program input

Calculatrice dans laquelle on peut introduire, à partir d'un support externe d'enregistrement, un nombre déterminé de pas de programme qui y seront stockés pour un usage répété.

calculatrice sans mémoire adressable
calculator without addressable storage

Calculatrice dans laquelle les données ne peuvent être mémorisées sans être effacées par les opérations suivantes, mais qui peut ou non disposer d'une fonction de mémorisation des constantes.

calcul en chiffres significatifs
significant digit arithmetic

Forme de calcul où l'on emploie une numération à séparation flottante modifiée dans laquelle le nombre de chiffres significatifs de chaque opérande est indiqué et dans laquelle le nombre de chiffres significatifs du résultat est déterminé par le nombre de chiffres significatifs des opérandes, par la nature de l'opération et par la précision possible.

calcul en temps réel
real-time operation

(en calcul analogique)

Opération en mode calcul pour laquelle l'échelle de temps est égale à 1.

calculette
pocket calculator, hand-held calculator

Calculatrice à alimentation autonome, dont la taille et le poids réduits permettent de l'utiliser à la main et de la transporter dans la poche d'un vêtement.

caméra d'acquisition de formes
shape-acquisition camera

Caméra insérée dans un système de reconnaissance de formes et permettant à ce système de reconnaître des changements de formes, par exemple un changement d'expression faciale.

1 canal
highway

(en commande de processus)

Dans un calculateur de processus, dispositif d'interconnexion entre le système informatique et l'interface de commande.

NOTE On se sert souvent d'un bus pour établir un canal.

2 canal
channel

(en hypermédia et multimédia)

Espace logique contenant les objets d'exécution destinés à être présentés à un utilisateur.

NOTE Les canaux sont mis en correspondance avec des entités physiques telles que des fenêtres ou des haut-parleurs pour rendre les objets d'exécution perceptibles à l'utilisateur.

canal d'entrée-sortie
input/output channel (I/O channel)

Unité fonctionnelle qui assure le transfert de données entre la mémoire interne et des périphériques.

cannibalisation
➡ **récupération illicite**

CAO
➡ **conception assistée par ordinateur**

capacité
capability

(en sécurité informatique)

Représentation de l'identité d'un objet ou d'une classe d'objets, et d'un jeu de types d'accès autorisés applicable à ces objets.

NOTE Une capacité peut être mise en œuvre sous la forme d'un ticket.

capacité d'adressage
addressability

(en infographie)

Nombre des points adressables d'un espace d'appareil.

capacité de mémoire
storage capacity, storage size

Quantité de données pouvant être contenue dans une mémoire, exprimée en éléments de données.

NOTES

1 Un élément de donnée peut être un bit, un octet, un mot, etc.

2 Pour les registres, on utilise plutôt, dans le même sens, le terme « longueur de registre ».

≈ taille de mémoire

capacité d'une voie
channel capacity

Mesure de l'aptitude d'une voie soumise à des contraintes spécifiées à transmettre les messages d'une source de messages donnée, exprimée soit par la valeur maximale de la transinformation moyenne par caractère, soit par la valeur maximale du débit moyen de transinformation, qui peut être atteinte avec une probabilité d'erreurs arbitrairement faible grâce à l'emploi d'un code approprié.

capteur matriciel
area array sensor, matrix array sensor

Capteur optique constitué de rangées et de colonnes d'éléments photosensibles.

capteur optique
vision sensor, visual sensor

Unité fonctionnelle recevant de l'énergie lumineuse provenant de l'environnement et produisant une sortie en vue d'un traitement ultérieur.

capteur rectiligne
linear array sensor

Capteur optique constitué d'une seule rangée d'éléments photosensibles.

capteur d'image
➠ **saisisseur d'image**

caractère
character

Élément d'un ensemble employé pour constituer, représenter ou gérer des données.

👁 Figure C.1

caractère alphanumérique
alphanumeric character

Caractère d'un jeu de caractères alphanumérique.

caractère binaire
binary character

Caractères d'un jeu de caractères binaire.

EXEMPLES V (vrai) ou F (faux), O (oui) ou N (non).

≈ bit, élément binaire

caractère caché
hidden character

Caractère qui, en utilisation normale, n'est ni imprimé ni affiché.

EXEMPLE Un caractère de commande intégré.

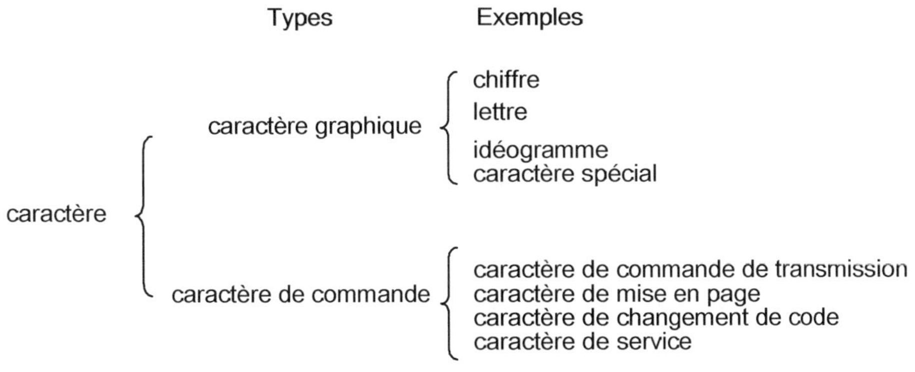

Figure C.1 – Typologie des caractères

caractère de changement de code

code extension character

Caractère de commande destiné à indiquer qu'un ou plusieurs des codets qui le suivent doivent être interprétés selon un code différent.

caractère de commande

control character

Caractère dont le but est d'assurer le formatage, de commander la transmission de données, ou d'accomplir d'autres fonctions de commande.

NOTE Un caractère de commande n'est pas un caractère graphique, mais peut, dans certains cas, avoir une représentation graphique.

caractère de commande d'appareil

device control character

Caractère de commande employé pour spécifier une fonction de commande pour des périphériques associés à un système informatique.

≈ caractère de service

caractère de commande de transmission

transmission control character

Caractère de commande utilisé pour commander ou faciliter la transmission de données entre terminaux de données.

caractère de mise en page

format effector

Caractère de commande employé pour disposer des données lors de leur impression, de leur affichage ou de leur enregistrement.

EXEMPLES Le caractère espace, le caractère de tabulation horizontale, le caractère retour de chariot, le caractère interligne, le caractère de présentation de feuille.

≈ caractère de présentation

caractère de présentation

➡ **caractère de mise en page**

caractère de service

➡ **caractère de commande d'appareil**

caractère de signe

sign character

Caractère occupant la position du signe et indiquant le signe algébrique à attribuer au nombre représenté.

caractère espace

space character

Caractère provoquant, sur la même ligne, l'avancement d'un cran de la position d'impression ou d'affichage sans produire de caractère graphique.

caractère graphique

graphic character

Caractère, autre qu'un caractère de commande, ayant une représentation visuelle généralement manuscrite, imprimée ou affichée à l'écran.

NOTE Un caractère graphique peut servir à représenter un caractère de commande dans un texte.

caractère optique

optical character

Caractère graphique imprimé ou manuscrit selon des règles spéciales qui facilitent la reconnaissance de caractères par détection optique.

caractère pictural

pictorial character

Élément d'un ensemble prédéterminé de caractères qui peuvent être utilisés pour créer des graphiques simples tels que des lignes, des cadres, des figures, des logos ou des diagrammes.

caractère spécial

special character

Caractère graphique autre qu'une lettre, un chiffre, un blanc et généralement autre qu'un idéogramme.

EXEMPLES Un signe de ponctuation, un signe de pourcentage, un symbole mathématique.

caractéristique
characteristic

(en numération à séparation flottante)

Numéral qui représente l'exposant, de manière interne, en numération à séparation flottante.

NOTE La caractéristique diffère de l'exposant par l'addition d'une constante donnée. Si l'exposant est -3 et la constante est 64, la caractéristique sera 61.

caractéristique d'un logarithme
characteristic of a logarithm

En parlant d'un logarithme, partie entière, positive ou négative, de la représentation de ce logarithme.

cardinalité
cardinality

Dans une base de données relationnelle, nombre de tuples dans une relation.

carte à autoorganisation
➠ **carte autoorganisable**

carte accélératrice
accelerator card, accelerator board, acceleration card

Carte à circuit imprimé destinée à accélérer certaines fonctions d'un ordinateur.

= carte d'accélération

carte à mémoire
➠ **carte à puce**

carte à microprocesseur
➠ **carte à puce**

carte à puce
smart card, chip card

Carte électronique ayant le format d'une carte de crédit et contenant un microprocesseur programmé pour effectuer diverses fonctions lorsqu'elle est insérée dans un terminal approprié.

NOTE Des exemples de ces fonctions sont les communications, l'identification, les enregistrements de données médicales, les opérations bancaires.

≈ carte à mémoire, carte à microprocesseur

carte autoorganisable
self-organizing map (SOM), self-organizing feature map (SOFM), Kohonen map

Réseau autoorganisable comprenant une couche de sortie, généralement bidimensionnelle, entièrement connectée aux nœuds sources et utilisant un apprentissage concurrentiel.

≈ carte à autoorganisation, carte de Kohonen

carte de chargement
➠ **plan d'occupation de la mémoire**

carte de Kohonen
➠ **carte autoorganisable**

carte de télécopie
fax board, fax adapter

Carte d'extension installée sur une station de travail et utilisée pour envoyer ou recevoir des images par télécopie.

carte d'extension
expansion board, extender board, plug-in board, plug-in card, plug-in

Carte électronique qui est enfichée dans le bus d'un ordinateur pour ajouter des fonctions ou ressources supplémentaires à l'ordinateur.

≈ carte enfichable

carte enfichable
➠ **carte d'extension**

carte fille
daughterboard

Carte électronique enfichée sur une autre carte, en général la carte mère.

carte magnétique
magnetic card

Carte, pourvue d'une couche aimantable, sur laquelle des données peuvent être stockées.

carte mémoire
memory card

Mémoire à circuits intégrés ayant la taille d'une carte de crédit.

NOTE Une carte mémoire est généralement employée comme mémoire supplémentaire dans les matériels portables.

carte mère
motherboard

Carte électronique qui sert de support aux composants principaux d'un ensemble électronique, et éventuellement aux cartes filles.

carte modem
modem card, modem board

Modem réalisé sous forme d'une carte d'extension pour installation dans un ordinateur.

carte multifonction
multifunction board

Carte ou panneau pour ordinateur individuel qui contient des dispositifs semiconducteurs destinés à fournir diverses options, telles que ports parallèles et ports série, connexion de périphériques, caractéristiques spéciales comme une horloge calendrier, et mémoire supplémentaire.

carte PCMCIA
PCMCIA card

Petite carte électronique plate, qui peut être insérée dans un ordinateur portable pour assurer des fonctions de communication, de multimédia, de mémoire ou autres.

PCMCIA est l'abréviation de l'expression anglaise *personal computer memory card international association*.

carte son
sound board, sound card

Carte électronique destinée à ajouter des capacités sonores à un système informatique.

carte son à synthèse par table d'onde
wavetable synthesis sound card

Carte son permettant la synthèse musicale au moyen d'une table d'onde.

cartouche de bande magnétique
magnetic tape cartridge, cartridge

Boîtier contenant une bande magnétique entraînée par friction et qui peut être exploitée sans être extraite du boîtier.

NOTE Lorsque les mécanismes d'entraînement ne sont pas essentiels, les termes cassette et cartouche sont parfois utilisées l'un pour l'autre.

= cartouche

cartouche de disque optique
optical disk cartridge (ODC)

Mémoire optique constituée d'un boîtier contenant un ou plusieurs disques optiques, qui permet de les insérer et retirer en bloc d'un lecteur de disque optique.

cartouche de disque magnétique
magnetic disk cartridge

Ensemble constitué d'un ou plusieurs disques magnétiques contenus dans un boîtier inamovible, qui permet de les insérer et retirer en bloc d'un lecteur de disque.

cartouche de mémoire
memory cartridge

Module enfichable contenant une mémoire vive à circuit intégré.

cartouche d'impression
print cartridge

Réservoir contenant de l'encre et destiné à être inséré dans une imprimante.

casque de visualisation
➡ **visiocasque**

cassette de bande magnétique
magnetic tape cassette, cassette

Boîtier plat contenant une bande magnétique entraînée autour d'axes et qui peut être exploitée sans être extraite du boîtier.

= cassette

catalogue
catalog, catalogue

Répertoire des données et de leur emplacement.

Catalog est l'orthographe anglaise ; *catalogue* est l'orthographe américaine.

cataloguer
to catalog, to catalogue

Inscrire dans un catalogue des informations concernant une donnée.

EXEMPLE Cataloguer un fichier dans une table d'affectation des fichiers.

To catalog est l'ortographe anglaise ; *to catalogue* est l'orthographe américaine.

catégorie d'accès
access category

Catégorie à laquelle on peut affecter des entités en fonction des ressources qu'elles ont le droit d'utiliser.

catégorie de sécurité
security category

Regroupement non hiérarchique d'informations sensibles permettant un contrôle d'accès aux données plus fin qu'avec seulement une classification de sécurité.

catégorie d'usagers
user class of service

Catégorie des services de transmission de données assurés par un réseau de données, définie par le débit binaire, le mode d'exploitation des équipements terminaux de traitement de données et, le cas échéant, la structure du code.

causette
chat

Conférence par ordinateur dans laquelle les participants échangent des messages en temps réel, sans mise en mémoire des messages dans un serveur ou une base de donnés.

≈ bavardage, tchate

CCR
➡ **engagement, concurrence et reprise**

CD
➡ **disque compact**

CD-I
➡ **système interactif à disque compact**

CD-R
➡ **système CD enregistrable**

CD-ROM
➡ **disque optique compact**

cédérom
➡ **disque optique compact**

cellule de fabrication
manufacturing cell, cell

Unité de fabrication composée de postes de travail, matériel d'usinage, locaux d'entreposage et mécanismes de transport afférents.

cellule de mémoire
storage cell, storage element

La plus petite unité adressable d'une mémoire.

≈ élément de mémoire

cellule de résolution
resolution cell

Zone la plus petite et la plus élémentaire d'une image, jugée comme significative par un observateur.

NOTE La cellule de résolution ou des ensembles de cellules peuvent constituer l'unité de base pour la reconnaissance de formes, par exemple, de données de structure de l'image.

cellule robotisée
robot system, robotic system

Cellule de fabrication composée du matériel et du logiciel d'un robot, et comprenant le manipulateur, l'alimentation en énergie, le système de commande, les effecteurs, ainsi que tout matériel en interaction avec le robot, et les organes de communication permettant de faire fonctionner et de superviser le robot.

≈ système robotique

centre de commutation de données
data switching exchange (DSE)

Ensemble des appareils installés dans un même lieu pour assurer des fonctions de commutation entre des circuits de données.

centre de secours immédiat
hot site

Centre de traitement de l'information totalement équipé, qui peut immédiatement prendre le relais d'un traitement des données.

≈ site de secours

centre de traitement de l'information
CTI
computer center, data processing center

Installation comportant du matériel, du logiciel et le personnel associé, pour fournir des services de traitement des données.

centre d'exploitation du réseau
network operations center (NOC)

Organisme responsable de l'exploitation et de la maintenance d'un réseau.

centre d'information du réseau
➠ **centre NIC**

centre NIC
network information center (NIC)

Organisme qui assure la gestion des informations, l'assistance technique et des services administratifs aux usagers d'un réseau.

NOTES

1 Les centres NIC de l'internet forment une hiérarchie.

2 Un centre NIC particulier attribue les numéros de réseau aux réseaux connectés à l'internet.

≈ centre d'information du réseau

centrer
to center

Positionner un texte de sorte qu'il soit imprimé ou affiché de façon égale de part et d'autre d'une position donnée, soit horizontalement, soit verticalement, soit les deux à la fois.

certification
certification

(en sécurité informatique)

Procédure par laquelle un tiers de confiance donne l'assurance écrite qu'un produit, un processus ou un service est conforme aux exigences de sécurité spécifiées.

CFAO
➠ **conception et fabrication assistées par ordinateur**

CGM
➠ **métafichier infographique CGM**

chaînage arrière
backward chaining

Procédure itérative qui détermine l'ordre d'application des règles d'inférence en commençant par une règle but dont le système à base de règles doit établir la valeur de vérité et en reculant progressivement de règle en règle, jusqu'à obtenir la réponse à une question ou un résultat déjà enregistré, jusqu'à rencontrer une contradiction ou jusqu'à découvrir que la valeur de vérité ne peut être établie.

chaînage avant
forward chaining

Procédure itérative qui détermine l'ordre des règles d'inférence en commençant par des faits établis et en s'arrêtant lorsque le système à base de règles atteint le but ou épuise les possibilités.

chaîne
string

Suite d'éléments de même nature, tels des caractères ou des bits, considérée comme un tout.

NOTE Une chaîne peut être vide ou peut contenir un seul élément.

chaîne alphabétique
alphabetic string

Chaîne ne comprenant que des lettres du même jeu de caractères alphabétiques.

chaîne de caractères
character string

Chaîne ne comprenant que des caractères.

chaîne de chiffres binaires
bit string

Chaîne ne comprenant que des chiffres binaires.

chaîne unitaire
unit string

Chaîne contenant un seul élément.

chaîne vide
null string

Chaîne ne contenant aucun élément.

chambre virtuelle
virtual-world room, cyberspace room

Infrastructure permettant de créer un univers virtuel.

NOTE Une chambre virtuelle peut contenir des écrans à la dimension d'un mur, des moniteurs couleurs indépendants, des dispositifs de suivi oculaire, des entrées vocales et des appareils de reconnaissance des gestes.

champ
➠ **zone (2)**

champ d'application d'une déclaration
➠ **portée**

champ d'application dynamique
➠ **portée dynamique**

champ d'application statique
➠ **portée statique**

champ de commande de trame
frame control field

Configuration de bits qui définit le type de trame et certaines fonctions de service.

≈ zone de commande de trame

champ de données
data field

(dans une base de données)

Objet de données qui consiste en une occurrence d'un type champ.

≈ zone de données

champ de visée
aiming symbol, aiming circle, aiming field

Cercle ou autre motif lumineux utilisé pour indiquer la zone de l'écran dans laquelle la présence d'un photostyle peut être détectée.

champ de vision
field-of-view (FOV)

Angle solide vu depuis la position de l'observateur et qui découpe dans la scène le contenu de l'image.

changement d'échelle
➠ **mise à l'échelle**

changer d'échelle
➠ **mettre à l'échelle**

changeur de signe
➠ **inverseur**

chargement-exécution
load-and-go

Technique d'exploitation dans laquelle il n'y a pas d'interruption entre le chargement et l'exécution d'un programme.

charger
to load

I (en programmation des ordinateurs) Exécuter un chargeur.

II Transférer des données d'une mémoire d'un support d'enregistrement ou d'une autre source, dans une mémoire.

charger un compteur
to set a counter

Amener un compteur à l'état représentant un nombre donné.

≈ initialiser

chargeur
loader

Programme qui copie d'autres programmes de mémoire externe en mémoire interne, ou qui copie des données de mémoire externe en mémoire interne ou de mémoire interne vers des registres.

chargeur absolu
absolute loader
Programme qui copie, de mémoire externe en mémoire interne, des modules chargeables à l'intérieur desquels toutes les adresses sont des adresses absolues, ce qui rend inutile l'ajustement des adresses.

chargeur autonome
data module
Chargeur de disques amovible protégé par un boîtier hermétique contenant des disques durs et leurs têtes de lecture-écriture.

chargeur d'amorce
bootstrap loader
Programme bref utilisé pour charger une amorce.

chargeur de disques
disk pack
Ensemble constitué d'une pile de disques magnétiques contenue dans un boîtier, qui permet de les insérer ou de les retirer en bloc d'un lecteur de disque, et dont les disques doivent être séparés pour l'exploitation.

chargeur multidisque
jukebox, changer
Unité fonctionnelle qui contient des disques optiques et est équipée d'un mécanisme destiné à les sélectionner et à les monter pour des opérations de lecture et d'écriture sous la commande d'un ordinateur.
≈ jukebox

chargeur relieur
linking loader
Programme qui combine les possibilités fonctionnelles d'un éditeur de liens et d'un chargeur.

chargeur relogeur
➠ **chargeur translateur**

chargeur translateur
relocating loader
Chargeur qui traite des programmes translatables ou des modules translatables.
≈ chargeur relogeur

chemin
path
Suite de branches, qui relie deux nœuds dans un réseau, en n'utilisant chaque branche qu'une seule fois.
NOTES
1 Un chemin peut ne comprendre qu'une seule branche.
2 Entre deux nœuds quelconques, il peut y avoir plusieurs chemins.
☞ réseau

chemin d'accès
access path
Chaîne d'adresses qui mène aux données désirées.
NOTE Il peut y avoir simultanément plusieurs chemins d'accès à une donnée.

chemin défini par l'auteur
author-defined path
Chemin hypermédia défini pendant le développement d'une application hypermédia.

chemin défini par l'utilisateur
user-defined path
Chemin hypermédia défini par un utilisateur et stocké par une application hypermédia pour faciliter les accès ultérieurs.

chemin furtif
network weaving
Technique de pénétration dans laquelle on utilise différents réseaux de communication pour accéder à un système informatique, pour éviter d'être détecté et pisté.
≈ faufilement, louvoiement, réseautage illicite

chemin hypermédia
hypermedia path
Séquence définie de nœuds hypermédias reliés entre eux.

cheval de Troie
Trojan horse
Programme apparemment inoffensif contenant un logiciel malveillant qui permet la collecte, la falsification ou la destruction non autorisées de données.

chevauchement de données
data stripping

Méthode de répartition des données entre au moins deux disques durs.

chien de garde
➡ **horloge de surveillance**

chiffre
digit, numeric character

Caractère représentant à lui seul un entier naturel.

EXEMPLES Chacun des caractères de 0 à 9 en numération décimale ; chacun des caractères 0, 1, 2, 3, 4, 5, 6, 7, 8, 9, A, B, C, D, E, F en numération hexadécimale.

NOTE Le terme mathématique « entier naturel » désigne tous les entiers non négatifs.

chiffre binaire
➡ **bit**

chiffre décimal
decimal digit

Chiffre utilisé en numération décimale.

EXEMPLE Les chiffres arabes de 0 à 9.

chiffre de poids faible
➡ **chiffre le moins significatif**

chiffre de poids fort
➡ **chiffre le plus significatif**

chiffre hexadécimal
hexadecimal digit

Chiffre utilisé en numération hexadécimale.

EXEMPLE Les caractères graphiques 0, 1, 2, 3, 4, 5, 6, 7, 8, 9, A, B, C, D, E, F.

chiffre le moins significatif
least significant digit (LSD)

Dans une numération pondérée, rang de chiffre ayant le poids le moins élevé.

≈ chiffre de poids faible

chiffre le plus significatif
most significant digit (MSD)

Dans une numération pondérée, rang de chiffre ayant le poids le plus élevé.

≈ chiffre de poids fort

chiffrement
encryption, encipherment

Transformation cryptographique des données.

NOTES
1 Le résultat du chiffrement est le cryptogramme.
2 L'opération inverse est appelée déchiffrement.

≈ cryptage

☞ cryptographie à clé publique, cryptographie symétrique, chiffrement irréversible

chiffrement de substitution
➡ **substitution**

chiffrement de transposition
➡ **permutation**

chiffrement irréversible
irreversible encryption, irreversible encipherment, one-way encryption

Chiffrement produisant un cryptogramme à partir duquel les données originelles ne peuvent être reconstituées.

NOTE Le chiffrement irréversible est utilisé en particulier au cours des procédures d'authentification. Par exemple, un mot de passe est chiffré de façon irréversible, et le cryptogramme ainsi obtenu est stocké. Un mot de passe introduit ultérieurement sera alors chiffré de façon identique, et les deux cryptogrammes seront comparés. S'ils sont identiques, le mot de passe introduit est correct.

≈ cryptage irréversible

chiffre significatif
significant digit

Dans un numéral, chiffre nécessaire pour assurer une exactitude ou une précision donnée.

chroma-clé
➡ **incrustation couleur**

chromaticité
➡ **chrominance**

chrominance
chrominance

Attribut de la sensation visuelle qui combine la teinte et la saturation sans prendre en compte la luminosité.

≈ chromaticité

circuit
circuit

Interconnexion d'éléments électriques, optiques ou logiques qui peut accomplir une ou plusieurs fonctions.

circuit à configurations multiples
➡ **circuit reconfigurable**

circuit à retard
➡ **ligne à retard**

circuit bistable
➡ **bascule bistable**

circuit combinatoire
combinational circuit

Circuit logique dont les valeurs de sortie, à un instant donné, ne dépendent que des valeurs d'entrée à cet instant.

circuit de déclenchement
➡ **dispositif à déclenchements**

circuit de données
data circuit

Ensemble de deux voies de transmission, associées pour assurer des transmissions de données dans les deux sens.

NOTES

1 Entre des centres de commutation de données, le circuit de données peut, ou non, comprendre un équipement de terminaison de circuit de données (ETCD), selon le type d'interface utilisé dans le centre de commutation de données.

2 Entre une station de données et un centre de commutation de données ou un concentrateur de données, le circuit de données comprend l'ETCD situé auprès de la station de données ; il peut aussi comprendre un dispositif semblable à un ETCD, auprès du centre de commutation ou du concentrateur.

≈ circuit de transmission de données

☞ liaison de données

circuit de retard
➡ **ligne à retard**

circuit de transmission de données
➡ **circuit de données**

circuit EPLD
➡ **matrice logique programmable effaçable**

circuit FPGA
➡ **matrice prédiffusée programmable**

circuit FPLA
➡ **matrice logique programmable par l'utilisateur**

circuit intégré
integrated circuit (IC)

Circuit ou dispositif dans lequel un certain nombre d'éléments électroniques sont associés de façon inséparable et interconnectés électriquement, de sorte que, pour les besoins des spécifications, des mesures, des transactions commerciales et de la maintenance, il est considéré comme indivisible.

circuit logique
logic circuit

Circuit qui effectue des opérations en suivant des règles de logique symbolique.

EXEMPLE Circuit dont les signaux d'entrée et de sortie représentent des grandeurs qui peuvent prendre l'une des valeurs d'un ensemble fini de valeurs discrètes.

circuit logique programmable effaçable
➡ **matrice logique programmable effaçable**

circuit monostable
➡ **bascule monostable**

circuit PAL
PAL circuit

Circuit logique intégré comportant une matrice prédiffusée programmable de portes ET en entrée, et une matrice prédiffusée non programmable de portes OU inclusif en sortie.

PAL est l'abréviation de l'expression anglaise *programmable array logic*, c'est-à-dire « logique en tableau programmable ».

NOTE Les circuits PAL possèdent une grande partie des possibilités des matrices logiques programmables par l'utilisateur, tout en étant plus simples à programmer grâce à l'emploi d'un programmateur de mémoires mortes programmables.

circuit PLA
➡ **matrice logique programmable**

circuit reconfigurable
reconfigurable circuit

Circuit logique intégré conçu pour réaliser l'une quelconque de plusieurs fonctions, selon les demandes successives de l'utilisateur.

≈ circuit à configurations multiples

circuit séquentiel
sequential circuit

Circuit logique dont les valeurs de sortie à un instant donné dépendent des valeurs d'entrée et de l'état interne du dispositif à cet instant, et dont l'état interne à un instant donné dépend de l'état interne et des valeurs d'entrée à l'instant précédent.

NOTE Un circuit séquentiel peut prendre un nombre fini d'états internes.

circularité
peround

Mesure de la rondeur d'une région.

classe
class

(en programmation)
Modèle pour les objets qui définit la structure interne et l'ensemble des opérations pour les occurrences de ces objets.

NOTE En programmation orientée objet, les classes se comparent aux types de données de certains langages de programmation, tels que C et Pascal.

classe d'attribut
attribute class

Ensemble de toutes les valeurs d'attribut possibles, correspondant à une même propriété, des occurrences d'entités d'une classe d'entité.

EXEMPLE Dans une table de relations, le nom d'une colonne peut être considéré comme le nom d'une classe d'attribut.

NOTE Une classe d'attribut doit être un sous-ensemble du domaine d'attribut correspondant.

classe d'entités
entity class

Ensemble d'entités ayant des attributs communs.

classe de relation
relation class

Ensemble des relations ayant le même ensemble d'attributs.

NOTE Une classe de relation peut être caractérisée par un ensemble de noms d'attributs.

classement
filing, order

Stockage d'un document soit par un moyen électronique ou optique, soit sous forme de copie papier, et résultant de certains critères d'ordre.

NOTE Contrairement à la séquence, un classement n'est pas nécessairement linéaire ; par exemple, le classement de données agencées hiérarchiquement.

≈ rangement

classer
➡ **ranger**

classification de sécurité
security classification

Détermination du degré spécifique de protection nécessaire pour éviter l'accès à des données ou des informations, assortie d'une mention qualifiant ce niveau.

EXEMPLES « Très secret », « secret », « confidentiel ».

clavier
keyboard

Dispositif d'entrée comportant un ensemble de boutons poussoirs munis d'un marquage, dont chacun provoque l'émission d'un signal discret ou l'exécution d'une action lorsqu'il est enfoncé ou touché par un doigt.

NOTE Un clavier peut être simulé sur une zone d'écran, où les touches virtuelles sont activées par un dispositif de pointage.

clavier ajustable
split keyboard, removable keyboard

Clavier amovible et de géométrie variable conçu pour prévenir la fatigue de frappe.

≈ clavier réglable

clavier réglable
➥ **clavier ajustable**

clé
key

I (en organisation de données) Identificateur faisant partie d'un ensemble d'éléments de données.

II (en sécurité informatique) Chaîne de bits qui commande les opérations de chiffrement ou de déchiffrement.

clé de base de données
database key

Clé primaire attribuée par le système de gestion de base de données.

clé de recherche
search key

Clé permettant de retrouver des données.

clé électronique
dongle

Dispositif matériel que l'on enfiche dans un connecteur d'un ordinateur afin d'autoriser l'exécution sur cet ordinateur d'un logiciel particulier.

clé étrangère
foreign key

Dans une relation, attribut ou groupe d'attributs correspondant à une clé primaire d'une autre relation.

clé primaire
primary key

Clé qui identifie un seul enregistrement.

clé privée
private key

Clé de déchiffrement à l'usage exclusif de son détenteur.

clé publique
public key

Clé destinée à être utilisée par une entité quelconque, pour une communication chiffrée avec le propriétaire de la clé privée correspondante.

≈ clé révélée

clé révélée
➥ **clé publique**

clé secondaire
secondary key

Clé qui n'est pas une clé primaire, mais pour laquelle il existe un index et qui peut marquer plus d'un enregistrement.

clé secrète
secret key

En cryptographie, clé de chiffrement et de déchiffrement réservée à l'usage exclusif d'un nombre limité de correspondants.

clichage
dump

Action de vider.

≈ vidage

clichage après changement
change dump

Clichage des emplacements de mémoire qui ont été modifiés au cours d'une certaine période.

≈ vidage après changement

clichage d'autopsie
postmortem dump

Clichage produit à la suite de l'arrêt anormal de l'exécution d'un programme.

≈ vidage d'autopsie

clichage mémoire
➡ **image mémoire**

clichage sélectif
selective dump

Clichage qui ne concerne que certains emplacements de mémoire.

≈ vidage sélectif

clicher
to dump

Enregistrer ou afficher le contenu à un instant donné de tout ou partie d'une mémoire sous une forme qui en facilite l'analyse.

EXEMPLE Le vidage peut concerner d'une part la mémoire interne, notamment le contenu de la mémoire centrale ou des registres généraux, et d'autre part la mémoire externe, notamment les structures de données enregistrées sur disque ou bandes magnétiques.

NOTE Un clichage se fait, en général, pour aider au débogage.

≈ vider

client
client

Unité fonctionnelle qui reçoit des services de la part d'un serveur.

NOTE Les services peuvent être des services spécialisés ou des services partagés.

client-serveur
client-server

Qualifie une méthode de traitement réparti, selon laquelle un client obtient des services de la part d'un serveur.

clignotement
blinking

Modification volontaire et périodique de l'intensité d'un ou de plusieurs éléments graphiques.

clippage
clipping

(en vision artificielle)

Défaut d'aspect d'une image, dû à la présence d'un obstacle dans le système de détection du rayonnement.

cliquer
to click

Enfoncer et relâcher un bouton poussoir d'un dispositif de pointage pour sélectionner la zone ou l'élément d'affichage indiqué par le pointeur.

clôture
viewport

Partie prédéfinie d'un espace d'affichage.

coalition stable
stable coalition

Groupe de neurones artificiels qui s'excitent mutuellement de façon à se maintenir actifs pendant l'état stable.

codage biphase
➡ **codage de type Manchester**

codage biphase différentiel
➡ **codage de type Manchester différentiel**

codage de la parole
speech coding, speech encoding, speech waveform coding

Conversion d'un signal de parole numérisé en une suite d'éléments de données discrets, conformément à un ensemble de règles qui permettent une reconstitution raisonnable du signal de parole.

NOTE La numérisation de la parole peut être associée à un codage pour compression de la parole. Le terme « codage de la parole » est alors souvent employé pour cette opération combinée.

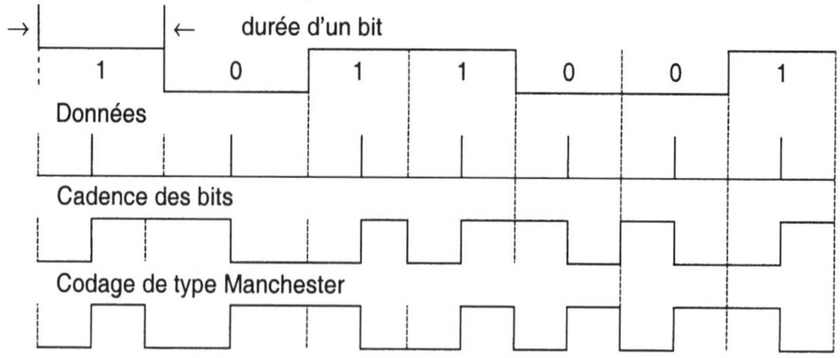

Figure C.2 – Codages de types Manchester et Manchester différentiel

codage de phase
phase encoding

(en communication de données)

Codage dans lequel on utilise la phase d'un signal périodique pour coder des données numériques.

EXEMPLE Codage de type Manchester.

codage de type Manchester
Manchester encoding

Codage de phase binaire selon lequel l'intervalle de temps attribué à chaque bit est divisé en deux moitiés par une transition dont le sens détermine la valeur du bit.

NOTES

1 La transition peut apparaître entre deux états d'une variable physique telle qu'une tension électrique, une polarité magnétique ou une intensité lumineuse.

2 Si la variable physique est de nature électrique, ce type de codage dépend de la polarité et est exempt de composante continue.

≈ codage biphase

👁 Figure C.2

codage de type Manchester différentiel
differential Manchester encoding

Codage de phase binaire selon lequel l'intervalle de temps attribué à chaque bit est divisé en deux moitiés complémentaires par une transition, et où la présence ou l'absence d'une autre transition au début de cet intervalle en détermine la valeur, à savoir « 0 » ou « 1 » respectivement.

NOTES

1 La transition peut apparaître entre deux états d'une variable physique telle qu'une tension électrique, une polarité magnétique ou une intensité lumineuse.

2 Si la variable physique est de nature électrique, ce type de codage ne dépend pas de la polarité et est exempt de composante continue.

≈ codage biphase différentiel

☞ codage de type Manchester

👁 Figure C.2

codage différentiel
differential encoding

Codage d'un flux de données numériques, selon lequel chaque élément autre que le premier est représenté par la différence entre la valeur de cet élément et celle de l'élément précédent.

codage en sous-bandes
sub-band coding

Codage de la parole qui consiste à filtrer le signal par un banc de filtres puis à coder séparément chacun des signaux de sortie.

codage n-aire
n-ary encoding

Codage de données numériques réalisé de telle sorte que, à un instant donné, le signal ait un état physique choisi parmi *n* états possibles, ou davantage.

NOTE Dans le cas où $n = 2$, le terme est « codage binaire ».

codage par longueur de plage

run-length encoding

Codage d'un flux de données numériques selon lequel ce flux est représenté par la suite des nombres d'éléments dans chaque séquence d'éléments successifs ayant une même valeur.

EXEMPLE Codage numérique selon lequel chaque suite de pixels d'une ligne de balayage ayant une même nuance de gris est représentée par une valeur indiquant la nuance et une valeur indiquant la longueur de la suite.

NOTE Le codage par longueur de plage est destiné à réduire les besoins en mémoire ou à faciliter la transmission.

codage par prédiction

prediction coding

(en traitement de la parole)

Codage de la parole par lequel est codée la différence entre un signal d'entrée et un signal prédit sur une fenêtre temporelle de durée fixe.

≈ codage prédictif

codage par prédiction linéaire

linear prediction coding

Codage par prédiction dans lequel les échantillons du signal prédit sont des combinaisons linéaires des échantillons précédents.

NOTE Les coefficients des combinaisons linéaires sont généralement obtenus par minimisation de l'erreur quadratique moyenne entre le signal d'entrée et le signal prédit à partir de données antérieures.

≈ codage prédictif linéaire

codage prédictif

➡ **codage par prédiction**

codage prédictif linéaire

➡ **codage par prédiction linéaire**

1 code

code, coding scheme

Ensemble de règles établissant une correspondance entre les éléments d'un premier ensemble et ceux d'un second ensemble.

NOTES

1 Les éléments de chaque ensemble peuvent être des caractères ou des chaînes de caractères.

2 Le premier ensemble est le jeu codé et le second est le jeu de codets.

3 Un codet peut correspondre à plusieurs éléments du jeu codé, mais l'inverse n'est pas vrai.

2 code

code

(en programmation)

Morceau du texte d'un programme exprimé dans un langage de programmation ou dans une forme produite par un assembleur, un compilateur ou tout autre traducteur.

code absolu

absolute code

Code dans lequel les adresses sont des adresses absolues.

code alphabétique

alphabetic code

Code dont l'application produit un jeu de codets alphabétiques.

code alphanumérique

alphanumeric code

Code dont l'application produit un jeu de codets alphanumériques.

code assembleur

assembly code

Code exprimé sous une forme qui peut être reconnue et traitée par un assembleur.

code binaire

binary code

Code dont l'application produit un jeu de codets binaires.

code biquinaire

biquinary code

Notation suivant laquelle chaque nombre *n* de 0 à 9 est représenté par une paire de numéraux a,b, où a est 0 ou 1, b est 0, 1, 2, 3 ou 4, de sorte que la somme 5a+b égale *n*.

NOTE Généralement, chacun de ces deux chiffres est représenté en binaire.

code compilable
compiler code

Code exprimé sous une forme qui peut être identifiée et traitée par un compilateur.

code d'authentification de message
message authentication code

Chaîne de bits, qui est une fonction de données (texte en clair ou cryptogramme) et d'une clé secrète, et qui est attachée aux données afin de permettre l'authentification des données.

NOTE La fonction utilisée pour générer le code d'authentification de message est généralement une fonction unilatérale.

code de détection de modification
manipulation detection code, modification detection code (MDC)

Chaîne de bits qui est une fonction des données auxquelles elle est attachée afin de permettre la détection de modification.

NOTES

1 Le message correspondant (données plus code de détection de modification) peut alors être chiffré pour garantir le secret de l'authentification des données.

2 La fonction utilisée pour générer le code de détection de modification doit être publique.

code des instructions d'un ordinateur
instruction code, computer instruction code, machine code

Ensemble de multiplets représentant les diverses instructions machine acceptables pour un ordinateur donné.

code deux parmi cinq
two-out-of-five code

Numération décimale binaire suivant laquelle chaque chiffre décimal est représenté par un numéral binaire composé de cinq bits dont deux sont d'une variété, généralement des uns, et trois de l'autre variété, par exemple des zéros.

NOTE La suite des poids employée est généralement 6-3-2-1-0, la représentation de zéro étant par exception : 00110.

≈ code quinaire

code de vérification
checking code

Instructions machine qui lisent une partie d'un disque pour vérifier s'il s'agit d'une copie non autorisée.

code en ligne
line code

Code adapté aux caractéristiques d'une voie de transmission, et définissant l'équivalence entre un ensemble d'éléments de données et la succession des éléments de signal dans le signal correspondant sur la ligne.

NOTE Ce code est susceptible de différer des codes utilisés par les équipements terminaux de traitement de données émetteur et récepteur.

code enregistrement
➡ **discriminant**

code machine
machine code

Code exprimé sous une forme qui peut être reconnue et exécutée par l'unité centrale d'un ordinateur.

code numérique
numeric code

Code dont l'application produit un jeu de codets numériques.

code objet
object code

Code exprimé sous sa forme finale, avant son exécution.

NOTE Un programme objet est constitué de code objet.

code opération
operation code, opcode

Représentation codée de la partie opérateur d'une instruction machine.

EXEMPLE Dans un langage d'assemblage, l'expression BNZ peut être utilisée pour désigner l'opération « branchement si non zéro » qui est représentée en code machine par une configuration de bits particulière.

code plus trois
excess-three code

Numération décimale binaire suivant laquelle chaque chiffre décimal *n* est représenté par un numéral binaire de valeur égale au nombre (*n*+3).

code quinaire
➡ **code deux parmi cinq**

coder
to encode, to code

Convertir des données à l'aide d'un code de telle sorte que la transformation inverse vers la forme d'origine soit possible.

≈ encoder

code redondant
redundant code

Code selon lequel on utilise un plus grand nombre de caractères, de symboles ou d'éléments de signal qu'il n'est strictement nécessaire pour représenter des données.

code source
source code

Code exprimé sous une forme convenant comme donnée d'entrée pour un assembleur, un compilateur ou tout autre traducteur.

codet
code value, code element, code

Résultat de l'application d'un code à un élément d'un jeu codé.

EXEMPLES « CDG » représente l'aéroport Paris Charles-de-Gaulle dans le code désignant les noms d'aéroport par trois lettres ; le nombre hexadécimal 0041 représente la « lettre latine majuscule A » dans la norme ISO/CEI 10646-1.

≈ combinaison de code

cogniticien
knowledge engineer

Personne qui recueille les connaissances d'experts ou d'autres sources de connaissances dans un domaine particulier afin d'établir une base de connaissances.

≈ ingénieur cogniticien

☞ génie cognitif

cognitivisme
➡ **science cognitive**

cohésion
cohesion, module strength

Manière dont les activités d'un module unique sont en relation les unes avec les autres, et degré selon lequel elles sont en relation.

NOTES

1 Une cohésion forte signifie une interrelation étroite entre les activités du module.

2 Les différents types de cohésion peuvent être classés de fort à faible comme suit :
- cohésion fonctionnelle
- cohésion informationnelle
- cohésion communicationnelle
- cohésion temporelle
- cohésion logique
- cohésion accidentelle

☞ couplage

cohésion accidentelle
coincidental cohesion

Cohésion selon laquelle les activités d'un module n'ont pas de relation fonctionnelle entre elles.

cohésion communicationnelle
communicational cohesion

Cohésion selon laquelle les activités d'un module utilisent les mêmes données d'entrée ou contribuent à produire les mêmes données de sortie.

cohésion fonctionnelle
functional cohesion

Cohésion selon laquelle les activités d'un module contribuent toutes à remplir un objectif défini et unique.

cohésion informationnelle
informational cohesion

Cohésion selon laquelle les activités d'un module sont appliquées à une structure de données unique mais utilisent des points d'entrée et des codes indépendants.

cohésion logique
logical cohesion

Cohésion selon laquelle les activités d'un module sont logiquement semblables.

EXEMPLE Le traitement, dans un même module, de données provenant de différents supports d'entrée.

cohésion procédurale
procedural cohesion

Cohésion selon laquelle les activités d'un module contribuent toutes à une procédure déterminée, comme une itération ou un processus de décision.

cohésion séquentielle
sequential cohesion

Cohésion selon laquelle le résultat d'une activité d'un module sert d'opérande pour une autre activité accomplie ultérieurement par le même module.

cohésion temporelle
temporal cohesion

Cohésion selon laquelle les activités d'un module sont toutes nécessaires à un moment donné.

EXEMPLE Module qui contient toutes les initialisations d'un programme.

coin
corner

Changement brusque dans la direction d'une ligne.

collecte de données
data collection

Action de rassembler des données de différentes provenances en vue d'un traitement informatique.

EXEMPLE Recueillir les transactions effectuées dans les succursales, par l'entremise d'un réseau de données en vue de leur traitement par ordinateur.

collecteur de données
data sink

Unité fonctionnelle qui reçoit les données transmises.

collecteur de messages
message sink, information sink

Partie d'un système de communication où l'on considère que sont reçus les messages.

≈ collecteur d'information

collecteur d'information

➡ **collecteur de messages**

collimater
to collimate

Produire un faisceau lumineux dans lequel tous les faisceaux optiques sont parallèles.

collision
collision

I Situation non désirée, provoquée par des transmissions concurrentes sur un support de transmission.

II (en hachage) Apparition de la même valeur de hachage pour plusieurs clés différentes.

colonne
column

L'un de deux ou de plusieurs agencements verticaux de lignes, disposés côte à côte sur une page ou un écran.

combinaison de code

➡ **codet**

combinaison intégrale
body suit, data suit, full-body suit

Vêtement comportant des capteurs et des actuateurs sensoriels répartis sur le corps.

≈ vêtement cybernautique

comité de révision
configuration control board

Groupe de personnes qualifiées qui évalue, à des fins d'autorisation ou de désapprobation, toute modification suggérée à la base de développement.

≈ comité de surveillance

comité de surveillance

➡ **comité de révision**

commande absolue
absolute command, absolute instruction

Commande d'affichage utilisant des coordonnées absolues.

commande d'affichage
display command, display instruction

Commande qui modifie l'état d'un dispositif d'affichage ou qui en règle le fonctionnement.

commande de liaison de données à haut niveau
high-level data link control (HDLC)

Gestion de liaison de données au moyen d'un protocole orienté bit utilisant la structure de trame définie dans l'ISO/CEI 3309 pour l'échange d'informations.

commande de liaison en mode de base
basic mode link control

Gestion de liaison de données au moyen d'un protocole orienté caractère utilisant les caractères de commande normalisés du jeu de caractères codés à sept éléments pour l'échange d'informations.

commande de longueur de page
page length control, page depth control

En traitement de texte, fonction permettant de spécifier la longueur de page.

commande de rappel d'affichage
display recall control

Sur une calculatrice à alimentation autonome, commande permettant de rappeler des données dont l'affichage a été interrompu par un économiseur d'énergie.

commande encastrée
embedded command

Commande de traitement de texte introduite dans le texte et qui est interprétée lors de la prévisualisation, lors de la création d'un fichier d'impression ou lors de l'impression du document.

≈ commande intégrée

commande intégrée

➠ **commande encastrée**

commande numérique
numerical control (NC)

Commande automatique de machines-outils ou de processus industriels par un dispositif qui envoie en temps réel des ordres codés sous forme numérique.

NOTE Ces ordres peuvent être produits par un système de conception et fabrication assistées par ordinateur sur un support d'enregistrement qui pilote une machine-outil ou un processus industriel.

commande numérique par ordinateur
computer numerical control (CNC)

Commande numérique qui utilise un ordinateur spécialisé pour mémoriser et émettre en temps réel tout ou partie des ordres primaires.

NOTE L'ordinateur spécialisé peut servir à la saisie de données sur place.

commande relative
relative command, relative instruction

Commande d'affichage utilisant des coordonnées relatives.

commande vocale
voice control, speech control, spoken command

Commande d'une unité fonctionnelle ou d'une machine au moyen par la parole.

EXEMPLE Commande de la vitesse et des indicateurs de changement de direction d'une automobile.

NOTE L'utilisateur transmet la commande vocale sous forme de mots isolés ou de suite de mots extraits d'un petit vocabulaire.

≈ ordre parlé

commentaire
comment, remark

Élément de langage utilisé exclusivement pour insérer du texte, mais qui n'est pas destiné à avoir d'effet sur l'exécution du programme.

EXEMPLES Une explication pour une personne ; des données pour un système de documentation automatique.

commerce électronique
electronic commerce, e-commerce

Commerce dans lequel les transactions sont effectuées en temps réel, au moyen d'un réseau.

EXEMPLE Achat en ligne, grâce auquel on peut acheter des marchandises par un réseau d'ordinateurs, en utilisant éventuellement un logiciel de navigation.

communauté électronique
cybercommunity, wired community

Communauté ou groupe d'utilisateurs participant actif au cyberespace.

≈ communauté infonaute

communauté infonaute
➡ **communauté électronique**

communication
call

Mise en relation de stations de données comportant l'établissement d'une connexion, la transmission de messages et la libération de la connexion.

≈ appel

communication de données
data communication

Transfert de données entre unités fonctionnelles, effectué selon un ensemble de règles gouvernant la transmission de données et la coordination de l'échange.

commutation
switching

Action d'associer temporairement des unités fonctionnelles, des voies de transmission ou des circuits de télécommunication en vue d'établir une connexion.

EXEMPLES Commutation de circuits, commutation de messages, commutation de paquets.

commutation de circuits
circuit switching

Établissement, à la demande, d'une liaison entre plusieurs terminaux de données leur permettant l'utilisation exclusive d'un circuit de données jusqu'à sa libération.

commutation de messages
message switching

Dans un réseau de données, processus d'acheminement de messages, par réception, mise en mémoire si nécessaire et retransmission de messages complets.

commutation de paquets
packet switching

Technique d'acheminement de données dans un réseau de télécommunications, où les données sont préalablement découpées en paquets munis d'une adresse ; dans les nœuds du réseau, ces paquets sont reçus, stockés puis retransmis sur les voies de transmission appropriées ; à l'arrivée, les données sont reconstituées à partir des paquets reçus.

NOTE Un paquet n'occupe une voie que pendant la durée de sa transmission ; le reste du temps, la voie est disponible pour la transmission d'autres paquets appartenant soit au même ensemble de données, soit à d'autres ensembles de données.

= commutation par paquets

compacité
compactness

Grandeur caractérisant la répartition des pixels par rapport au centre de la région.

NOTE La compacité est souvent exprimée par un nombre dans l'intervalle (0, 1). Un cercle est la région la plus compacte ; une ligne est la région la moins compacte. Les objets circulaires ont une valeur maximale de 1 et les objets très allongés ont une compacité proche de 0.

comparaison dynamique
➡ **alignement temporel dynamique**

comparaison logique
logical comparison

Action de comparer deux chaînes en vue de déterminer si elles sont identiques.

1 comparateur
comparator

I Dispositif qui compare deux données et indique le résultat de cette comparaison.

II (en calcul analogique) Unité fonctionnelle qui compare deux variables analogiques et indique le résultat de cette comparaison.

2 comparateur
valuator device, valuator

Organe d'entrée qui fournit une valeur scalaire.

EXEMPLE Une molette, un potentiomètre, des cadrans de commande, des barres de défilement.

comparer
to compare

Examiner deux articles en vue de déterminer soit leur grandeur relative, soit leur position relative dans une suite, soit l'identité de certaines de leurs caractéristiques.

compartiment de disque
➡ **plateau de chargement**

compatibilité
compatibility

Aptitude d'une unité fonctionnelle à satisfaire sans modification notable aux règles d'une interface spécifiée.

compilateur
compiler

Traducteur conçu pour compiler.

compilateur croisé
cross-compiler

Compilateur qui utilise un ordinateur pour compiler un programme vers un langage objet d'un ordinateur de type différent.

compilateur de compilateur
➡ **métacompilateur**

compilateur pivot
root compiler

Compilateur qui compile seulement vers un langage intermédiaire.

NOTE Un compilateur pivot, lorsqu'il est combiné à un générateur de code, forme un compilateur complet.

compilation
compilation

Action de compiler ou résultat de cette action.

compilation dépendante
separate compilation, dependent compilation

Compilation d'un module source utilisant des données représentant les relations d'interface et de contexte fournies par les modules sources associés.

NOTE Les données d'interface et de contexte sont utilisées par le compilateur pour vérifier la validité et pour résoudre les références.

compilation-exécution
compile-and-go

Technique d'exploitation dans laquelle il n'y a pas d'interruption entre la compilation, l'édition des liens, le chargement et l'exécution d'un programme.

compilation indépendante
independent compilation, separate compilation

Compilation d'un module source n'utilisant pas de données représentant les relations d'interface et de contexte fournies par les modules sources associés.

NOTE Quand des unités compilées de façon indépendante sont ultérieurement combinées, il convient de vérifier la validité des données d'interface et de contexte.

compiler
to compile

Traduire tout ou partie d'un programme exprimé en langage évolué vers un programme exprimé dans un langage intermédiaire, un langage d'assemblage ou un langage machine.

complément
complement

Nombre déduit d'un nombre donné en le soustrayant d'un nombre prédéterminé.

EXEMPLE En numération à base fixe, le nombre prédéterminé peut être une puissance de la base ou inférieur de un à cette puissance.

NOTE Le complément d'un nombre sert souvent à représenter son opposé.

complément à deux
twos complement
Complément à la base, en numération binaire.

complément à dix
tens complement
Complément à la base, en numération décimale.

complément à la base
radix complement
Dans une numération à base fixe, complément obtenu à partir d'un nombre prédéterminé en le soustrayant d'une puissance donnée de la base.
EXEMPLE 830 est le complément à la base de 170 en numération décimale à trois chiffres, la base étant à la puissance 3, c'est-à-dire 1000.
NOTE Un complément à la base peut être obtenu en déduisant d'abord le complément restreint, puis en ajoutant une unité au chiffre le moins significatif du résultat, tout en effectuant les retenues nécessaires.

complément à la base moins un
➡ **complément restreint**

complément à neuf
nines complement
Complément restreint, en numération décimale.

complémentation d'image
image complementation
Technique de transformation d'image produisant l'image négative de l'image de départ.

complément à un
ones complement
Complément restreint, en numération binaire.

complément restreint
diminished radix complement, radix-minus-one complement
Dans une numération à base fixe, complément qui peut être obtenu à partir d'un nombre donné en le soustrayant du nombre inférieur de un à une puissance déterminée de la base de numération.
EXEMPLE Dans le système décimal à trois chiffres, 829 est le complément de la base de numération diminué de 170, un de moins que la puissance de la base de numération de 999 (=103-1).
NOTE Le complément restreint s'obtient en retranchant de la base de numération diminuée de un chaque chiffre du nombre donné.
≈ complément à la base moins un

compréhension de la parole
speech understanding
Production, par une unité fonctionnelle, d'une interprétation des informations contenues dans des signaux de parole.
NOTE La compréhension de la parole suppose l'extraction préalable des informations par l'unité fonctionnelle.
☞ reconnaissance de la parole

compréhension du langage naturel
natural-language understanding, natural-language comprehension
Extraction, par une unité fonctionnelle, des informations contenues dans des textes ou des paroles qui lui sont transmis en langage naturel, et production d'une description de ces textes ou paroles ainsi que de ce qu'ils représentent.

compression de la parole
speech compression
Traitement de la parole destiné à transmettre ou à stocker un signal de parole dans une bande de fréquences plus étroite, ou en utilisant un plus petit nombre de bits qu'il ne serait normalement nécessaire.
EXEMPLE Codage par prédiction, codage en sous-bandes, codage utilisant les formants.

compression d'image
image compression
Opération réduisant suffisamment la quantité de données en mémoire pour permettre le stockade d'une image ou le temps nécessaire pour permettre de transmettre une image.

comprimer
to compress, to compact

Réduire l'espace occupé sur un support d'enregistrement en codant ou en supprimant les caractères répétitifs.

compromission
compromise

Violation de la politique de sécurité d'un système informatique au cours de laquelle des programmes ou des données ont pu être modifiés, détruits ou rendus accessibles à des entités non autorisées.

☞ menace

comptage de mots
word count

Capacité d'un système de traitement de texte à compter le nombre de mots dans un document.

compteur
counter

Dispositif qui peut prendre un nombre fini d'états, dont chaque état représente un nombre, et qui est susceptible, dès réception d'un signal approprié, d'augmenter ou de diminuer le nombre représenté d'une unité ou d'une constante donnée.

NOTE Un compteur peut généralement ramener le nombre à une valeur prédéterminée, par exemple zéro.

compteur modulo-n
modulo-n counter

Compteur dans lequel le nombre représenté revient à zéro au cours du comptage, après avoir atteint une valeur maximale égale à n ? 1.

compteur ordinal
➥ **registre d'adresse d'instruction**

concentrateur
hub

(en informatique répartie)

Dans un réseau d'ordinateurs configuré comme un réseau en étoile, unité fonctionnelle centrale qui coordonne les communications de données et peut fournir l'accès à d'autres réseaux d'ordinateurs.

concentrateur de données
data concentrator

Unité fonctionnelle grâce à laquelle un support de transmission commun peut desservir plus de sources de données qu'il n'offre de voies de transmission.

NOTE Le nombre de sources de données actives à un moment donné ne peut excéder le nombre de voies de transmission.

concept
concept

Entité abstraite qui détermine l'appartenance à une catégorie.

NOTE Un concept sert à classer des objets.

concept appris partiellement
partially learned concept

Concept dont la description exacte ne peut être inférée à partir des données, des connaissances ou des présuppositions disponibles.

conception assistée par ordinateur
CAO

computer-aided design (CAD)

Ensemble des activités de conception, y compris dessins et illustrations, qui utilisent des systèmes informatiques pour assurer des fonctions telles que la conception, la simulation ou l'amélioration d'une pièce ou d'un produit.

NOTE Les programmes de conception assistée par ordinateur peuvent dimensionner et positionner avec précision chaque élément graphique à des fins d'ingénierie et de fabrication.

conception de système
system design

Processus de définition de l'architecture des matériels et logiciels, des composants, des modules, des interfaces et des données, pour qu'un système puisse satisfaire aux besoins spécifiés.

conception et fabrication assistées par ordinateur
CFAO
computer-aided design and manufacturing (CAD/CAM, CADM)

Ensemble des activités de conception assistée par ordinateur et de fabrication assistée par ordinateur.

conception fonctionnelle
functional design

Spécification des fonctions des composantes d'un système et de leurs relations fonctionnelles.

conception logique
logic design

Conception fonctionnelle qui emploie des méthodes formelles de description telles que la logique symbolique.

conception logique de système
conceptual system design

Partie de la conception d'un système visant notamment à déterminer son organisation logique, ses processus et les flux d'information dans ce système.

conception structurée
structured design

Toute méthode disciplinée de conception de logiciel, conforme à des règles spécifiées fondées sur des principes tels que la modularité, la conception descendante et l'affinement progressif des données, des structures du système et des étapes de traitement.

conclusion
➡ **partie droite**

concurrent
concurrent

Qualifie des processus qui se déroulent au cours d'un intervalle de temps commun, durant lequel ils peuvent avoir à utiliser en alternance les mêmes ressources.

EXEMPLE Plusieurs programmes exécutés en multiprogrammation par un ordinateur à une seule unité de commande.

☞ simultané

condenser
to pack

Disposer des données sur un support d'enregistrement de manière compacte, en tirant parti de certaines caractéristiques de ces données et du support, d'une façon qui permet la reconstitution ultérieure des données d'origine.

EXEMPLE Employer des emplacements de bit ou de multiplet qui, sinon, resteraient inutilisés.

condition d'ambiance
environmental condition

Paramètre d'environnement requis pour la protection ou le fonctionnement normal d'une unité fonctionnelle.

EXEMPLES Température, humidité relative, vibration, poussière, rayonnements.

NOTES

1 Une condition d'ambiance se donne d'habitude sous la forme d'une valeur nominale complétée par une plage de tolérance.

2 Pour un appareil donné, il est possible d'avoir plusieurs groupes de conditions d'ambiance, par exemple un groupe pour le transport, un pour le stockage, un autre pour l'exploitation.

condition de boucle
loop assertion

Expression logique spécifiant une ou plusieurs conditions qui doivent être satisfaites chaque fois que l'on veut exécuter une partie déterminée d'une boucle.

condition d'erreur
error condition

(dans une calculatrice)

État d'une calculatrice à laquelle l'opérateur demande l'exécution d'une opération impossible sur cette machine.

conférence dirigée
moderated conference

Conférence par ordinateur dans laquelle les messages échangés par les participants sont filtrés par un modérateur qui peut les accepter, les modifier ou les rejeter.

≈ conférence modérée

conférence modérée
➠ **conférence dirigée**

conférence par ordinateur
computer conference

Communication effectuée au moyen d'un réseau d'ordinateurs, entre plusieurs participants, chacun d'eux ayant accès aux messages des autres participants.

NOTES

1 La participation peut être limitée par une autorité. La soumission de messages peut être restreinte à un groupe de participants. Certaines conférences sont modérées ou ont des filtres de contenu.

2 Les messages n'ont généralement pas de destinataire spécifié.

3 Les messages peuvent contenir des textes, des graphiques, du logiciel, de la voix, des sons, ou leur combinaison. Ils peuvent être mémorisés pendant une durée limitée.

confidentialité
confidentiality

Propriété des données qui indique dans quelle mesure elles n'ont pas été rendues accessibles ou divulguées à des personnes, des processus ou entités non autorisés.

configuration
configuration

Manière dont sont structurés et interconnectés les éléments matériels et logiciels d'un système de traitement de l'information.

configuration géométrique
geometric configuration

Ensemble de caractéristiques qui décrivent les aspects géométriques d'une image.

NOTE Ces caractéristiques peuvent être soit qualitatives, telles que carré ou circulaire, soit quantitatives, telles que aire, périmètre, dimensions.

confirmation
affirmation

Événement de transmission au cours duquel un agent de transfert de messages constate que le système de transfert de messages peut livrer le message décrit dans un envoi-test à ses destinataires directs.

NOTE Dans cet exemple, l'agent de transfert de messages peut générer un rapport de remise.

conflit
➠ **contention**

conflit d'indices
clue conflict

Situation qui résulte de ce que le corps interprète des sensations provenant de sources multiples et produisant une certaine incohérence.

NOTE Des cas extrêmes de conflit d'indices peuvent provoquer une nausée.

congruence
congruencing

Processus par lequel deux images d'un ensemble multi-image sont transformées de telle sorte que la taille et la forme de tout objet d'une image soient identiques à la taille et à la forme de l'objet correspondant dans l'autre image.

NOTE Deux images congruentes ont des caractéristiques géométriques identiques et coïncident exactement.

connaissance
knowledge

(en intelligence artificielle)

Collection de faits, événements, croyances et règles, organisée en vue d'un emploi systématique.

connaissance compilée
compiled knowledge

Connaissance déclarative traduite en connaissance procédurale afin de permettre son traitement direct par ordinateur.

connaissance déclarative
declarative knowledge

Connaissance représentée par des faits, des règles ou des théorèmes.

NOTE Normalement, la connaissance déclarative ne peut être traitée qu'après avoir été traduite en connaissance procédurale.

connaissance d'un domaine
domain knowledge

Connaissance accumulée dans un domaine particulier.

connaissance procédurale
procedural knowledge

Connaissance qui indique de façon explicite la suite d'actions à entreprendre pour résoudre un problème ou atteindre un but.

connectabilité
connectivity

Aptitude d'un système ou d'un appareil à pouvoir être connecté à un réseau d'ordinateurs donné.

Le terme *connectivité*, parfois employé, est déconseillé.

connecté
➥ **en ligne**

connecter (se -)
to logon, to log on, to login, to log in

Introduire dans un système informatique des données d'identification et éventuellement des données d'authentification, de façon à être capable de travailler avec le système.

≈ ouvrir une session

connecteur d'interface au support
medium interface connector (MIC)

Connecteur au câble de dérivation situé entre une station de données et un coupleur au câble principal, et sur lequel tous les signaux émis et reçus sont spécifiés.

☞ coupleur au câble principal

connectivité
➥ **connectabilité**

connexion
connection

I En transmission de données, association établie entre des unités fonctionnelles pour effectuer une trransmission de données.

II (dans l'OSI) Relation de coopération établie par une couche déterminée, entre plusieurs entités de la couche immédiatement supérieure, dans le but d'effectuer une transmission de données.

III (en programmation) Technique permettant l'interaction entre modules, en particulier entre les instructions d'appel de procédure et les procédures asynchrones.

connexion directe par câble
direct cable connection, null-modem connection

Liaison entre les ports d'entrée-sortie de deux ordinateurs, qui emploie un câble sans modem ou autre dispositif d'interface actif.

connexion multipoint
multipoint connection

Connexion établie entre plus de deux stations de données.

connexionnisme
connectionism, connection science

Approche interdisciplinaire de l'intelligence artificielle selon laquelle des calculs complexes sont effectués par un réseau d'unités de traitement élémentaires, dont chacune est connectée à un grand nombre d'autres et qui échangent des messages simples, le traitement étant effectué en parallèle par un grand nombre d'unités.

NOTE Le connexionnisme est inspiré par le fonctionnement des systèmes nerveux biologiques tels que le cerveau humain.

connexion point à point
point-to-point connection

Connexion établie entre deux stations de données seulement.

connexion programmable dynamiquement
dynamically programmable connection

Connexion synaptique dont le poids synaptique est modifiable dynamiquement.

connexions actualisées par seconde
connection updates per second (CUPS)

Nombre de mises à jour de connexions synaptiques par seconde en mode d'apprentissage.

connexion synaptique
neural connection, neural link, synaptic interconnection, synaptic connection

Liaison entre deux neurones artificiels, définie par un neurone source, un neurone destination et un poids synaptique.

Les termes anglais *synaptic interconnection* et *synaptic connection* sont déconseillés.

≈ interconnexion synaptique

connexité
connectivity

Propriété d'un réseau d'ordinateurs dans lequel il est toujours possible de relier deux équipements quelconques.

consécutif
consecutive

Qualifie deux processus ou événements qui se suivent sans intervention d'aucun processus ou événement entre eux.

console de visualisation
display console

Console comportant au moins une surface d'affichage et, éventuellement, des dispositifs d'entrée.

constante
constant

Quadruplet défini par une déclaration ou par une déclaration implicite, et constitué d'un identificateur, d'un ensemble d'attributs de données, d'une ou de plusieurs adresses, et d'une seule valeur de donnée.

consultation
consultation

(en intelligence artificielle)

Exploitation en ligne, par un utilisateur d'un système à base de connaissances, qui prend normalement la forme d'un dialogue questions-réponses.

contamination des données
➥ **pollution**

contention
contention

I État provoqué par la tentative de plusieurs stations de données d'émettre en même temps sur une même voie de transmission.

II (dans un réseau local) Situation dans laquelle le protocole de commande d'accès au support permet à plusieurs stations de données de commencer à émettre concurremment, en acceptant un risque de collision.

Le terme *conflit* est employé au Canada.

≈ conflit

contenu
content

(en courrier électronique)

Partie d'un message que le système de transfert de messages n'examine ni ne modifie, sauf lors d'une conversion, pendant la transmission du message.

NOTE Dans certains types de messages, le contenu comprend un en-tête et un corps.

☞ message interpersonnel

contenu de document
document body

Partie d'un document qui comprend le texte et des informations de mise en page, à l'exclusion du profil de document.

contexte de programmation
➥ **environnement de programmation**

1 contour
contour

Ensemble des points dont un attribut déterminé a la même valeur et qui forme une ligne pouvant délimiter une zone.

NOTE Le contour peut apparaître à l'affichage comme un ensemble de points mis en évidence.

2 contour
edge

(en vision artificielle)

Frontière entre deux régions adjacentes, de valeur chromatique relativement uniforme, mais très différentes.

NOTES

1 Un contour peut correspondre à un changement de luminosité provoqué par une discontinuité dans l'orientation de la surface, par la réflexion ou par l'éclairage.

2 Un contour s'étend entre des pixels de contour.

contraction
contraction

Opération géométrique qui diminue la taille de l'objet.

contrainte
constraint

Adaptation d'un type de données qui restreint son intervalle ou ses opérations.

contraste de luminosité
brightness contrast

Différence de luminosité entre des zones claires et des zones sombres d'une image.

NOTE Cette notion est habituellement exprimée sous la forme d'un rapport de contraste.

contraste simultané
simultaneous contrast

Illusion visuelle qui fait apparaître une région d'une image plus claire ou plus sombre selon la luminosité des régions voisines.

contre-mesure
➥ **mesure de prévention**

contribution
➥ **article**

contrôle d'accès
access control

Ensemble des moyens qui garantissent que seules les entités autorisées peuvent accéder aux ressources d'un système informatique, et seulement d'une manière autorisée.

contrôle d'accès au support
medium access control (MAC)

Technique utilisée pour établir la séquence des stations de données qui disposeront temporairement de la maîtrise du support de transmission.

contrôle d'accès logique
logical access control

Utilisation de mécanismes relatifs à des données ou à des informations pour assurer un contrôle d'accès.

EXEMPLE Utilisation d'un mot de passe.

contrôle d'accès physique
physical access control

Contrôle d'accès reposant sur des moyens matériels.

EXEMPLE Conserver un ordinateur dans une salle fermée à clé.

contrôle de boucle
loop control

Élément de langage qui comprend un test pour déterminer s'il faut ou non effectuer une itération d'une boucle.

contrôle de flux
flow control

En communication de données, gestion de la cadence brute de transfert.

contrôle de jabotage
jabber control

Dans un réseau local, aptitude d'une unité de raccordement au support à interrompre automatiquement ses émissions, afin d'arrêter un flot de données de sortie anormalement long.

≈ contrôle de jacassement

contrôle de jacassement
➥ **contrôle de jabotage**

contrôle de liaison logique de type 1
LLC de type 1

logical link control type 1 (LLC type 1)

Transmission en mode sans connexion et sans acquittement, à l'intérieur de la sous-couche de contrôle de liaison logique.

contrôle de liaison logique de type 2
LLC de type 2
logical link control type 2 (LLC type 2)

Transmission en mode connexion, à l'intérieur de la sous-couche de contrôle de liaison logique.

contrôle de liaison logique de type 3
LLC de type 3
logical link control type 3 (LLC type 3)

Transmission en mode sans connexion et avec acquittement, à l'intérieur de la sous-couche de contrôle de liaison logique.

contrôle de programmation
desk checking

Technique d'analyse statique, pouvant comporter une simulation manuelle de l'exécution d'un programme, qui consiste en l'examen visuel, en principe par la personne qui les a produits, de codes sources, de résultats de tests ou autres, pour identifier des anomalies, des écarts par rapport aux normes de développement ou tout autre problème.

≈ vérification pas à pas

contrôle de projet
➥ **suivi de projet**

contrôle manuel
desk checking

Simulation manuelle de l'exécution d'un programme afin de détecter les erreurs de logique ou de syntaxe par l'étude détaillée du programme d'origine.

contrôle marginal
➥ **essai marginal**

contrôle par bloc
block check

Partie de la procédure de traitement des erreurs utilisée pour vérifier que la structure de chaque bloc de données est conforme aux règles établies.

contrôle par double frappe
➥ **vérification au clavier**

contrôleur d'entrée-sortie
input/output controller (I/O controller, IOC)

Unité fonctionnelle qui commande un ou plusieurs canaux d'entrée-sortie.

≈ contrôleur de périphériques

contrôleur de périphériques
➥ **contrôleur d'entrée-sortie**

conversion de type
type conversion

Transformation de la représentation d'une valeur d'un type de données vers un autre, généralement effectuée pour éviter des conflits de types.

NOTE La conversion de type entre les types numériques est souvent permise mais peut entraîner une perte d'exactitude ou de précision, ou les deux.

conversion parole-texte
speech-to-text conversion (STT conversion)

Conversion d'une entrée de parole en texte.

conversion texte-parole
text-to-speech conversion

Conversion d'un texte en sortie de parole.

convertir des données
to convert

Changer le mode de représentation de données, sans modifier les informations qu'elles contiennent.

EXEMPLE Conversion de code, conversion de base de numération, conversion de données analogiques en données numériques, conversion de support.

convertisseur analogique-numérique
analog-to-digital converter (A/D converter, ADC)

Unité fonctionnelle qui convertit des données représentées sous une forme analogique en données numériques.

convertisseur de code
➥ **transcodeur**

convertisseur de données
data converter

Unité fonctionnelle qui transforme des données d'une représentation en une autre représentation équivalente.

convertisseur gestuel
➡ **transducteur gestuel**

convertisseur numérique-analogique
digital-to-analog converter (D/A converter, DAC)

Unité fonctionnelle qui convertit des données numériques en données représentées sous une forme analogique.

convertisseur parallèle-série
parallel-serial converter, serializer

Unité fonctionnelle destinée à convertir un groupe d'éléments de signal tous présentés simultanément en une suite d'éléments de signal consécutifs qui représente les mêmes informations.

convertisseur série-parallèle
serial-parallel converter, deserializer

Unité fonctionnelle destinée à convertir une suite d'éléments de signal consécutifs en un groupe d'éléments de signal tous présentés simultanément et qui représente les mêmes informations.

convertisseur texte-parole
➡ **synthétiseur texte-parole**

convivial
user-friendly

Qualifie la simplicité et la facilité d'utilisation par des humains.

coordonnée absolue
absolute coordinate

Chacune des coordonnées qui déterminent la position d'un point adressable par rapport à l'origine d'un système de coordonnées défini.

coordonnée d'appareil
device coordinate

Coordonnée définie dans un système de coordonnées propre à l'appareil.

coordonnée d'appareil normée
normalized device coordinate (NDC)

Coordonnée d'appareil définie dans un système de coordonnées intermédiaire et qui utilise une plage de valeurs normées, généralement comprise entre 0 et 1.

NOTE Une image dont les positions sont exprimées en coordonnées d'appareil normées se présente au même emplacement relatif, quel que soit l'espace d'appareil.

coordonnée d'utilisateur
user coordinate

Coordonnée définie par un utilisateur et exprimée dans un système de coordonnées indépendant de l'appareil.

coordonnée incrémentale
incremental coordinate

Coordonnée relative utilisant comme référence le point précédemment adressé.

= coordonnée incrémentielle

coordonnée relative
relative coordinate

Chacune des coordonnées qui déterminent la position d'un point adressable par rapport à un autre point adressable.

coordonnée universelle
world coordinate

Coordonnée cartésienne indépendante de l'appareil, utilisée en traitement des données graphiques, notamment pour spécifier les entrées et les sorties.

copie de bloc
block copy

Fonction permettant à l'utilisateur de reproduire un bloc de texte en vue de son insertion dans une autre partie du document ou dans un autre document.

copie d'écran
hard copy

Sortie de données de la mémoire vers un support permanent, produit par un dispositif de sortie tel qu'une imprimante ou un traceur.

≈ copie papier, tirage

copie papier
➡ **copie d'écran**

copier
to copy

Lire des données enregistrées sur un support d'enregistrement sans altérer l'enregistrement original, et écrire ces données à un autre emplacement, sur un support qui peut être différent du support original.

EXEMPLE Copier un fichier d'une bande magnétique sur un disque magnétique.

coprésence
electronic copresence, copresence, virtual copresence

Implication totale d'un participant dans un univers virtuel à travers un sentiment d'« être là ».

≈ coprésence électronique, coprésence virtuelle

coprésence électronique
➡ **coprésence**

coprésence virtuelle
➡ **coprésence**

coprocesseur
coprocessor

Processeur qui étend les possibilités d'un processeur principal et accomplit certaines fonctions spéciales plus rapidement que le processeur principal, sous la commande de celui-ci.

coquille
➡ **système essentiel**

corbeille arrivée
in-basket, inbox

Boîte aux lettres contenant uniquement le courrier électronique entrant.

corbeille départ
out-basket

Boîte aux lettres contenant les messages à envoyer et éventuellement le courrier déjà envoyé.

coroutine
coroutine

Sous-programme qui, quand il est appelé à nouveau après une exécution, reprend à l'emplacement de l'instruction de retour de son exécution précédente.

corps
body

I (en courrier électronique) Dans certains types de messages, partie du contenu que l'expéditeur communique explicitement.

NOTE Le corps peut comprendre une ou plusieurs parties.

☞ message interpersonnel

II (en programmation) Élément de langage qui constitue la partie exécutable d'une instruction ou d'un module.

corps de la boucle
loop body

Partie d'une boucle qui accomplit la tâche principale de la boucle.

corps générique
generic body

Corps d'un élément de langage générique qui sert de modèle pour les corps des éléments de langage effectifs correspondants, lors d'une instanciation générique.

corps souche
body stub

Forme de corps qui indique que la partie exécutable d'un module est définie dans une sous-unité.

correcteur grammatical
grammar checker

Logiciel qui effectue une analyse syntaxique d'un texte et suggère des corrections à partir d'une grammaire intégrée au logiciel.

correcteur stylistique
style checker

Logiciel de relecture qui effectue une analyse syntaxique et stylistique d'un texte et suggère des améliorations de style à partir d'un manuel de bon usage intégré au logiciel.

correcteur vocal
voice previewer

Correcteur de texte qui utilise une sortie vocale pour détecter des erreurs, identifier des constructions incorrectes et évaluer l'adéquation du message exprimé par le texte écrit.

≈ prévisualisateur vocal

correction d'erreurs
error correction

Méthode utilisée pour corriger les erreurs de transmission, de transfert ou de stockage des données.

correction globale
total correctness

Démonstration d'exactitude montrant que non seulement les assertions de sortie d'un programme découlent logiquement des assertions d'entrée et des étapes de traitement, mais aussi que le programme se termine pour toutes les conditions d'entrée spécifiées.

≈ exactitude complète

correction partielle
partial correctness

Démonstration d'exactitude montrant que les assertions de sortie d'un programme découlent logiquement de ses assertions d'entrée et des étapes de traitement.

≈ exactitude partielle

corrélation
➠ **recoupement (2)**

correspondance
correspondence

Mise en correspondance de deux images de telle sorte que chaque point d'une paire de points est l'image du même point dans l'espace.

couche
layer

I (en informatique répartie) Groupe de possibilités, de fonctions et de protocoles, conçu comme un tout, appartenant à un ensemble hiérarchisé de groupes, et qui s'étend à travers tous les systèmes informatiques ayant une même architecture de réseau.

II (dans l'OSI) Dans le modèle de référence d'interconnexion de systèmes ouverts, groupe de services, de fonctions et de protocoles, conçu comme un tout, appartenant à un ensemble hiérarchisé de sept groupes, et qui s'étend à travers tous les systèmes ouverts.

NOTES

1 Le déterminant utilisé pour désigner chaque couche (par exemple « application ») peut l'être également pour désigner une entité, un service, un protocole, une fonction, ou tout autre aspect de cette couche.

2 Au lieu d'utiliser les noms des couches, on peut désigner une couche déterminée et les couches voisines par la notation suivante :

- couche (N) : une couche quelconque
- couche (N+1) : la couche immédiatement supérieure
- couche (N-1) : la couche immédiatement inférieure.

Cette notation s'applique également à d'autres concepts du modèle, relatifs à ces couches, par exemple : protocole, service.

👁 Figure C.3

III (dans les réseaux neuronaux) Dans un réseau neuronal organisé hiérarchiquement, groupe de neurones artificiels dont les sorties peuvent être connectées à des neurones dans un groupe plus proche de la sortie du réseau, mais non à des neurones dans un groupe plus proche de l'entrée.

NOTE Les neurones artificiels d'une couche peuvent être connectés entre eux.

IV (en hypermédia et multimédia) Support contenant une ou plusieurs pistes, éventuellement reliées entre elles.

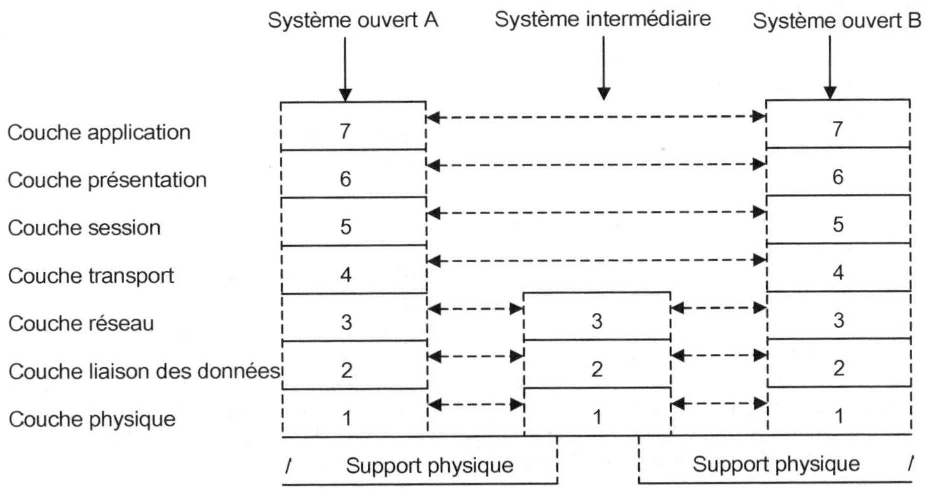

Figure C.3 – Modèle de référence OSI à 7 couches

couche application
application layer

Couche qui permet aux processus d'application d'accéder à l'environnement OSI.

NOTE Cette couche permet aux processus d'application de communiquer entre eux et contient les protocoles adaptés aux applications qui permettent à ces processus de communiquer.

☞ couche (sens II), modèle de référence d'interconnexion de systèmes ouverts

couche cachée
hidden layer

Couche dont les neurones artificiels ne communiquent pas directement avec des systèmes extérieurs.

≈ couche intermédiaire

couche d'abstraction du matériel
hardware abstraction layer (HAL)

Ensemble de sous-programmes qui traduisent les caractéristiques des matériels de divers vendeurs en un ensemble commun de spécifications, pour optimiser la portabilité d'un système d'exploitation.

couche d'enregistrement
recording layer

Couche d'un disque optique dans laquelle ou sur laquelle on écrit des données lors de la fabrication ou de l'utilisation.

couche d'entrée
input layer

Couche dont les neurones artificiels reçoivent des signaux provenant de sources extérieures.

NOTE Par extension, le terme « couche d'entrée » est aussi employé pour désigner un groupe de nœuds sources.

couche de sortie
output layer, decision layer

Couche dont les neurones artificiels envoient des signaux à un système extérieur.

couche goulet
bottleneck layer

Couche cachée qui force un réseau neuronal à se constituer une représentation dense des données d'entrée.

= couche goulot

couche intermédiaire
➡ **couche cachée**

couche liaison de données
data link layer

Couche qui assure les services nécessaires au transfert des données entre des entités de la couche réseau, situées généralement dans des nœuds adjacents.

NOTE La couche liaison de données détecte, et si possible corrige les erreurs qui peuvent survenir dans la couche physique.

☞ couche (sens II)

couche physique
physical layer

Couche qui fournit les moyens mécaniques, électriques, fonctionnels et procéduraux dans le but d'établir, de maintenir et de libérer les connexions physiques destinées au transfert des bits sur un support de transmission.

☞ couche (sens II)

couche présentation
presentation layer

Couche qui se charge du choix d'une syntaxe servant à la représentation des données et de la transformation des données d'application vers cette syntaxe.

☞ couche (sens II)

couche réseau
network layer

Couche qui fournit aux entités de la couche transport les moyens permettant de transporter des blocs de données entre les systèmes ouverts, ceci par routage et commutation de données.

NOTE La couche réseau peut utiliser des systèmes intermédiaires.

☞ couche (sens II)

couche session
session layer

Couche qui fournit les moyens nécessaires pour organiser et synchroniser le dialogue entre des entités de présentation coopérantes, et gérer leur échange de données.

☞ couche (sens II)

couche transport
transport layer

Couche qui assure un service fiable de transfert de données de bout en bout.

NOTE Dans certaines situations, la couche transport peut apporter des améliorations au service fourni par la couche réseau.

☞ couche (sens II)

couche visible
visible layer

Couche dont les nœuds communiquent directement avec des systèmes extérieurs.

couleur d'incrustation
chroma-key color

Couleur servant à commander le découpage dans une incrustation couleur.

EXEMPLE La couleur bleue qui permet d'incruster un fond de carte sur lequel se détache le présentateur de la météo, à la télévision.

☞ incrustation couleur

coup de feu
➡ **message incendiaire**

coupe-feu
➡ **pare-feu**

couper-coller
cut and paste

Fonction permettant à l'utilisateur de déplacer ou de copier du texte ou des graphiques d'un document vers un presse-papiers, de façon à pouvoir l'utiliser dans le même document ou dans un autre.

couplage
coupling

Interconnexion ou interdépendance de différents modules d'un programme.

NOTES

1 Un couplage lâche signifie peu ou pas d'interconnexion ou d'interdépendance.

2 Les types de couplage peuvent être classés du plus lâche au plus étroit, comme suit :
- absence de couplage
- couplage de données
- couplage de commande
- couplage externe
- couplage d'environnement commun
- couplage de contenu

☞ cohésion

couplage de commande
control coupling

Couplage par lequel un module transmet des données à un autre module, dans le but explicite d'influer sur le fonctionnement de cet autre module.

couplage de contenu
content coupling

Couplage par lequel un module fait référence au code d'un autre module ou le modifie.

couplage de données
data coupling

Couplage par lequel des données sont partagées entre des modules.

couplage d'environnement commun
common-environment coupling, common coupling

Couplage par lequel des modules ont accès à des données communes.

couplage externe
external coupling

Couplage par lequel le couplage de variables peut être contrôlé en le limitant aux variables qui sont formellement déclarées comme externes.

NOTE Le langage PL/I (*programming language*) est un des langages de programmation qui ont cette faculté.

coupleur au câble principal
trunk coupling unit

Dispositif matériel qui permet de raccorder une station de données à un câble principal au moyen d'un câble de dérivation.

NOTE Le coupleur au câble principal permet d'insérer une station dans le réseau, ou de la contourner.

courriel
➡ **courrier électronique**

courrier électronique
electronic mail, e-mail

Correspondance entre terminaux sur un réseau d'ordinateurs.

NOTE En anglais, on utilise les variantes suivantes d'orthographe : E mail, E-mail, Email, et email.

≈ courriel

courrier en multidiffusion
broadcast mail

Courrier électronique transmis à tous les terminaux d'utilisateur d'un réseau d'ordinateurs.

coussinet
pincushion distortion

Distorsion telle que l'image d'un rectangle apparaît avec des côtés creusés vers l'intérieur comme une pelote d'épingles.

NOTE La distorsion en coussinet peut être dûe à une augmentation de l'agrandissement au fur et à mesure que l'on s'éloigne du centre de l'image.

crénage
kerning

Réduction de l'espace entre deux caractères adjacents.

EXEMPLE Chevauchement de matrices de caractère pour l'impression ou l'affichage de l'écriture cursive.

créneau temporel
time slot (TS)

Tout intervalle de temps à occurrence cyclique qu'il est possible de reconnaître et de définir sans ambiguïté.

NOTE En français, le terme « créneau temporel » est recommandé à la place du terme « intervalle de temps », car celui-ci prête à confusion, dans un même contexte, avec le sens usuel de cette expression, qui correspond à l'anglais *time interval*.

≈ intervalle de temps (IT)

crénelage
aliasing

(en infographie)

Effet visuel indésirable, provoqué par la définition insuffisante de l'image ou par un filtrage inadéquat des contours d'objets, et qui prend habituellement la forme de dentelures et de contours brisés.

croyance
belief

(en intelligence artificielle)

Énoncé relatif à une entité du monde réel ou conceptuel, dont la validité est caractérisée par un facteur de certitude.

NOTES

1 Les croyances permettent de tirer une conclusion à partir de connaissances incomplètes.

2 Une croyance possédant un haut facteur de certitude peut être considérée comme un fait.

cryptage
➡ **chiffrement**

cryptage irréversible
➡ **chiffrement irréversible**

cryptogramme
ciphertext

Ensemble de données résultant d'un chiffrement et dont le contenu sémantique n'est pas disponible sans recours à des techniques cryptographiques.

≈ texte chiffré

cryptographie
cryptography

Discipline englobant les principes, moyens et méthodes de transformation des données, dans le but de cacher leur contenu sémantique, d'empêcher leur utilisation non autorisée ou de permettre la détection de modifications.

cryptographie à clé publique
public-key cryptography, asymmetric cryptography

Cryptographie dans laquelle on utilise une clé publique et une clé privée correspondante pour le chiffrement et le déchiffrement.

NOTE Si une clé publique est utilisée pour le chiffrement, la clé privée correspondante doit être utilisée pour le déchiffrement, et vice versa.

≈ cryptographie asymétrique

cryptographie asymétrique
➡ **cryptographie à clé publique**

cryptographie symétrique
symmetric cryptography

Cryptographie dans laquelle on utilise la même clé pour le chiffrement et le déchiffrement.

CTI
➡ **centre de traitement de l'information**

culbute
tumbling

Affichage des positions successives prises par des éléments graphiques au cours d'une rotation autour d'un axe animé lui-même d'un mouvement continu dans l'espace.

curseur
cursor

I Marque mobile normalement visible, utilisée pour signaler une position sélectionnée dans un espace d'affichage.

EXEMPLE L'endroit où introduire les nouvelles données.

NOTE Il peut y avoir plusieurs curseurs.

II (dans une base de données) Dans une base de données relationnelle, pointeur vers une ligne dans une table, utilisé pour se déplacer dans cette table.

NOTE En SQL, un pointeur courant est appelé « curseur ».

curseur de défilement
scroll box

Zone mobile sur la barre de défilement, indiquant la position relative des données ou des images affichées dans la fenêtre (sens I).

NOTE Le curseur de défilement vertical est aussi appelé « ascenseur ».

curseur graphique
puck

Dispositif de pointage déplacé manuellement sur la surface d'une tablette graphique pour indiquer les points à introduire lors du traçage d'images.

cuvette
pit

Marque constituée d'une dépression microscopique sur la couche d'enregistrement d'un disque optique.

cyberespace
cyberspace

Espace virtuel formé par un réseau d'ordinateurs et ses utilisateurs, avec un ensemble d'applications réparties.

NOTE Dans le cyberespace, les gens partagent des forums ou des groupes de causette et se comportent socialement comme les habitants d'un petit village, connaissant tous leurs voisins.

cyberespace intérieur
virtual-world interior, cyberspace interior

Partie d'un univers virtuel qui réside dans le cerveau et le corps du participant plutôt que dans un appareil matériel.

cybermagazine
➡ **magazine électronique**

cycle de recherche
search cycle

Partie d'une recherche qui se répète pour chaque donnée.

cycle de vie d'un système
system life cycle

Suite de modifications par lesquelles passe un système, depuis sa conception jusqu'à son abandon.

cylindre
cylinder

Sur un disque magnétique ou dans une pile de disques magnétiques, ensemble des pistes accessibles par les diverses têtes magnétiques d'un peigne placé dans une position déterminée.

D

2,5D

➡ **dimension 2,5**

DAO

➡ **dessin assisté par ordinateur**

datagramme

datagram

En mode de transmission par paquets, ensemble de données assez court pour être contenu dans un seul paquet, et envoyé vers le destinataire identifié par l'adresse du paquet.

DDL

➡ **langage de définition de données**

débit

throughput

Mesure de la quantité de travail accomplie par un système informatique durant une période donnée.

débit binaire

bit rate

Nombre de bits transférés par unité de temps.

NOTE Le débit binaire est généralement exprimé en bits par seconde, en kilobit par seconde, mégabit par seconde, etc.

débit de transfert

➡ **cadence brute de transfert**

débit effectif de transfert

effective transfer rate, data transfer rate

Nombre réel d'éléments de données, tels que bits ou octets, des données de l'utilisateur, qui sont transférés par unité de temps.

≈ débit réel de transfert

débit moyen d'entropie

average information rate

Quotient de l'entropie moyenne par caractère H' , par la durée moyenne d'un caractère, soit, mathématiquement, :

$H^* = H' / t(X)$ où $X = \{x_1 \dots x_n\}$ est l'ensemble des caractères x_i ($i = 1 \dots n$), et

$t(X)=\sum_{i=1}^{n} p(x_i)\, t(x_i)$ est l'espérance mathématique de la durée $t(x_i)$ d'un caractère x_i ayant une probabilité de réalisation $p(x_i)$.

NOTE Le débit moyen d'entropie peut être exprimé à l'aide d'une unité telle que le shannon par seconde.

≈ entropie moyenne

débit moyen de transinformation
average transinformation rate

Quotient de la moyenne par caractère de la transinformation *T'* par la durée moyenne d'une paire de caractères à la source et au collecteur, soit, mathématiquement, :

$T^* = T' \ / \ t(X,Y)$ où $X = \{x_1 \ ... \ x_n\}$ est l'ensemble d'événements x_i $(i = 1 \ ... \ n)$, $Y = \{y_1 ... y_m\}$ est l'ensemble d'événements $y_j = (1 \ ... \ m)$, et

$t(X,Y)=\sum_{i=1}^{n}\sum_{j=1}^{m}p(xi,yj)t(xi,yj)$ est la valeur moyenne de la durée $t(x_i,y_j)$ d'une paire de caractères ayant une probabilité de réalisation simultanée $p(x_i,y_j)$.

NOTE Le débit moyen de transinformation peut être exprimé à l'aide d'une unité telle que le shannon par seconde.

≈ transinformation moyenne par unité de temps

débit nominal de transfert
nominal transfer rate

Nombre prévu ou théorique d'éléments de données, tels que bits ou octets, des données de l'utilisateur, qui peuvent être transférés par unité de temps.

≈ débit théorique de transfert

débit réel de transfert
➡ **débit effectif de transfert**

débit théorique de transfert
➡ **débit nominal de transfert**

déboguer
to debug

Détecter, localiser et éliminer des erreurs dans un programme.

≈ mettre au point

débogueur
debugger

Logiciel permettant le débogage.

débrouiller
➡ **désembrouiller**

décalage
shift

Déplacement simultané de certains ou de tous les caractères d'un mot dans un sens donné et d'un même nombre de positions.

décalage arithmétique
arithmetic shift

Décalage de la représentation d'un nombre exprimé à la fois en numération à base fixe et en numération à séparation fixe, dans lequel seuls sont déplacés les caractères représentant la mantisse du nombre.

NOTES

1 Un décalage arithmétique revient généralement à une multiplication du nombre par une puissance entière, positive ou négative, de la base de numération, sous réserve des effets d'un éventuel arrondi.

2 Comparer le décalage logique au décalage arithmétique surtout dans le cas de représentation à virgule flottante.

décalage circulaire
end-around shift, cyclic shift

Décalage logique dans lequel les caractères sortant par une extrémité d'un mot-machine ou d'un registre sont réintroduits à l'autre extrémité.

décalage d'adresse
address offset

Nombre qui doit être ajouté à une adresse relative pour déterminer l'adresse de l'emplacement de mémoire auquel on veut accéder.

décalage logique
logical shift, logic shift

Décalage dans lequel tous les caractères d'un mot-machine sont traités de la même façon.

décaler
to indent

Commencer une ligne en retrait de la marge par rapport aux autres lignes.

≈ renfoncer

déchiffrement
decryption, decipherment

Reconstitution, à partir d'un cryptogramme, des données originales correpondantes.

NOTE Un cryptogramme peut être chiffré une deuxième fois ; dans ce cas, un déchiffrement unique ne restitue pas le texte en clair original.

décimal
decimal, denary

I Qualifie une numération à base fixe dont la base est dix.

II Qualifie un objet, une condition ou une action pouvant présenter l'un quelconque de dix états ou valeurs distincts.

déclaration
declaration

Élément de langage explicite qui introduit un ou plusieurs identificateurs dans un programme et qui indique comment les interpréter.

EXEMPLE Déclarations qui désignent des types de données, l'organisation de mémoire, des paquetages ou des tâches.

NOTE Dans certains langages de programmation, on considère les déclarations comme des instructions.

déclaration de paquetage
package declaration

Déclaration séparée des éléments de langage dont les spécifications sont nécessaires à l'extérieur d'un paquetage, soit pour l'interfaçage, soit pour les besoins de la compilation.

déclaration générique
generic declaration

Déclaration d'un élément de langage générique qui introduit les paramètres génériques qui doivent être remplacés par des paramètres effectifs lors d'une instanciation générique.

déclaration implicite
implicit declaration

Déclaration provoquée par l'apparition d'un identificateur désignant un objet dont les caractéristiques sont fournies par défaut.

EXEMPLE En Pascal « sortie = texte ».

déclenchement multiple
multiple firing

Déclenchement répétitif d'une règle pour accéder plusieurs fois à des connaissances au cours de la même consultation.

déclencher
to fire

Lancer une action spécifiée par une règle lorsque les conditions de cette règle sont satisfaites.

déclencher une exception
to raise an exception

Faire qu'une exception soit signalée lors de l'apparition d'une condition spécifiée.

déclencher un point d'arrêt
to initiate a break point

Suspendre l'exécution d'un programme à un point d'arrêt.

déclencheur

➠ **dispositif à déclenchement**

décoder
to decode

Convertir des données en appliquant en sens inverse le code précédemment employé.

décompilateur
decompiler

Outil logiciel qui décompile des programmes.

décompiler
to decompile

Traduire un programme obtenu par compilation, depuis sa forme en langage machine, vers une forme qui ressemble au programme original en langage évolué, sans lui être nécessairement identique.

NOTE Un programme décompilé devrait pouvoir être recompilé dans sa version d'origine en langage machine.

décondenser
to unpack

Reconstituer sous leur forme d'origine des données qui ont été condensées.

≈ éclater

déconnecter (se –)
to logoff, to log off, to logout, to log out

Procéder aux étapes nécessaires pour clore une session ou pour mettre fin de façon ordonnée à la connexion avec un système informatique.

≈ fermer une session

décor
setting

Contexte particulier dans lequel se déroule un script, y compris les accessoires.

découpage
clipping

Action de tronquer des données ou images en supprimant tous les éléments graphiques qui se trouvent à l'extérieur d'un masque de découpage.

≈ détourage

découpage de temps
time slicing

Mode d'exploitation dans lequel plusieurs processus se voient attribuer des quantums de temps sur le même processeur.

découverte par la machine
machine discovery

Formation taxinomique et découverte de lois empiriques décrivant l'agencement de données observées, par des machines capables d'apprentissage.

☞ agrégation conceptuelle, apprentissage analytique

décryptage
➡ **analyse cryptographique**

déduction
deduction, deductive inference

Inférence qui part d'un ensemble de prémisses particulier pour en dériver une conclusion logique.

NOTE La déduction est la seule inférence qui maintient la validité des énoncés.

≈ inférence déductive

défaillance
failure

Cessation de l'aptitude d'une unité fonctionnelle à accomplir une fonction requise.

défilement
scrolling

(en infographie)

Déplacement, généralement vertical ou horizontal, des éléments graphiques à l'intérieur d'une fenêtre (sens I), de telle façon que de nouvelles données apparaissent à un bord alors que d'autres disparaissent au bord opposé.

défilement vertical
rolling, vertical scrolling

Défilement vers le haut ou vers le bas.

définition
definition

Grandeur caractérisant la finesse des détails d'une image par la combinaison de la résolution et du contraste.

définition de limites
range specification

Choix du début et de la fin d'une chaîne de caractères.

NOTE La partie ainsi délimitée peut s'exprimer en mots, lignes, paragraphes, phrases ou pages.

déformation élastique
rubberbanding

Déplacement d'un point ou d'un objet de façon à conserver l'interconnectivité d'autres points ou objets en les étirant, en les redimensionnant ou en réorientant leurs lignes d'interconnexion.

dégradation d'image
image degradation

Variation non désirée de la définition, de la luminosité, de la fidélité ou d'un autre attribut d'une image.

dégradé
failsoft

Qualifie une unité fonctionnelle qui continue de fonctionner avec des performances réduites en dépit d'anomalies ou d'opérations manuelles hors limites.

NOTE La tolérance aux anomalies est une technique qui permet d'effectuer des opérations dégradées.

degré de liberté
degree of freedom

Chacun des types de mouvement qui peuvent affecter un objet.

NOTE Il y a six types de mouvement : horizontal, vertical, en profondeur, de rotation, de lacet, de tangage.

déguisement
masquerade

Fait de prétendre, pour une entité, d'être une autre entité pour obtenir un accès non autorisé.

≈ usurpation d'identité

délai de rétablissement
recovery time

Délai nécessaire, lorsque l'on envoie ou que l'on reçoit des impulsions, entre la fin d'une impulsion et le début de l'impulsion suivante.

NOTE Ce terme s'applique généralement à un appareil qui envoie ou reçoit des impulsions.

≈ temps de récupération

délégation
delegation

Moyen de permettre à un objet d'attribuer le service d'un message à un autre objet.

1 délimiteur
delimiter

(en organisation de données)

Ensemble d'un ou plusieurs caractères utilisés pour marquer le début ou la fin d'une chaîne de caractères.

2 délimiteur
delimiter, separator

(en programmation)

Unité lexicale indiquant le début ou la fin d'une autre unité lexicale ou d'une chaîne de caractères considérée comme une unité syntaxique.

NOTE Des caractères spéciaux ou des mots réservés peuvent servir de délimiteurs.

☞ séparateur

délimiteur de début de trame
start-of-frame, frame start delimiter

Configuration particulière de bits, qui indique le début d'une trame.

☞ trame

délimiteur de fin de trame
end-of-frame, frame end delimiter

Configuration particulière de bits, ou signal particulier, qui indique la fin d'une trame.

☞ trame

délit informatique
computer crime

Délit commis à l'aide d'un système informatique ou d'un réseau d'ordinateurs, ou les concernant directement.

déloger
to roll out

Transférer un ensemble de données, tel que des fichiers ou des programmes, depuis la mémoire principale vers une mémoire externe, afin de rendre la mémoire principale disponible pour d'autres usages.

demande d'identification
➥ **interrogation**

demande d'interruption
interrupt request (IRQ)

L'un des éléments d'un ensemble d'interruptions matérielles possibles, identifié par un numéro.

démarrage à chaud
warm start

Lancement d'un système de gestion de base de données avec traitement préalable des images avant ou des images après.

démarrage à froid
cold start

Lancement d'un système de gestion de base de données sans traitement préalable des images avant ou des images après.

démodulation
demodulation

Action de restituer le signal d'origine à partir d'un signal modulé.

démon
demon, daemon

Procédure dont l'appel n'est pas explicite mais déterminé par la détection d'une modification, d'une adjonction, d'une élimination ou d'un autre événement.

démonstration d'exactitude
correctness proving

Démonstration mathématique formelle pour démontrer que la sémantique d'un programme est conforme aux spécifications de ce programme.

démultiplexage
demultiplexing

I Opération appliquée à un signal obtenu par multiplexage, en vue de restituer les signaux originaux indépendants ou des groupes de ces signaux.

NOTE Le démultiplexage peut être partiel, par exemple pour extraire un groupe primaire de voies d'un groupe secondaire.

II (dans l'OSI) Fonction accomplie par une entité d'une couche déterminée, qui identifie des unités de données du protocole de cette couche, et correspondant à plusieurs connexions de cette couche, parmi les unités de données du service de la couche immédiatement inférieure, reçues sur une seule connexion de cette couche inférieure.

NOTE Le démultiplexage est la fonction inverse du multiplexage accompli par l'entité d'une couche déterminée qui envoie des unités de données du service de la couche immédiatement inférieure.

démultiplexeur
demultiplexer

Appareil permettant de reconstituer, en signaux de sortie, chacun des signaux préalablement combinés par un multiplexeur.

déni de service
denial of service

Impossibilité d'accès à des ressources pour des utilisateurs autorisés ou introduction d'un retard préjudiciable dans les opérations.

≈ refus de service

densité de bits
bit density, recording density

Nombre de bits enregistrés sur une piste par unité de longueur ou d'angle, ou sur une surface par unité d'aire.

densité de données
data density, packing density

Nombre d'éléments de données stockés sur une piste par unité de longueur ou d'angle, ou sur une surface par unité d'aire.

Dans ce sens, le synonyme *densité d'enregistrement* est déconseillé.

NOTE Pour les disques, on indique plutôt la capacité de mémoire du disque, enregistré sur une ou deux faces, plutôt que la densité de données.

≈ densité d'enregistrement

densité d'enregistrement

➥ **densité de données**

densité de pistes
track density

Nombre de pistes par unité de longueur, dans une direction perpendiculaire aux pistes.

NOTE La densité de pistes est l'inverse du pas transversal.

densité physique d'enregistrement
physical recording density

En enregistrement magnétique, nombre de transitions de flux enregistrées sur une piste par unité de longueur ou d'angle.

d'entrée
input

Qualifie un dispositif, un processus ou un canal relatifs à une entrée, ou encore les données ou les états correspondants.

Dans ce cas, le terme *d'entrée* joue le rôle d'un adjectif qualificatif.

d'entrée-sortie
E-S
input-output (I/O)

Qualifie un dispositif, un processus ou un canal relatifs à une entrée et une sortie, concurremment ou non, ou encore les données ou les états correspondants.

Le terme *d'entrée-sortie* joue le rôle d'un adjectif qualificatif.

NOTE L'expression *entrée-sortie* peut être utilisée à la place de *signal d'entrée-sortie* ou de *processus d'entrée-sortie* lorsque cet emploi est clair dans un contexte donné.

dépassement de capacité
overflow

I Dans une opération arithmétique, excédent de longueur du mot numérique exprimant le résultat par rapport à la longueur de mot prévue pour cette numération.

II Par rapport à la capacité du dispositif de mémoire affecté au résultat d'une opération, excédent de longueur du mot exprimant le résultat de cette opération.

III (dans une calculatrice) État d'une calculatrice qui n'est pas en mesure de recevoir ou de traiter le nombre de chiffres que l'on a voulu introduire ou qui résultent d'un calcul.

dépassement de capacité par valeurs inférieures
➡ **soupassement de capacité**

dépendance
dependency

Rapport entre entités ou rapport entre attributs qui indique que l'existence d'une entité ou d'un attribut n'a d'intérêt que si une autre entité ou un autre attribut existe.

dépendance du locuteur
speaker dependence

Niveau d'après lequel un reconnaisseur de parole doit être entraîné aux formes de parole des différents locuteurs.

dépendance fonctionnelle
functional dependence

Propriété d'une paire (A,B) d'attributs d'une relation garantissant que pour chaque valeur d'attribut de A, il existe une valeur d'attribut de B associée et une seule.

NOTE En termes mathématiques, il existe une application de A sur B.

déplacement de bloc
block move

(en traitement de texte)
Fonction permettant à l'utilisateur de déterminer un bloc de texte et de le déplacer vers un autre point du même document ou vers un autre document.

déplacement de relogement
➡ **déplacement de translation**

déplacement de translation
relocation offset

Différence entre l'adresse de chargement et l'origine d'assemblage d'un programme.
≈ déplacement de relogement

déposer
to post

Mettre un message à la disposition des utilisateurs d'un forum ou d'un babillard électronique.

dépôt
submission

Étape de transmission au cours de laquelle un agent d'utilisateur ou une mémoire de messages transporte un message ou un envoi-test vers un agent de transfert de messages.
☞ usager direct

dépôt direct
direct submission

Dépôt dans lequel un agent d'utilisateur ou une mémoire de messages transporte directement un message ou un envoi-test vers un agent de transfert de messages, sans passer par une unité fonctionnelle intermédiaire.

☞ usager direct

dépôt indirect
indirect submission

Dépôt dans lequel un agent d'utilisateur transporte vers un agent de transfert de messages un message ou un envoi-test par l'intermédiaire d'une mémoire de messages.

☞ usager direct

dérive
drift

Variation indésirable, au cours du temps, de la valeur d'un signal de sortie d'un dispositif, lorsque les valeurs de tous les signaux d'entrée de ce dispositif restent constantes.

dérouleur de bande magnétique
magnetic tape drive, magnetic tape transport, tape drive, tape transport

Dispositif qui assure le défilement d'une bande magnétique.

= dérouleur de bande

dérouleur en continu
➠ **dévideur**

dérouteur
operation code trap

Modification spécifique de la partie opérateur d'une instruction machine qui engendre une interruption lors de l'exécution de cette instruction machine.

désambiguïsation
disambiguation

Détermination, parmi plusieurs éléments de langage ayant la même séquence d'unités lexicales, de celui qui est désigné par une occurrence particulière dans un programme.

désapprentissage
unlearning

Ajustement des connaissances stockées dans un système pour effacer un apprentissage.

désassembler
to disassemble

Traduire un code objet en une représentation de langage d'assemblage.

1 descendant
top-down

Qualifie une méthode ou une procédure allant du niveau d'abstraction le plus élevé vers le niveau le moins élevé.

≈ haut en bas (de –)

2 descendant
downlink

(dans un réseau local)

Qualifie une transmission de données allant de la tête de bus vers une station de données.

description de concept
concept description

Structure de données qui décrit la classe des instances connues d'un concept.

description de données
data description

Description formalisée d'un élément de données et des structures de données dans lesquelles son nom et ses mots apparaissent.

description de la texture d'une surface
surface texture description

Ensemble de données décrivant la texture d'un objet tridimensionnel, qui comprend la surface et le modèle d'éclairage.

description d'un problème
➠ **dossier d'application**

description du système
system description

Documentation qui résulte de la conception du système et en définit la structure, les caractéristiques essentielles et les besoins en matériel et en logiciel.

description par dissimilarités
discriminant description

Description de concept qui indique les propriétés différenciant un concept donné des autres concepts considérés.

description par traits distinctifs
characteristic description

Description de concept qui indique les propriétés communes à toutes les instances d'un concept donné.

description structurale
structural description

Représentation d'objets et de concepts fondée sur la description de leurs parties constitutives et de leurs interrelations.

de secours
backup

Qualifie une procédure, une technique ou un matériel utilisé pour aider à recouvrer des données perdues ou détruites, ou pour maintenir un système en fonctionnement.

désembrouiller
to descramble

Reconstituer, à partir d'un signal numérique embrouillé, le signal numérique d'origine.

Le terme *débrouiller* est utilisé au Canada.

≈ débrouiller

désignation
➡ **indiçage**

de sortie
output

Qualifie un disposistif, un processus ou un canal relatifs à une sortie, ou encore les données ou les états correspondants.

dessin assisté par ordinateur
DAO

computer-aided drawing

Ensemble des méthodes et des techniques de dessin utilisant des logiciels et des matériels graphiques.

destinataire
recipient

Utilisateur ou liste de distribution susceptible de recevoir un message ou à qui un message est adressé.

destinataire caché
blind-copy recipient

Destinataire dont l'identité n'est pas révélée aux autres destinataires du même message.

NOTE L'abréviation « bcc » utilisée pour désigner un destinataire caché provient de l'expression anglaise *blind carbon copy.*

≈ destinataire en copie cachée, destinataire de copie confidentielle, destinataire en copie muette

destinataire de copie
copy recipient

Destinataire auquel le message n'est pas destiné principalement, mais que l'on veut informer du contenu du message.

NOTE L'abréviation « cc » utilisée pour désigner le destinataire de copie vient de l'expression anglaise *carbon copy* et de l'expression française *copie conforme.*

destinataire de copie confidentielle
➡ **destinataire caché**

destinataire direct
immediate recipient

Destinataire potentiel désigné d'un message ou d'un envoi-test particulier.

NOTE Des messages particuliers sont créés lors d'un dépôt, et peuvent être créés lors d'un fractionnement ou lors de l'expansion d'une liste de distribution.

destinataire effectif
actual recipient

Destinataire potentiel pour qui se produit une remise ou une confirmation.

NOTE Un destinataire potentiel se transforme en destinataire effectif lorsque se produit une remise ou une confirmation.

destinataire en copie cachée
➡ **destinataire caché**

destinataire en copie muette
➥ **destinataire caché**

destinataire membre
member recipient
Destinataire potentiel auquel un message est acheminé par suite de l'expansion d'une liste de distribution.

destinataire potentiel
potential recipient
Tout utilisateur ou liste de distribution vers lequel un message ou un envoi-test est susceptible d'être envoyé.

destinataire prévu
intended recipient
Destinataire potentiel que l'expéditeur spécifie comme destination envisagée d'un message ou d'un envoi-test.

destinataire principal
primary recipient
Destinataire auquel le message est destiné principalement.

destinataire suppléant
alternate recipient
Destinataire potentiel auquel un message ou un envoi-test peut être envoyé, à la seule condition que ce message ou cet envoi-test ne puisse être transmis à un destinataire particulier préféré.
NOTE Le destinataire suppléant peut être désigné soit par l'expéditeur, soit par des destinataires potentiels.

détecteur de mouvement des yeux
➥ **détecteur de mouvement oculaire**

détecteur de mouvement oculaire
eye-movement detector
Dispositif qui suit les mouvements des yeux, par exemple sous la forme d'une paire de lunettes comportant de minuscules diodes électroluminescentes émettant en infrarouge.
≈ détecteur de mouvement des yeux

détecteur de virus
➥ **vaccin**

détection d'anomalies
flaw detection
Examen non destructif d'un objet pour rechercher des caractéristiques non souhaitées, une forme inconnue, une position inconnue.
≈ détection de défauts, détection de failles

détection de collision
collision detection
En réalité virtuelle, processus permettant de déterminer si les structures géométriques de plusieurs objets virtuels présents sur la scène se recoupent, ou si, en fonction du mouvement actuel des objets virtuels, elles pourraient se recouper.
NOTE Un usage type de la détection de collision consiste à déterminer si et comment l'avatar interagit avec les objets virtuels de la scène, en détectant une collision entre l'espace théoriquement occupé par l'avatar dans la scène, et celui des autres objets virtuels de la scène.

détection de contours
edge detection
Technique de segmentation d'image dans laquelle les pixels de contours sont identifiés par l'étude de leurs voisins.

détection de défauts
➥ **détection d'anomalies**

détection de dissimilarité
difference detection
Processus de comparaison de deux images, pixel par pixel, de façon à déterminer si des cellules de résolution correspondantes ont des valeurs chromatiques suffisamment différentes.

détection de failles
➥ **détection d'anomalies**

détection de modification
manipulation detection, modification detection
Procédure utilisée pour détecter les modifications, accidentelles ou intentionnelles, de données.

détection de porteuse
carrier sense

Dans un réseau local, activité permanente d'une station de données visant à détecter si une autre station est en train d'émettre.

détection de position angulaire
rotational position sensing (RPS)

Technique assurant le suivi continu d'une position sur un support d'enregistrement magnétiques, afin d'indiquer la position disponible pour des opérations de lecture ou d'écriture.

NOTE Cette recherche s'effectue par comparaison permanente de la position de la tête de lecture-écriture avec des repères de synchronisation.

détection d'erreurs
error detection

Méthode permettant de déterminer si les données ont été transférées ou transmises incorrectement.

détourage
➡ **découpage**

de type mixte
mixed mode, mixed type

Qualifie une expression qui contient plusieurs types de données différents.

développement de système
system development

Processus comprenant en général l'analyse des besoins, la conception de système, la mise en œuvre, la documentation et l'assurance de qualité.

développer
to expand

Ramener à leur forme initiale des données comprimées.

dévideur
streaming tape drive, streamer

Unité de bande magnétique particulièrement conçue pour effectuer en continu un vidage ou un chargement de données sans s'arrêter sur les espaces interblocs.

≈ dérouleur en continu

diagnostic
diagnostic function

Aptitude d'une unité fonctionnelle à reconnaître les problèmes et à identifier le type d'erreur.

diagnostique
diagnostic

Relatif à la détection, à l'analyse ou à la description des anomalies, des défaillances ou des erreurs humaines.

diagramme à bulles
bubble chart

Diagramme dans lequel les entités sont représentées sous forme de bulles reliées entre elles par des arcs représentant leurs relations.

👁 Figure D.1

diagramme à pavés
box diagram, Chapin chart, Nassi-Shneiderman chart

Diagramme de contrôle constitué de pavés en séquence et emboîtés, représentant des étapes séquentielles, des répétitions et des instructions conditionnelles.

👁 Figure D.2

diagramme de contrôle
control flow diagram, control flow graph

Diagramme représentant toutes les séquences possibles dans lesquelles les opérations peuvent être effectuées pendant l'exécution d'un programme.

≈ graphe de contrôle

diagramme de flux de données
data flow diagram, data flowchart, data flow graph

Diagramme qui représente les sources de données, les collecteurs de données, le stockage des données et les traitements sur les données sous forme de nœuds, et qui représente les flots logiques de données sous forme d'arcs reliant ces nœuds.

👁 Figure D.3

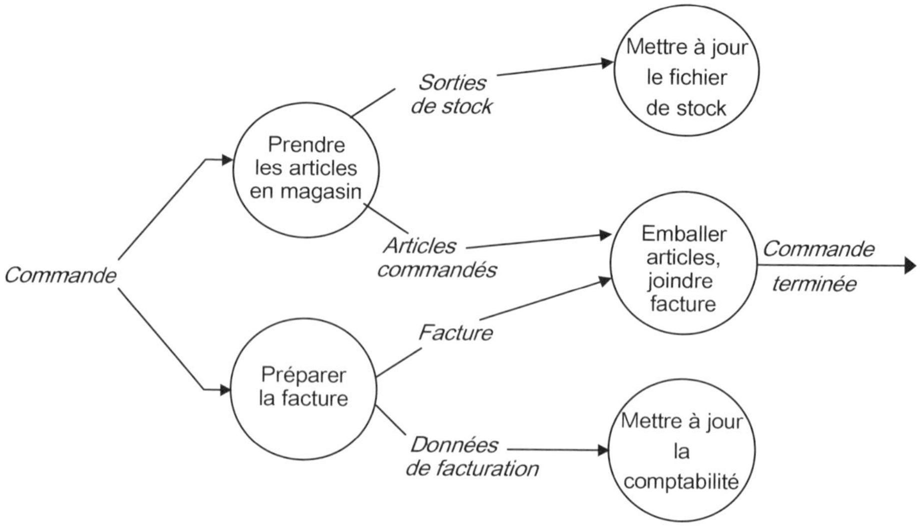

Figure D.1 – Exemple de diagramme à bulles

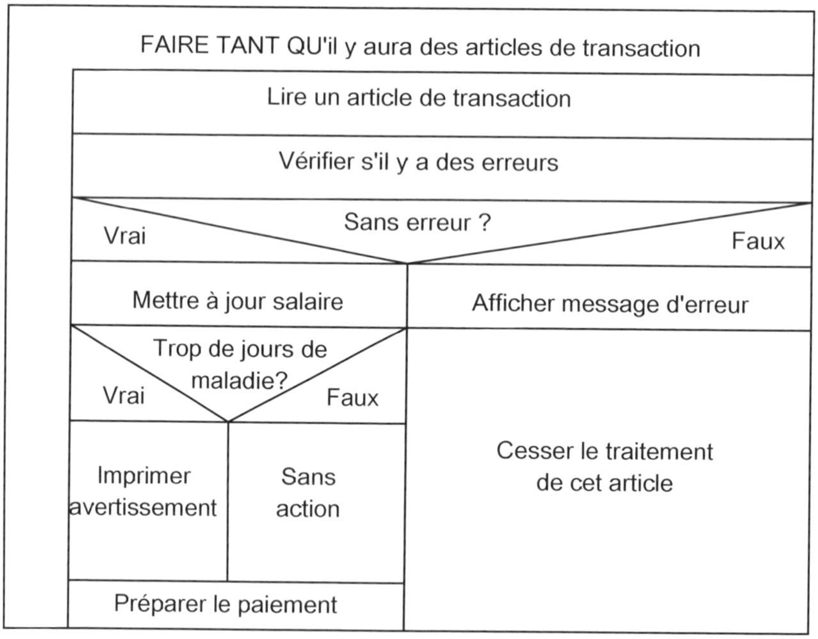

Figure D.2 – Exemple de diagramme à pavés

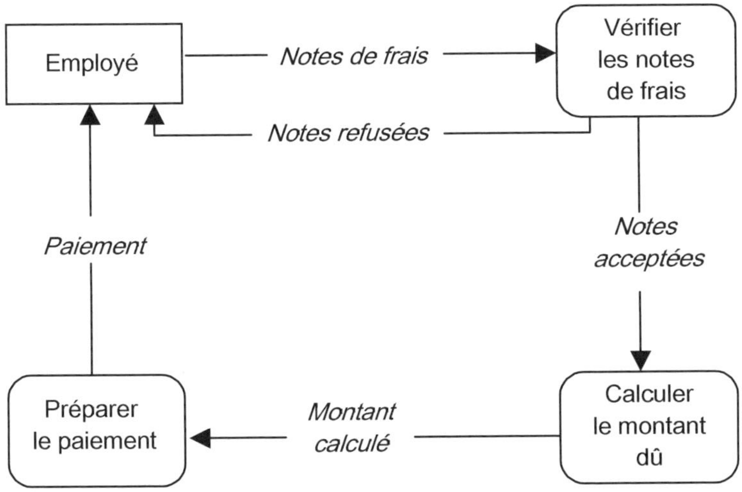

Figure D.3 – Exemple de diagramme de flux de données

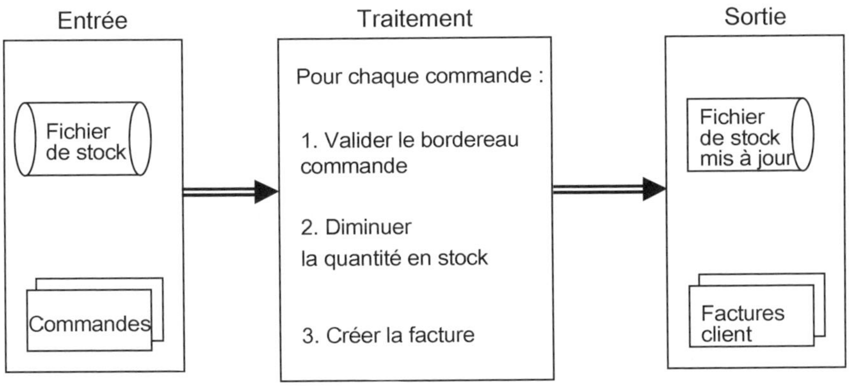

Figure D.4 – Exemple de diagramme d'entrée-sortie

diagramme d'entrée-sortie

input-process-output chart (IPO chart)

Dans un programme ou un module, diagramme composé d'un rectangle à gauche listant les entrées, d'un rectangle au centre listant les phases de traitement, d'un rectangle à droite listant les sorties, et de flèches reliant les entrées aux phases de traitement et les phases de traitement aux sorties.

👁 Figure D.4

diagramme d'épingles

needle diagram

Représentation graphique de la surface d'un objet au moyen de segments de droite de longueur variable, perpendiculaires à la surface.

NOTE Ce diagramme ressemble à une pelote d'épingles.

diagramme de planification
network chart

Graphe orienté permettant de décrire et d'ordonnancer des événements, des activités, ainsi que leur interdépendance.

diagramme des transitions d'état
state transition diagram, state diagram

Diagramme qui représente l'état que peut prendre un système ou un composant, et qui montre ce que provoque le changement d'un état en un autre ou ce qui résulte de ce changement.

diagramme d'Euler
Venn diagram

Diagramme dans lequel les ensembles sont représentés par des domaines dessinés sur une surface.

≈ diagramme de Venn

diagramme de Veitch
Veitch diagram

Représentation symbolique des valeurs prises par une fonction booléenne, à l'aide d'un tableau rectangulaire subdivisé en cases dont le nombre est égal au nombre d'états possibles, c'est-à-dire deux, élevé à une puissance égale au nombre de variables.

diagramme de Venn
➡ **diagramme d'Euler**

diaphonie
crosstalk

Perturbation causée, dans un circuit, par un transfert d'énergie indésirable, venant d'un autre circuit.

dictionnaire de données
data dictionary, information resource dictionary (IRD)

Base de données contenant des métadonnées.

diffuseur de courrier
mail exploder, mail broadcaster

Unité fonctionnelle qui permet de dupliquer un message et de le réacheminer aux membres d'une liste de distribution.

1 diffusion
broadcast

(en communication de données)

Émission des mêmes données vers toutes les destinations.

2 diffusion
LAN broadcast

(dans un réseau local)

Émission d'une trame à l'intention de toutes les autres stations de données appartenant au même réseau local.

≈ diffusion générale

diffusion générale
➡ **diffusion (2)**

1 diffusion sélective
multicast

(en communication de données)

Émission des mêmes données vers un ensemble précis de destinations.

2 diffusion sélective
LAN multicast

(sur un réseau local)

Émission d'une trame à l'intention d'un groupe prédéterminé de stations de données appartenant au même réseau local.

dilatation
dilation, expansion

Opération géométrique qui augmente la taille de l'objet.

≈ expansion

dilemme
➡ **disjonction**

dimension 2,5
two and one-half dimensions

Se dit d'une représentation graphique bidimensionnelle, qui permet de produire un effet tridimensionnel en attribuant des propriétés d'occlusion à des objets qui se chevauchent.

= dimension deux et demi, 2,5D

diphone
diphone
Segment de parole qui s'étend de la zone stable d'un phonème à la zone stable du phonème suivant, et qui contient en son centre la zone de transition.

directive d'assemblage
assembler directive
Élément de langage fournissant des indications pour assembler un programme.

directive de compilation
compiler directive
Élément de langage fournissant des indications pour compiler un programme.

directive de traduction
translator directive
Élément de langage fournissant des indications pour traduire un programme.

directive d'interprétation
interpreter directive
Élément de langage fournissant des indications pour interpréter un programme.

discret
discrete
Qualifie des données représentées par des éléments distincts ou séparés, tels que des caractères, ou des grandeurs physiques prenant un nombre fini de valeurs identifiables séparément les unes des autres, ainsi que les processus et les unités fonctionnelles qui utilisent ces données.

discriminant
discriminant
Élément de langage, similaire à un paramètre, qui indique la structure de données à utiliser dans un enregistrement variable déterminé.
Ce terme est un nom masculin.
≈ code enregistrement

discrimination
discrimination
Aptitude d'un système de vision à percevoir des différences dans les caractéristiques des objets, telles que les valeurs chromatiques ou l'emplacement.

disjonction
non-equivalence operation, EXCLUSIVE-OR operation
Opération booléenne diadique, dont le résultat a la valeur booléenne 1 si et seulement si les deux opérandes ont des valeurs booléennes différentes.
NOTE « Ou exclusif » a le sens de la conjonction latine *aut*.
≈ dilemme, opération OU exclusif

dispersion
➡ **altération**

disponibilité
availability
I Aptitude d'une unité fonctionnelle à être en état d'accomplir une fonction requise, dans des conditions déterminées, à un instant donné ou quelconque d'un intervalle de temps donné, en supposant que la fourniture des moyens extérieurs nécessaires est assurée.
NOTE La disponibilité définie ici est une disponibilité intrinsèque, où les ressources extérieures autres que les ressources de maintenance n'influencent pas la disponibilité de l'unité fonctionnelle. La disponibilité opérationnelle, par contre, exige que les ressources extérieures soient fournies.
II (en sécurité informatique) Propriété des données ou des ressources d'être accessibles et utilisables à la demande par une entité autorisée.

dispositif à déclenchements
trigger circuit
Dispositif comportant plusieurs états, dont au moins un état stable, et conçu de façon que le passage d'un état stable à un autre état soit déclenché par l'application d'une impulsion appropriée.
≈ circuit de déclenchement, déclencheur

dispositif à rétroaction virtuelle
artificial feedback device
Dispositif de simulation qui donne une impression de réalité.
EXEMPLES Un gant à crispin pneumatique, une plateforme mobile actionnée par air, un gant tactile, un visiocasque.

dispositif d'affichage
display device

Dispositif de sortie qui fournit une représentation visuelle des données.

NOTE Habituellement, les données font l'objet d'un affichage temporaire ; toutefois, des dispositions peuvent être prises pour obtenir une copie d'écran de cette représentation.

≈ afficheur

dispositif d'affichage à balayage cavalier
calligraphic display device, directed-beam display device

Dispositif d'affichage dans lequel les éléments d'image peuvent être engendrés dans un ordre quelconque, commandé par programme.

dispositif d'affichage à cristaux liquides
liquid crystal display (LCD)

Dispositif d'affichage utilisant la variation des propriétés optiques d'un cristal liquide sous l'action d'un champ électrique.

EXEMPLES Dispositif d'affichage à matrice passive, dispositif d'affichage à matrice active.

≈ afficheur à cristaux liquides

dispositif d'affichage à matrice active
active matrix display device, active matrix display, active matrix screen (AMLCD)

Dispositif d'affichage à cristaux liquides, dans lequel chaque pixel de l'écran est doté de son propre circuit électronique de commande.

EXEMPLE Afficheur à transistors en couches minces.

NOTE Ceci permet d'avoir un meilleur contraste et moins de maculage vidéo.

≈ afficheur à matrice active

dispositif d'affichage à matrice passive
passive matrix display device, passive matrix display, passive matrix screen (PMLCD)

Dispositif d'affichage à cristaux liquides, qui utilise un seul circuit électronique de commande pour une ligne ou une colonne de pixels.

NOTE Ce dispositif est moins coûteux que les dispositifs d'affichage à matrice active mais offre une qualité d'affichage inférieure.

≈ afficheur à matrice passive

dispositif d'affichage à transistors en couches minces

➡ **afficheur à transistors en couches minces**

dispositif d'affichage de caractères
character display device, character display

Dispositif d'affichage qui fournit une représentation des données uniquement sous forme de caractères graphiques.

dispositif d'affichage graphique
graphic display device, graphic display

Dispositif d'affichage qui fournit une représentation des données sous une forme graphique quelconque.

dispositif d'affichage vectoriel
vector display device, vector-refresh display

Dispositif d'affichage générateur d'images sous forme de séries de vecteurs tracés point à point.

NOTE L'image est régénérée ou rafraîchie pour ne pas disparaître.

dispositif de désignation
pick device

Organe d'entrée utilisé pour désigner un ou plusieurs éléments graphiques.

EXEMPLE Un photostyle.

dispositif d'entrée
input unit, input device

Dispositif par l'intermédiaire duquel un ordinateur reçoit des données.

≈ organe d'entrée, unité d'entrée

dispositif d'entrée-sortie
input-output unit, input-output device

Dispositif par l'intermédiaire duquel un ordinateur reçoit ou émet des données.

≈ organe d'entrée-sortie, unité d'entrée-sortie

dispositif de pointage
pointing device

Dispositif utilisé pour déplacer un symbole ou un curseur sur un écran.

EXEMPLES Souris, boule de commande ou manche à balai.

dispositif de protection d'écriture
write-protection device, write-protect, data medium protection device

Dispositif mobile ou amovible, empêchant l'écriture ou la suppression de données sur un support d'enregistrement.

EXEMPLE Anneau de protection d'écriture pour une bande magnétique ; encoche de protection d'écriture sur une disquette.

≈ protection d'écriture

dispositif de reconnaissance vocale
voice-recognition unit

Unité fonctionnelle qui reconnaît un nombre limité d'ordres parlés et les convertit en signaux numériques équivalents, pouvant servir de données d'entrée pour un ordinateur ou déclencher d'autres actions voulues.

NOTE Un tel périphérique primitif peut être utilisé avec ou sans reconnaisseur de parole.

dispositif de rétroaction tactile
tactile feedback device

Dispositif destiné à donner un rendu tactile à des objets virtuels.

dispositif de saisie par globe
➡ **globe**

dispositif de sortie
output unit, output device

Dispositif par l'intermédiaire duquel un ordinateur émet des données.

≈ organe de sortie, unité de sortie

dispositif de verrouillage
latch

Dispositif qui conserve l'un des états stables possibles jusqu'à réception d'une combinaison particulière de signaux d'entrée.

NOTE En anglais, le terme *flip-flop* est parfois employé pour désigner un dispositif de verrouillage.

≈ verrou

dispositif intermédiaire
intermediate equipment

Dispositif auxiliaire qui s'insère entre l'équipement terminal de traitement de données et l'équipement de terminaison de circuit de données, pour remplir des fonctions complémentaires avant la modulation ou après la démodulation.

disque
disk

Support d'enregistrement circulaire et plat, animé d'un mouvement de rotation pour y permettre la lecture ou l'écriture de données sur l'une des faces ou les deux.

disque à écrasement direct
direct overwrite disk (DOW disk), one-beam overwrite disk

Disque magnéto-optique sur lequel les nouvelles données peuvent être écrites directement par-dessus les anciennes données, en modulant l'intensité du laser, sans exiger un moyen séparé d'effacement.

≈ disque à écrasement monofaisceau

disque à écrasement direct partiel
partially direct overwrite disk (P-DOW disk)

Disque à écrasement direct dont une partie est une mémoire morte et le reste peut être réinscrit.

disque à écrasement monofaisceau
➡ **disque à écrasement direct**

disque à écriture multiple
write-many disk

Disque magnéto-optique pour lequel l'effacement et l'écriture sont possibles aussi souvent que permis par le support d'enregistrement.

disque à écriture unique
write-once disk (WO disk), write-once optical disk (WOOD disk)

Disque magnéto-optique sur lequel l'écriture n'est possible qu'une seule fois et pour lequel l'effacement est impossible.

disque compact
CD
compact disc (CD)

Disque optique de petit diamètre, dans lequel un signal numérique est inscrit sous la forme d'une succession de cuvettes alignées le long d'une piste spirale, et qui est lu par un faisceau lumineux.

NOTE Le diamètre est approximativement 120 mm.

disque Divx
➡ **vidéodisque numérique express**

disque dur
hard disk

Disque magnétique réalisé en matériau rigide, et non en matériau souple.

disque DVD
➡ **disque numérique polyvalent**

disque magnétique
magnetic disk

Disque pourvu d'une couche aimantable, dont l'une ou les deux faces peuvent servir à stocker des données.

disque magnéto-optique
magneto-optical disk (MO disk)

Disque magnétique réinscriptible, utilisant des techniques optiques ou magnétiques pour l'effacement et la lecture.

NOTES

1 Sur un disque magnéto-optique, les données sont généralement écrites par création de domaines magnétiques dans la couche d'enregistrement, effacées par un faisceau optique en utilisant l'effet thermo-magnétique, et lues en utilisant l'effet Kerr magnéto-optique.

2 L'effet Kerr magnéto-optique est la rotation du plan de polarisation d'un faisceau optique, due à la réflexion sur la couche d'enregistrement.

disque numérique polyvalent
disque DVD, DVD
digital versatile disk, digital video disk (DVD)

Disque optique dont la capacité de mémoire et la largeur de bande sont augmentées par rapport au disque compact.

NOTE L'amélioration des caractéristiques est obtenue par une gravure plus rapprochée des cuvettes et par une technologie multicouche.

disque optique
optical disk, optical disc, digital optical disk

Disque sur lequel des données numériques enregistrées peuvent être lues au moyen d'un faisceau optique.

NOTE Selon leur fonction, les disques optiques peuvent être classés en disques réinscriptibles (transitions de phase ou technique magnéto-optique), disques à écriture unique (technique magnéto-optique), disques WORM (transitions de phase, ablation ou autre technique), disques à lecture seule.

≈ disque optique numérique

disque optique ablatif
ablative optical disk

Disque optique à écriture unique sur lequel les données sont représentées par des marques, ayant la forme de trous ou de cuvettes, dans le support d'enregistrement.

disque optique à écriture unique
write-once read many times optical disk (WORM optical disk)

Disque optique sur lequel les données sont enregistrées d'une manière irréversible, de sorte qu'après écriture il peut être lu plusieurs fois mais non effacé.

≈ disque WORM

disque optique à transitions de phase
phase change optical disk

Disque optique à écriture unique ou disque optique réinscriptible, sur lequel les données sont écrites en provoquant des transitions de phase entre les états amorphe et cristallin de la couche d'enregistrement, et sont lues en utilisant les caractéristiques différentes de la réflexion optique dans les deux états.

disque optique compact
compact-disk read-only memory (CD-ROM)

Disque compact destiné à un usage comme mémoire morte.

≈ CD-ROM, cédérom

disque optique numérique
➡ **disque optique**

disque optique réinscriptible
rewritable optical disk (R/W disk)
Disque optique pour lequel l'écriture, la lecture et l'effacement des données sont possibles, aussi souvent que permis par le support d'enregistrement.
≈ disque RW

disque optique souple
floptical disk, floptical
Disque magnéto-optique souple.
NOTE Un disque optique souple peut avoir une capacité de mémoire plus grande que les disquettes ordinaires, sans sacrifice sur la rapidité d'accès.
≈ disquette optique

disque RW
➡ **disque optique réinscriptible**

disquette
diskette, floppy disk
Disque magnétique réalisé en matériau souple et enfermé dans une chemise de protection.
NOTE Une disquette a généralement un diamètre de 3,5 pouces.

disquette à double densité
double-density disk (DD disk, DDD)
Disquette dont la densité physique d'enregistrement est double de celle d'une disquette à simple densité.

disquette à double densité sur deux faces
double side/double density disk (DSDD disk)
Disquette à double densité dont les deux faces sont utilisées pour l'enregistrement des données.

disquette à double densité sur une face
single-side/double-density disk (SSDD disk)
Disquette à double densité dont une seule face est utilisée pour l'enregistrement des données.

disquette à haute densité
high-density diskette
Disquette dont la densité physique d'enregistrement est supérieure à celle d'une disquette à double densité.
NOTE Les disquettes usuelles ayant une capacité de mémoire de 1,44 Mo sont désignées comme des disquettes à haute densité sur double face, ou par l'abréviation « 2 HD ».

disquette à simple densité
single-density disk (SD disk, SDD)
Disquette à faible densité physique d'enregistrement, où l'enregistrement magnétique est réalisé par codage en modulation de fréquence.
NOTE La première disquette de 3,5 pouces avait une capacité de mémoire de 360 kilooctets.

disquette de grande capacité
high- capacity diskette
Disquette à haute densité, usuellement de diamètre voisin de 3,5 pouces, insérée dans un boîtier de protection, et dont la capacité de mémoire atteint ou dépasse 100 Mo.

disquette optique
➡ **disque optique souple**

disque WORM
➡ **disque optique à écriture unique**

distorsion
distortion
(en vision artificielle)
Changement non désiré des caractéristiques d'une image par rapport à l'image d'origine.

distorsion en barillet
barrel distortion
Distorsion telle que l'image d'un rectangle apparaît avec des côtés bombés, comme un tonneau.
NOTE La distorsion en tonneau peut être due à une diminution de l'agrandissement au fur et à mesure que l'on s'éloigne du centre de l'image.
≈ distorsion en tonneau

distorsion en tonneau
➡ **distortion en barillet**

distribuer
➡ **répartir**

distribution
cast

Liste des acteurs d'une application multimédia.

distribution sélective
➡ **technique de pousser**

diviseur analogique
analog divider

Unité fonctionnelle, dont la variable analogique de sortie est proportionnelle au quotient des deux variables analogiques d'entrée.

divulgation
disclosure

Violation de la politique de sécurité d'un système informatique, au cours de laquelle des données ont été mises à la disposition d'entités non autorisées.

DML
➡ **langage de manipulation de données**

document
document

(en traitement de texte)

Entité identifiée et structurée contenant du texte et parfois des images, qui peut être mise en mémoire, éditée, extraite et échangée entre systèmes ou utilisateurs comme une unité distincte.

documentation d'un système
system documentation

Ensemble de documents décrivant les besoins, les possibilités, les limites, la conception, le fonctionnement ou la maintenance d'un système de traitement de l'information.

documentation exécutable
executable documentation

(en hypermédia)

Nœud hypermédia qui contient un programme exécutable ou un hyperlien vers un programme exécutable utilisé pour accomplir une action.

document hypermédia
hyperdocument, hypermedia document

Objet composé d'un ensemble intégré de documents dans lesquels les données sont reliées par des hyperliens.

≈ hyperdocument

document provisoire
➡ **brouillon**

domaine
domain

I (en informatique répartie) Partie d'un réseau d'ordinateurs dans laquelle les ressources ou l'adressage dépendent d'une autorité commune.

NOTE Le schéma du domaine peut être fondé sur la géographie ou sur l'organisation.

II (en intelligence artificielle) Ensemble de connaissances et de compétences relatives à une spécialité.

domaine d'attribut
attribute domain

Ensemble de toutes les valeurs d'attribut possibles.

domaine de gestion
management domain (MD)

I (en réseautique) Ensemble d'objets gérés selon une politique commune de gestion de réseau.

II (en courrier électronique) Ensemble de systèmes informatiques de messagerie, dont au moins un comporte les fonctions d'un agent de transfert de messages, et qui est géré par une même organisation.

NOTES

1 Un domaine de gestion peut concorder avec une zone géographique.

2 L'organisation gérante est notamment responsable de la gestion du schéma d'adressage dans cet ensemble de systèmes informatiques de messagerie.

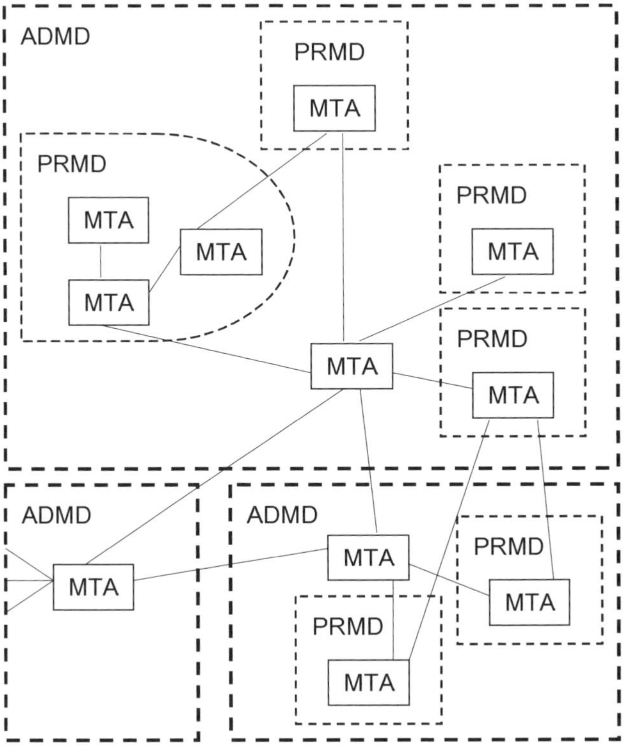

MTA : agent de transfert de messages
ADMD : domaine de gestion d'administration
PR : domaine de gestion privé

Figure D.5 – Relations entre domaines de gestion

domaine de gestion d'administration

administration management domain (ADMD)

Domaine de gestion, géré par un exploitant de télécommunication reconnu par l'autorité responsable des télécommunications dans un pays donné.

NOTE L'exploitant de télécommunication fournit en général des services au public.

👁 Figure D.5

domaine de gestion d'annuaire

directory management domain (DMD)

Collection d'un ou plusieurs agents de système d'annuaire, et éventuellement de plusieurs agents d'utilisateur d'annuaire, qui est gérée par une seule autorité.

domaine de gestion privé

private management domain (PRMD)

Domaine de gestion, géré par une organisation autre qu'un exploitant de télécommunication reconnu par l'autorité responsable des télécommunications dans un pays donné.

☞ domaine de gestion d'administration

domaines adjacents

adjacent domains

Domaines reliés l'un à l'autre grâce à des appareils situés dans des nœuds adjacents.

donnée
data

Représentation réinterprétable d'une information sous une forme conventionnelle, convenant à la communication, à l'interprétation ou au traitement.

NOTE Les données peuvent être traitées par des moyens humains ou automatiques.

☞ information

donnée alphanumérique
alphanumeric data

Donnée représentée à l'aide de lettres et de chiffres, et éventuellement de caractères spéciaux et du caractère espace.

donnée analogique
analog data

Donnée représentée par une grandeur physique considérée comme variant de façon continue, et dont la valeur est directement proportionnelle à la donnée ou à une fonction appropriée de cette donnée.

☞ donnée discrete

donnée clichée
➥ **résultat de clichage**

donnée de l'utilisateur
user data

(dans l'OSI)

Donnée transférée entre entités d'une couche déterminée, pour le compte d'entités de la couche immédiatement supérieure auxquelles elles sont en train de fournir des services.

donnée d'entrée
input data

Donnée introduite dans un système informatique ou dans l'une de ses parties, en vue d'être rangée en mémoire ou de subir un traitement.

donnée de sortie
output data

Donnée qu'un système informatique ou l'une de ses parties émet ou doit émettre.

donnée discrète
discrete data

Donnée faisant partie d'un ensemble d'éléments distinct, tels que des caractères, ou représentable par une valeur identifiable séparément, tel qu'un entier relatif.

NOTE Des données discrètes peuvent être caractérisées par la possibilité qu'elles offrent ou non d'être mises en correspondance avec l'ensemble des entiers.

☞ donnée analogique

donnée immédiate
immediate data

Donnée contenue dans une instruction.

donnée numérale
digital data

Donnée représentée à l'aide de chiffres, et éventuellement de caractères spéciaux et du caractère espace.

donnée numérique
numeric data

Donnée représentée à l'aide de numéraux.

donnée numérisée
digitized data

Valeur qui a été quantifiée et qui convient à la représentation numérique.

donnée partagée
shared data

Donnée accessible par au moins deux modules qui peuvent être exécutés de façon asynchrone ou simultanée.

EXEMPLES Variable de classe COMMON en Fortran ; « compool » dans certains langages de programmation ; variables simples de PL/I désignées EXTERNAL ; forme de bloc en Ada.

donnée résiduelle
residual data

Donnée restant sur un support de données après suppression d'un fichier ou d'une portion de fichier.

NOTE Les données résiduelles peuvent être récupérées jusqu'à l'écrasement du support de données.

≈ résidus

dorsale
backbone, backbone network

Dans un réseau d'ordinateurs, sous-réseau qui connecte des nœuds d'extrémité ou d'autres sous-réseaux, et qui est caractérisé par des communications de données de grande vitesse.

≈ réseau fédérateur

dossier
folder

Zone de mémoire logique ou virtuelle, utilisée pour le classement de documents ou du courrier électronique.

dossier d'application
problem definition, problem description

Exposé d'un problème pouvant comporter une description des données, des méthodes, des procédures et des algorithmes nécessaires à sa résolution.

≈ description d'un problème

dossier de programmation
program specification

Document décrivant minutieusement les fonctions spécifiées dans un programme afin d'en permettre la production et d'en faciliter la maintenance.

≈ spécification de programme

DRAM
➡ **mémoire vive dynamique**

drapeau
flag

Variable indiquant l'état d'une certaine condition.

≈ fanion

droit d'accès
access right

Autorisation donnée à un sujet d'accéder à un objet particulier, pour un type donné d'opération.

EXEMPLE Autorisation pour un processus de lire un fichier mais non d'y écrire.

droit minimal
➡ **privilège minimal**

duodécimal
duodecimal

I Qualifie une numération à base fixe dont la base est douze.

II Qualifie un objet, une condition ou une action pouvant présenter l'un quelconque de douze valeurs ou états distincts.

dupliquer
➡ **reproduire**

durabilité
durability

Aptitude d'une unité fonctionnelle à accomplir une fonction requise, dans des conditions données d'emploi et de maintenance, jusqu'à ce qu'un état limite soit atteint.

NOTE L'état limite d'une unité fonctionnelle peut être déterminé par la fin de la vie utile, par l'inadaptation pour des raisons économiques ou techniques, ou par d'autres facteurs.

durée
duration

Longueur d'une animation ou d'un média exprimée par le nombre d'unités temporelles qu'il contient.

durée chronométrée
elapsed time

Temps effectivement écoulé entre le début et la fin de l'exécution d'un programme.

☞ temps de processeur

durée d'assemblage
assembly duration, assembly time

Durée nécessaire pour assembler un programme.

≈ temps d'assemblage

durée de compilation
compilation duration, compilation time

Durée nécessaire pour compiler un programme.

≈ temps de compilation

durée de traduction
translation duration, translation time

Durée nécessaire pour traduire un programme.

≈ temps de traduction

durée de vie
lifetime

Portion de la durée d'exécution pendant laquelle un élément de langage existe.

durée d'exécution
execution duration, run duration, running time

Temps nécessaire à l'exécution d'un programme déterminé.

NOTE La durée d'exécution peut être soit une durée chronométrée, soit un temps de processeur.

durée d'une tranche
slot time

(dans un réseau CSMA-CD)
Unité de temps constituant un paramètre du réseau, utilisée en cas de collision pour déterminer les délais après lesquels les stations de données pourront essayer de réémettre.

≈ période élémentaire

durée moyenne de rétablissement
mean time to recovery, mean time to restoration

Pour une unité fonctionnelle donnée, durée moyenne requise pour le rétablissement du fonctionnement après une défaillance.

DVD
➡ **disque numérique polyvalent**

dynamique
dynamic

Qualifie un attribut de données dont les valeurs ne peuvent être déterminées que durant l'exécution de tout ou partie d'un programme.

EXEMPLE La longueur d'un objet de données de longueur variable est dynamique.

dynamique d'action
motion dynamics

Déplacement des objets à l'écran, donnant à l'observateur l'impression soit que les objets se déplacent par rapport à sa propre position, soit que lui-même se déplace autour des objets ou en même temps qu'eux.

dynamique d'actualisation
update dynamics

Changement de la forme, de la couleur, ou d'autres caractéristiques des objets à l'écran.

E

éblouissement

blooming

Défaut observé dans une l'image, lorsque la luminosité est excessive dans une région de l'image par suite d'un débordement des charges électroniques associées à des pixels voisins très lumineux.

échafaudage

scaffolding

Programmes et données conçus pour soutenir le développement et les tests d'un logiciel, mais qui ne sont pas destinés à être inclus dans le produit final.

EXEMPLES Des routines ou des fichiers factices, des générateurs de cas de test, des moniteurs de logiciel, des éléments de remplacement.

échange d'authentification

authentication exchange

Mécanisme destiné à garantir l'identité d'une entité par échange d'informations.

échange de données informatisé

EDI

electronic data interchange (EDI)

Échange de données entre systèmes informatiques, selon des procédures normalisées.

échantillonnage

sampling

Conversion d'une image continue (comme une photographie) en une image composée de points discrets.

échantillonner

to sample

Déterminer les valeurs que prend une fonction pour des valeurs distinctes, régulièrement ou irrégulièrement espacées, d'une variable indépendante.

NOTE Dans des domaines particuliers, par exemple en statistique, ce terme peut avoir d'autres significations.

1 échantillonneur bloqueur

track and hold unit, track and store unit

(en calcul analogique)

Unité fonctionnelle dont la variable analogique de sortie est égale soit à la variable analogique d'entrée, soit à un échantillon de cette variable, sélectionné par l'action d'un signal logique extérieur.

NOTE En poursuite, l'unité fonctionnelle suit la variable analogique d'entrée ; en maintien, cette unité fonctionnelle conserve la valeur de la variable analogique d'entrée à l'instant de la commutation.

2 échantillonneur bloqueur
sample-and-hold device
(dans les calculateurs de processus techniques)
Dispositif qui capte et mémorise la valeur instantanée d'un signal analogique.

échappatoire
➡ **faille**

échelle
scale factor, scaling factor
Nombre fixe employé comme multiplicateur pour amener la représentation d'une grandeur dans un intervalle déterminé.
EXEMPLE L'échelle de 1/1000 permet d'amener les valeurs 856, 432, -95 et -182 dans l'intervalle de -1 à +1.

échelle de gris
gray scale
Échelle de nuances se succédant entre le noir et le blanc.
NOTE Les nuances de gris peuvent être obtenues en combinant des couleurs primaires d'intensité égale.
= échelle de grisé

échelle de temps
time scale
Nombre utilisé comme multiplicateur pour transformer le temps réel du problème en temps-machine.

échelle temporelle
time scale
Nombre d'unités temporelles par seconde.

écho
echo
(en infographie)
Annonce instantanée, faite à l'utilisateur d'une console de visualisation, des valeurs courantes fournies par un organe d'entrée.

éclairage par l'arrière
backlighting
Éclairage disposé de telle sorte que la lumière qui parvient au capteur n'est pas réfléchie par la surface de l'objet mais est produite par une source située derrière l'objet.
NOTE L'éclairage par l'arrière permet d'obtenir la silhouette d'un objet.

éclairage par l'avant
front lighting
Éclairage disposé de telle sorte que la lumière qui parvient au capteur est réfléchie par la surface de l'objet.

éclater
➡ **décondenser**

écoute clandestine
eavesdropping
Interception non autorisée d'émissions porteuses d'informations.
≈ interception illicite

écran
screen
Surface d'affichage sur laquelle des images non permanentes peuvent apparaître.
EXEMPLE L'écran d'un moniteur.

écran antireflet
antiglare screen, non-reflective screen, glare-free screen
Écran conçu pour réduire les réflexions parasites et, de ce fait, les éblouissements et la fatigue visuelle.

écran à plasma
plasma panel, plasma display, gas-discharge panel, gas panel
Écran plat contenant une grille d'électrodes placée en milieu gazeux, dans une chambre plate.
NOTE L'image persiste longtemps sans rafraîchissement.
≈ afficheur à plasma, panneau à plasma

écran plat
flat-panel display
Dispositif d'affichage vidéo dont la profondeur géométrique est faible.
EXEMPLE Panneau électroluminescent, écran à plasma, dispositif d'affichage à cristaux liquides.

NOTE Les écrans plats sont fondés sur des technologies différentes du tube à rayons cathodiques ordinaire.

≈ afficheur plat

écran tactile

touch screen, touch sensitive screen

Dispositif d'affichage permettant à un utilisateur d'interagir avec le système informatique, en touchant une des zones repérées de l'écran.

écrasement

clearing

(en sécurité informatique)

Fait d'écraser des données classées sur un support de données ayant une classification de sécurité et une catégorie de sécurité particulières, afin que ce support de données puisse être réutilisé pour l'écriture au même niveau de classification et de catégorie de sécurité.

écrasement de tête

head crash

Mise en contact d'une tête magnétique avec un support d'enregistrement en mouvement, avec pour conséquence un endommagement du support, de la tête ou des deux.

écraser

to overwrite

(en traitement de texte)

Remplacer un texte existant en introduisant un nouveau texte dans la même zone de l'écran.

≈ recouvrir

écrêtage de la parole

speech clipping

Limitation des crêtes d'un signal de parole à une valeur maximale, ou réduction à zéro des valeurs du signal inférieures à une valeur déterminée.

écrire

to write

Envoyer des données à un dispositif de sortie, ou les enregistrer dans une mémoire ou un support d'enregistrement.

écriture

writing, write

Action d'envoyer des données à un dispositif de sortie, ou de les enregistrer dans une mémoire ou un support d'enregistrement.

écriture miroir

mirroring

(en réseautique)

Maintien d'une copie identique d'un fichier sur un autre site de réseau.

EDI

➥ **échange de documents informatisé**

éditeur de liens

linkage editor, linker

Programme qui, lorsqu'il est appliqué à un ou plusieurs modules objets ou modules chargeables traduits indépendamment, résoud les références croisées entre ces modules, fournit des liens entre eux ou parmi eux, établit des éléments translatables et, si nécessaire, ajuste les adresses, créant ainsi de nouveaux modules chargeables.

≈ relieur

éditeur de lignes

line editor

Éditeur de texte dans lequel l'utilisateur doit identifier des lignes pour avoir accès aux informations à traiter sur une ligne ou sur un ensemble de lignes consécutives.

≈ éditeur ligne à ligne

éditeur de texte

text editor

Logiciel permettant à l'utilisateur de créer et de modifier du texte.

éditeur ligne à ligne

➥ **éditeur de lignes**

éditeur plein écran

➥ **éditeur pleine page**

éditeur pleine page
screen editor

Éditeur de texte affichant du texte sur un écran et permettant, au moyen du curseur, le traitement de chaînes de caractères arbitraires, sans tenir compte des numéros de lignes.

≈ éditeur plein écran

éditeur syntaxique
syntax-directed editor

Éditeur de texte conçu pour un langage de programmation déterminé et qui se conforme à la syntaxe de ce langage.

édition de texte
➡ **mise en forme de texte**

éditique
➡ **microédition**

EEPROM
➡ **mémoire morte reprogrammable et effaçable électriquement**

effacement
erasure

Action d'enlever définitivement des données d'un support d'enregistrement.

NOTE L'effacement se fait habituellement par superposition d'écriture ou par perturbation du support d'enregistrement.

1 effacer
to clear

Amener un ou plusieurs emplacements de mémoire à un état déterminé, généralement représenté par zéro ou par un caractère espace.

2 effacer
to erase

Enlever définitivement des données d'un support d'enregistrement.

effet d'empreinte
print through

Transfert indésirable, sur une portion d'un support magnétique, d'un signal enregistré depuis une autre portion et qui a été amenée à proximité.

effet d'obliquité
➡ **obliquité**

effet secondaire
side effect

Toute conséquence indirecte provoquée par l'exécution d'une expression, d'une instruction ou d'un sous-programme.

NOTE Un effet secondaire peut être voulu, par exemple, pour changer la valeur de données d'un paramètre dans une fonction.

effraction
➡ **intrusion**

Ei
➡ **exbi**

élaboration
elaboration

Processus par lequel une déclaration réalise son but avant l'exécution, tel que la résolution de références, la vérification du type de données, ou l'affectation de mémoire.

élagage
pruning, cut-off

Optimisation d'une résolution de problème en rejetant une ou plusieurs branches d'un arbre de recherche.

élément binaire
➡ **caractère binaire**

élément de capteur
pel, picture cell

Élément individuel d'un réseau de capteurs, utilisé pour convertir l'énergie lumineuse en énergie électrique.

élément de données
data element

I (dans une base de données) Relation, qui porte un nom, vue comme une unité élémentaire et établie entre des objets de l'univers du discours et les mots qui les représentent. Une relation de cette nature comprend un ensemble d'objets, un ensemble de mots et un ensemble de paires objets-mots pour lesquelles l'objet et le mot sont issus de leur ensemble respectif. L'ensemble de paires représente une correspondance biunivoque entre tous les éléments de l'ensemble des objets et un nombre égal d'éléments de l'ensemble des mots.

EXEMPLE Relation comprenant :

- un ensemble d'objets, les pays du monde ;
- un ensemble de mots, les chaînes de un, deux ou trois caractères ;
- l'ensemble des paires : « A » pour la République d'Autriche ; « B » pour le Royaume de Belgique ; « CH » pour la Confédération suisse ; ... ; « USA » pour les États-Unis d'Amérique.

L'élément de données est appelé « Identificateur de pays pour automobiles ». S'il n'y a pas de risque d'ambiguïté, chaque mot valide « A », « B », « CH », ..., « USA » est habituellement appelé aussi « Identificateur de pays pour automobiles ».

NOTES

1 Les objets peuvent être concrets ou abstraits.

2 Il n'est pas nécessaire que tous les éléments de l'ensemble des mots participent à la relation.

II (en organisation de données) Donnée considérée comme indivisible dans un certain contexte.

EXEMPLE L'élément de données « âge d'une personne », avec des valeurs comprenant toutes les combinaisons de trois chiffres décimaux.

élément de langage

language construct

Partie, autorisée par la syntaxe, d'un programme, formée d'une ou plusieurs unités lexicales, et utilisée conformément aux règles d'un langage de programmation.

élément de mémoire

➥ **cellule de mémoire**

élément de remplacement

stub

Élément de substitution employé de manière temporaire dans un programme, pour permettre de progresser dans le développement de ce programme.

EXEMPLE Pendant la compilation ou le test, un élément de remplacement est utilisé jusqu'à ce qu'un élément réel soit disponible.

≈ module de remplacement

élément de service d'application

application service element (ASE)

Partie d'une entité de la couche application qui remplit une fonction particulière de l'environnement OSI, en s'appuyant au besoin sur les services sous-jacents.

élément de service de contrôle d'association

association control service element (ACSE)

Élément de service d'application qui fournit un moyen unique et cohérent pour établir les associations d'application et y mettre fin.

élément de service de transfert fiable

reliable transfer service element (RTSE)

Élément de service d'application qui assure l'intégrité des unités de données de protocole échangées entre paires d'entités d'application, ainsi que la reprise avec un minimum de retransmissions, à la suite d'une défaillance de la communication ou d'un système ouvert d'extrémité.

élément de service d'opérations distantes

remote operations service element (ROSE)

Élément de service d'application qui offre une fonction générale de lancement et de commande à distance des opérations.

élément de signal

signal element

Partie d'un signal temporel discret, se distinguant des autres parties par une ou plusieurs de ses caractéristiques.

élément détectable
detectable element

Élément graphique pouvant être repéré par un dispositif de pointage.

élément de texture
➡ **texel**

élément de volume
➡ **voxel**

élément d'image
➡ **pixel**

élément FOR
for-construct

Élément de langage de commande d'itération, qui définit le test à effectuer, habituellement fondé sur une variable de boucle, ainsi que la description des modifications de ladite variable à effectuer entre chaque pas d'itération.

élément graphique
display element, graphic primitive, output primitive

Chacun des plus petits éléments de représentation graphique qui peuvent être utilisés pour constituer une image.

EXEMPLE Un point, un segment de ligne.

≈ primitive graphique

élément JUSQU'À
➡ **élément UNTIL**

élément privé
private part

Partie d'une déclaration de paquetage qui fournit les détails structuraux nécessaires au processus de développement, mais qui sont superflus et invisibles pour les utilisateurs des fonctionnalités du paquetage.

≈ partie privée

élément structural
structural element

Groupe de pixels ou ensemble de pixels voisins d'un contour, utilisés dans les opérations morphologiques.

élément UNTIL
until-construct

Élément de langage de commande d'itération, qui définit un test à effectuer après chaque pas d'itération.

≈ élément jusqu'à

élément visible
visible part

Partie d'une déclaration de paquetage, qui fournit les détails nécessaires aux utilisateurs des objets ou services définis dans le paquetage.

≈ partie visible

élément WHILE
while-construct

Élément de langage de commande d'itération, qui définit un test à effectuer avant chaque pas d'itération.

élongation
elongation

Grandeur caractérisant une forme géométrique exprimée par le rapport de la longueur du grand axe à la longueur du petit axe.

NOTES

1. Les cercles ont une élongation de 1 ; les objets allongés ont une valeur supérieure à 1.
2. Dans certains cas, les axes peuvent être difficiles à définir.

embase à force d'insertion nulle
zero-insertion-force socket (ZIF socket)

Embase pour circuit intégré, qui peut être ouverte au moyen d'un levier ou d'une vis, permettant ainsi de placer le module dans l'embase sans exercer de pression.

emboîter
to nest

Incorporer une ou plusieurs structures d'un certain type à l'intérieur d'une structure du même type.

EXEMPLE Emboîter une boucle (boucle emboîtée ou interne) à l'intérieur d'une autre boucle (boucle emboîtante ou externe) ; emboîter un sous-programme à l'intérieur d'un autre sous-programme.

embrouiller
to scramble

Transformer un signal numérique en un signal numérique pseudo-aléatoire de même signification et de même débit binaire, afin d'en faciliter la transmission ou l'enregistrement.

Le terme *brouiller* est employé au Canada.

NOTE L'embrouillage évite les inconvénients liés aux longues suites de « 0 » ou de « 1 ».

≈ brouiller

émettre
to transmit

Envoyer depuis un emplacement dans le but de recevoir ailleurs.

émission
origination

(en courrier électronique)

Première étape de transmission, au cours de laquelle un usager direct transmet un message ou un envoi-test à son agent d'utilisateur, ou bien un usager indirect transmet un message ou un envoi-test au système de communication qui le dessert.

☞ usager direct

émission compromettante
compromising emanation

Émission non intentionnelle qui, si elle est interceptée et analysée, peut révéler des informations sensibles en cours de traitement ou de transmission.

EXEMPLE Émission acoustique, émission électromagnétique.

emoticône
➠ **frimousse**

emplacement de carte
➠ **logement d'extension**

emplacement de mémoire
storage location

Position de mémoire désignée de façon non ambiguë au moyen d'une adresse.

≈ position de mémoire

empreinte vocale
voice signature, voiceprint

Échantillon de voix d'un locuteur particulier, utilisé à des fins d'identification.

≈ signature vocale

émulateur
emulator

Matériel, logiciel, microprogramme, ou toute combinaison de ces éléments, qui permet à un système informatique d'émuler un autre système informatique.

émulation
emulation

Utilisation d'un système informatique pour imiter un autre système informatique, de sorte que le système imitateur prenne en compte les mêmes données, exécute les mêmes programmes et produise les mêmes résultats que le système imité.

NOTE L'émulation s'effectue généralement au moyen de matériel ou de micrologiciel.

émuler
to emulate

Simuler le comportement d'un système par un autre système, de façon que le système imitateur accepte les même données, exécute les mêmes programmes et produise les mêmes résultats que le système imité.

encapsulage
encapsulation

Action d'encapsuler ou résultat de cette action.

= encapsulation

encapsuler
to encapsulate

Appliquer le masquage d'information à un élément de langage.

en cascade
➠ **en tandem**

encoche de protection d'écriture
write protect notch

Dispositif de protection d'écriture pour disquettes, constitué d'une ouverture dans la chemise et d'une languette coulissante, dont la position autorise ou empêche l'écriture et la suppression de données.

encoder
➡ **coder**

en cours
running

Se dit de l'état de tâche d'une tâche exécutable qui est actuellement affectée à un processeur.

en double précision
double-precision

Qualifie l'emploi de deux mots-machine pour représenter un nombre selon la précision désirée.

enfant
child

(en vision artificielle)

Plage qui est complètement entourée par une autre plage.

EXEMPLE La croix blanche du drapeau suisse peut être considérée comme un enfant.

☞ parent

engagement, concurrence et reprise
commitment, concurrency and recovery (CCR)

Élément de service d'application qui gère des opérations effectuées par plusieurs processus d'application sur des données partagées, de telle sorte que ces opérations soient exécutées intégralement ou pas du tout.

enlèvement
stripping

Action d'une station de données émettrice qui retire ses trames du réseau, après qu'elles aient réussi à faire une fois le tour de l'anneau.

en ligne
online, on-line

Se dit du fonctionnement d'une unité fonctionnelle connectée à une autre unité fonctionnelle, et qui est capable d'interagir avec elle, lorsque cette autre unité est équivalente ou plus importante en un certain sens.

Online est l'othographe américaine. *On-line* est l'orthographe anglaise.

EXEMPLE Des ordinateurs individuels connectés à un ordinateur central ou à un réseau d'ordinateurs.

≈ connecté

énoncé
➡ **instruction (2)**

en parallèle
parallel

Qualifie un processus dont tous les sous-processus pris en compte sont simultanés, chacun utilisant une unité fonctionnelle distincte.

EXEMPLE Transmission en parallèle des bits d'un mot-machine.

en précision multiple
multiple-precision

Qualifie l'emploi de plusieurs mots-machine pour représenter un nombre en vue d'améliorer la précision.

1 enregistrement
record

I (en organisation de données) Ensemble d'éléments de données considéré comme un tout.

II (dans une base de donnée) Objet de données qui consiste en une occurrence d'un type d'enregistrement.

2 enregistrement
registration

Affectation d'un nom à une entité, d'une façon qui rend cette affectation disponible à toutes les parties intéressées.

enregistrement avec retour à un niveau de référence

return-to-reference recording (RRR)

Enregistrement magnétique de bits, dans lequel la zone aimantée qui représente zéro ou un occupe seulement une partie de la cellule de mémoire ; le reste de la cellule est aimanté selon un certain état de référence.

enregistrement avec retour à zéro

enregistrement RZ

return-to-zero recording (RZ)

Enregistrement avec retour à un niveau de référence dans lequel l'état de référence est l'absence d'aimantation.

NOTE L'enregistrement est polarisé lorsque les zéros et les uns sont représentés par des aimantations de sens opposés.

enregistrement de ressource

resource record

(dans l'internet)

Dans un serveur de noms de domaine, enregistrement décrivant une ressource de l'internet.

EXEMPLE « VAXA.ISI.EDU A 10.2.0.27 » décrit un nom d'hôte et son adresse IP.

NOTE Un enregistrement de ressource comprend essentiellement un nom de domaine, son type et une valeur.

enregistrement et retransmission

➡ **stockage et retransmission**

enregistrement logique

➡ **article**

enregistrement magnétique

magnetic recording

Technique de stockage des données par aimantation sélective d'un matériau aimantable.

enregistrement magnétique longitudinal

longitudinal magnetic recording

Technique d'enregistrement magnétique selon laquelle les polarités magnétiques représentant des données sont orientées parallèlement à la piste.

enregistrement magnétique perpendiculaire

perpendicular magnetic recording, vertical magnetic recording

Technique d'enregistrement magnétique selon laquelle les polarités magnétiques représentant des données sont orientées perpendiculairement à la surface du support d'enregistrement.

≈ enregistrement magnétique vertical

enregistrement magnétique vertical

➡ **enregistrement magnétique perpendiculaire**

enregistrement membre

member record

(dans un modèle en réseau)

Enregistrement subordonné à l'enregistrement propriétaire dans un ensemble.

enregistrement NRZ

➡ **enregistrement sans retour à zéro**

enregistrement par modulation de fréquence

frequency modulation recording (FM recording)

Enregistrement sans retour à zéro, dans lequel il y a un changement d'aimantation aux limites de chaque cellule de mémoire et un changement supplémentaire au milieu de la cellule pour représenter un 1.

NOTE Dans l'enregistrement par modulation de fréquence modifiée (MFM), il n'y a de changement d'aimantation aux frontières de cellule que si les deux cellules adjacentes contiennent chacune un zéro.

enregistrement par modulation de phase

phase modulation recording, phase encoding

Enregistrement magnétique dans lequel chaque cellule de mémoire est divisée en deux parties aimantées, chacune dans un sens différent, et dont l'ordre indique si le bit enregistré est zéro ou un.

NOTE Chaque région aimantée peut être bordée ou non de zones non aimantées. Dans le premier cas, on parle parfois d'« enregistrement par double impulsion ».

enregistrement physique
physical record

Enregistrement occupant un emplacement physique déterminé sur un support de données ou en mémoire.

enregistrement propriétaire
owner record

(dans un modèle en réseau)

Enregistrement auquel tous les autres enregistrements sont subordonnés.

enregistrement RZ
➡ **enregistrement avec retour à zéro**

enregistrement sans retour à un niveau de référence
➡ **enregistrement sans retour à zéro**

enregistrement sans retour à zéro
non-return-to-zero recording (NRZ), non-return-to-reference recording (NRRR)

Enregistrement magnétique de bits dans lequel la zone aimantée qui représente zéro ou un occupe toute la cellule de mémoire ; aucune partie de la cellule n'est aimantée selon un état de référence.

Le sigle NRZ provient de l'expression « non-retour à zéro ».

NOTES

1 Les deux états peuvent être soit la saturation et l'absence d'aimantation, soit plus généralement la saturation dans des sens opposés.

2 Des réalisations usuelles sont :
- enregistrement complémentaire, NRZ(C), où les zéros et les uns sont représentés par deux états d'aimantation différents ;
- enregistrement avec changement sur les uns, NRZ-1, où les uns sont représentés par un changement de l'état d'aimantation et les zéros par l'absence de changement ;
- enregistrement avec changement sur les zéros, NRZ-0, où les zéros sont représentés par uns changement de l'état d'aimantation et les uns par l'absence de changement ;
- enregistrement par modulation de fréquence.

≈ enregistrement NRZ, enregistrement sans retour à un niveau de référence

enregistrement variable
variant record

Enregistrement qui comporte une partie variable.

NOTE L'enregistrement peut comporter des discriminants pour indiquer les types de données dans la partie variable.

≈ article variable

enregistreur chronologique automatique
logger

Unité fonctionnelle destinée à l'enregistrement, automatique et chronologique, d'événements et de paramètres qui leur sont liés.

enrôlement
enrollment

Entraînement à la parole d'un système dépendant du locuteur, au moyen d'un nombre donné d'échantillons de parole des utilisateurs.

enrôlement rapide
rapid enrollment

Enrôlement dans lequel des modèles de mots sont construits à partir de la lecture d'un texte donné plutôt que par entraînement à chaque mot du vocabulaire de reconnaissance.

ensemble
set

(dans un modèle en réseau)

Ensemble d'enregistrements qui ont une ou plusieurs propriétés données en commun, et portant un nom.

ensemble flou
fuzzy set

Ensemble non classique dont chaque élément est caractérisé par un nombre, généralement compris entre 0 et 1, qui indique son degré d'appartenance à l'ensemble.

ensemble têtes-disques
head/disk assembly (HDA)

Dans un lecteur de disque magnétique, ensemble comprenant les disques magnétiques, les têtes et un mécanisme d'accès renfermés dans un boîtier.

en série
serial

Qualifie un processus dont tous les sous-processus pris en compte sont exécutés l'un après l'autre.

EXEMPLE Transmission en série des bits d'un caractère, processus séquentiel.

en simple précision
single-precision

Qualifie l'emploi d'un mot-machine pour représenter un nombre selon la précision désirée.

en tandem
tandem

Qualifie une configuration de plusieurs dispositifs qui fonctionnent d'une manière séquentielle, et dans laquelle chaque dispositif sauf le dernier fournit une ou plusieurs valeurs d'entrée au suivant.

EXEMPLE Une chaîne.

≈ en cascade

en temps réel
real time

Se dit du traitement de données effectué par un ordinateur, en relation avec un autre processus extérieur à cet ordinateur, en respectant des contraintes de temps imposées par l'autre processus.

NOTE L'expression « en temps réel » est également utilisée pour décrire des systèmes fonctionnant en mode dialogué, et des processus qui peuvent être influencés par l'intervention humaine pendant leur déroulement.

en-tête
heading, header

Dans certains types de messages, partie du contenu qui porte des informations utiles au traitement par les agents d'utilisateur.

NOTES

1 Ces informations peuvent être : l'objet du message, des références à des messages antérieurs, le niveau d'importance ou de sensibilité, etc.

2 En courrier électronique, le mot *header* a parfois aux États-Unis le sens du terme « enveloppe ».

☞ message interpersonnel

en-tête de fichier
➡ **étiquette de début de fichier**

en-tête de volume
➡ **étiquette d'en-tête de volume**

entier naturel
natural number, nonnegative integer

Chacun des nombres zéro, un, deux, etc.

NOTE Certains définissent les entiers naturels comme commençant par un plutôt que par zéro.

entier relatif
integer, integer number

Chacun des nombres zéro, plus un, moins un, plus deux, moins deux, etc.

entité
entity

I (dans une base de données) Tout objet ou association d'objets, concret ou abstrait, existant, ayant existé ou pouvant exister, y compris les relations entre ces objets.

EXEMPLES Personne, événement, idée, processus, etc.

NOTE Une entité existe, que l'on dispose ou non de données à son sujet.

II (dans l'OSI) Élément actif d'un sous-système.

NOTE La coopération entre les entités d'une même couche obéit à un ou plusieurs protocoles.

entité lexicale
➡ **unité lexicale**

entités correspondantes
correspondent entities

Entités situées dans la même couche et reliées par une connexion dans la couche immédiatement inférieure.

entités homologues
peer entities

Entités appartenant à une même couche, et situées dans un ou plusieurs systèmes ouverts.

NOTE La communication entre entités situées dans le même système ouvert est en dehors du champ d'application de l'OSI.

entraînement
training

(dans les réseaux neuronaux)

Procédure au cours de laquelle on apprend à un réseau neuronal à associer correctement les valeurs d'entrée et les valeurs de sortie.

entraînement adaptatif
adaptive training

Entraînement à la parole capable de modifier et de mettre à jour un modèle de référence vocal, de façon à améliorer la qualité.

entraînement à la parole
speech training

Entraînement d'une unité fonctionnelle à utiliser les caractéristiques vocales d'un ou de plusieurs locuteurs.

entraînement collectif
batch training

Entraînement selon lequel les poids synaptiques sont ajustés seulement après présentation de chaque époque.

entraînement d'image
dragging

Déplacement d'éléments graphiques sur un écran à l'aide d'un dispositif de pointage.

NOTE L'entraînement d'image s'effectue généralement en maintenant enfoncé un bouton poussoir tout en déplaçant le pointeur à l'écran.

entraînement interactif
interactive training, pattern training

Entraînement selon lequel les poids synaptiques sont ajustés après présentation de chaque forme d'entrée.

entrance
fan-in

Nombre de modules commandant un module donné.

NOTE Une valeur d'entrance élevée suggère que le couplage est important car c'est une mesure des dépendances du module.

entre-axe des pistes
➡ **pas transversal**

1 entrée
input process

Opération consistant à introduire des données dans un système informatique ou dans l'une de ses parties, en vue de les stocker ou de les traiter.

NOTE En français, le nom « entrée » peut être employé à la place d'expressions telles que « donnée d'entrée » ou « signal d'entrée », lorsque cet emploi est clair dans un contexte donné.

≈ introduction

2 entrée
entry

(en programmation)

Initiation d'une séquence d'exécution au début d'un sous-programme ou à un autre point désigné par un nom d'entrée du sous-programme.

entrée de parole
speech input

Suite de signaux de parole reçue par une unité fonctionnelle.

entrée de service
maintenance hook

Porte dissimulée dans un logiciel, pour faciliter la maintenance et le développement de fonctions supplémentaires, et qui peut permettre d'accéder au programme en des

endroits imprévus ou sans les contrôles habituels.
≈ porte secrète

entrée gestuelle
gestural input

Détection et reconnaissance de la position du corps, par exemple l'orientation des mains et des doigts ou le mouvement des yeux, fournissant des données d'entrée à un moteur de réalité.
≈ saisie gestuelle

entrée négative
negative entry

Affectation d'un signe négatif à un nombre introduit dans une calculatrice.

entrée par contact
contact input

Entrée binaire dans un appareil, actionnée au moyen d'un commutateur.

NOTE Le commutateur peut être soit mécanique, soit électronique.

entrée par pont
bridge input circuit

Circuit d'entrée analogique, dans lequel une branche du pont est utilisée pour la détection et l'autre pour fournir la valeur de référence.
= entrée en pont

entrée-sortie
➥ **d'entrée-sortie**

entrée vocale
voice input

Suite de signaux vocaux reçue par une unité fonctionnelle.

entrefer d'une tête magnétique
head gap

Espace non magnétique entre les pôles d'une tête magnétique.

entrelacement de secteurs
sector interleaving

Organisation logique des secteurs telle que deux secteurs consécutifs sont séparés par un nombre fixe de secteurs sur chaque piste.

entrelacer
to interleave

Disposer les éléments d'une suite d'objets ou d'événements, de façon qu'ils alternent avec des éléments d'une ou plusieurs autres suites de même nature, tout en conservant leur identité propre.
≈ imbriquer

entretien
➥ **maintenance préventive**

entretien d'un système
➥ **maintenance d'un système**

entretien systématique
➥ **maintenance systématique**

en triple précision
triple-precision

Qualifie l'emploi de trois mots-machine pour représenter un nombre selon la précision désirée.

entropie
entropy, average information content, negentropy

Espérance mathématique de la quantité d'information des événements d'un ensemble exhaustif d'événements s'excluant mutuellement, soit, mathématiquement, :

$$H(x)=\sum_{i=1}^{n} p(x_i)I(x_i)=\sum_{i=1}^{n} p(x_i)\log\frac{1}{p(x_i)} \;;$$

où $X = \{x_1 \ldots x_n\}$ est l'ensemble des événements x_i (i = 1 ... n), $I(x_i)$ sont les quantités d'information de ces événements et $p(x_i)$ leurs probabilités de réalisation, avec

$$\sum_{i=1}^{n} p(x_i)=1 \;.$$

EXEMPLE Soit $X = \{a,b,c\}$, un jeu de trois événements, et $p(a) = 0{,}5$, $p(b) = 0{,}25$ et $p(c) = 0{,}25$ leurs probabilités de réalisation. L'entropie de ce jeu est : $H = p(a)\, I(a) + p(b)\, I(b) + p(c)\, I(c) = 1{,}5$ Sh.

Le synonyme *néguentropie* est déconseillé.
≈ néguentropie

entropie conditionnelle

conditional entropy, mean conditional information content, average conditional information content

Espérance mathématique de la quantité d'information conditionnelle des événements d'un ensemble exhaustif d'événements s'excluant mutuellement, lorsque se sont réalisés les événements d'un autre ensemble exhaustif d'événements s'excluant mutuellement ; cette mesure s'exprime mathématiquement par :

$$H(X|Y)=\sum_{i=1}^{n}\sum_{j=1}^{m}p(x_i,y_j)I(x_i|y_j) \quad ;$$

où $X = \{x_1 \ldots x_n\}$ est l'ensemble d'événements $x_i (i = 1 \ldots n)$, $Y = \{y_1 \ldots y_m\}$ est l'ensemble d'événements $y_j = (1 \ldots m)$, $I(x_i|y_i)$ est la quantité d'information conditionnelle de x_i lorsque y_j s'est réalisé, $p(x_i,y_j)$ est la probabilité de réalisation simultanée des deux événements.

entropie moyenne

➡ **débit moyen d'entropie**

entropie moyenne par caractère

character mean entropy, character mean information content, character average information content, character information rate

Moyenne par caractère de l'entropie, étendue à tous les messages issus d'une source de messages stationnaire et définie mathématiquement par la limite : $H' = \lim_{m \to \infty} \frac{H_m}{m}$;

où H_m est l'entropie de l'ensemble de toutes les suites de m caractères issues de la source.

NOTES

1 L'entropie moyenne par caractère peut être exprimée à l'aide d'une unité telle que le shannon par caractère.

2 La limite pourrait ne pas exister si la source n'était pas stationnaire.

entropie relative

relative entropy

Rapport H_r de l'entropie H à la quantité de décision H_0, exprimé mathématiquement par :

$H_r = H/H_0$.

EXEMPLE Soit $\{a,b,c\}$ un jeu de trois événements et $p(a) = 0{,}5$, $p(b) = 0{,}25$ et $p(c) = 0{,}25$ leurs probabilités de réalisation. L'entropie relative de ce jeu est :

$H_r = 1{,}5$ Sh / 1,580 Sh = 0,95.

enveloppe

envelope

Partie d'un message qui identifie l'expéditeur du message ainsi que les destinataires potentiels, contient l'historique de sa transmission, dirige sa transmission ultérieure par le système de transfert de messages, et en caractérise le contenu.

NOTE La composition de l'enveloppe peut varier d'une étape de transmission à la suivante.

☞ message interpersonnel

enveloppe numérique

digital envelope

Ensemble de données ajoutées à un message, qui permet au destinataire prévu de vérifier l'intégrité du contenu de ce message.

environnement

environment

Collection d'outils matériels et logiciels permettant de faciliter une ou plusieurs phases du développement du logiciel.

environnement de messagerie

message handling environment (MHE)

Environnement informatique qui comprend le système de messagerie, les utilisateurs et les listes de distribution.

☞ système de messagerie

environnement de programmation

programming environment, programming support environment

Collection de matériels et d'outils logiciels permettant de préparer des programmes.

≈ contexte de programmation

environnement de traitement par lots

batch-processing environment

Environnement opérationnel dans lequel des données d'entrée sont rassemblées et traitées en groupes plutôt que d'être traitées au fur et à mesure des arrivées.

environnement intégré de programmation
integrated programming environment (IPE)

Collection intégrée de matériels et d'outils logiciels placés sous une interface d'utilisateur commune, généralement graphique, pour faciliter le développement de programmes.

environnement interactif
interactive environment

Environnement opérationnel dans lequel un programme, durant son exécution, réagit à chaque utilisateur et où l'utilisateur a la perception qu'il influence directement les opérations pendant le traitement.

environnement opérationnel
operating environment

Environnement extérieur d'un programme, existant ou dont l'existence est attendue, durant son exécution.

environnement OSI
OSIE
OSI environment (OSIE)

Représentation abstraite de l'ensemble des concepts, des éléments, des fonctions, des services, des protocoles définis par le modèle de référence OSI et par les normes spécifiques qui en sont déduites, dont l'application permet la communication entre systèmes ouverts.

environnement partiellement sécurisé
open-security environment

Environnement dans lequel la protection des données et des ressources contre des actes accidentels ou malveillants est assurée au moyen de procédures normales.

environnement sécurisé
closed-security environment

Environnement dans lequel une attention spéciale (sous la forme d'autorisations, de permissions d'accès et de la maîtrise de la configuration) est accordée à la protection des données et des ressources, contre des actes accidentels ou malveillants.

environnement temps réel
real-time environment

Environnement opérationnel qui permet l'exécution de programmes en temps réel.

envoi-test
probe

Objet d'information transmis par l'intermédiaire du transfert de messages et utilisé pour vérifier si des messages peuvent être remis.

NOTES
1 Les attributs contenus dans l'enveloppe de l'envoi-test décrivent un type de messages dont on veut vérifier s'ils peuvent être remis.
2 L'envoi-test ne fait pas nécessairement l'objet d'une expansion par des listes de distribution.

épaississement
thickening

Opération morphologique portant sur les composantes d'une image et remplaçant les valeurs des pixels adjacents du fond par les valeurs des pixels de l'image.

épisode
➥ **scène (3)**

époque
epoch

(dans les réseaux neuronaux)
Suite de formes présentées à un réseau neuronal lors de l'entraînement.

EPROM
➥ **mémoire morte reprogrammable**

équipement de commande de processus
process control equipment

Appareil qui mesure les variables d'un processus technique, délivre au processus les ordres conformes aux signaux de commande reçus du calculateur de processus, et fournit les transformations de signal appropriées.

EXEMPLES Capteurs, transducteurs, activateurs.

équipement de terminaison de circuit de données
ETCD
data circuit-terminating equipment (DCE)

Dispositif d'une station de données qui assure la conversion et le codage des signaux entre l'équipement terminal de traitement de données (ETTD) et la ligne.

NOTES
1 L'ETCD peut être intégré à l'ETTD ou au dispositif intermédiaire, ou en être séparé
2 L'ETCD peut s'acquitter d'autres fonctions assurées habituellement à l'extrémité réseau de la ligne.

☞ station de données

équipement terminal de traitement de données
➡ **terminal de données**

équivalence logique
equivalence operation, IF-AND-ONLY-IF operation (IFF)

Opération booléenne diadique, dont le résultat a la valeur booléenne 1 si et seulement si les deux opérandes ont la même valeur booléenne.

équivoque
equivocation

Entropie conditionnelle d'un ensemble déterminé de messages émis par une source de messages, lorsque l'on connaît un ensemble déterminé de messages reçus par un collecteur de messages relié à la source par une voie déterminée.

NOTE L'équivoque est la moyenne par message de la quantité d'information supplémentaire qui doit être fournie à la source de messages pour corriger les messages reçus après leur altération par une voie affectée de bruit.

ergot de pointage
➡ **bâtonnet de pointage**

erreur
error

Écart ou discordance entre une valeur ou une condition calculée, observée ou mesurée, et la valeur ou la condition vraie, prescrite ou théoriquement correcte.

erreur absolue
absolute error

Résultat algébrique obtenu en soustrayant une valeur vraie, prescrite ou théorique de la valeur calculée, observée, mesurée ou réalisée correspondante.

erreur bloquante
➡ **erreur fatale**

erreur centrée
balanced error

Ensemble d'erreurs dont la valeur moyenne est zéro.

erreur d'arrondi
rounding error

Erreur due au fait qu'un numéral a été arrondi.

erreur de troncature
truncation error

Erreur résultant d'une troncature.

erreur fatale
fatal error

Erreur pour laquelle toute exécution ultérieure d'un programme, le cas échéant, produira des résultats dénués de sens.

≈ erreur bloquante

erreur humaine
mistake, human error, error

Action humaine, ou absence d'intervention, qui peut produire un résultat non recherché.

Les termes français « erreur » et anglais *error* sont à éviter dans ce sens.

= erreur

erreur intermittente
soft error, transient error

Erreur impromptue qui peut ne pas réapparaître lors d'une nouvelle lecture de données.

erreur irrémédiable
➡ **erreur irréparable**

erreur irréparable
irrecoverable error, unrecoverable error
Erreur pour laquelle il n'y a pas de reprise sur incident possible sans le recours à des techniques ou à des ressources externes à l'unité fonctionnelle touchée.
≈ erreur irrémédiable, erreur non redressable

erreur non centrée
bias error
Erreur due à un biais.
EXEMPLES
1 L'erreur due à la déformation d'un ruban étalon.
2 Dans un calcul, l'erreur résultant d'une troncature.

erreur non redressable
➡ **erreur irréparable**

erreur récurrente
hard error
Erreur qui se répète à chacune des tentatives successives de lecture de données.

erreur relative
relative error
Quotient de l'erreur absolue par la valeur vraie prescrite ou théorique de la grandeur affectée par cette erreur.

E-S
➡ **d'entrée-sortie**

espace adresse
address space
Ensemble des adresses qui peuvent être utilisées par un programme déterminé ou une unité fonctionnelle.
NOTE L'espace adresse peut inclure des adresses virtuelles.
≈ espace d'adressage

espace chromatique
color space
Représentation géométrique des couleurs dans l'espace, généralement à trois dimensions.

espace d'adressage
➡ **espace adresse**

espace d'affichage
display space, operating space
Portion de l'espace d'appareil correspondant à la zone disponible pour l'affichage des images.
≈ surface utile

espace d'appareil
device space
Espace défini par l'ensemble de tous les points adressables d'un dispositif d'affichage.

espace de descriptions
description space
Ensemble des exemples d'un espace d'exemples, que l'on peut décrire dans le langage de description dont dispose l'apprenant.

espace de problème
problem space
Domaine conceptuel ou formel comprenant tous les états susceptibles de contribuer à l'analyse des interactions entre les éléments et les opérations, considérés en vue de résoudre un problème particulier.
≈ espace des états d'un problème

espace de recherche
search space
En résolution de problème, ensemble des étapes possibles entre les états initiaux et les états buts.

espace des caractéristiques
feature space
Ensemble de tous les vecteurs de caractéristiques d'une image.

espace des états d'un problème
➡ **espace de problème**

espace de solution
solution space
Domaine conceptuel ou formel comprenant tous les états constituant des solutions d'un problème particulier.

espace de travail
➥ **zone de travail**

espace de versions
version space

Ensemble des descriptions de concept compatibles avec les données, les connaissances ou les présuppositions disponibles.

espace d'exemples
example space, instance space

Ensemble de tous les exemples et contre-exemples d'un concept à apprendre.

≈ espace d'instances

espace d'instances
➥ **espace d'exemples**

espace entre blocs
➥ **espace interbloc**

espace imposé
no-break space, hard space

Espace représenté par un caractère spécial dans une chaîne de caractères et qui assure que le système de traitement de texte ne coupera pas cette chaîne de caractères.

EXEMPLE L'espace dans le nombre 12 000 ou dans l'expression George V.

NOTE Un espace imposé peut être demandé par une commande encastrée.

espace interbloc
interblock gap (IBG)

Intervalle entre deux blocs consécutifs sur un support d'enregistrement.

≈ espace entre blocs

espace interenregistrement
interrecord gap

Intervalle entre deux enregistrements consécutifs sur un support d'enregistrement.

espace virtuel
virtual space

(en infographie)

Espace dans lequel les coordonnées des éléments graphiques sont exprimées sous une forme indépendante de l'appareil.

esquisse
primal sketch

Description grossière d'une image par les caractéristiques qui en sont extraites.

essai de pénétration
➥ **test de pénétration**

essai de réception
➥ **essai de recette**

essai de recette
acceptance test

Essai, généralement effectué par l'acquéreur dans ses locaux après installation, d'un système ou d'une unité fonctionnelle, avec la participation du fournisseur, pour vérifier que les dispositions contractuelles sont bien respectées.

≈ essai de réception, test de réception, test de recette

essai de vérification
➥ **test de vérification**

essai d'intégration
integration test

Assemblage et essai progressifs des programmes ou modules, dans le but de vérifier le bon fonctionnement du système dans son ensemble.

≈ test d'intégration

essai marginal
stress test, marginal test, marginal check

Essai dans lequel on fait varier certains paramètres de fonctionnement par rapport à leurs valeurs assignées, afin de détecter ou de localiser les anomalies éventuelles.

≈ contrôle marginal

essai unitaire
unit test

Essai d'un programme ou d'un module isolé, dans le but de s'assurer que celui-ci ne comporte pas d'erreurs d'analyse ou de programmation.

étape de transmission
transmittal step
Processus d'acheminement d'un objet d'information dans l'environnement de messagerie, d'une unité fonctionnelle à une autre.

état
state
(en intelligence artificielle)
Description instantanée d'un problème à l'une des étapes de sa solution.

état de tâche
task state
Une des conditions dans lesquelles une tâche peut se trouver pendant sa durée de vie.

état instable
unstable state
État dans lequel une entité demeure durant un intervalle de temps limité, à l'issue duquel elle revient spontanément à un état stable.

état significatif
significant condition
Caractéristique d'un élément de signal qui détermine la signification de cet élément de signal selon un certain code.

état stable
stable state
I État dans lequel une entité demeure jusqu'à l'application d'une impulsion appropriée ou la survenance d'un événement particulier.
NOTE L'événement particulier peut être la réalisation d'une condition.
II (dans les réseaux neuronaux) État d'un réseau neuronal dans lequel les poids synaptiques des neurones artificiels ne varient pas.
NOTE Un état stable est obtenu généralement lorsque les poids ne varient plus avec l'entraînement, mais il peut aussi être obtenu en fonctionnement normal, comme dans un réseau de Hopfield.

ETCD
➡ **équipement de terminaison de circuit de données**

étendue
span, range
Différence entre la plus grande et la plus petite des valeurs que peut prendre une grandeur ou une fonction.

étendue de gris
gray span
Ensemble de niveaux de gris échelonnés du noir au blanc.

étendue d'une erreur
error span
Différence entre la plus grande et la plus petite des valeurs que peut prendre une erreur.

étiquette
label
I (en programmation) Identificateur pour un endroit dans un programme.
NOTES
1 Une étiquette est souvent utilisée pour se référer à une instruction.
2 En Basic, un numéro de ligne peut servir d'étiquette mais ce n'est pas toujours la cible d'un transfert.
3 En Fortran, une étiquette d'un maximum de cinq chiffres précédant une instruction peut être utilisée pour se référer à cette instruction.
II (en organisation des données) Identificateur associé à un ensemble d'éléments de données.
≈ label

étiquette de début de fichier
header label (HDR), beginning-of-file label
Étiquette interne d'un fichier, qui permet de l'identifier et de le localiser, et qui fournit également des données de gestion du fichier.
≈ label de début de fichier, en-tête de fichier, étiquette d'en-tête de fichier

étiquette de fin de fichier
end-of-file label (EOF), trailer label

Étiquette interne indiquant la fin du fichier et pouvant contenir des données de gestion du fichier.

NOTE Une étiquette de fin de fichier peut contenir des totaux de contrôle à comparer avec des totaux calculés en cours de traitement.

≈ label de fin de fichier, fin de fichier

étiquette de fin de volume
end-of-volume label (EOV)

Étiquette interne indiquant la fin des données contenues dans un volume.

≈ label de fin de volume, fin de volume

étiquette d'en-tête de fichier
➡ **étiquette de début de fichier**

étiquette d'en-tête de volume
volume label, beginning-of-volume label, volume header

Étiquette interne qui identifie le volume et indique le début de ses données.

≈ label de début de volume, en-tête de volume

étiquette de réseau
network etiquette, netiquette

Ensemble de règles de savoir-vivre que l'utilisateur d'un réseau d'ordinateurs devrait respecter.

≈ nétiquette

étiquette interne
internal label

Étiquette enregistrée sur un support de données et fournissant des renseignements sur les données enregistrées sur ce support.

≈ label interne

étirement du contraste
contrast stretching

Opération d'amélioration d'image qui implique de multiplier chaque valeur de pixel par un facteur qui dépend de cette valeur.

étirer
to stretch

Modifier la taille ou la forme d'un objet graphique, de façon proportionnelle ou non proportionnelle.

étranglement
starvation

Situation dans laquelle l'exécution d'une procédure asynchrone est bloquée parce que des procédures asynchrones concurrentes mobilisent, pour une durée imprévisible, les ressources nécessaires.

étreinte fatale
➡ **interblocage**

ETTD
➡ **terminal de données**

étude de faisabilité
feasibility study

Étude visant à circonscrire un problème et à analyser des solutions possibles afin d'en évaluer la viabilité, les coûts et les avantages.

étude d'opportunité
opportunity study

Étude permettant d'examiner un problème et de déterminer s'il convient ou non de le résoudre durant la période considérée.

étui
➡ **boîtier**

étui de chargement
➡ **boîtier de chargement**

événement de transmission
transmittal event

Événement survenant dans le système de transfert de messages, durant la transmission d'un message.

NOTE Certains de ces événements, comme la non-remise, sont visibles par l'utilisateur ; d'autres, comme le fractionnement, ne le sont pas.

exactitude
accuracy

I Qualité de ce qui est exempt d'erreur.

II Évaluation qualitative de l'importance d'une erreur, une évaluation satisfaisante correspondant à une erreur faible.

III Mesure quantitative de l'importance des erreurs, exprimée de préférence en fonction de l'erreur, relative de façon que la valeur de cette mesure croisse quand les valeurs des erreurs décroissent.

exactitude complète
➥ **correction globale**

exactitude partielle
➥ **correction partielle**

exbi
exbi

Préfixe d'unité pour les multiples binaires, indiquant le facteur 2^{60}, employé principalement en combinaison avec le bit et l'octet. Le symbole de *exbi* est *Ei*.

NOTE Le préfixe « exa » indique normalement le facteur 10^{18}.

exception
exception

Situation qui peut se produire pendant l'exécution d'un programme, qui peut provoquer un écart par rapport à la séquence d'exécution normale, et pour laquelle il existe des moyens permettant de la définir, de la déclencher, de la reconnaître, de la traiter ou de ne pas en tenir compte.

EXEMPLES « (ON ERROR) condition » en PL/I ; dépassement de capacité ; dépassement de limite.

exception d'adressage
addressing exception

Exception qui se produit lorsqu'un programme calcule une adresse située en dehors des limites de l'espace qui est disponible pour ce programme.

exception de dépassement
overflow exception

Exception qui se produit lorsque le résultat d'une opération provoque un dépassement de capacité.

exception de donnée
data exception

Exception qui se produit lorsqu'un programme essaie d'utiliser ou d'accéder, de façon incorrecte, à des données.

exception de protection
protection exception

Exception qui se produit lorsqu'un programme essaie d'accéder à une zone de mémoire protégée.

exception de soupassement
underflow exception

Exception qui se produit lorsque le résultat d'une opération provoque un soupassement de capacité.

exception d'opération
operation exception

Exception qui se produit lorsqu'un programme rencontre une partie opérateur invalide.

exclusion
exclusion, NOT-IF-THEN operation

Opération booléenne diadique dont le résultat a la valeur booléenne 1 si et seulement si le premier opérande a la valeur booléenne 1 et le second la valeur booléenne 0.

exclusion mutuelle
mutual exclusion

Principe selon lequel une seule procédure asynchrone à la fois accède à une variable partagée ou exécute des membres d'un groupe de sections critiques.

exécutable
executable

Se dit de l'état de tâche dans lequel se trouve une tâche après son activation et avant qu'elle ne soit finie.

NOTES

1 Une tâche exécutable est soit prête, soit en cours, soit bloquée.

2 Le terme utilisé en Ada est « appelable ».

exécuter
to execute
Effectuer une ou plusieurs instructions d'un programme sur un ordinateur.

exécutif
executive
Partie d'un système d'exploitation qui comprend le noyau et dispose, pour accéder au matériel, de privilèges qui ne sont pas directement disponibles pour les programmes des utilisateurs.
Le terme *exécutif* est un nom masculin.

exécution
execution
Processus par lequel une ou plusieurs instructions d'un programme sont effectuées par un ordinateur.

exécution inversée
playback
Technique consistant à enregistrer l'historique de l'exécution de tout ou partie d'un programme, de telle sorte que les entrées et les sorties puissent être régénérées sous le contrôle de l'utilisateur, parfois même en allant en avant ou en arrière.
NOTE On utilise cette technique pour le débogage.

exécution pas à pas
single-step operation, single-step execution, step-by-step operation
Mode de fonctionnement d'un ordinateur dans lequel, en réponse à un signal externe, on exécute une seule instruction ou partie d'instruction.
NOTE L'exécution pas à pas est utilisée pour le débogage.

exécution symbolique
symbolic execution
Processus d'analyse de logiciel consistant à simuler l'exécution de tout ou partie d'un programme, en utilisant des symboles pour les données d'entrée, par exemple les noms des variables plutôt que leurs valeurs effectives, et en exprimant les sorties du programme sous forme d'expressions logiques ou mathématiques se référant à ces symboles.

exemple négatif
negative example, negative instance
Contre-exemple d'un concept à apprendre, qui peut aider à spécialiser la description de concept.
≈ instance négative

exemple positif
positive example, positive instance
Exemple qui est conforme au concept à apprendre et peut conduire à le généraliser.
≈ instance positive

exosquelette
exoskeleton
Structure mécanique à tringles, destinée à commander une application et à en transmettre la rétroaction.

expansion
➡ **dilatation**

expéditeur
originator
Utilisateur qui est la source première d'un message ou d'un envoi-test.
NOTE Généralement, l'expéditeur crée un message ou envoie un envoi-test.

exploitation en double
parallel run
Exploitation de deux systèmes de traitement de l'information traitant la même application, un système existant et celui qui doit le remplacer, à des fins de comparaison et de sécurité.
≈ passage en parallèle

1 exploration
browsing
(en réseautique)
Action de regarder des informations, rapidement ou superficiellement, dans un document.
NOTE L'exploration peut avoir lieu au cours d'une navigation.

2 exploration
➡ **balayage**

exploration virtuelle
virtual exploration

Exploration cognitive de données, représentées sous une certaine forme, par une navigation à travers ces données.

export
export

(en courrier électronique)

Étape de transmission au cours de laquelle un agent de transfert de message transmet un objet d'information à une unité d'accès, afin de le transmettre à un système de communication externe.

☞ usager direct

exposant
exponent

(en numération à séparation flottante)

Numéral qui indique la puissance à laquelle doit être élevée la base de séparation flottante, dans la représentation d'un nombre réel par un couple de numéraux.

☞ représentation à virgule flottante

exposition
exposure

Possibilité qu'une attaque exploite une vulnérabilité particulière d'un système informatique.

☞ menace

expression
expression

Élément de langage qui définit le calcul d'une valeur de donnée comme le résultat d'un ou de plusieurs opérandes.

NOTE Les opérandes peuvent être des libellés, des identificateurs, des appels de fonction.

expression booléenne
Boolean expression, boolean expression

Élément de langage qui définit le calcul d'une valeur logique.

Avec une majuscule, *Boolean expression* est l'orthographe anglaise ; tandis que *boolean expression* est l'orthographe américaine.

expression conditionnelle
conditional expression

Expression dont la valeur d'évaluation est utilisée pour choisir parmi plusieurs séquences d'exécution.

extensibilité
extensibility

Capacité d'un langage de programmation de permettre la spécification de nouveaux éléments de langage et leur utilisation, de la même manière syntaxique que les éléments de langage normaux.

extension de sortie
extended result output function

Fonction qui permet d'afficher ou d'imprimer par tranches successives le résultat d'un calcul lorsque le nombre de chiffres du résultat dépasse la capacité de présentation de la calculatrice.

externe
external

Qualifie un élément de langage qui est défini en dehors du module dans lequel il est cité.

NOTE Une déclaration peut être nécessaire à l'intérieur d'un module afin de fournir un nom et d'indiquer que la définition entière est externe.

extinction
blanking

Suppression de l'affichage d'un ou de plusieurs éléments graphiques.

extraction
retrieval

(en courrier électronique)

Étape de transmission au cours de laquelle un message ou un rapport est extrait de la mémoire de messages d'un utilisateur, et acheminé jusqu'à l'agent d'utilisateur de cet utilisateur.

NOTE Cet utilisateur est un destinataire effectif.

1 extraire

to extract

Prendre, dans un ensemble d'éléments, ceux qui satisfont à des conditions déterminées.

2 extraire

to retrieve

Récupérer des données dans une mémoire.

extranet

extranet

Réseau comprenant un intranet qui a été étendu pour inclure l'accès depuis ou vers certains organismes externes, tels que des clients ou des fournisseurs, mais non pour le public en général.

NOTE La connexion peut être soit une ligne louée ou commutée, soit une interconnexion de réseau. L'ensemble du réseau peut former un réseau local virtuel.

F

fabrication assistée par ordinateur
FAO
computer-aided manufacturing (CAM)

Fabrication dans laquelle on utilise des systèmes informatiques pour la conduite et le contrôle du processus de production.

facilité d'annuaire
directory facility

Mécanisme d'application qui convertit les noms symboliques qu'emploient les processus d'application en adresses complètes de réseau telles qu'elles sont utilisées dans un environnement OSI.

≈ facilité de répertoire

facilité de répertoire
➥ **facilité d'annuaire**

facteur d'apprentissage
learning rate

Paramètre qui règle l'amplitude des variations de poids synaptiques pendant l'apprentissage.

NOTE La variation d'un poids synaptique est le produit d'une valeur obtenue par l'algorithme d'apprentissage et d'un coefficient qui est le facteur d'apprentissage.

facteur de certitude
certainty factor, confidence factor

Valeur attribuée à la validité d'un énoncé, tel qu'une hypothèse, une règle d'inférence ou la conclusion d'une inférence.

NOTE Le facteur de certitude peut varier d'entièrement faux à entièrement vrai.

≈ facteur de confiance

facteur de confiance
➥ **facteur de certitude**

facteur de groupage
blocking factor

Nombre maximal d'enregistrements dans un bloc.

factorielle
factorial

Produit de tous les entiers naturels strictement positifs et inférieurs ou égaux à un entier donné.

FAI
➥ **fournisseur d'accès à l'internet**

faille
flaw, loophole

(en sécurité informatique)

Erreur dans l'exécution d'un ordre, omission ou manquement qui neutralise les mécanismes de protection ou permet de les contourner.

≈ brèche, échappatoire

faire un dépôt multiple
to crosspost

Envoyer un article à plusieurs forums.

faisceau
bundle
Collection de connexions synaptiques entre plaques.

faisceau de visée
aiming beam
Faisceau laser visible émis dans la même direction qu'un faisceau infrarouge ou un faisceau laser invisible pour faciliter l'orientation de celui-ci.

fait
fact
(en intelligence artificielle)
Énoncé relatif à une entité du monde réel ou conceptuel, dont la validité est généralement acceptée.
NOTE Un fait peut être considéré comme une croyance ayant un haut facteur de certitude.

fanion
➥ **drapeau**

FAO
➥ **fabrication assistée par ordinateur**

FAQ
➥ **foire aux questions**

faufilage
➥ **accès par infiltration**

1 **faufilement**
tailgating
Obtention d'un accès physique non autorisé en suivant une autre personne à travers une porte contrôlée.
≈ talonnage

2 **faufilement**
➥ **chemin furtif**

faute intrinsèque
➥ **anomalie intrinsèque**

fenêtrage
windowing
I (en infographie) Création d'une fenêtre (sens I) sur une surface d'affichage.
II (en traitement de texte) Technique consistant à utiliser des fenêtres pour afficher simultanément des données différentes ou traiter séparément des applications différentes.
III (en vision artificielle) Technique consistant à réduire la quantité de données à traiter en ne retenant pour analyse qu'une petite partie de l'image, sans tenir compte du reste de cette image.

fenêtrage de registres
register window
Mécanisme effectuant la commutation d'un ensemble de registres à un autre.

fenêtrage en cascade
window cascading, rollover windowing
Création de fenêtres (sens I) en cascade, qui se chevauchent.
☞ pavage

fenêtre
window, display window
I Partie délimitée d'une image sur laquelle sont affichées des données.
II Partie prédéfinie d'un espace virtuel.

fenêtre active
active window
Une des fenêtres (sens I) sur laquelle on agit.

fenêtre de dialogue
➥ **boîte de dialogue**

fenêtre de lecture-écriture
read/write slot, read/write opening
Ouverture pratiquée dans la chemise d'une disquette, permettant aux têtes de lecture-écriture d'accéder aux pistes.

fenêtre de réponse
response time window, response window
Dans un réseau en bus à jeton, intervalle de temps ayant une durée égale à celle du temps d'attente, et durant lequel la station de données ayant émis une trame de contrôle d'accès au support fait une pause et écoute s'il y a une réponse.

fenêtre flash
pop-up window

Fenêtre (sens I) apparaissant rapidement, sur demande, sur la surface d'affichage, en réponse à une action ou à un événement.

fenêtre inactive
pushed window, inactive window

Une des fenêtres (sens I) sur laquelle on n'agit pas.

fenêtres en cascade
cascaded windows

Série de fenêtres (sens I) qui se chevauchent ou non, créées et affichées par la même commande.

FEPROM
➡ **mémoire flash**

fermer une session
➡ **déconnecter (se -)**

feuille
➡ **nœud terminal**

feuille de style
style sheet

Ensemble de styles stockés dans un fichier, qui détermine la présentation des documents auxquels il est lié.

fiabilisation par rodage
burn in

Processus destiné à augmenter la fiabilité d'une unité fonctionnelle réparable, neuve ou rénovée, en la faisant fonctionner dans des conditions spécifiées, en détectant le plus grand nombre possible d'anomalies précoces et en les éliminant par maintenance corrective.

= fiabilisation

fiabilité
reliability

Aptitude d'une unité fonctionnelle à accomplir une fonction requise, dans des conditions données, pendant un intervalle de temps donné.

fibre optique
optical fiber

Support de transmission, constitué d'un guide d'ondes en forme de filament, destiné à acheminer des signaux optiques.

fichier
file

Ensemble identifié d'enregistrements, traité comme un tout.

fichier archivé
archived file

Fichier pour lequel il existe un fichier d'archives.

fichier d'archives
archive file

Fichier mis de côté pour des recherches ou des vérifications ultérieures, par mesure de sécurité ou pour tout autre besoin.

fichier de sauvegarde
backup file

Fichier créé pour une éventuelle restauration de données ultérieure.

EXEMPLE Copie d'un fichier conservée dans un autre site.

≈ fichier de secours

fichier de secours
➡ **fichier de sauvegarde**

fichier image
image file

Fichier qui contient une ou plusieurs images.

fil
thread

I (en courrier électronique) Suite de messages contenant des informations étroitement associées et que l'on peut isoler facilement des autres messages.

II (en programmation des ordinateurs) Processus inclus dans un autre processus et qui utilise les ressources de cet autre processus.

III Fil de discussion.

fil de discussion
discussion thread

Dans un forum ou dans un babillard électronique, suite d'articles qui répondent à un article déterminé.

= fil

file à deux entrées
dequeue, double-ended queue

Liste qui est construite et mise à jour de manière à autoriser des insertions et des extractions à l'une ou l'autre de ses extrémités.

☞ pile

file d'attente
queue, pushup list

Liste construite et gérée de telle façon que le prochain élément à extraire soit celui qui a été inséré en premier.

NOTE Cette organisation est caractérisée par la formule « premier entré, premier sorti » (FIFO).

≈ liste directe

☞ pile

file de travaux
➡ **flux de travaux**

filtrage adapté
➡ **filtrage par appariements successifs**

filtrage par appariements successifs
matched filtering

Opération d'appariement de modèle qui est fondée sur la grandeur de la fonction d'intercorrélation pour mesurer le degré d'appariement.

≈ filtrage adapté

filtre de sécurité
security filter

Système informatique fiable qui applique une politique de sécurité aux données qui passent par lui.

fin anormale
abnormal termination, abnormal end, abend

Cessation imprévue d'un traitement.

fin de fichier
➡ **étiquette de fin de fichier**

fin de volume
➡ **étiquette de fin de volume**

fini
completed

Se dit de l'état d'une tâche achevée et dont tous les événements qui en dépendent ont été résolus.

NOTE Dans Ada, une exception déclenchée durant l'activation d'une tâche serait un événement inhabituel qui entraînerait la fin de la tâche.

fixe
➡ **invariant**

flot de travaux
➡ **flux de travaux**

flux de commande
control flow

Cheminement que peut suivre la séquence d'exécution d'un programme.

NOTE L'ensemble des flux de commande peut être représenté graphiquement.

flux de données
data flow

Mouvement des données à travers les parties actives d'un système informatique pendant l'accomplissement d'un travail particulier.

☞ diagramme de flux de données

flux de travaux
job stream, input stream, run stream

Séquence des travaux ou des parties de travail à effectuer, soumise à un système d'exploitation.

≈ file de travaux, flot de travaux

foire aux questions
FAQ

frequently asked questions (FAQ)

Liste des questions posées couramment par les utilisateurs d'un site ou d'une conférence par ordinateur, souvent accompagnée par les réponses.

fonction

function

(en programmation)

Sous-programme, généralement muni de paramètres formels, qui produit une valeur de donnée qu'il renvoie à l'endroit où il a été appelé.

NOTE Une fonction peut également produire d'autres changements par l'utilisation de paramètres.

fonction arrondi au plus près

round-off function

Fonction consistant à ajouter 1 au chiffre le moins significatif conservé dans le résultat d'un calcul, et à faire les reports nécessaires, ceci dans le cas où le premier chiffre laissé de côté est supérieur ou égal à 5 ; dans le cas contraire, le chiffre le moins significatif reste inchangé.

fonction arrondi par défaut

round down function

Fonction consistant à prendre comme résultat d'un calcul, tous les chiffres d'un rang supérieur à un rang déterminé, en négligeant les chiffres de rang inférieur.

fonction arrondi par excès

round-up function, rounding

Fonction consistant à ajouter 1 au chiffre le moins significatif conservé dans le résultat d'un calcul, et à faire les reports nécessaires, ceci dans le cas où l'un au moins des chiffres laissés de côté est différent de zéro.

fonction automatique

automatic function

Fonction-machine, ou série de fonctions-machine, commandée par programme, et effectuée sans intervention de l'opérateur.

fonction booléenne

Boolean function, boolean function

Fonction logique dans laquelle le nombre des valeurs possibles de la fonction elle-même et de chacune de ses variables indépendantes est deux.

Avec une majuscule, *Boolean function* est l'orthographe anglaise ; tandis que *boolean function* est l'orthographe américaine.

fonction changement de signe

sign change function

Fonction consistant à changer le signe d'un nombre conservé dans une calculatrice.

fonction d'activation

activation function

Fonction qui calcule la valeur de sortie d'un neurone artificiel à partir de ses valeurs d'entrée et de ses poids synaptiques courants.

NOTE La valeur de sortie peut être continue ou discrète.

fonction de base radiale

radial basis function (RBF)

Fonction d'activation qui est centrée en un point déterminé par le vecteur des poids synaptiques, et dont la position et la largeur sont ajustées par apprentissage.

NOTES

1 Dans un réseau à fonctions de base radiales, les fonctions de base radiales sont les fonctions d'activation des neurones cachés et constituent une base pour représenter les formes.

2 Une fonction de base radiale a un maximum ou un minimum, contrairement aux fonctions d'activation usuelles qui sont monotones. La fonction de base radiale la plus employée est la fonction gaussienne.

fonction d'effacement de l'entrée

clear entry function

Fonction consistant à supprimer les données qui ont été introduites dans la calculatrice, mais qui n'ont pas encore été traitées.

fonction d'effacement de mémoire

clear memory function

Fonction consistant à effacer les données situées dans la mémoire, correspondant à une touche déterminée.

NOTE Une calculatrice peut comporter d'autres touches « d'effacement », servant à annuler des fonctions spécifiées.

fonction d'effacement total
clear all function

Fonction consistant à effacer toutes les données situées dans les registres de travail et dans les mémoires.

fonction de hachage
hash function

En hachage, fonction utilisée pour déterminer la position d'un élément déterminé dans un ensemble d'éléments.

NOTE La fonction de hachage utilise une zone déterminée de chaque élément, la clé, et permet de faire correspondre l'ensemble des clés à un ensemble, généralement beaucoup plus petit, de positions de mémoire ; cette correspondance est donc généralement du type « plusieurs à un ».

fonction d'élévation au carré
square function

Fonction consistant à multiplier directement un nombre par lui-même.

fonction de non-addition
nonadd function

Sur une calculatrice imprimante, fonction permettant d'imprimer des caractères sans influer sur les calculs en cours.

fonction de non-impression
nonprint function

Fonction consistant à suspendre le fonctionnement du mécanisme d'impression d'une calculatrice.

fonction de Pierce
➡ **opération NON-OU**

fonction de récupération
recovery function

Aptitude d'une unité fonctionnelle à reprendre son fonctionnement normal après une défaillance.

fonction de seuil
threshold function

Fonction logique, dont les arguments ne sont pas nécessairement booléens, qui ne peut prendre que deux valeurs : un, si une fonction déterminée des arguments excède une valeur de seuil donnée, zéro dans le cas contraire.

EXEMPLE La fonction de seuil :
- $f(a_1, ..., a_n) = 0$ si $g \leq T$
- $f(a_1, ..., a_n) = 1$ si $g > T$
- avec $g = W_1a_1 + ... + W_na_n$,

où $W_1, ..., W_n$ sont des coefficients positifs affectés aux arguments réels $a_1, ..., a_n$ et T est égal à la valeur de seuil.

fonction de Sheffer
➡ **opération NON-ET**

fonction de transfert asservie aux mouvements de la tête
head-related transfer function (HRTF)

Fonction de transfert qui transforme les données du mouvement de la tête en un emplacement spatial pour le son.

fonction de transfert de contraste
contrast transfer function (CTF)

Mesure de la résolution d'un système de vision.

NOTE La fonction de transfert de contraste est une fonction de la fréquence spatiale qui constitue la réponse en amplitude à une onde carrée (alternance de barres noires et blanches parallèles).

fonction d'évaluation
evaluation function

Fonction qui détermine la valeur des états intermédiaires dans l'espace de problème durant la recherche d'une solution.

fonction « égale »
equals function

Fonction qui provoque l'exécution d'une série d'opérations et en fournit le résultat.

fonction facteur constant
constant function

Fonction consistant à introduire un nombre dans une calculatrice et à l'y conserver, en vue d'un usage répété.

fonction facteur constant automatique
automatic constant function

Fonction qui permet un usage répété d'un nombre conservé automatiquement dans une calculatrice.

fonction factorielle

factorial function

Fonction consistant à calculer des factorielles.

fonction génératrice

generating function

Fonction représentée par une série infinie ayant pour coefficients les termes successifs d'une suite donnée de constantes ou de fonctions.

EXEMPLE La fonction $(1\text{-}2ux+u^2)^{-1/2}$ est une fonction génératrice des polynômes de Legendre $P_n(x)$ par l'intermédiaire du développement $\left(1-2ux+u^2\right)^{-1/2}=\sum_{n=0}^{\infty} P_n(x)u^n$.

fonction logique

switching function, logic function

Fonction qui ne peut prendre qu'un nombre fini de valeurs et dont les variables indépendantes ne peuvent prendre chacune qu'un nombre fini de valeurs.

fonction-machine

machine function

Fonction effectuée par la calculatrice.

fonction manuelle

manual function

Fonction déclenchée ou effectuée par l'opérateur.

fonctionnement à sécurité intégrée

failsafe operation

Fonctionnement d'un système informatique réduisant, en cas de défaillance d'un élément, la probabilité de destruction ou de détérioration du matériel et de dommages au personnel.

fonctionnement en interréseau

➠ **interréseautage**

fonctionnement itératif

iterative operation, automatic sequential operation

Répétition de l'algorithme de résolution d'un ensemble d'équations, utilisant des combinaisons successives des conditions initiales ou d'autres paramètres ; chacune de ces combinaisons est choisie par un calcul auxiliaire, selon un ensemble prédéterminé de règles d'itération.

NOTE Le fonctionnement itératif est généralement employé pour résoudre des problèmes aux limites, ou bien pour optimiser automatiquement les paramètres d'un système.

fonctionnement multitâche

multitasking

Mode d'exploitation permettant l'accomplissement concurrent ou l'exécution imbriquée de plusieurs tâches.

≈ multitâche

fonctionnement multitâche coopératif

cooperative multitasking

Fonctionnement multitâche selon lequel la tâche en cours d'exécution a la responsabilité de céder le processeur pour permettre l'exécution d'autres tâches.

fonctionnement multitâche préemptif

preemptive multitasking

Mode d'exploitation selon lequel l'exécution des programmes est périodiquement interrompue par le système d'exploitation et la commande est passée à un autre programme qui était en attente.

fonctionnement répétitif

repetitive operation

Répétition automatique de la résolution d'un ensemble d'équations, utilisant des combinaisons fixes des conditions initiales et d'autres paramètres.

NOTE Le fonctionnement répétitif est souvent employé pour permettre l'affichage d'une solution apparemment stable ; il est également employé pour permettre l'ajustement manuel ou l'optimisation d'un ou plusieurs paramètres.

fonction pourcentage
percentage function
Fonction qui multiplie automatiquement un nombre par un taux de pourcentage et divise le résultat par cent.

fonction pourcentage direct
direct percentage function
Fonction fournissant une valeur majorée ou minorée d'un pourcentage déterminé.

fonction racine carrée
square root function
Fonction qui permet d'obtenir directement un nombre qui, multiplié par lui-même, donne le nombre de départ.

fonction sous-total
subtotal function
Fonction qui provoque l'affichage ou l'impression d'un résultat intermédiaire d'un calcul.

fonction total
total function
Fonction qui fournit le résultat d'un calcul qui, affiché ou imprimé, ne peut être réutilisé sans réintroduction manuelle.

fond d'image
background image, static image
Partie d'une image, tel un cadre de surimpression, qui n'est pas modifiée au cours d'une séquence particulière de transactions.
≈ arrière-plan d'image

fonte
font
Ensemble de caractères de même taille et de même style.
EXEMPLE Courrier 9 points.
NOTE Une même police de caractères peut avoir différentes tailles.
≈ police de caractères

formant
formant
Région de la bande des fréquences vocales où l'amplitude est renforcée par suite d'une résonance dans le conduit vocal humain.

format
format
I Agencement ou disposition des données sur un support d'enregistrement.
II (en traitement de texte) Agencement ou disposition déterminé du texte sous forme imprimée ou affichée, ou sur un support d'enregistrement.
III (en programmation) Élément de langage qui spécifie la représentation, sous forme de caractères, d'objets de données dans un enregistrement, un fichier, un message, qu'il soit en mémoire ou dans une voie de transmission.

formatage
formatting
I Initialisation d'un support d'enregistrement permettant le stockage et l'extraction des données dans un système informatique particulier.
II (en traitement de texte) Capacité d'un éditeur de texte ou d'un autre logiciel de traitement de texte à préparer la mise en page d'un texte en fonction de critères spécifiés par l'utilisateur.

format à la française
portrait, portrait format, vertical format
Disposition du texte ou des graphiques sur une page, telle que la longueur de la page soit supérieure à la largeur en position normale de lecture.
≈ format vertical, format portrait

format à l'italienne
landscape, landscape format, horizontal format
Disposition du texte ou des graphiques sur une page, telle que la largeur de la page soit supérieure à la longueur en position normale de lecture.
≈ format horizontal, format paysage

format d'adresse
address format
Nombre et disposition des éléments d'une adresse.
EXEMPLE Numéro de page et décalage dans un système à adresses virtuelles ; canal, disque, secteur et enregistrement dans une mémoire à disques magnétiques.
≈ structure de l'adresse

format d'échange de documents
document interchange format
Ensemble de spécifications destinées à représenter un document à des fins d'échange entre utilisateurs de systèmes bureautiques.

format d'image
aspect ratio
Rapport de la largeur d'une image à sa hauteur.

format d'instruction
instruction format
Disposition des différentes parties d'une instruction.
≈ modèle d'instruction

formater
to format
Initialiser un support d'enregistrement pour permettre le stockage et l'extraction des données dans un système informatique particulier.

format horizontal
➡ **format à l'italienne**

format implicite
default format, basic format
Format prédéterminé, automatiquement mis en œuvre sauf indication contraire de l'utilisateur.
≈ format par défaut

formation de concept
concept formation
Création de concepts servant à caractériser une collection d'objets, d'événements ou de faits.

formation taxinomique
taxonomy formation
Construction d'un plan de classification de concepts au moyen de classes disjointes de concepts agrégés.
NOTE Le but de la formation taxinomique est d'assurer aux caractéristiques distinctives un maximum de simplicité et un minimum de redondances.
☞ agrégation conceptuelle, formation de concept

format par défaut
➡ **format implicite**

format paysage
➡ **format à l'italienne**

format portrait
➡ **format à la française**

format vertical
➡ **format à la française**

forme
pattern
(en intelligence artificielle)
Ensemble des caractéristiques et de leurs relations servant à reconnaître une entité dans un contexte donné.
NOTE Ces caractéristiques peuvent appartenir à une figure géométrique, un son, une image, un signal ou un texte.

forme d'après la texture
shape from texture
Déduction des propriétés tridimensionnelles de la surface d'un objet à partir de l'analyse des variations de texture.

forme de nombre
➡ **numéral**

forme de parole
speech pattern
Structure sous-jacente repérable dans un signal de parole.

forme de référence
template
Forme à laquelle on compare les parties ou l'ensemble d'une entité à reconnaître.
NOTE Les formes de référence sont utilisées, par exemple, en reconnaissance de caractères, dans la détection de cibles ou en reconnaissance de la parole.

forme normalisée
normalized form, standard form
Forme que prend la représentation d'un nombre réel donné, en numération à séparation flottante, dans lequel le nombre réel a été normalisé.

formulaire en continu

➥ **papier en continu**

forum

forum, newsgroup, discussion group

Conférence par ordinateur, consacrée à un sujet déterminé et dans laquelle les messages sont mis en mémoire dans un serveur ou dans une base de données qui peut être centralisée ou répartie.

NOTES

1 Un forum a généralement un initiateur, des membres, et éventuellement un modérateur.
2 Dans un forum, les messages sont soumis et sont lus de façon asynchrone. Chaque utilisateur peut les lire à tout moment.
3 Des groupes de causette et des bibliothèques peuvent être associés à un forum.

≈ groupe de discussion, groupe de nouvelles

fouineur

➥ **mordu d'informatique**

fournisseur d'accès

access provider

Organisme qui fournit aux utilisateurs l'accès à un réseau.

NOTE Le fournisseur d'accès et le fournisseur de contenu peuvent être le même organisme.

☞ fournisseur d'informations

fournisseur d'accès à l'internet

FAI

Internet service provider (ISP)

Organisme qui fournit aux utilisateurs l'accès à l'internet et d'autres services.

NOTE Les services fournis peuvent comprendre l'hébergement de contenu et des boîtes aux lettres électroniques.

fournisseur de contenu

content provider

Organisme qui assure la création et la mise à jour des bases de données contenant des informations provenant d'un fournisseur d'informations.

NOTE Le fournisseur de contenu et le fournisseur d'informations peuvent être le même organisme.

☞ fournisseur d'informations

fournisseur de service

service provider

I (dans l'OSI) Représentation abstraite de la totalité des entités qui fournissent un service aux utilisateurs de service homologues.

II (en réseautique) Fournisseur d'accès qui fournit des services supplémentaires aux utilisateurs ou à d'autres fournisseurs.

EXEMPLE Fournisseur d'accès internet.

NOTE Les services supplémentaires fournis peuvent être l'hébergement de contenu, ou les services d'un serveur de forum ou d'un serveur de système de messagerie privé, etc.

☞ fournisseur d'informations

fournisseur de services d'applications

application service provider (ASP)

Organisme qui fournit un emploi à distance de programmes d'application.

EXEMPLES Vote électronique, comptage des accès aux pages de la toile.

NOTE Les programmes d'application peuvent assurer toutes sortes de traitement de données ou de traitement de l'information.

fournisseur d'informations

information provider

Organisme qui assure la collecte et la fourniture d'informations destinées aux utilisateurs.

NOTE Les informations peuvent être fournies aux utilisateurs directement ou par l'intermédiaire d'un fournisseur de contenu et d'un fournisseur d'accès.

≈ prestataire d'informations

👁 Figure F.1

FQDN

➥ **nom de domaine complet**

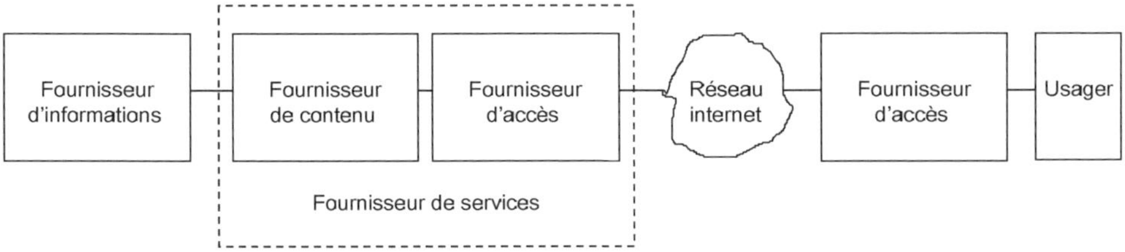

Figure F.1 – Exemple d'organisation des fournisseurs

fractionnement
splitting

(en courrier électronique)

Événement de transmission au cours duquel un agent de transfert de messages permet de dupliquer un message ou un envoi-test afin d'envoyer, au cours de la prochaine étape de transmission, chaque exemplaire à son destinataire direct, de manière distincte.

frame
video signal frame

Ensemble des signaux nécessaires à la production d'une image.

fraude informatique
computer fraud

Fraude commise à l'aide d'un système informatique ou d'un réseau d'ordinateurs, ou les impliquant directement.

fréquence de rafraîchissement
refresh rate

Fréquence à laquelle une image est produite pour assurer son rafraîchissement.

fréquence d'horloge
clock rate, clock speed

Fréquence à laquelle oscille une horloge.

NOTE La fréquence d'horloge est exprimée en hertz (Hz), kilohertz (kHz), mégahertz (MHz) ou gigahertz (GHz).

fréquence spatiale
spatial frequency

Pour une scène dont les motifs se répètent périodiquement dans une direction, inverse de la période de répétition.

EXEMPLE L'inverse de l'interligne dans une page de texte.

fréquence vocale
speech frequency

Fréquence située dans la bande des fréquences essentielles pour la transmission ou l'enregistrement de la parole.

frère
sibling

(en vision artificielle)

Chacune des plages qui sont des enfants du même parent.

EXEMPLE Chaque étoile placée dans le rectangle bleu dans l'image du drapeau des États-Unis.

frimousse
emoticon, smiley

Symbole composé de caractères et destiné, lorsqu'il est vu de côté, à représenter l'humeur de l'expéditeur du message.

EXEMPLE Frimousses courantes : « :) » signifie content, « :(» signifie triste.

Le terme *binette* est employé au Canada.

Le synonyme *émoticône* est un nom féminin.

≈ binette, émoticône

frontal
➠ **processeur frontal**

frontière
boundary

Ligne marquant la séparation entre deux régions, généralement, le long d'un contour.

FTAM

➡ **transfert, accès et gestion de fichiers**

FTP

FTP

Nom d'un protocole conçu pour le transfert de fichiers et l'accès aux fichiers par l'internet.

FTP est l'abréviation de l'expression anglaise *file transfer protocol.*

NOTE L'accès aux fichiers permet d'afficher un répertoire distant et de renommer ou de supprimer des fichiers distants, pourvu que l'on dispose des droits d'accès correspondants.

☞ internet

FTP anonyme

Version du protocole FTP permettant à un utilisateur d'accéder, par l'internet, à des fichiers publics situés sur un serveur de fichiers spécialisé, et de les transférer.

NOTE En général, l'identificateur d'utilisateur est « anonymous » et le mot de passe est l'adresse électronique de l'utilisateur.

fusion

joining

Événement de transmission au cours duquel un agent de transfert de messages permet de combiner plusieurs occurrences du même message ou envoi-test, ou plusieurs rapports concernant un même message ou envoi-test.

fusion de documents

document merge

Fonction d'un système de traitement de texte permettant à un utilisateur de créer un document à partir de documents ou de parties de documents enregistrés précédemment.

EXEMPLE Fusion d'une lettre type avec les noms et adresses d'un destinataire enregistrés dans une liste séparée.

fusion de régions

region growing

Processus consistant à séparer d'abord les images en régions élémentaires à propriétés communes (comme les niveaux de gris), puis à fusionner successivement des régions adjacentes ne présentant que de faibles différences pour la propriété sélectionnée, jusqu'à ce qu'il reste seulement des régions fortement différenciées.

fusionner

to merge

Combiner les éléments de plusieurs ensembles de données rangés de façon comparable en un seul ensemble, lui-même rangé suivant le même critère d'ordre.

G

gamme d'une erreur
error range

Ensemble des valeurs qu'une erreur peut prendre.

NOTE Le synonyme *plage d'erreur* est employé dans le cas particulier du mesurage, et plus spécialement pour désigner une qualité d'une méthode ou d'un instrument de mesure.

≈ plage d'erreur

gant à sortie tactile
glove output device

Gant destiné à créer des illusions tactiles.

gant de données
➡ **gant numérique**

gant numérique
data glove, gesture-sensing glove, glove input device

Dispositif destiné à convertir les mouvements de la main et des doigts en un signal codé qu'un ordinateur peut lire.

≈ gant de données

gant pneumatique
pneumatic glove, pneumatic tactile glove

Gant à sortie tactile comportant des couches de vessies convenablement disposées, qui sont rapidement gonflées d'air et dégonflées.

gant tactile
tactile glove

Combinaison d'un gant pneumatique et d'un gant numérique.

garde de fin (– de bande magnétique)
➡ **queue de bande magnétique**

gardien
guard

(en sécurité informatique)

Unité fonctionnelle qui fournit un filtre de sécurité entre deux systèmes informatiques opérant à des niveaux de sécurité différents, ou entre un terminal d'utilisateur et une base de données pour éliminer les données auxquelles l'utilisateur n'est pas autorisé à avoir accès.

GEID, GEIDE
➡ **gestion électronique des documents**

généralisation complète
complete generalization

Généralisation de concept qui décrit tous les exemples positifs d'une classe conceptuelle, et qui inclut ou non certains exemples négatifs.

généralisation consistante
consistent generalization
Généralisation de concept qui comprend au moins quelques exemples positifs, mais qui exclut tous les exemples négatifs de sa classe conceptuelle.

généralisation de concept
concept generalization
Extension d'une description de concept de façon à y inclure un plus grand nombre d'exemples.

généralisation par contraintes
constraint-based generalization
Généralisation de concept qui satisfait aux contraintes imposées aux concepts servant à expliciter un fait ou un événement donné.

généralisation par similarités
similarity-based generalization
Généralisation de concept qui décrit tous les exemples d'un concept donné en explorant leurs similarités et différences.

générateur d'application
application generator
Générateur de code source qui produit des programmes pour résoudre un ou plusieurs problèmes dans un domaine d'application particulier.

générateur de caractères
character generator
Unité fonctionnelle qui, à partir du codet correspondant à un caractère, fournit sa représentation graphique à afficher.

générateur de caractères par points
dot matrix character generator
Générateur de caractères produisant l'image de chaque caractère au moyen de points sur une grille.

générateur de caractères par traits
stroke character generator
Générateur de caractères produisant l'image de chaque caractère au moyen de traits.

générateur de code
code generator
Sous-programme, souvent inclus dans un compilateur, qui transforme tout ou partie d'un programme depuis un langage intermédiaire vers un langage objet.

générateur de code source
source code generator
Outil logiciel auquel on indique, comme données d'entrée, les besoins ou la conception d'un programme, et qui fournit le code source qui met en œuvre ces besoins ou cette conception.

générateur de courbes
curve generator
Unité fonctionnelle qui fournit la représentation graphique d'une courbe à partir de sa représentation codée, en vue de son affichage.

générateur de fonction
function generator
Unité fonctionnelle dont la variable analogique de sortie est égale à une certaine fonction des variables analogiques d'entrée.

générateur de fonction fixe
fixed function generator
Générateur de fonction dans lequel la fonction engendrée est fixée par construction, et ne peut pas être modifiée par l'utilisateur.

générateur de fonction variable
variable function generator
Générateur de fonction dans lequel la fonction engendrée peut être fixée par l'utilisateur, avant ou pendant le calcul.

générateur de programme
program generator
Programme conçu pour produire d'autres programmes.

générateur de vecteurs
vector generator
Unité fonctionnelle qui produit des segments de droite orientés.

génération de système
system generation, sysgen

Processus selon lequel on choisit les éléments facultatifs d'un système d'exploitation pour créer un système d'exploitation particulier, adapté aux besoins d'une installation de traitement de données.

génération d'ordinateur
computer generation

Catégorie d'une classification historique des ordinateurs, établie essentiellement en fonction de la technologie utilisée pour leur fabrication.

NOTE La première génération est fondée sur les relais ou les tubes à vide, la deuxième sur les transistors, la troisième sur les circuits intégrés. Il n'y a pas de consensus sur ce qui constituerait la quatrième génération.

générer et éliminer
generate-and-test

Résolution de problème fondée sur la génération de solutions possibles et l'élimination par élagage des solutions qui ne satisfont pas à des critères donnés.

≈ générer et tester

générer et tester
➠ **générer et éliminer**

générique
generic

Qualifie un élément de langage qui sert de modèle pour créer un élément de langage effectif pour des types de données utilisables selon les règles du typage fort.

génie assisté par ordinateur
➠ **ingénierie assistée par ordinateur**

génie cognitif
knowledge engineering

Discipline consacrée à l'acquisition des connaissances auprès d'experts ou d'autres sources de connaissances et à leur intégration dans une base de connaissances.

NOTE Plus généralement, le terme « génie cognitif » peut désigner l'art de concevoir, de construire et d'assurer la maintenance des systèmes experts ou d'autres systèmes à base de connaissances.

≈ ingénierie de la connaissance

génie logiciel
software engineering

Application systématique des connaissances, des méthodes et des acquis scientifiques et techniques pour la conception, le développement, le test et la documentation de logiciel, afin d'en optimiser la production, le support et la qualité.

gérer une exception
➠ **traiter une exception**

gestion de données
data administration

Exécution des fonctions consistant à spécifier, acquérir, fournir et maintenir les données d'une organisation.

gestion de la production assistée par ordinateur
GPAO

computer-aided production management (CAPM), computer-aided production control (CAPC)

Ensemble des activités de gestion de la production qui font appel à des systèmes informatiques, depuis la planification des besoins en ressources jusqu'au suivi de la production.

gestion de l'espace disponible
free-space administration

Utilisation de méthodes ou de programmes afin de gérer l'espace mémoire non affecté dans une base de données.

gestion de l'information
information management

Ensemble des fonctions d'un organisme permettant de planifier, identifier, analyser, définir et contrôler les informations, et de spécifier leur traitement par un système d'information.

gestion de projet
project management

Ensemble des activités se rapportant à la planification de projet et au suivi de projet.

gestion de réseau
network management, network administration

Surveillance du fonctionnement et de la maintenance d'un réseau, y compris la surveillance et la commande des composants du réseau et la configuration du réseau, et affectation des ressources à travers le réseau, y compris l'admission des utilisateurs et l'attribution des adresses.

NOTE Ces tâches sont parfois réparties en deux groupes que l'on appelle respectivement « gestion » et « administration », mais cette répartition varie d'une entreprise à une autre.

≈ administration de réseau

gestion des défauts
defect management

Méthode de traitement des zones défectueuses sur un disque.

gestion des données
data management

Ensemble des fonctions d'un organisme visant à planifier, identifier, définir, représenter le sens et les relations, et à contrôler et maintenir les données manipulées et traitées dans des systèmes informatiques.

gestion électronique des documents
GEID, GEIDE
electronic document management

Gestion, par des moyens informatiques, du cycle de vie complet d'un document électronique (texte, image, son) de façon à optimiser l'accès à ce document, à l'information qu'il contient et à l'information qui le concerne.

Le terme *GED* a d'abord désigné la gestion électronique des documents sur support papier. En raison de l'élargissement de la notion de « document » à celle « d'information enregistrée », il est supplanté par les termes GEID ou GEIDE. Toutefois, les auteurs ne s'entendent pas sur la signification de ces sigles. Certains emploient GEID pour « gestion électronique de l'information et des documents » ou « gestion électronique documentaire » ; d'autres utilisent GEIDE pour « gestion électronique de l'information et des documents existants » ou « gestion électronique de l'information documentaire des entreprises ».

gestionnaire de base de données
database handler

Composant d'un système de gestion de base de données qui interprète les requêtes adressées à la base de données et qui coordonne et exécute les accès correspondants.

gestionnaire de mémoire
➟ **unité de gestion de la mémoire**

gestionnaire de réseau
network manager

Dans un réseau, unité fonctionnelle qui peut ordonner des opérations de gestion et recevoir des notifications.

gestionnaire de segments recouvrants
overlay supervisor

Sous-programme qui contrôle l'ordre et la position des segments recouvrants.

gestionnaire d'exception
➟ **processeur d'exception**

gestion OSI
OSI management

Ensemble des moyens destinés à commander, coordonner et surveiller les ressources permettant d'effectuer des communications dans l'environnement OSI.

GFU
➟ **groupe fermé d'usagers**

Gi
➟ **gibi**

gibi
gibi

Préfixe d'unité pour les multiples binaires, indiquant le facteur 2^{30}, employé principalement en combinaison avec le bit et l'octet.

Le symbole de *gibi* est *Gi*.

NOTE Le préfixe « giga » indique normalement le facteur 10^9.

gigue
jitter

Ensemble de variations à court terme, non cumulatives, des instants significatifs d'un signal numérique, par rapport aux positions qu'ils devraient occuper dans le temps.

GKS
➥ **système graphique GKS**

glace
land

Espace vierge entre deux cuvettes adjacentes le long d'une piste ou entre deux spires adjacentes du sillon.

glissement de luminosité
brightness sliding

Opération d'amélioration d'image qui implique l'addition ou la soustraction d'une constante de luminosité à tous les pixels de l'image.

NOTE Le résultat de cette addition ou de cette soustraction peut être écrêté à une certaine valeur de seuil.

global
global

Qualifie un élément de langage qui fait partie de la portée de tous les modules du programme.

globe
orb, orb input device

Organe d'entrée à six degrés de liberté, en forme de sphère de la taille d'une boule de billard, fixé sur un socle comme une manette de jeu.

≈ dispositif de saisie par globe

glyphe
glyph

Forme d'une lettre, d'une icône ou de tout autre caractère graphique.

Le terme *glyphe* est un nom masculin.

GPAO
➥ **gestion de la production assistée par ordinateur**

grandissement d'image
magnification

Rapport de la longueur d'une ligne dans le plan objet à la longueur de la ligne correspondante dans le plan image.

graphe d'appel
call graph, call tree

Dans un système ou un programme, diagramme qui identifie les modules et présente ceux d'entre eux qui peuvent mutuellement s'appeler.

NOTE Le résultat n'est pas nécessairement le même que dans un organigramme hiérarchique.

≈ arbre d'appel

👁 Figure G.1

graphe de contrôle
➥ **diagramme de contrôle**

grappe
cluster

Ensemble d'unités fonctionnelles placées sous une même direction.

graveur de disque optique
optical disk recorder

Lecteur de disque optique destiné à l'écriture et à la lecture.

grille
grid

Quadrillage utilisé pour désigner des positions sur une surface d'affichage.

grille de clavier
keyboard overlay, keyboard template

Feuille de papier ou de plastique installée sur un clavier pour indiquer les fonctions des touches redéfinies par l'utilisateur.

≈ légende de clavier, réglette de clavier

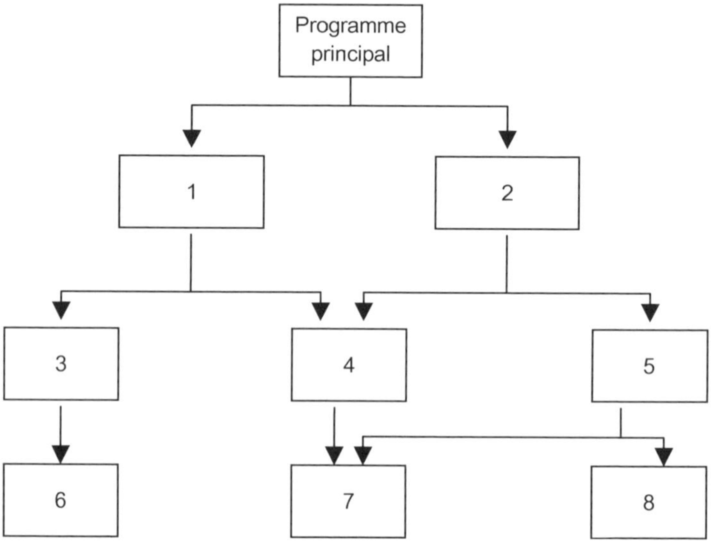

Figure G.1 – Exemple de graphe d'appel

grille de correction
confusion matrix

Grille sur laquelle on enregistre le nombre d'exemples provisoires qui ont été classés correctement ou incorrectement lors de l'application d'un ensemble de règles.

≈ matrice de confusion

grille spatiale
spatial grid

Grille de référence directionnelle dans l'espace où l'image est représentée.

groupe de bavardage
➥ **groupe de causette**

groupe de causette
chat group, chat room, channel

Dans une causette, groupe d'utilisateurs traitant d'un sujet donné.

≈ groupe de bavardage

groupe de discussion
➥ **forum**

groupe de nouvelles
➥ **forum**

groupe de pistes
track group

Ensemble de pistes ou de spires consécutives de la piste, en nombre déterminé, dans la zone de données.

groupe de secteurs
sector cluster

Plus petit espace alloué à un fichier sur un disque dur ou une disquette par le système d'exploitation, et constitué d'un ou plusieurs secteurs.

≈ unité d'allocation

groupe fermé d'usagers
GFU

closed user group (CUG)

Groupe d'usagers d'un réseau de données pourvus de moyens leur permettant de communiquer librement entre eux, mais empêchant toute communication à destination ou en provenance d'autres usagers du réseau.

NOTES

1 Un équipement terminal de traitement de données peut appartenir à la fois à plusieurs groupes fermés d'usagers.

2 Certaines stations de données peuvent recevoir ou envoyer des communications de ou vers d'autres utilisateurs.

guide parlé

voice prompt, voice-response prompt

Message parlé servant à guider l'utilisateur pendant un dialogue avec un système à réponse vocale.

≈ guide vocal

guide vocal

➡ **guide parlé**

H

habilitation

security clearance, clearance

Droit accordé à un individu d'accéder à des données ou des informations dont le niveau de sécurité est inférieur ou égal à un niveau déterminé.

hachage

hashing, hash addressing

Méthode utilisée pour transformer une clé de recherche en une adresse, en vue de stocker ou d'extraire des données.

NOTE Cette méthode vise à minimiser le temps d'exploration.

≈ adressage calculé

haptique

haptic

Qualifie des sensations telles que le toucher, la pression, la température, la torsion, transmises par la peau, les muscles, les tendons ou les articulations.

Le terme *haptique* est un adjectif.

NOTE Les sensations haptiques comprennent les sensations tactiles, sans y être limitées.

haut en bas (de –)

➠ **descendant**

hauteur

height

Nombre maximal de nœuds dans un chemin conduisant du nœud racine à un nœud terminal.

hauteur de survol

flying height

Distance entre une tête magnétique et la surface du support d'enregistrement.

HDLC

➠ **commande de liaison de données à haut niveau**

hébergement de contenu

content hosting, hosting

Stockage et gestion de bases de données, effectués par un fournisseur de contenu.

= hébergement

héritage

inheritance

I (en programmation) Reproduction de tout ou partie de la structure interne et de l'ensemble des opérations d'une classe à une classe subordonnée.

II (en intelligence artificielle) Dans une représentation hiérarchique des connaissances, acquisition implicite des propriétés ou attributs d'une classe par une ou plusieurs de ses sous-classes.

hétérarchie
heterarchy

Structure d'un système qui permet une communication directe entre tous ses éléments.

hexadécimal
hexadecimal, sexadecimal

I Qualifie une numération à base fixe dont la base est seize.

II Qualifie un objet, une condition ou une action pouvant présenter l'un quelconque de seize valeurs ou états distincts.

≈ sexadécimal

hiérarchie
hierarchy

Structure d'un système dont les éléments sont répartis pour leurs communications mutuelles en niveaux subordonnés selon des règles particulières.

historique d'expertise
audit trail

(en sécurité informatique)

Données collectées pouvant éventuellement être utilisées pour permettre un audit de sécurité.

≈ journal d'audit de sécurité, piste de vérification

homonyme
homonym

L'un des termes d'un ensemble de termes identiques qui désignent des entités différentes.

horloge
clock

Composant électronique d'un dispositif électronique, qui produit une suite continue d'impulsions régulièrement espacées.

NOTE Une horloge est généralement utilisée pour réguler les instants de changements d'état, synchroniser des événements entre eux ou mesurer la durée d'intervalles de temps à l'intérieur du dispositif électronique.

horloge calendrier
time-of-day clock (TOD clock), clock calendar

Horloge qui conserve l'heure de la journée et la date du calendrier.

≈ horloge machine

horloge de surveillance
watchdog timer

Registre d'horloge qui surveille l'état d'un signal ou d'une unité fonctionnelle, afin de déceler les périodes d'inactivité ou les temps de réponse qui dépassent une durée spécifiée.

NOTE Après la durée spécifiée, l'horloge de surveillance peut déclencher une alarme ou le remplacement de l'unité fonctionnelle surveillée par une unité fonctionnelle redondante.

≈ chien de garde

horloge machine
➡ **horloge calendrier**

horloge maîtresse
master clock

Horloge dont la fonction principale est de commander la fréquence d'autres horloges.

hors ligne
➡ **autonome**

hôte
➡ **ordinateur hôte**

HTML
HTML

Nom d'un langage de balisage, utilisé pour créer des documents hypertextes portables.

HTML est l'abréviation de l'expression anglaise *hypertext mark-up language.*

HTTP
HTTP

Nom d'un protocole d'application permettant de transférer des documents hypertextes entre serveurs et clients.

HTTP est l'abréviation de l'expression anglaise *hypertext transfer protocol.*

☞ internet

hyperbibliothèque
➡ **bibliothèque hypermédia**

hypercube
➡ **réseau en hypercube**

hyperdocument
➡ **document hypermédia**

hyperespace
hyperspace

Environnement abstrait, construit en utilisant des techniques hypermédias.

Le terme *hyperespace* est un nom masculin.

NOTE Un hyperespace peut disposer de plus de dimensions que l'espace ordinaire et la surabondance d'hyperliens peut désorienter l'utilisateur.

hypergrille
➡ **réseau en hypergrille**

hyperlien
hyperlink, hypermedia link

Dans une application hypermédia, connexion logique orientée, reliant des données discrètes, et qui permet de se déplacer d'une donnée à l'autre.

Le terme *hyperlien* est un nom masculin.

NOTE À la source d'un hyperlien, une balise, une icône ou une région d'une image peut être affichée et utilisée comme zone sensible. La cible d'un hyperlien peut être une balise particulière dans un document, une référence générale à un document, ou bien un processus.

≈ lien hypermédia

hypermédia
hypermedia

I Relatif à l'organisation, au stockage ou à la présentation de données avec, dans ces données, des références permettant aux utilisateurs d'accéder à ces données, sans recherches linéaires.

Dans ce sens, *hypermédia* est un adjectif.

II Domaine des notions, des applications et des techniques hypermédias.

EXEMPLE L'hypertexte est une forme d'hypermédia.

Dans ce sens, *hypermédia* est un nom masculin.

hypertexte
hypertext

Application hypermédia qui utilise du texte, des graphiques, ou les deux.

NOTE L'hypertexte permet la présentation de documents d'une manière qui imite la structuration humaine des idées, différente de la structure linéaire des livres, des films et de la parole.

HyTime
HyTime

Nom d'un langage normalisé de structuration hypermédia, utilisé pour la représentation des hyperliens, la planification des événements spatiaux et temporels, et la synchronisation.

HyTime vient de l'expression anglaise *hypermedia/time-based structuring language*.

Ce terme est un nom masculin.

I

IA

➠ **intelligence artificielle**

IAO

➠ **ingénierie assistée par ordinateur**

icône

icon, pictogram

Symbole graphique affiché sur un écran, que l'utilisateur peut désigner au moyen d'un dispositif tel qu'une souris afin de sélectionner une fonction ou une application logicielle particulière.

Le terme *icône* est un nom féminin.

NOTE Le symbole graphique est généralement un dessin figuratif stylisé.

≈ pictogramme

icôniser

to iconize, to stow, to minimize

Réduire une fenêtre (sens I) en icône.

≈ minimiser

☞ désicôniser

ID

➠ **identificateur**

identificateur

ID

identifier

I (en organisation de données) Mot ou groupe de mots servant à identifier ou à nommer un élément de données et à en préciser parfois certaines propriétés.

II (en programmation) Unité lexicale désignant un élément de langage.

EXEMPLE Noms de variables, de tableaux, d'articles, d'étiquettes, de procédures.

NOTE Un identificateur est souvent constitué d'une lettre, suivie éventuellement de lettres, de chiffres ou d'autres caractères.

identificateur d'adresse

originator/recipient name (O/R name)

Identificateur par lequel un utilisateur peut être indiqué comme étant l'expéditeur, ou bien un utilisateur ou une liste de distribution peut être désigné comme destinataire potentiel d'un message ou d'un envoi-test.

NOTE Un identificateur d'adresse consiste en un nom d'annuaire, une adresse électronique, ou les deux.

≈ nom d'expéditeur/destinataire

identificateur d'utilisateur

user ID, user identification

Chaîne de caractères ou modèle utilisé par un système informatique pour identifier sans ambiguïté un utilisateur.

≈ ID utilisateur

identificateur prédéfini

predefined identifier

Identificateur défini comme faisant partie d'un langage de programmation.

EXEMPLE Mot réservé.

NOTE Si un identificateur prédéfini n'est pas réservé, une déclaration qui utilise cet identificateur redéfinit son sens pour la portée de la déclaration.

identification de la langue parlée
spoken-language identification

Identification de la langue ou du dialecte parlé par une personne à partir d'échantillons de parole de cette personne.

identification d'entités
entity identification

Méthode qui consiste à utiliser un ou plusieurs attributs, dont les valeurs d'attribut identifient de façon unique chaque occurrence d'une entité donnée.

identification du locuteur
speaker identification

Forme de reconnaissance du locuteur dans laquelle un échantillon de voix est comparé à un ensemble d'empreintes vocales correspondant à plusieurs personnes, afin de déterminer celle qui a parlé.

idéogramme
ideogram, ideographic character

Dans un langage naturel, caractère graphique représentant un objet ou une notion et les éléments sonores associés.

EXEMPLE Un idéogramme chinois ou un kanji japonais.

ID utilisateur
➡ **identificateur d'utilisateur**

îlot
island

Zone délimitée par un contour et entourée d'un motif de remplissage.

1 image
image

I (en infographie) Ensemble d'éléments graphiques présentés simultanément sur une surface d'affichage.

II (en vision artificielle) Représentation des aspects visuels d'un ou plusieurs objets ou notions.

EXEMPLE Photographie, hologramme, dessin, séquence vidéo, radiographie.

NOTE En vision artificielle, les images les plus courantes sont créées par le rayonnement lumineux des objets ou par un ensemble de mesures relatives à ces objets.

2 image
picture

(en programmation)

Élément de langage qui décrit le format d'objets de données de type chaîne au moyen d'un modèle sous forme de libellé caractère.

image analogique
analog image, continuous image

Image dont la représentation utilise des variables qui peuvent prendre toutes les valeurs d'un intervalle continu.

EXEMPLE Photographie type contenant un intervalle continu de luminosité et de teinte.

Le terme anglais *continuous image* est déconseillé.

☞ image numérique

image après
after-image

Copie d'un bloc ou d'un enregistrement après modification.

image avant
before-image

Copie d'un bloc ou d'un enregistrement avant modification.

image binaire
binary image

(en vision artificielle)

Image formée de pixels n'ayant que deux valeurs.

image brute
raw image

Image acquise, avant quelque traitement que ce soit.

image codée
coded image

Représentation d'une image sous une forme codée, permettant son enregistrement en mémoire ou son traitement.

EXEMPLE La représentation d'une image numérisée, obtenue par codage par longueur de plage.

image fantôme
ghost

Image parasite résultant d'effets tels qu'un écho.

image idéale
➡ **image réaliste**

1 image mémoire
memory dump

Clichage du contenu de tout ou partie de la mémoire interne d'un ordinateur.

NOTE Il se fait souvent sous une forme binaire, octale ou hexadécimale.

≈ clichage mémoire, vidage mémoire

2 image mémoire
storage image

Forme sous laquelle des programmes et les données associées se présentent au moment où ils se trouvent en mémoire principale.

image négative
negative image

Image dont les valeurs chromatiques sont inversées.

EXEMPLES Noir devient blanc, bleu devient jaune.

image numérique
digital image

Image formée de pixels qui prennent un ensemble de valeurs discrètes.

EXEMPLE Image numérique obtenue par échantillonnage et codage d'une image analogique, en utilisant des valeurs discrètes de luminosité et de teinte.

☞ image analogique

image numérisée
digitized image

Représentation numérique à partir de laquelle une image peut être produite.

image réaliste
perfection image, ideal image

Image numérique donnant une impression de réalité.

Le terme *image idéale* est employé au Canada.

≈ image idéale

1 image rémanente
afterimage

Réponse visuelle qui subsiste ou se produit après que le stimulus la provoquant ait disparu.

2 image rémanente
retained image, burned-in image

Image qui persiste à l'écran dans une position fixe alors qu'elle ne devrait plus exister.

imagerie en temps réel
real-time imaging

Graphiques ou images synchronisés avec le temps et les événements du monde réel.

image soustractive
subtraction image

Image obtenue en retranchant les valeurs de pixels d'une image, des valeurs de pixels correspondantes d'une autre image.

image sur écran
➡ **image vidéo**

image tramée
raster display, raster image

Image produite par un dispositif d'affichage utilisant un balayage tramé.

image vidéo
soft copy
I Sortie éphémère de données d'une mémoire sous forme sonore ou visuelle.
NOTE Selon le cas, on peut employer des termes plus précis comme « sortie audio » ou « sortie vidéo ».
II Sortie transitoire de données d'une mémoire vers un écran de visualisation.
EXEMPLE Rapport sur un terminal à écran.
≈ image sur écran

imbriquer
➡ **entrelacer**

immersion
immersion
Sensation perçue par un participant à un univers virtuel, marquant la transition de la réalité usuelle à la réalité virtuelle.

immersion partielle
partial immersion
Immersion dans laquelle une partie de la réalité usuelle est perçue.

immersion totale
total immersion
Immersion dans laquelle aucun indice de la réalité usuelle n'est perçu.

implantation d'anomalies
➡ **injection d'anomalies**

implication
➡ **inclusion**

implicite
➡ **par défaut**

import
import
(en courrier électronique)
Étape de transmission au cours de laquelle une unité d'accès transmet un objet d'information en provenance d'un système de communication externe vers un agent de transfert de message, à l'intérieur d'un système de transfert de message.
☞ usager direct

impression
printing
Production d'une image permanente de données sur un support matériel amovible.

impression de cadre
form flash
Affichage d'un cadre de surimpression.

imprimante
printer
Dispositif de sortie qui produit une image permanente des données sur un support matériel amovible.

imprimante à bulles d'encre
bubblejet printer
Imprimante à jet d'encre dans laquelle l'impression est obtenue au moyen de bulles d'encre chauffées, que l'on fait imploser avant éjection.

imprimante à impact
impact printer
Imprimante dans laquelle l'impression est provoquée par des contacts mécaniques avec le support d'impression.
≈ imprimante à percussion

imprimante à jet d'encre
inkjet printer
Imprimante sans impact, dans laquelle les caractères ou les images sont produits par la projection de particules ou gouttelettes d'encre sur du papier.

imprimante à percussion
➡ **imprimante à impact**

imprimante laser
laser printer
Imprimante sans impact qui crée, au moyen d'un faisceau laser, une image latente sur une surface photosensible, la révèle ensuite par encrage, puis la transfère et la fixe sur papier.
= imprimante à laser

imprimante matricielle
graphics printer, dot matrix printer
Imprimante qui produit des caractères ou des images par une configuration de points.
≈ imprimante par points

imprimante par points
➡ **imprimante matricielle**

imprimante sans impact
nonimpact printer
Imprimante dans laquelle l'impression n'est pas provoquée par des contacts mécaniques avec le support d'impression.

imprimante thermique
thermal printer
Imprimante sans impact dans laquelle les caractères ou les images sont produits par l'action d'éléments chauffants, soit directement sur du papier thermosensible, soit sur du papier normal par cuisson de l'encre transférée d'un ruban.

imprimer
to print
Produire une image permanente de données sur un support matériel amovible.

imprimer dans un fichier
to print to file
Formater un document à destination d'une imprimante et stocker ce document formaté comme un fichier.

impulsion
pulse
Variation d'une grandeur physique, constituée par un passage d'une valeur à une autre, suivi immédiatement ou après un certain intervalle de temps d'un retour à la valeur initiale.
NOTE Dans certaines applications, la durée de l'impulsion est courte par rapport aux autres durées caractéristiques.

imputabilité
accountability
Propriété d'une unité fonctionnelle, qui garantit que les actions de cette unité fonctionnelle ne peuvent être attribuées qu'à elle-même.

incarnation
embodiment
Sensation de présence corporelle dans un univers virtuel, combinée avec une grande plasticité de la représentation corporelle.

incertitude
uncertainty
Situation dans laquelle une valeur ne peut être déterminée durant une consultation, ou dans laquelle la validité d'un fait ou d'une règle dans la base de connaissances est douteuse.

inclusion
implication, IF-THEN operation
Opération booléenne diadique dont le résultat a la valeur booléenne 0, si et seulement si le premier opérande a la valeur booléenne 0 et le second la valeur booléenne 1.
≈ implication

incompatibilité logique
➡ **opération NON-ET**

incorporé
➡ **prédéfini**

incrément
➡ **pas**

incrustation couleur
chroma-key
Remplacement d'une partie d'une image par une autre au moyen d'un découpage électronique commandé par un signal représentant une couleur spécifiée.
NOTES
1 Un présentateur météo se trouve devant un fond coloré, souvent bleu. Chaque fois que l'on rencontre un point de la couleur du fond, on le remplace par le point correspondant d'une autre image, tel qu'une carte météo.
2 Le CEI 50(723) propose aussi comme synonyme *chroma-clé*.
= incrustation par couleur
☞ couleur d'incrustation

indépendance de chemin d'accès
access path independence

Dissociation entre une description de données et ses chemins d'accès, afin que des changements dans les chemins d'accès n'obligent pas à modifier la description de données dans un programme.

indépendance des données
data independence

Propriété d'un système de gestion de base de données permettant aux programmes d'application d'être indépendants des modifications apportées à la structure des données.

indépendant d'une machine
machine-independent

Qualifie un logiciel qui n'est pas basé sur des caractéristiques propres à un type particulier d'ordinateur, et peut, par conséquent, être exécuté sur des ordinateurs de plusieurs types.

= indépendant

index
index

I (en préparation et manipulation des données) Liste des éléments contenus dans un fichier ou un document, assortie de clés ou de références destinées à localiser ces éléments.

II (en programmation) Nombre entier qui identifie la position d'une donnée dans une séquence de données.

index primaire
primary index

Index des clés primaires.

index secondaire
secondary index

Index de clés secondaires.

indiçage
subscripting

Procédé permettant d'obtenir la référence d'un élément d'un tableau, au moyen de la référence du tableau et d'une ou plusieurs expressions dont l'évaluation fournit la position de cet élément dans le tableau.

≈ désignation

indicateur
indicator

I Dispositif qui signale, de façon visible ou autrement, un état déterminé.

II Dispositif ou variable qui peut être mis dans un état prescrit, fondé sur les résultats d'un processus ou l'apparition d'une condition spécifiée.

EXEMPLES Un drapeau, un sémaphore.

indicateur de dépassement
overflow indication

Affichage signalant que la calculatrice est en dépassement de capacité.

indicateur de mémoire
memory indication, storage indication

Affichage signalant qu'un nombre est conservé dans la mémoire.

indicateur de mise sous tension
operating voltage indicator

Témoin visuel signalant que la tension correcte est établie pour une calculatrice à alimentation autonome.

indicateur d'erreur
error indication

Affichage signalant que l'utilisateur a tenté de réaliser une fonction que la calculatrice est incapable d'exécuter.

indicateur de soupassement
underflow indication

Affichage signalant que la calculatrice est en soupassement de capacité.

induction
induction, inductive inference

Inférence qui part d'un ensemble de faits et aboutit à des hypothèses générales.

≈ inférence inductive

inférence
inference

Raisonnement qui consiste à dériver une conclusion d'une prémisse connue.

NOTES
1 En intelligence artificielle, une prémisse peut être un fait ou une règle.
2 Le terme « inférence » désigne à la fois le processus et son résultat.

inférence abductive
➡ **abduction**

inférence déductive
➡ **déduction**

inférence guidée par modèle
model-driven inference
Inférence qui fait appel à un modèle de domaine.

inférence inductive
➡ **induction**

infographie
computer graphics
Ensemble de méthodes et de techniques permettant de créer, de manipuler, de stocker et d'afficher des images représentant des objets ou des données par ordinateur.
NOTE Les images créées par ordinateur peuvent être bidimensionnelles ou tridimensionnelles.

infographie d'immersion
➡ **infographie immersive**

infographie immersive
immersive graphics
Combinaison d'affichage d'images, de sons et d'effets tactiles, destinée à produire une immersion totale.
≈ affichage d'immersion, infographie d'immersion

infographie interactive
interactive computer graphics
Infographie qui permet à l'utilisateur de commander ou de modifier directement le contenu, le format, la taille ou les couleurs d'une image sur une surface d'affichage.
NOTE L'infographie interactive s'oppose à l'infographie non interactive qui ne permet pas à l'utilisateur de commander ou de modifier les éléments d'une image.

infographie par coordonnées
coordinate graphics, line graphics
Infographie où les images sont entièrement composées de segments de ligne.

infographie par quadrillage
raster graphics
Infographie où les images sont composées de pixels disposés en lignes et en colonnes.

information
information
I (en théorie de l'information) Connaissance qui réduit ou supprime l'incertitude concernant la réalisation d'un événement particulier appartenant à un ensemble déterminé d'événements possibles.
NOTE En théorie de l'information, le mot « événement » a le sens qu'il prend dans le calcul des probabilités. Un événement peut être, par exemple :
- la présence d'un élément donné d'un ensemble ;
- l'existence d'un caractère particulier, ou d'un mot particulier, dans un message déterminé ou dans une position déterminée d'un message ;
- n'importe lequel des résultats possibles d'une expérience.

II (en traitement de l'information) Connaissance concernant un objet tel qu'un fait, un événement, une chose, un processus ou une idée, y compris une notion, et qui, dans un contexte déterminé, a une signification particulière pour un utilisateur donné.
NOTE L'information peut être représentée par des données avant un certain traitement ou résulter de l'interprétation de la signification des données après traitement.
👁 Tableau I.1

information d'authentification
authentication information
Information utilisée pour établir la validité d'une identité déclarée d'une entité.

Tableau I.1 – Relations entre information et données

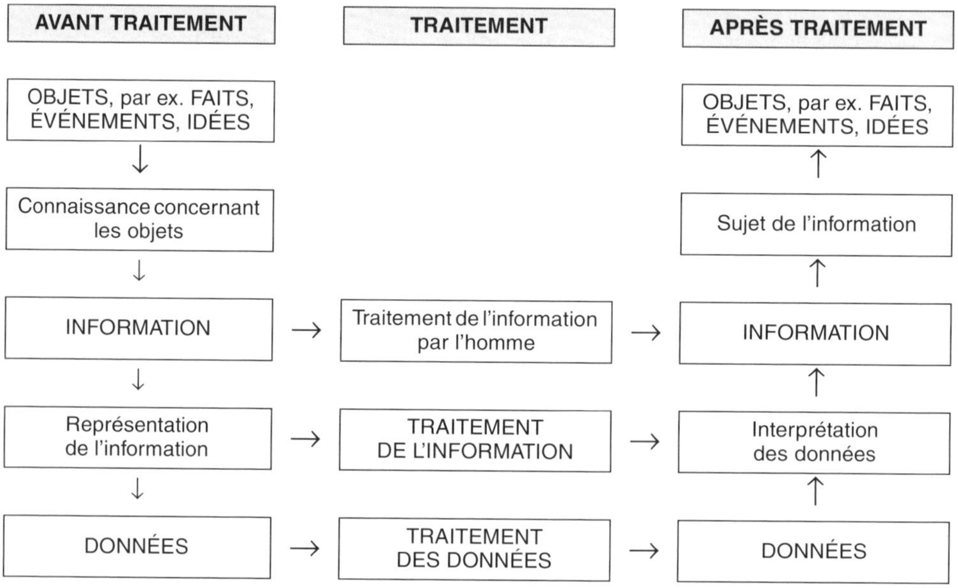

information de contrôle du protocole
protocol control information (PCI)

Donnée échangée entre entités d'une couche déterminée, *via* le service fourni par la couche immédiatement inférieure, pour en coordonner le travail commun.

information mutuelle
➡ **transinformation**

information mutuelle moyenne
➡ **transinformation moyenne**

information sensible
sensitive information

Information qui, par décision d'une autorité compétente, doit être protégée car sa divulgation, sa modification, sa destruction non autorisées ou sa perte, provoquerait un dommage notable aux biens ou aux personnes.

informatique
computer science

Ensemble des sciences et des techniques applicables au traitement des données et au traitement de l'information, au moyen d'ordinateurs.

informatique répartie
distributed data processing (DDP)

Informatique dans laquelle les activités sont réparties parmi les nœuds d'un réseau d'ordinateurs.

NOTE L'informatique répartie demande une coopération qui est obtenue par des communications de données entre les nœuds.

informatisation
computerization

Automatisation au moyen d'ordinateurs.

informatiser
to computerize

Automatiser au moyen d'ordinateurs.

ingénierie assistée par ordinateur
IAO

computer-aided engineering (CAE)

Ingénierie dont les fonctions essentielles, telle l'optimisation de la faisabilité, des performances ou des coûts de fabrication, sont accomplies à l'aide de systèmes informatiques.

EXEMPLE Utilisation des données de la base de données de conception et fabrication assistées par ordinateur, spécifique d'un projet, pour analyser les caractéristiques fonctionnelles du produit ou de la pièce projetée, ou pour simuler leurs performances dans diverses conditions.

≈ génie assisté par ordinateur

ingénierie de la connaissance
➡ **génie cognitif**

ingénieur cogniticien
➡ **cogniticien**

initialisation
initialization

Ensemble des opérations préalables nécessaires au démarrage d'une unité fonctionnelle, à l'utilisation d'un support d'enregistrement ou à la mise en œuvre d'un processus.

NOTE Pour un support d'enregistrement, le terme spécifique est « formatage ».

1 initialiser
to initialize

I Fournir une valeur de donnée à un objet de données, au début de sa durée de vie.

II Mettre une unité fonctionnelle en état de démarrage, ou préparer l'utilisation d'un support d'enregistrement ou la mise en œuvre d'un processus par des opérations préalables.

EXEMPLE Initialiser un modem.

NOTE Pour un support d'enregistrement, le terme spécifique est « formater ».

2 initialiser
➡ **charger un compteur**

injection d'anomalies
error seeding, bug seeding, fault seeding

Ajout intentionnel, dans un programme, d'anomalies connues, dans le but d'en suivre le taux de détection et de suppression, et d'estimer ainsi le nombre d'anomalies inconnues résiduelles.

≈ implantation d'anomalies

inondation
flooding

Ajout acccidentel ou intentionnel d'un important volume de données entraînant un déni de service.

inscrire (s'-)
➡ **abonner (s'-)**

insertion
insert

Fonction ou mode permettant à l'utilisateur d'introduire des caractères supplémentaires à l'intérieur d'un texte précédemment saisi, le texte est automatiquement repositionné pour tenir compte de l'ajout.

instance d'entité
➡ **occurrence d'entité**

instance générique
generic instance

Module réel produit par l'instanciation générique d'un module générique.

instance négative
➡ **exemple négatif**

instance positive
➡ **exemple positif**

instanciation
instantiation

Remplacement d'une variable par une valeur ou création d'un exemple à partir d'une classe.

EXEMPLE Un malade particulier est une instanciation de l'objet générique « patient ».

NOTE Dans un système à base de règles, l'instanciation résulte de l'appariement réussi d'une règle au contenu de la base de connaissances.

instanciation générique
generic instantiation

Traitement qui assigne les paramètres génériques d'un module générique pour produire un module réel.

instantané
snapshot dump

Copie de tout ou partie des données contenues à un instant précis dans une mémoire ou dans une base de données.

instant d'assemblage
assembly time

Tout instant où se déroule un assemblage.

≈ temps d'assemblage

instant de compilation
compilation time

Tout instant où se déroule une compilation.

≈ temps de compilation

instant de liaison
binding time

Instant auquel une liaison prend place.

NOTE Les langages de programmation conçus pour être à la fois efficaces à l'exécution et souples d'emploi, tels que Ada, PL/I et C++, contiennent plusieurs options qui permettent de choisir l'instant de liaison.

instant de traduction
translation time

Tout instant où se déroule une traduction.

≈ temps de traduction

instant d'exécution
execution time, run time

Tout instant où se déroule l'exécution d'un programme déterminé.

instant significatif
significant instant

Instant du début d'un élément de signal dans un signal temporel discret.

1 instruction
instruction, statement

Spécification d'une opération et identification de ses opérandes.

2 instruction
statement

(en programmation des ordinateurs)

Unité syntaxique explicitement terminée, représentant une déclaration ou décrivant une unité de travail qui inclut l'identification des actions à effectuer, les opérandes à utiliser, et l'affectation des résultats éventuels.

NOTE Certains langages de programmation ne considèrent pas les déclarations comme des instructions.

≈ énoncé

instruction à 1 + adresses
one-plus-one address instruction

Instruction contenant deux parties adresses, la seconde contenant l'adresse de l'instruction suivante à exécuter.

EXEMPLE Instruction qui ordonne de charger le contenu de l'emplacement de mémoire A, puis d'exécuter l'instruction située en B.

instruction à deux adresses
two-address instruction

Instruction contenant deux parties adresses.

EXEMPLE Instruction pour additionner le contenu de l'emplacement de mémoire A au contenu de l'emplacement de mémoire B.

instruction ALLER À
➡ **instruction GO TO**

instruction à N adresses
N-address instruction

Instruction contenant N parties adresses, où N peut être tout nombre entier non négatif .

instruction à opérande immédiat
direct instruction, immediate instruction

Instruction qui contient la valeur d'un opérande plutôt que son adresse.

instruction à trois adresses
three-address instruction

Instruction contenant trois parties adresses.

EXEMPLE Instruction pour additionner les contenus des emplacements de mémoire A et B, avec stockage du résultat en C.

instruction à une adresse
one-address instruction, single-address instruction

Instruction contenant une seule partie adresse.

EXEMPLE Instruction de chargement du contenu d'un emplacement de mémoire déterminé.

instruction bloc
block statement

Séquence finie d'instructions, qui peut être considérée comme une seule unité syntaxique, et qui peut avoir un identificateur.

EXEMPLE Un programme Pascal peut être considéré simplement comme étant un en-tête spécifique, suivi par une instruction bloc, accompagné d'une procédure définie de la même façon.

NOTES

1 L'instruction bloc est la composante syntaxique de base des langages à structure de blocs.

2 Dans certains langages de programmation (tels que C++), « bloc » est synonyme d'« instruction composée ». Dans d'autres langages de programmation (tels qu'Ada) le concept est très spécifique et peut inclure des déclarations et des processeurs d'exception.

3 L'utilisation d'une instruction bloc a généralement des répercussions sur la portée et la durée de vie des objets de données déclarés à l'intérieur du bloc.

instruction CASE
case statement

Instruction conditionnelle qui provoque l'exécution d'une parmi plusieurs séquences d'instructions, selon la valeur d'une expression conditionnelle.

≈ instruction de cas

instruction composée
compound statement

Instruction qui contient une ou plusieurs instructions et est délimitée de manière à être l'équivalent syntaxique d'une instruction simple.

instruction conditionnelle
conditional statement

Instruction composée qui choisit pour exécution l'une ou aucune des séquences d'instructions incluses, selon la valeur d'une expression conditionnelle correspondant à une ou plusieurs conditions.

EXEMPLE En Pascal, les « instructions IF » et les « instructions CASE » sont des instructions conditionnelles.

instruction d'affectation
assignment statement, assignment

Instruction simple où la valeur de donnée d'une variable est remplacée par une nouvelle valeur de donnée, spécifiée par une expression.

instruction d'appel de procédure
procedure-call statement, procedure call

Instruction simple qui fournit les paramètres effectifs d'une procédure et en provoque l'exécution.

☞ appel de fonction

instruction d'attente
delay statement

Instruction simple utilisée pour suspendre l'exécution de la tâche qui la contient.

instruction d'attente de réception
accept statement

Instruction composée, dans une tâche serveuse, qui fait que cette tâche serveuse va attendre l'exécution d'une instruction point de convergence par une autre tâche ou par le programme principal, à des fins de synchronisation des tâches.

instruction d'attente sélective
selective-wait statement

Instruction de choix qui attend un appel provenant d'une instruction point de convergence avant d'exécuter sa propre séquence d'instructions.

instruction de boucle
iteration statement, loop statement

Instruction composée qui commande l'exécution répétée des instructions qu'elle contient.

= instruction en boucle

≈ instruction itérative

instruction de cas
➡ **instruction CASE**

instruction de choix
select statement

Instruction composée qui permet à une tâche appelante ou appelée de choisir parmi plusieurs séquences d'exécution ou d'attendre.

≈ instruction de sélection

instruction de déclenchement d'exception
raise statement

Instruction simple qui provoque ou propage une exception.

instruction de retour
return statement

Élément de langage à l'intérieur d'un module, qui désigne la fin d'une ou plusieurs séquences d'exécution dans le module et provoque un saut vers un point spécifié dans le module appelant, et éventuellement lui fournit un résultat.

instruction de sabordage
abort statement

Instruction simple qui rend une ou plusieurs tâches anormales.

instruction de saut
jump instruction

Instruction qui spécifie un saut.

instruction de saut conditionnel
conditional jump instruction

Instruction de saut qui spécifie une condition pour le saut.

instruction de saut inconditionnel
unconditional jump instruction

Instruction de saut qui spécifie un saut obligatoire.

instruction de sélection
➡ **instruction de choix**

instruction de sortie
exit statement

Instruction simple utilisée pour terminer l'exécution d'un élément de langage où elle apparaît.

instruction GO TO
goto statement

Instruction simple qui spécifie explicitement le transfert du déroulement du programme, depuis son emplacement dans la séquence d'exécution jusqu'à une instruction cible habituellement identifiée par une étiquette.

NOTE Le transfert de déroulement peut être équivalent à un saut.

≈ instruction ALLER À

instruction IF
if statement

Instruction conditionnelle qui provoque l'exécution ou l'omission des séquences d'instructions incluses, selon la véracité de l'expression conditionnelle.

≈ instruction SI

instruction inconditionnelle
unconditional statement, imperative statement

Instruction qui est exécutée sans condition.

instruction indirecte
indirect instruction

Instruction qui contient une adresse indirecte.

instruction ineffective
no-op, no-operation instruction

Instruction qui donne l'ordre à l'ordinateur de ne pas faire d'autre opération que de traiter l'instruction qui suit immédiatement.

instruction itérative
➡ **instruction de boucle**

instruction JUSQU'À
until statement, repeat until statement, perform until statement

Instruction de boucle où la commande de l'itération fait partie d'un élément JUSQU'À.

instruction machine
machine instruction

Instruction qui peut être directement exécutée par un ordinateur.

NOTE Une instruction machine fait partie d'un langage machine.

instruction PERFORM
perform statement

Instruction composée qui spécifie explicitement le transfert de déroulement vers une ou plusieurs procédures COBOL et la reprise implicite du déroulement antérieur dès que l'exécution de ladite procédure est terminée.

NOTE L'instruction PERFORM est aussi utilisée pour commander l'exécution d'une ou de plusieurs instructions inconditionnelles situées dans la portée de cette instruction.

instruction point de convergence
entry-call statement

Instruction simple qui permet à une tâche de demander un rendez-vous avec une autre tâche.

instruction privilégiée
privileged instruction

Instruction qui ne peut être exécutée que dans un mode particulier.

instruction sans adresse
zero-address instruction

Instruction ne contenant pas de partie adresse.

EXEMPLES Certaines instructions dans une machine à pile ; une instruction HALTE.

instruction SI
➡ **instruction IF**

instruction simple
simple statement, elementary statement

Instruction qui ne contient aucune autre instruction.

instruction TANT QUE
➡ **instruction WHILE**

instruction WHILE
do while statement, repeat while statement, perform while statement

Instruction de boucle où la commande de l'itération fait partie d'un élément WHILE.

≈ instruction TANT QUE

intégrateur
integrator

Unité fonctionnelle dont la variable analogique de sortie est l'intégrale, en fonction du temps, d'une variable analogique d'entrée.

NOTE Pour certains intégrateurs, la variable d'intégration peut être une variable non temporelle.

intégrateur sommateur
summing integrator

Unité fonctionnelle dont la variable analogique de sortie est l'intégrale d'une somme pondérée des variables analogiques d'entrée, par rapport au temps ou par rapport à une autre variable analogique d'entrée.

intégration d'un système
system integration

Assemblage progressif des éléments d'un système, en vue de constituer le système global.

intégrité des données
data integrity

Propriété des données dont l'exactitude et la cohérence sont préservées à travers toute modification licite.

intégrité de système
system integrity

Aptitude d'un système informatique à accomplir la fonction prévue, en interdisant toute utilisation ou modification des ressources par des utilisateurs non autorisés, et en empêchant les utilisateurs autorisés d'effectuer des modifications inadéquates ou de faire un usage incorrect de ces ressources.

intégrité référentielle
referential integrity

Propriété d'un ensemble de relations, garantissant que les valeurs d'attributs des clés étrangères soient des valeurs nulles ou soient identiques à des valeurs de clés primaires d'autres relations.

intelligence artificielle
IA

artificial intelligence (AI)

Capacité d'une unité fonctionnelle à exécuter des fonctions généralement associées à l'intelligence humaine, telles que le raisonnement et l'apprentissage.

intelligibilité
understandability

Mesure de la facilité avec laquelle une personne peut lire un programme, et de la facilité avec laquelle on peut identifier les structures de données ou les objets de données et les algorithmes, dans la solution qui associe au monde réel les données et les algorithmes.

intelligibilité de la parole
speech intelligibility

Capacité d'une sortie de parole à être comprise correctement, généralement exprimée en pourcentage d'unités de parole.

interactif
interactive

Relatif à un mode de fonctionnement d'une unité fonctionnelle selon lequel celle-ci répond à chaque introduction d'une donnée par un utilisateur et où l'utilisateur a l'impression d'influencer directement les opérations pendant le processus.

interblocage
deadlock

Situation dans laquelle tout traitement des données est suspendu parce que plusieurs appareils ou plusieurs processus concurrents attendent chacun des ressources affectées à l'un des autres, ou à cause d'une autre dépendance mutuelle.

EXEMPLE Situation dans laquelle un programme A, avec un verrouillage exclusif sur l'enregistrement X, demande un verrouillage sur l'enregistrement Y qui est attribué au programme B. De même, le programme B attend un contrôle exclusif de l'article X avant de renoncer au contrôle de l'article Y.

≈ étreinte fatale

interception illicite
➡ **écoute clandestine**

interclasser
to collate

Réunir en un seul plusieurs ensembles de données selon des critères de rangement prédéterminés.

interconnectabilité
interconnectivity

Aptitude de plusieurs nœuds, situés dans des réseaux d'ordinateurs différents, à s'échanger des données.

interconnexion de systèmes ouverts
open systems interconnection (OSI)

Connexion entre systèmes informatiques, effectuée conformément aux normes ISO et aux recommandations de l'IUT-T relatives à l'échange de données.

En français, l'abréviation OSI peut être utilisée comme qualificatif pour signifier « relatif à l'interconnexion de systèmes ouverts ».

interconnexion synaptique
➡ **connexion synaptique**

interface
interface

Frontière entre deux unités fonctionnelles, définie par diverses caractéristiques relatives aux fonctions, aux interconnexions mécaniques, aux échanges de signaux et de toute autre caractéristique utile de ces unités.

Le terme *interface* est un nom féminin.

interface de commande
process interface system

Dans un calculateur de processus, unité fonctionnelle destinée à adapter l'équipement de commande de processus au système informatique.

interface dépendant du support
medium dependent interface (MDI)

Interface mécanique et électrique, entre le support de transmission et l'unité de raccordement au support, d'une station de données d'un réseau local.

☞ coupleur au câble principal, unité de raccordement au support

interface de programmation d'application

application programming interface (API)

Ensemble de sous-programmes qu'un programme d'application utilise pour demander et faire effectuer des services élémentaires effectués par un système d'exploitation.

interface de raccordement de station

attachment unit interface (AUI)

Dans une station de données d'un réseau local, interface située entre l'unité de raccordement au support et le terminal de données.

interface EIDE

enhanced IDE, EIDE interface

Interface entre un ordinateur et un lecteur de disque magnétique, qui constitue une amélioration de l'interface IDE.

EIDE est l'abréviation de l'expression anglaise *enhanced integrated drive electronics*.

interface graphique CGI

CGI interface

Interface normalisée entre les parties d'un système graphique, qui sont dépendantes de l'appareil, et celles qui ne le sont pas.

CGI est l'abréviation de l'expression anglaise *computer graphics interface*.

interface IDE

IDE interface

Interface entre ordinateur et lecteur de disque magnétique, conforme à une spécification particulière.

IDE est l'abréviation de l'expression anglaise *integrated drive electronics*.

interface MIDI

MIDI interface

Interface normalisée, utilisée dans l'industrie de la musique pour raccorder des instruments de musique numériques.

MIDI est l'abréviation de l'expression anglaise *musical instrument digital interface*.

interface SCSI

SCSI interface

Interface polyvalente normalisée entre ordinateurs et périphériques.

Au Canada, le sigle SCSI se prononce « skeuzi ».

SCSI est l'abréviation de l'expression anglaise *small computer system interface*.

NOTE L'interface SCSI a été conçue initialement pour des ordinateurs individuels autonomes.

interligne

line spacing

Distance entre les lignes de base de deux lignes consécutives.

internaute

cybernaut

Membre d'une communauté électronique.

NOTE Le mot « internaute » est un mot composé à la façon d'« astronaute » ou de « cosmonaute ».

internet

Internet

Nom d'un réseau mondial et ouvert, offrant plusieurs types de services de communication, et utilisant un ensemble commun de protocoles, spécifié pour l'acheminement par paquets.

NOTES

1 Ces services comprennent principalement : la messagerie interpersonnelle, des conférences par ordinateur, le transfert de fichiers, la connexion à distance, la recherche d'informations et l'examen de documents.

2 Les principaux protocoles sont le protocole IP et le protocole TCP, qui coopèrent et forment ensemble la pile TCP/IP.

3 Le réseau internet est ouvert à tout utilisateur ayant obtenu une adresse IP auprès d'un fournisseur d'accès à l'internet.

👁 Tableau I.2

Tableau I.2 – Quelques protocoles de l'internet

<table>
<tr><td>Telnet
Virtual
Terminal

RFC 854</td><td>SMTP
Simple
Mail
Transfer
Protocol
RFC 821</td><td>FTP
File
Transfer
Protocol

RFC 959</td><td colspan="2">HTTP
Hypertext
Transfer
Protocol

RFC 1945</td><td>SNMP
Simple Network
Management
Protocol

RFC 1157</td><td>NNTP
Network
News
Transfer
Protocol
RFC 977</td><td>DNS
Domain
Name
Service

RFC 1034</td></tr>
<tr><td colspan="4">TCP
Transmission Control Protocol
RFC 793</td><td colspan="4">UDP
User Datagram Protocol
RFC 768</td></tr>
<tr><td colspan="3">IP
Internet Protocol
RFC 791</td><td colspan="5">ICMP
Internet Control Message Protocol
RFC 792</td></tr>
<tr><td colspan="4">LAN
par exemple : IEEE 802</td><td colspan="4">WAN
par exemple : X.25</td></tr>
</table>

interopérabilité

interoperability

Aptitude de plusieurs unités fonctionnelles à coopérer pour traiter des données.

NOTE Ce traitement de données peut comprendre la communication, l'exécution de programmes ou le transfert de données.

interprétation d'image

image understanding, image comprehension

Production, par une unité fonctionnelle, de la description d'une image donnée et de ce qu'elle représente.

NOTE L'interprétation d'image produit des informations, en traitant des données visuelles au moyen de modélisations géométriques, de diverses représentations des connaissances et modélisations cognitives.

interpréter

to interpret

Analyser, traduire et exécuter chaque instruction ou chaque élément de langage d'un programme source, avant de traiter l'instruction suivante ou l'élément suivant.

interpréteur

interpreter, interpretive program

Programme conçu pour interpréter.

interréseautage

internetworking, internetting

Processus consistant à interconnecter plusieurs réseaux, en vue de fournir aux utilisateurs des services unifiés.

≈ fonctionnement en interréseau

1 interrogation

query

Demande, définie par des conditions particulières, exprimée afin d'extraire des données, directement ou par traitement, à partir d'une base de données.

EXEMPLE Dans un système de réservation, demande pour connaître la disponibilité des places sur un vol particulier.

2 interrogation

interrogating

Question posée par une station maîtresse pour demander à une station asservie son identité ou son état.

≈ demande d'identification

interruption

interrupt, interruption

Suspension d'un processus, tel que l'exécution d'un programme, provoquée par un événement extérieur à ce processus et réalisée de façon à en permettre la reprise.

interruption matérielle
hardware interrupt

Demande d'un certain service à rendre par l'unité centrale, produite soit par un dispositif extérieur, comme un disque ou un port d'entrée-sortie, soit à l'intérieur même de l'unité centrale.

NOTE Si l'interruption est acceptée, le processeur interrompt son activité, sauvegarde l'état de la tâche en cours et démarre une routine spécifiée appelée gestionnaire d'interruption.

intersection
conjunction, AND operation, intersection, logical product

Opération booléenne dont le résultat a la valeur booléenne 1 si et seulement si tous les opérandes ont la valeur booléenne 1.

≈ multiplication logique, opération ET

intervalle
range, span

(en programmation)

Ensemble contigu de valeurs de donnée de type scalaire.

intervalle de temps
➡ **créneau temporel**

intervalle significatif
significant interval

Intervalle de temps compris entre deux instants significatifs successifs.

intervenir
to barge in

Parler en même temps que le guide parlé, tout en permettant une reconnaissance correcte et la réponse appropriée.

NOTE Les utilisateurs expérimentés n'ont généralement pas besoin d'attendre la fin de chaque guide parlé pour savoir que dire au système.

≈ anticiper

intervention différée
➡ **maintenance différée**

intranet
intranet

Réseau destiné à l'usage exclusif d'un organisme, et qui utilise certains ou tous les protocoles et les techniques de l'internet.

NOTES

1 Dans un intranet, les nœuds sont identifiés par les adresses IP et les fichiers sont identifiés par les adresses URL.

2 Les documents échangés sont formatés en langage de balisage HTML, et sont commandés et affichés au moyen d'un logiciel de navigation.

3 L'intranet peut être connecté au réseau internet par des pare-feux, ou il peut en être totalement séparé.

☞ pare-feu

intrinsèque
➡ **prédéfini**

introduction
➡ **entrée (1)**

introduction des travaux à distance
➡ **télésoumission de travaux**

introduction par lots à distance
➡ **télésoumission de lots**

intrusion
breach

Action de contourner ou de neutraliser avec succès un élément de la sécurité informatique, avec ou sans détection ; action qui, si elle est menée à son terme, peut entraîner une pénétration du système informatique.

≈ effraction

☞ menace

invariant
invariant

Qualifie ce qui ne varie pas, dans un environnement donné.

≈ fixe

invariant de boucle
loop invariant

Condition qui est invariante tout au long de l'exécution d'une boucle.

inversé
inverted

Qualifie un fichier, un ensemble d'enregistrements ou une relation par rapport à une clé secondaire, de telle façon qu'il existe un index pour cette clé secondaire et ce fichier, cet ensemble d'enregistrements ou cette relation.

inverser logiquement
to negate

Effectuer une opération de négation.

inverseur
inverter

Unité fonctionnelle dont la variable analogique de sortie est égale en valeur absolue, mais de signe opposé, à la variable analogique d'entrée.

≈ changeur de signe

inversion logique
➡ **négation**

invitation à émettre
polling

Invitation faite à des stations de données d'émettre tour à tour.

NOTE Bien qu'elle puisse être utilisée dans une connexion point à point, l'invitation à émettre est surtout utilisée dans une connexion multipoint.

invitation à recevoir
selecting

Ordre adressé à des stations de données de recevoir des données.

NOTE Bien qu'elle puisse être utilisée dans une connexion point à point, l'invitation à recevoir est surtout utilisée dans une connexion multipoint.

invite
prompt

Message visuel ou sonore envoyé par un programme pour solliciter une intervention de l'utilisateur.

≈ message-guide

isolation par groupe
grouping isolation

Séparation électrique entre des groupes de circuits électriques.

NOTE À l'intérieur de chaque groupe, se trouve une liaison électrique, par exemple une alimentation commune.

IT
➡ **créneau temporel**

itération
iteration

Action de répéter une succession d'étapes.

≈ répétition

J

jabotage
jabber

Émission, par une station de données, en dehors de la tranche de temps attribuée à cette station par le protocole.

≈ jacassement

jacassement
➡ **jabotage**

Java

Nom d'un langage orienté objets, créé spécialement pour écrire des programmes d'application, des appliquettes et des *servlets*, qui s'exécutent sur des ordinateurs et autres appareils programmables communiquant par un réseau, et qui sont indépendants du type d'ordinateur ou d'appareil.

NOTES

1 De petits programmes Java, après avoir été transférés comme parties d'une page de la toile, peuvent s'exécuter comme appliquettes sur un logiciel de navigation. Ne pas confondre avec les « scripts Java », qui sont spécifiques du logiciel de navigation.

2 Un *servlet* est un petit programme d'application en Java, s'exécutant sur un serveur de la toile après qu'il ait été activé par un logiciel de navigation.

JBIG
JBIG

Méthode normalisée de compression et de stockage d'images à deux niveaux.

JBIG est l'abréviation de l'expression anglaise *joint bi-level image expert group.*

jeton
token

Dans un réseau local, symbole d'autorité passé successivement d'une station de données à une autre, pour indiquer celle qui dispose temporairement de la maîtrise du support de transmission.

NOTE Toutes les informations sont transmises au moyen de trames. Certaines trames sont constituées d'un jeton sans données d'utilisateur, d'autres sont constituées de données d'utilisateur sans jeton.

jeton d'identité
identity token

Dispositif utilisé pour une validation d'identité.

EXEMPLES Carte à puce, clé métallique.

jeu codé
coded set

Ensemble d'éléments mis en correspondance avec un autre ensemble d'éléments, selon un code.

EXEMPLE Liste des noms d'aéroport mise en correspondance avec un ensemble d'abréviations composées de trois lettres.

jeu de caractères
character set

Ensemble fini de caractères, considéré comme complet pour un usage particulier.

jeu de caractères alphabétique
alphabetic character set

Jeu de caractères qui comprend des lettres et qui peut comprendre des caractères spéciaux, mais aucun chiffre.

jeu de caractères alphanumérique
alphanumeric character set

Jeu de caractères qui comprend à la fois des lettres et des chiffres, et qui peut comprendre des caractères spéciaux.

jeu de caractères binaire
binary character set

Jeu de caractères se composant de deux caractères.

jeu de caractères codé
coded character set, code

Jeu codé dont les éléments sont des caractères simples.

EXEMPLE Les caractères d'un alphabet quand ils sont mis en correspondance avec un ensemble de chaînes de 7 bits.

Le terme anglais *code* est déconseillé dans ce sens.

jeu de caractères numérique
numeric character set

Jeu de caractères qui comprend des chiffres et qui peut comprendre des caractères spéciaux, mais généralement aucune lettre.

jeu de codets
code set, code element set, code

Ensemble des résultats de l'application d'un code à l'ensemble d'un jeu codé.

EXEMPLE Ensemble des représentations composées de trois lettres, désignant les noms d'aéroport.

Le terme anglais *code* est déconseillé dans ce sens.

≈ jeu de combinaisons de code

jeu de codets alphabétique
alphabetic code set, alphabetic code element set

Jeu de codets dont les éléments sont empruntés à un jeu de caractères alphabétique.

jeu de codets alphanumérique
alphanumeric code set, alphanumeric code element set

Jeu de codets dont les éléments sont empruntés à un jeu de caractères alphanumérique.

jeu de codets binaire
binary code set, binary code element set

Jeu de codets dont les éléments sont empruntés à un jeu de caractères binaire.

jeu de codets numérique
numeric code set, numeric code element set

Jeu de codets dont les éléments sont empruntés à un jeu de caractères numérique.

jeu de combinaisons de code
➠ **jeu de codets**

jeu d'instructions
instruction set, instruction repertoire

Ensemble des instructions reconnues par un ordinateur déterminé ou fournies par un langage de programmation donné.

jointure
join

Opération d'algèbre relationnelle qui, à partir de plusieurs relations ayant des domaines d'attribut communs, établit une nouvelle relation pour un ou plusieurs attributs de chacune d'entre elles.

NOTE L'opération est fondée sur le produit cartésien des relations et se déroule par combinaison des lignes des relations originelles ayant des valeurs identiques pour ces domaines d'attributs.

journal d'audit de sécurité
➠ **historique d'expertise**

journaliser
to journalize, to log out

(en fiabilité, maintenabilité et disponibilité)

Sauvegarder en mémoire l'état interne d'une unité fonctionnelle en cas de détection d'une anomalie, dans le but de faciliter la maintenance.

JPEG
JPEG

Méthode normalisée de compression et de stockage d'images en couleurs et en niveaux de gris.

JPEG est l'abréviation de l'expression anglaise *joint photographic expert group.*

JTM
➟ **transfert et manipulation de travaux**

jukebox
➟ **chargeur multidisque**

justificateur
➟ **module d'explications**

justificatif d'identité
credentials

Données transférées pour établir l'identité d'une entité.

≈ authentifiant

justifié à droite
➟ **aligné à droite**

justifié à gauche
➟ **aligné à gauche**

justifier
to justify

(en traitement de texte)

Aligner un texte horizontalement de façon à ce que le premier et le dernier caractères de chaque ligne soient alignés sur les marges correspondantes, ou aligner un texte verticalement de façon à ce que la première et la dernière lignes du texte soient alignées sur les marges correspondantes.

NOTES

1 Souvent, la dernière ligne d'un paragraphe n'est pas justifiée.

2 Dans un système d'écriture dans lequel les lignes sont écrites verticalement (japonais, par exemple), la justification est verticale.

juxtaposition
dithering

Technique permettant de varier la gamme de couleurs ou d'intensité d'une trame en assignant un nombre réduit de valeurs aux pixels formant des motifs.

EXEMPLE Simulation d'une échelle de gris en utilisant un groupe de pixels noirs et blancs.

NOTE La juxtaposition permet de créer une grande variété de motifs utilisables comme fonds d'image, remplissages et ombrages, ainsi que pour produire des demi-teintes, ou pour atténuer le crénelage.

K

Ki

➠ **kibi**

kibi

kibi

Préfixe d'unité pour les multiples binaires, indiquant le facteur 2^{10}, employé principalement en combinaison avec le bit et l'octet.

EXEMPLE Un kibibit : 1 Kibit = 2^{10} bit = 1 024 bits.

Un kilobit : 1 kbit = 10^3 bit = 1 000 bits.

Le symbole de *kibi* est *Ki*.

NOTE Le préfixe kilo indique normalement le facteur 10^3.

L

label
➡ **étiquette**

label de début de fichier
➡ **étiquette de début de fichier**

label de début de volume
➡ **étiquette d'en-tête de volume**

label de fin de fichier
➡ **étiquette de fin de fichier**

label de fin de volume
➡ **étiquette de fin de volume**

label interne
➡ **étiquette interne**

lancer
to boot

Faire démarrer un ordinateur en chargeant le système d'exploitation et éventuellement en effaçant la mémoire.

lancer de rayon
ray tracing

Technique utilisée pour déterminer quelles parties d'une scène doivent être affichées dans l'image correspondante, en traçant des rayons qui suivent le regard d'un observateur vers ces parties.

NOTE Le lancer de rayon peut prendre en compte les réflexions et les réfractions des rayons.

langage algébrique
algebraic language

Langage de programmation qui permet de construire des instructions ressemblant à des expressions algébriques.
EXEMPLE Ada, Fortran, Pascal.

langage algorithmique
algorithmic language

Langage artificiel permettant d'exprimer des algorithmes.

langage artificiel
artificial language

Langage dont les règles sont explicitement établies avant son utilisation.

langage à structure de blocs
block-structured language

Langage de programmation qui permet l'utilisation d'instructions blocs.
EXEMPLE Ada, ALGOL, C, Pascal, PL/I.

langage cible
target language

Langage dans lequel un traducteur exprime ses résultats.

langage conversationnel

➡ **langage interactif**

langage d'administration de base de données

database administration language (DAL)

Langage de base de données permettant d'effectuer l'administration de la base de données.

langage d'application

problem-oriented language, application-oriented language

Langage de programmation qui convient pour représenter un domaine d'application particulier.

EXEMPLES SQL pour les applications utilisant des bases de données, COBOL pour les applications de gestion.

≈ langage orienté problème

langage d'assemblage

assembly language

Langage orienté machine qui utilise des noms symboliques pour désigner les opérations et les emplacements, ainsi que d'autres caractéristiques, comme les macro-instructions.

langage d'auteur

authoring language

I (en hypermédia et multimédia) Langage évolué qui permet à un utilisateur de créer de nouvelles applications multimédias ou hypermédias.

EXEMPLE Delphi, Java, Lingo.

≈ langage de création

II (en enseignement assisté par ordinateur) Langage d'application conçu pour écrire un cours, dans le cadre d'un enseignement assisté par ordinateur.

langage de balisage

markup language

Langage de formatage de texte, destiné à transformer un texte brut en document structuré en insérant, dans le texte brut, des marques procédurales et descriptives.

EXEMPLES Les langages SGML, HTML, VRML.

langage de base de données

database language

Langage utilisé pour des activités liées aux bases de données, telles que la création, la modélisation, la mise en œuvre, la description, l'utilisation et la gestion.

EXEMPLES Un langage de manipulation de données, un langage de définition de données.

langage de base de données autonome

self-contained database language

Langage de base de données, non nécessairement intégré dans un langage hôte, permettant d'écrire des programmes d'application complets utilisant des bases de données.

langage de base de données intégré

embedded database language

Ensemble d'instructions ajouté à un langage de programmation classique et qui permet d'utiliser une base de données.

EXEMPLE Le SQL intégré au COBOL.

langage de commande

command language, control language, job control language

Ensemble d'opérateurs de procédure régi par une syntaxe, servant à solliciter les fonctions d'un système d'exploitation.

langage de conception

design language

Langage de spécification contenant des éléments de langage particuliers, et parfois des protocoles de vérification, pour développer, analyser et documenter la conception d'un matériel ou d'un logiciel.

langage de conception de circuits

hardware design language (HDL)

Langage de conception contenant des éléments de langage particuliers, et parfois des protocoles de vérification, pour développer, analyser et documenter la conception d'un matériel.

≈ langage de conception matérielle

langage de conception de programmes
program design language
Langage de spécification contenant des éléments de langage particuliers, et parfois des protocoles de vérification, pour développer, analyser et documenter la conception d'un programme.
≈ langage de conception logicielle

langage de conception logicielle
➡ **langage de conception de programmes**

langage de conception matérielle
➡ **langage de conception de circuits**

langage de création
➡ **langage d'auteur (sens I)**

langage de définition de données
data definition language, data description language (DDL)
Langage de base de données permettant de décrire les données et les structures de données dans une base de données.
≈ langage de description de données

langage de définition de stockage de données
➡ **langage de description de stockage de données**

langage de description de données
➡ **langage de définition de données**

langage de description de page
LDP
page description language (PDL)
Langage de formatage de texte utilisé pour spécifier l'image imprimée ou affichée d'un document, page par page.
EXEMPLE Les langages HPGL, Postscript.

langage de description de stockage de données
storage structure language
Langage de base de données permettant de définir des organisations de mémoire, indépendamment de la mémoire ou du système d'exploitation utilisé.
≈ langage de définition de stockage de données, langage de structure de stockage

langage de deuxième génération
second-generation language (2GL)
Langage de programmation qui prolonge un langage de première génération, pour inclure des éléments de langage de niveau supérieur tels que des macro-instructions.

langage de formatage de texte
text-formatting language
Langage d'application conçu pour indiquer la façon dont du texte doit être formaté.
EXEMPLES Les langages HTML, nroff.

langage de haut niveau
➡ **langage évolué**

langage de manipulation de données
data manipulation language (DML)
Langage de base de données compatible avec un système de gestion de base de données, et utilisé pour accéder à une base de données afin d'exécuter des opérations de création, d'extraction, de lecture, d'écriture et de suppression de données.
NOTE Ces opérations peuvent être décrites sous forme de procédures (langage de manipulation de données procédural) ou sous forme d'expressions logiques (langage de manipulation de données descriptif).

langage de première génération
first-generation language (1GL)
Langage de programmation très similaire au langage d'assemblage et dépendant du langage machine d'un ordinateur.

langage de programmation
programming language
Langage artificiel permettant d'exprimer des programmes.

langage de programmation structurée
structured programming language
Langage de programmation qui fournit des éléments de langage pour la programmation structurée (sens II).

langage de quatrième génération
fourth-generation language (4GL)

Langage évolué qui permet à un utilisateur, non nécessairement programmeur, d'écrire des instructions dans un langage presque naturel ; ce langage peut générer, pour chacune de ses instructions simples, des instructions machine beaucoup plus nombreuses que dans le cas des langages de troisième génération, et il élève le niveau d'abstraction auquel l'utilisateur peut travailler, bien au-delà des générations précédentes de langages de programmation.

EXEMPLES

1 Dans un langage de quatrième génération, l'ordre de tri d'une liste de clients pourrait être exprimé comme suit : « trier la liste_de_clients en fonction du nom_de_client en ordre ascendant ». L'utilisateur n'a pas besoin de connaître d'algorithme de tri.

2 dBASE est un langage de quatrième génération.

langage de schéma conceptuel
conceptual schema language

Langage de base de données analysable tant par un ordinateur que par un être humain, contenant toutes les constructions linguistiques nécessaires pour exprimer des propositions ainsi que leur manipulation sous forme de descriptions d'actions, de conditions de commande, etc.

langage de spécification
specification language

Langage d'application, résultant souvent d'une combinaison de langage naturel et de langage artificiel, et pouvant être traitée par ordinateur ; ce langage permet d'exprimer les besoins, la conception, le comportement ou d'autres caractéristiques d'un système ou d'un composant, et fournit des éléments de langage particuliers, et parfois des protocoles de vérification, pour développer, analyser et documenter les entités spécifiées.

langage de spécification de besoins
requirement specification language

Langage de spécification contenant des éléments de langage particuliers, et parfois des protocoles de vérification, pour développer, analyser et documenter des besoins d'un matériel ou d'un logiciel, ou des deux.

langage de spécification de compilateur
compiler specification language

Langage de spécification utilisé pour développer des compilateurs.

langage de structure de stockage
➥ **langage de description de stockage de données**

langage de tests
test language

Langage d'application qui fournit des outils pour tester les composants d'un matériel ou d'un logiciel.

EXEMPLES Les langages ATLAS, ATOLL, DETOL, DMAD.

langage de traitement de listes
list processing language

Langage de programmation destiné à manipuler des données exprimées sous la forme de listes ou de chaînes de caractères.

EXEMPLE Le langage LISP.

langage de troisième génération
third-generation language (3GL)

Langage de haut niveau pouvant générer de nombreuses instructions machine pour chacune de ses instructions simples, et qui augmente le niveau d'abstraction du programmeur en concentrant son attention sur le problème à résoudre et non pas sur une connaissance approfondie de la manière dont fonctionne un ordinateur particulier.

EXEMPLES Les langages Ada, BASIC, Fortran, Modula-2, Pascal.

langage d'expression
expression language

Langage de programmation dans lequel des affectations de valeurs peuvent être faites dans le cadre d'une expression.

EXEMPLE Le langage C.

NOTE L'expression « if (x= y < 0) ... » est autorisée en C, mais ne l'est pas en Ada.

langage d'interrogation
query language

Langage de manipulation de données permettant à l'utilisateur d'extraire et éventuellement de modifier des données dans une base de données.

EXEMPLE Le langage SQL.

langage d'ordinateur
➠ **langage machine**

langage évolué
high-level language, high-order language

Langage de programmation qui est notamment conçu pour une classe particulière de problèmes et est syntaxiquement adapté à cette classe, et qui est essentiellement indépendant de la structure d'un ordinateur particulier ou d'une classe d'ordinateurs.

EXEMPLES Les langages Ada, COBOL, Fortran, Pascal.

≈ langage de haut niveau

langage extensible
extensible language

Langage de programmation qui peut être modifié ou peut se modifier lui-même, pour fournir au programmeur des possibilités supplémentaires spécifiées par l'utilisateur.

EXEMPLES Les langages Ada, C++, FORTH, LISP, LOGO, Prolog, Smalltalk.

langage fonctionnel
functional language

Langage de programmation qui permet de spécifier ce que l'on attend d'un système informatique, en employant uniquement des appels de fonctions.

EXEMPLES Les langages FORTH, LISP, ML, Miranda, Postscript.

langage hôte
host language

I (en programmation) Langage de programmation dans lequel sont emboîtées les instructions d'un langage de manipulation de données.

II (dans une base de données) Langage de programmation ayant la capacité de contenir un langage de base de données intégré.

langage impératif
imperative language

Langage de programmation dont le principal mode d'action est de changer l'état des variables par affectation.

langage interactif
interactive language, conversational language

Langage de programmation qui permet à un utilisateur de communiquer avec un système informatique, en mode dialogué.

≈ langage conversationnel

langage intermédiaire
intermediate language

Langage cible dans lequel on traduit tout ou partie d'un programme source ou une simple instruction d'un langage source, avant d'effectuer une autre traduction ou une interprétation.

NOTE Un langage intermédiaire peut servir de langage source pour une traduction ultérieure.

langage machine
machine language

Langage artificiel qui contient uniquement des instructions machine d'un ordinateur particulier ou d'une classe d'ordinateurs.

≈ langage d'ordinateur

langage naturel
natural language

Langage dont les règles sont fondées sur l'usage courant, sans être explicitement définies.

langage non-procédural
nonprocedural language

Langage de programmation qui permet de spécifier ce que l'on attend d'un système informatique, sans indiquer d'instructions particulières à exécuter dans un ordre particulier.

langage objet
object language

Langage cible conçu pour exprimer des programmes objets.

langage orienté machine
machine-oriented language, computer-oriented language

Langage de programmation dont les instructions simples ont une structure identique ou semblable à celle des instructions machine d'un ordinateur particulier ou d'une classe d'ordinateurs.

langage orienté objets
object-oriented language

Langage de programmation adapté aux concepts orientés objets.

EXEMPLES Les langages Eiffel, Smalltalk.

langage orienté problème
➡ **langage d'application**

langage procédural
procedural language, procedure-oriented language

Langage de programmation qui permet de spécifier ce que l'on attend d'un système informatique, en indiquant des instructions particulières, à exécuter dans un ordre particulier.

EXEMPLES Les langages Ada, BASIC, COBOL, Fortran, Pascal.

langage relationnel
relational language

Langage de base de données permettant d'accéder à une base de données relationnelle, de l'interroger et de la modifier.

langage source
source language

Langage de programmation utilisé dans un programme source donné.

langage spécialisé
special-purpose language

Langage de programmation adapté à un type particulier de problèmes.

EXEMPLES Un langage de traitement de formulaires ; Postscript.

langage symbolique
symbolic language

Langage de programmation qui utilise une forme symbolique pour désigner les opérations, les adresses, les opérandes et les résultats.

EXEMPLES Les langages d'assemblage, les langages évolués.

langage unifié de modélisation
UML

Unified Modelling Language (UML)

Langage de modélisation conçu pour visualiser, spécifier, construire, documenter les composants d'un système objet.

NOTE En présentant une description unifiée des concepts objets, ce langage fait franchir le pas menant de la technologie des objets à la technologie des composants.

langage universel
general-purpose language

Langage évolué convenant à une grande variété d'applications.

large bande
broadband, wideband

Bande de fréquence utilisée pour une application demandant une plage étendue de fréquences.

NOTE Une large bande peut être divisée en plusieurs bandes plus étroites, qui peuvent chacune être affectée à un but différent ou être mise à la disposition d'un utilisateur différent.

largeur de bande vocale
speech bandwidth

Largeur de la bande des fréquences vocales que peut transmettre ou enregistrer un système donné.

laser rétinien
retina laser

Dispositif qui inscrit directement des images sur la rétine, par balayage d'un faisceau laser.

LDP
➡ **langage de description de page**

lecteur de caractères
character reader

Dispositif d'entrée qui assure la reconnaissance de caractères.

lecteur de caractères à encre magnétique
magnetic ink character reader (MICR)
Dispositif d'entrée qui lit des caractères écrits avec une encre magnétique.

lecteur de caractères optiques
optical character reader
Dispositif d'entrée qui lit des caractères par reconnaissance optique de caractères.

lecteur de carte
card reader, badge reader
Dispositif d'entrée capable de lire des données sur des cartes spécialement codées.

lecteur de courbes
curve follower, stroke device
(en infographie)
Organe d'entrée qui fournit les coordonnées d'un ensemble de points retraçant le trajet suivi.
EXEMPLE Un releveur de coordonnées utilisé pour échantillonner à une fréquence donnée.

lecteur de disque
disk drive, disk unit
Périphérique destiné à stocker des données sur des disques rotatifs et à extraire ces données des disques.
EXEMPLES Lecteur de disque magnétique, lecteur de disque optique.
NOTE Les disques peuvent être amovibles ou fixés en permanence à l'intérieur du lecteur.
≈ unité de disque

lecteur de disque dur
hard disk drive, hard drive (HDD)
Mémoire magnétique dans laquelle un ou plusieurs disques durs sont fixés en permanence.
NOTE Les lecteurs de disque dur utilisent normalement des disques durs multiples montés sur un axe commun.
≈ unité de disque dur

lecteur de disque fixe
fixed disk drive
Lecteur de disque dans lequel le support d'enregistrement est fixé en permanence à l'intérieur du dispositif.
≈ unité de disque fixe

lecteur de disque magnétique
magnetic disk drive, magnetic disk unit (MDU)
Lecteur de disque pour disques magnétiques.
≈ unité de disque magnétique

lecteur de disque optique
optical disk drive, optical drive
Lecteur de disque destiné à la lecture et/ou à l'écriture de données sur un disque optique.

lecteur de forum
news reader, news client
Client qui fournit à un utilisateur l'accès à un ou plusieurs serveurs de forum.
NOTE Le lecteur de forum met en forme les informations venant du serveur et les affiche sous une forme convenant à l'utilisateur.

lecture
reading, read
Action de recevoir des données d'un dispositif d'entrée, ou de les extraire d'une mémoire ou d'un support d'enregistrement.

lecture de marques
➡ **lecture optique de marques**

lecture destructive
destructive read
Lecture qui provoque l'effacement des données d'origine.

lecture linéaire
linear play
Lecture d'une séquence enregistrée, du début jusqu'à la fin, sans embranchement.

lecture non destructive
nondestructive read

Lecture qui ne provoque pas l'effacement des données d'origine.

lecture optique de marques
mark scanning, optical mark reading

Détection automatique, par un procédé optique, de marques portées sur un support d'enregistrement.

Le terme *scannage de marques* est employé au Canada.

≈ lecture de marques, scannage de marques

légende de clavier
➡ **grille de clavier**

lettre
letter, alphabetic character

Caractère graphique qui, employé seul ou combiné avec d'autres, représente une ou plusieurs notions d'un langage écrit, ou un ou plusieurs éléments sonores d'un langage parlé.

NOTE Les signes diacritiques utilisés isolément ainsi que les signes de ponctuation ne sont pas considérés comme des lettres.

lettre type
form letter

Lettre contenant un texte standard, stockée sur un support d'enregistrement, et qui peut être personnalisée par l'ajout d'informations telles que le nom et l'adresse d'un ou plusieurs destinataires.

liaison
binding

Processus consistant à rattacher un identificateur à un autre objet de programme.

liaison de données
data link

Moyen de télécommunication reliant deux stations de données pour assurer une communication de données.

NOTES

1 La liaison de données comprend le circuit de données et, à chaque extrémité, une partie du terminal de données.

2 Ne pas confondre avec la « couche de liaison de données » du modèle OSI. De plus, la « liaison de données » définie ici est totalement indépendante du modèle OSI.

👁 Figure L.1

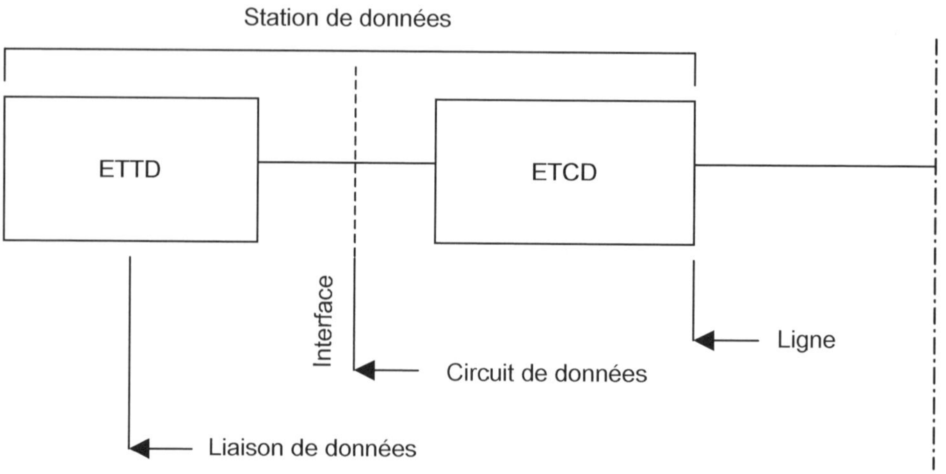

Figure L.1 – Éléments d'une liaison de données

liaison dynamique
dynamic binding

Liaison effectuée durant l'exécution d'un programme.

liaison précoce
early binding

Caractéristique des langages de programmation qui effectuent la plupart des liaisons durant la phase de traduction, habituellement pour obtenir une meilleure efficacité d'exécution.

EXEMPLES Langages COBOL, Fortran, Pascal.

liaison statique
static binding

Liaison effectuée avant l'exécution d'un programme, et non susceptible d'être modifiée durant l'exécution.

liaison tardive
late binding

Caractéristique des langages de programmation qui effectuent la plupart des liaisons durant l'exécution, habituellement pour obtenir une meilleure souplesse.

EXEMPLES Langages dBase, Smalltalk.

libellé
literal

Unité lexicale qui, d'un point de vue syntaxique, se suffit à elle-même.

EXEMPLES JAN, FEV, MAR,... sont des libellés dans la définition suivante des types de données :

- Type_de_mois est (JAN, FEV, MAR, AVR, MAI, JUIN, JUIL, AOUT, SEPT, OCT, NOV, DEC) ;
- Mois : type_de_mois ;
- ....
- Mois : = AVR.

Le synonyme *littéral* est un nom masculin.

≈ littéral

libellé à base
based literal

Libellé numérique qui représente un nombre sous une forme où la base de numération apparaît explicitement.

EXEMPLE En Ada, 16#F.FF#E+2 est un libellé réel hexadécimal représentant le libellé décimal 4095.

≈ littéral réel

libellé alphanumérique
➠ **libellé caractère**

libellé caractère
character literal

Libellé composé d'un seul caractère.

NOTES

1 Les libellés caractères sont généralement placés entre des délimiteurs, de façon à les différencier des autres unités lexicales.

2 Les langages de programmation utilisent généralement des délimiteurs différents pour les libellés caractères et les libellés chaînes.

3 Un libellé caractère peut être un libellé chaîne de longueur un.

≈ libellé alphanumérique, littéral caractère

libellé chaîne
string literal, string constant

Libellé composé d'une suite de caractères pouvant être vide, formant un tout.

EXEMPLE « Quel est votre nom ? » est un libellé chaîne délimité par des guillemets.

NOTE Dans certains langages de programmation, le libellé chaîne est stocké dans un tableau.

≈ littéral chaîne

libellé décimal
decimal literal

Libellé numérique qui représente un numéral décimal.

≈ littéral décimal

libellé d'énumération
enumeration literal

Libellé qui est une occurrence d'un type énumératif.

≈ littéral d'énumération

libellé entier
integer literal

Libellé numérique qui représente un entier relatif.

≈ littéral entier

libellé numérique
numeric literal

Libellé composé de chiffres et d'autres caractères utilisés dans la représentation des nombres, et qui convient aux opérations arithmétiques courantes.

≈ littéral numérique

libellé réel
real literal

Libellé numérique qui représente un nombre réel.

≈ littéral réel

lien
link, linkage

Partie d'un programme, souvent composée d'une seule instruction ou d'une adresse, qui passe la commande, et éventuellement des paramètres, entre des modules du programme.

lien défini par l'auteur
author-defined link

Hyperlien défini pendant le développement d'une application hypermédia.

lien défini par l'utilisateur
user-defined link

Hyperlien établi sous la commande de l'utilisateur, pendant l'utilisation d'une application hypermédia.

lien hypermédia
➡ **hyperlien**

lien interdocument
interdocument link

Hyperlien entre des documents.

lien intradocument
intradocument link

Hyperlien à l'intérieur d'un document.

lier
to link

Interconnecter des objets de données en établissant des pointeurs, ou interconnecter des parties d'un ou de plusieurs programmes en fournissant des liens.

EXEMPLE Lier des programmes objets par un éditeur de liens.

ligne à retard
delay line, delay element

Dispositif destiné à introduire un retard déterminé dans la transmission d'un signal, sans modifier les autres caractéristiques du signal.

= ligne de retard

≈ circuit à retard, circuit de retard

ligne cachée
hidden line

Ligne ou segment de ligne qui peut être masqué dans la vue d'un objet tridimensionnel.

ligne de balayage
scan line, scanning line

Suite de pixels normalement alignés horizontalement et balayés séquentiellement.

≈ ligne d'exploration

ligne de base
baseline

Ligne de référence horizontale pour l'alignement des caractères et la mesure de l'espacement vertical entre deux lignes.

ligne de format
ruler line

Ligne indiquant les positions des marges droite et gauche, ainsi que celles des tabulations.

ligne de texte
line of text

Séquence de caractères, généralement composée de mots et d'espaces, qui, en fonction d'un processus de formatage déterminé, sont alignés, habituellement sur la ligne de base.

NOTE La longueur de ligne correspond à la place disponible à cette étape du formatage.

ligne de transmission
transmission line

Support de transmission matériel.

NOTE La ligne est la partie d'un circuit de données, extérieure à l'équipement de terminaison de circuit de données et aux centres de commutation de données.

☞ liaison de données

ligne d'exploration
➡ **ligne de balayage**

ligne d'interruption
interrupt request line (IRQ line)

Ligne faisant partie du câblage interne d'un ordinateur, sur laquelle un dispositif envoie les demandes d'interruption à l'unité centrale.

limiteur
limiter

(en calcul analogique)
Unité fonctionnelle destinée à empêcher une variable analogique de dépasser des limites déterminées.

lire
to read

Recevoir des données d'un dispositif d'entrée, ou les extraire d'une mémoire ou d'un support d'enregistrement.

lissage médian
median filtering

Transformation locale dans laquelle chaque valeur de pixel est remplacée par la moyenne des valeurs de pixel des pixels voisins.

liste
list

Ensemble fini et ordonné d'éléments de même nature.

NOTE Les éléments d'une liste peuvent être eux-mêmes des listes.

liste chaînée
linked list, chained list

Liste dont les éléments peuvent être dispersés dans la mémoire, mais dont chacun contient des données permettant de déterminer l'emplacement du suivant.

liste circulaire
circular list, ring

Liste chaînée qui, à partir d'un point de départ quelconque, revient à l'élément le précédant, après le traitement de tous les éléments concernés.

liste de contrôle d'accès
access control list, access list

Liste d'entités autorisées à accéder à une ressource, ainsi que de leurs droits d'accès.

liste de diffusion
➡ **liste de distribution**

liste de distribution
distribution list (DL)

Entité abstraite qui représente un groupe d'utilisateurs spécifié à l'avance ainsi que d'autres listes de distribution, et qui constitue une destination potentielle des objets d'information transportés par le système de messagerie.

NOTE Les membres d'une telle liste peuvent être des identificateurs d'adresse identifiant des utilisateurs ou d'autres listes de distribution.

≈ liste de diffusion

liste d'habilitation
➡ **profil d'accès**

liste directe
➡ **file d'attente**

liste doublement chaînée
symmetrical list, bidirectional list

Liste chaînée dans laquelle chaque élément contient également des données permettant de déterminer l'emplacement du précédent.

≈ liste symétrique

liste linéaire
linear list

Liste dont les éléments ne sont pas des listes.

liste refoulée
➡ **pile**

liste symétrique
➡ **liste doublement chaînée**

Listserv
Nom d'un système de messagerie accessible par l'internet.

NOTE Listserv sert essentiellement pour des listes de distribution.

littéral
➡ **libellé**

littéral caractère
➡ **libellé caractère**

littéral chaîne
➡ **libellé chaîne**

littéral décimal
➡ **libellé décimal**

littéral d'énumération
➡ **libellé d'énumération**

littéral entier
➡ **libellé entier**

littéral numérique
➡ **libellé numérique**

littéral réel
➡ **libellé à base**
➡ **libellé réel**

LLC de type 1
➡ **contrôle de liaison logique de type 1**

LLC de type 2
➡ **contrôle de liaison logique de type 2**

LLC de type 3
➡ **contrôle de liaison logique de type 3**

local
local

Qualifie un élément de langage qui n'a de portée qu'à l'intérieur de la région déclarative dans laquelle il est déclaré.

1 localisation
localization

(en programmation)

Principe appliqué à un ensemble de modules qui ont une cohésion forte et un couplage lâche.

2 localisation
location

(en vision artificielle)

Détermination quantitative de la position des objets dans une scène, par rapport à un observateur.

logement d'extension
expansion slot

Emplacement muni d'un connecteur, qui permet l'insertion d'un élément électronique amovible dans un ordinateur.

≈ emplacement de carte

logiciel
software

Tout ou partie des programmes, procédures, règles et de la documentation associée d'un système informatique ou d'un système de traitement de l'information.

NOTE Le logiciel est une création intellectuelle qui existe indépendamment du support sur lequel il est enregistré.

logiciel d'application
application software, application program

Logiciel ou programme spécifique à la résolution d'une classe de problèmes d'application.

EXEMPLE Un tableur est un logiciel d'application.

≈ programme d'application

logiciel de base
➡ **logiciel d'exploitation**

logiciel de gestion de monde virtuel
virtual-world generator

Partie d'un moteur de réalité qui reçoit et traite l'information pour gérer un univers virtuel, et la présente aux participants.

logiciel de modélisation de données
data modeling facility (DMF)

Logiciel servant à la mise en œuvre de modèles de données (sens II).

logiciel de navigation
browser

Logiciel qui permet à l'utilisateur de rechercher et de consulter des documents sur un réseau d'ordinateurs, ou dans des documents hypermédias.

NOTES
1. Ce programme met en forme les documents venant du réseau et les affiche sous une forme convenant à l'utilisateur.
2. Ce programme peut travailler en mode texte seulement, ou en mode graphique.

≈ navigateur

logiciel de référence
➡ **robot de recherche**

logiciel de scripts
scriptware, script software

Logiciel conçu pour la création de scripts.

logiciel de soutien
support software, support program

Logiciel ou programme qui aide au développement, à la maintenance ou à l'utilisation d'autres logiciels, ou qui fournit des fonctions générales, indépendantes des applications.

EXEMPLES Un compilateur, un système de gestion de base de données.

≈ programme de soutien

logiciel de surveillance
error control software

Logiciel qui assure la surveillance d'un système informatique pour déceler, enregistrer et éventuellement corriger des erreurs.

logiciel d'exploitation
system software

Logiciel indépendant de toute application, qui soutient l'exploitation de logiciels d'application.

EXEMPLES Un système d'exploitation, un logiciel de soutien.

≈ logiciel de base

logiciel intégré
integrated software

Progiciel associant plusieurs fonctions habituellement réalisées par des programmes distincts, tels que le tableur, le traitement de texte, le système de gestion de base de données et les logiciels graphiques.

logiciel malveillant
malicious logic

Programme implanté au niveau du matériel, du microprogramme ou du logiciel, et dont le but est d'accomplir un acte non autorisé ou dangereux.

EXEMPLES Bombe logique, cheval de Troie, virus, ver.

≈ antiprogramme, programme malveillant

logique floue
fuzzy logic, fuzzy-set logic

Logique non classique, dans laquelle des facteurs de certitude sont attribués aux faits, aux règles d'inférence et aux quantificateurs.

logique formelle
formal logic

Étude de la structure et de la forme des raisonnements, abstraction faite de la nature des objets auxquels ils s'appliquent.

logique symbolique
symbolic logic, mathematical logic

Discipline dans laquelle les raisonnements et les opérations sont représentés à l'aide d'un langage artificiel, destiné à éviter les ambiguïtés et l'inadéquation des langages naturels.

longueur de bloc
block size, block length

Nombre de multiplets, ou de toute autre unité appropriée, dans un bloc.

longueur de mot
word length, word size

Nombre de caractères ou de bits d'un mot.

longueur d'enregistrement
record length, record size

Nombre de multiplets, ou de toute autre unité appropriée, dans un enregistrement.

longueur d'entrefer
gap width

Distance entre les pôles d'une tête magnétique.

longueur de page
page length, page depth

Dimension verticale de la zone disponible pour l'impression ou l'affichage, sur un écran ou sur une page.

NOTE La longueur de page est généralement inférieure au format du papier, mais peut parfois être supérieure au format de papier habituel pour la création d'un schéma « en accordéon ».

longueur de registre
register length

Capacité de mémoire d'un registre.

longueur d'instruction
instruction length

Nombre de mots, de multiplets ou de bits nécessaires pour stocker une instruction machine en mémoire.

louvoiement

➡ **chemin furtif**

lumière ambiante
ambient light

Lumière présente dans l'environnement, qui entoure éventuellement un système de vision, mais non produite par ce système.

lumière structurée
structured light

Lumière obtenue en projetant sur une scène des faisceaux lumineux, selon des angles déterminés.

luminosité
brightness

Attribut d'une sensation visuelle, selon lequel une surface paraît émettre plus ou moins de lumière.

NOTE La luminosité est l'un des trois attributs de la couleur, avec la teinte et la saturation.

lunettes à obturateur
electronic shutter glasses, shutter goggles

Lunettes stéréoscopiques munies d'obturateurs synchronisés avec des images synthétiques, de façon à produire la sensation d'images tridimensionnelles.

Le terme *lunettes à obturateur* est un nom féminin pluriel.

= lunettes à obturateur électronique

≈ obturateurs électroniques

lutin
sprite

Entité visuelle qui se déplace devant un fond pour constituer une séquence animée.

M

machine base de données
database machine

Ordinateur spécialement conçu pour des applications utilisant des bases de données, et éventuellement pour leur mise en œuvre.

machine cible
target machine

I Ordinateur sur lequel un programme doit s'exécuter.

II Ordinateur qui est émulé par un autre ordinateur.

☞ machine hôte

machine de Boltzmann
Boltzmann machine

Réseau entièrement connecté, constitué à la fois de neurones visibles et de neurones cachés qui sont actualisés cycliquement, conformément à une loi de probabilité.

NOTES

1 Pendant l'apprentissage, certains neurones visibles sont bloqués dans des états déterminés.

2 Le fonctionnement dynamique de la machine de Boltzmann présente une analogie formelle avec la thermodynamique statistique.

machine de réalité virtuelle
➡ **moteur de réalité**

machine hôte
host machine

I Ordinateur utilisé pour développer du logiciel destiné à un autre ordinateur.

II Ordinateur utilisé pour émuler un autre ordinateur.

III Ordinateur sur lequel un programme ou un fichier est installé.

☞ machine cible

machine virtuelle
virtual machine (VM)

Ensemble de ressources imitant le fonctionnement d'une unité fonctionnelle réelle.

macro
➡ **macro-instruction**

macroassembleur
macroassembler

Assembleur qui comporte un macrogénérateur ou en assume les fonctions.

macrodéfinition
macrodefinition

Séquence prédéfinie de commandes ou d'instructions qui remplace la macro-instruction correspondante ou l'appel de macro-instruction correspondant.

macrogénérateur
macrogenerator
Module, souvent inclus dans un assembleur ou un compilateur, qui remplace chaque macro-instruction ou chaque appel de macro d'un programme source par la macrodéfinition correspondante.

macro-instruction
macro
macroinstruction, macro
Instruction qui appelle une macrodéfinition au niveau du langage de programmation appelant.
= macroinstruction

macrolangage
macrolanguage
Langage de programmation qui est conçu pour définir des macrodéfinitions et des macro-instructions, ou qui en contient.

macroprocesseur
macroprocessor
Sous-programme inclus dans certains assembleurs et compilateurs pour traiter les macrodéfinitions.

macroprogrammation
macroprogramming
Programmation utilisant des macrodéfinitions et des macro-instructions, ou des appels de macro.

magazine électronique
electronic magazine, e-zine, zine
Publication périodique dont le contenu réside sur un serveur de fichiers, et peut être diffusé ou lu par l'intermédiaire d'un réseau.
≈ cybermagazine

maintenabilité
maintainability
Aptitude d'une unité fonctionnelle, dans des conditions données d'utilisation, à être maintenue ou rétablie dans un état dans lequel elle peut accomplir une fonction requise, lorsque la maintenance est accomplie dans des conditions déterminées, avec des procédures et des moyens prescrits.

maintenance
maintenance
Ensemble des activités destinées à maintenir ou à remettre une unité fonctionnelle dans un état qui lui permet d'accomplir une fonction requise.
NOTE La maintenance comprend des activités telles que surveillance, essai, mesure, remplacement, réglage et réparation, et dans certains cas des actions administratives.

maintenance corrective
corrective maintenance
Maintenance effectuée après une défaillance ou après détection d'une anomalie, dans le but de remettre une unité fonctionnelle dans un état qui lui permet d'accomplir une fonction requise.

maintenance de fichier
file maintenance
Ensemble des opérations de mise à jour ou de réorganisation d'un fichier.

maintenance différée
deferred maintenance
Maintenance corrective qui n'est pas effectuée tout de suite après une défaillance ou après détection d'une anomalie, mais qui est retardée selon des règles de maintenance données.
≈ intervention différée

maintenance dirigée
controlled maintenance
Maintenance effectuée suivant un plan d'organisation, de façon à assurer la qualité de service voulue avec un effort de maintenance minimal ou réduit.
≈ maintenance organisée

maintenance d'un système
system maintenance
Modification d'un système afin de corriger ses défauts, d'améliorer ses performances ou de l'adapter à de nouveaux besoins.
≈ entretien d'un système

maintenance organisée
➡ **maintenance dirigée**

maintenance préventive
preventive maintenance

Maintenance effectuée à intervalles prédéterminés ou selon des critères prescrits, dans le but de réduire la probabilité de défaillance ou la dégradation du fonctionnement d'une unité fonctionnelle.

≈ entretien

maintenance systématique
scheduled maintenance

Maintenance préventive effectuée conformément à un échéancier.

NOTE L'échéancier est établi selon le temps écoulé, le temps d'exploitation ou le nombre d'utilisations.

≈ entretien systématique

malveillance informatique
computer abuse

Action non autorisée, délibérée ou due à la négligence, et qui affecte ou met en cause la sécurité informatique d'un système informatique.

MAN
➡ **réseau métropolitain**

manche à balai
joystick

Releveur de coordonnées ou dispositif de pointage, comportant une manette à deux degrés de liberté au moins.

≈ manette de jeu

manette de jeu
➡ **manche à balai**

manipulation de données
data handling, data manipulation

Dans un système informatique, ensemble de fonctions permettant d'accéder aux données, d'effectuer ou de surveiller le stockage des données et de commander des opérations d'entrée et de sortie.

mantisse
mantissa

I (en numération à séparation flottante) Numéral qui est le facteur multiplicatif de la puissance de la base de séparation flottante, dans la représentation d'un nombre réel par un couple de numéraux.

☞ représentation à virgule flottante

II (dans un logarithme) Partie décimale non négative de la représentation du logarithme.

manuel de l'utilisateur
user manual, user's guide

Document qui décrit l'utilisation d'une unité fonctionnelle, et peut également préciser les droits et obligations de l'utilisateur, du propriétaire et du fournisseur de cette unité.

manuel de maintenance de programme
program maintenance manual

Document qui regroupe les informations nécessaires pour assurer la maintenance d'un programme.

mappage
mapping

(en infographie)

Passage d'un système de coordonnées à un autre.

mappage de texture
texture mapping

Rendu donnant à la représentation bidimensionnelle d'un objet une apparence tridimensionnelle, par application des caractéristiques de texture des surfaces de l'objet sur les zones correspondantes de l'image.

marge
margin

Zone généralement inutilisée, comprise entre la zone texte d'une page ou d'un écran et l'un des quatre bords de la page ou de l'écran.

NOTE Les marges peuvent contenir des éléments tels que des titres de haut de page, des titres de bas de page, de petites illustrations, des notes et les numéros de page.

marquage de plages
blob labeling
Mise en valeur, sur une image affichée, d'une plage adressée, par exemple par ombrage, par curseur ou par un marquage alphanumérique.

marque
mark
Petite aire de la couche d'enregistrement d'un disque optique, qui peut être détectée par le système optique d'un lecteur de disque optique.
NOTES
1 Une marque peut être un domaine magnétique, une zone amorphe ou cristalline, une cuvette ou tout autre élément.
2 La configuration des marques et des espaces représente les données sur le disque.

marque embossée
embossed mark
Marque réalisée de manière qu'elle soit inaltérable par des moyens optiques.
≈ marque gaufrée, marque repoussée

marque gaufrée
➡ **marque embossée**

marque repoussée
➡ **marque embossée**

marqueur
markup
Texte ajouté aux données d'un document pour fournir de l'information sur le document.
EXEMPLES Les balises, les instructions de traitement, les hyperliens sont des marqueurs.

1 masquage
shielding, reverse clipping
(en infographie)
Suppression de tous les éléments graphiques qui se trouvent à l'intérieur d'un masque de découpage.

2 masquage
masking
(en vision artificielle)
Opération par laquelle des régions d'une image reçoivent une valeur chromatique uniforme.

masquage d'information
information hiding
Principe qui consiste à refuser l'accès à un élément de langage ou à certains de ces détails, ou à en prendre connaissance, à l'exception des détails considérés comme essentiels pour l'utilisateur.

masque
mask
Arrangement de caractères désignant les parties d'un autre arrangement de caractères à retenir ou à rejeter.

masque de découpage
clip mask
Plage d'affichage délimitée au moyen d'une table de pixels ou d'une liste de rectangles, à l'extérieur de laquelle les données affichées sont supprimées.

matériel
hardware
Ensemble des composants physiques d'un système informatique.
EXEMPLES Un ordinateur, un périphérique.

matrice de caractère
character box, bounding box
Parallèlogramme imaginaire sur une surface d'affichage ou d'impression, et qui contient l'intégralité d'un caractère graphique.
NOTE Deux matrices de caractères peuvent se chevaucher de façon à réduire ou à supprimer l'espacement entre deux caractères adjacents.

matrice de confusion
➡ **grille de correction**

matrice de portes
➡ **matrice prédiffusée**

matrice logique programmable
programmable logic array (PLA)

Circuit logique intégré, comportant une matrice prédiffusée de portes ET en entrée et une matrice prédiffusée de portes OU inclusif en sortie, les connexions entre portes étant réalisées de façon à effectuer toute fonction logique voulue.

≈ circuit PLA, réseau logique programmable

matrice logique programmable effaçable
erasable programmable logic device (EPLD)

Matrice logique programmable conçue pour réaliser une fonction programmable et effaçable par l'utilisateur.

≈ circuit EPLD, circuit logique programmable effaçable

matrice logique programmable par l'utilisateur
field-programmable logic array (FPLA)

Matrice logique programmable qui peut être personnalisée par l'utilisateur.

≈ circuit FPLA, réseau logique programmable par l'utilisateur

matrice prédiffusée
gate array

Ensemble de portes identiques ou réparties en groupes de portes identiques, réalisé sur une puce avec des circuits auxiliaires, et dont l'interconnexion est réalisée à la demande.

NOTE En français, l'adjectif « prédiffusé » fait ressortir que la réalisation des portes est obtenue par diffusion.

≈ matrice de portes, réseau prédiffusé de portes

matrice prédiffusée programmable
field-programmable gate array (FPGA)

Matrice logique programmable par l'utilisateur ayant des possibilités limitées, mais qui est plus facile à programmer.

NOTE Les matrices prédiffusées programmables réalisent des fonctions logiques de bas niveau.

≈ circuit FPGA, réseau prédiffusé programmable

maximiser
to maximize

Transformer une icône en fenêtre (sens I).

☞ iconiser

mébi
mebi

Préfixe d'unité pour les multiples binaires, indiquant le facteur 2^{20}, employé principalement en combinaison avec le bit et l'octet.

EXEMPLES

Un mébioctet :

1 Mio = 2^{20} octets = 1 048 576 octets.

Un mégaoctet :

1 Mo = 10^6 octets = 1 000 000 octets.

Le symbole de *mébi* est *Mi*.

NOTE Le préfixe *méga* indique normalement le facteur 10^6.

mécanisme d'accès
access mechanism, actuator

Mécanisme qui assure les déplacements d'un bras d'accès ou d'un peigne.

≈ positionneur

média
medium

Moyen par lequel les données sont acquises, perçues, représentées, affichées, stockées ou transmises.

Le terme *média* est un nom masculin.

média d'entrée
input medium

Média par lequel un système acquiert des données provenant d'un utilisateur.

EXEMPLE Son reçu par un microphone.

média de perception
perception medium

Média par lequel les données sont perçues par un utilisateur.

EXEMPLES Son perçu par l'oreille humaine ou graphiques perçus par l'œil humain.

NOTE Le média de perception se rapporte à la nature de l'information telle qu'elle est perçue ou traitée par un être humain.

Tableau M.1 – Exemples de médias de représentation

Nature de l'information	Formes codées possibles
Caractères ou texte	Télex, ASCII, EBCDIC
Graphique	Vidéotex : CEPT, NAPLPS, CAPTAIN Images : GIF, TIFF, PICT, CGM
Audio	Codage wave, Rec. UIT-T G.711, MIDI, MPEG/Audio
Images fixes	Télécopie groupe 3, JPEG
Séquence audiovisuelle	Rec. UIT-R 601 et le son associé, MPEG
Vidéo	MPEG, MPEG2 vidéo

média de présentation
presentation medium

Média destiné à la reproduction de données pour un utilisateur.

EXEMPLES Son émis par un haut-parleur ou graphiques présentés sur un écran.

média de représentation
representation medium

Média par lequel les données sont représentées.

EXEMPLES Son codé dans un fichier ou graphiques codés sur un disque optique compact.

NOTE Le média de représentation se rapporte à la nature de l'information telle qu'elle est représentée sous forme codée.

👁 Tableau M.1

média interactif
interactive medium

Média qui requiert que l'utilisateur introduise des données afin de déterminer le contenu et la durée d'une présentation, permettant ainsi d'individualiser cette présentation.

EXEMPLE Écran vidéo interactif.

méfiance mutuelle
➡ **méfiance réciproque**

méfiance réciproque
mutual suspicion

Relation entre deux entités agissant l'une sur l'autre, dans laquelle aucune des deux entités ne suppose que l'autre entité fonctionne correctement ou de manière sûre pour une propriété donnée.

≈ méfiance mutuelle

mégaflops
megaflops (MFLOPS)

Unité de mesure de la puissance d'un ordinateur, égale à un million d'opérations en virgule flottante par seconde.

NOTE Cette unité de mesure est utilisée en informatique scientifique.

membre droit
➡ **partie droite**

membre gauche
➡ **partie gauche**

1 mémoire
storage device

Unité fonctionnelle capable de recevoir, de conserver et de restituer des données.

2 mémoire
memory

Tout l'espace adressable dans les mémoires internes.

mémoire à accès direct
direct access storage device (DASD)

Mémoire dont le temps d'accès est indépendant de l'emplacement des données.

NOTE Le terme désigne souvent les disques, par opposition aux dispositifs à accès séquentiel.

mémoire à bande magnétique
magnetic tape storage

Mémoire magnétique, dans laquelle des données sont stockées par enregistrement magnétique sur la surface d'une bande qui se déplace longitudinalement au cours de son exploitation.

mémoire à bulles
bubble memory

Mémoire magnétique qui utilise des domaines magnétisés de forme cylindrique dans un film mince, ces domaines étant mobiles, rémanents et modifiables.

mémoire à chevauchement
➠ **mémoire vive dynamique en sortie étendue**

mémoire à circuit intégré
integrated circuit memory (IC memory), semiconductor memory

Mémoire constituée d'un ensemble de transistors, diodes et autres éléments de circuits créés au sein d'une puce de semi-conducteur.

≈ mémoire à semi-conducteur

mémoire à disques magnétiques
magnetic disk storage

Mémoire magnétique comportant un ou plusieurs disques magnétiques qui, en fonctionnement, tournent sur un axe commun.

mémoire adressable par le contenu
➠ **mémoire associative**

mémoire à semi-conducteur
➠ **mémoire à circuit intégré**

mémoire associative
associative storage, content-addressable storage, associative memory

Mémoire capable de reconstituer la forme stockée qui s'apparie à une forme d'entrée approximative ou partielle.

NOTES

1 La forme d'entrée peut être tout ou partie de l'adresse, ou une forme telle que définie à l'article *forme*.

2 La forme reconstituée peut être la forme voulue elle-même ou une référence à celle-ci, telle que son adresse.

≈ mémoire adressable par le contenu

mémoire à supraconducteur
cryogenic storage

Mémoire qui utilise les propriétés magnétiques et supraconductrices de certains matériaux, à de très basses températures.

≈ mémoire cryogénique

mémoire à tambour magnétique
magnetic drum storage

Mémoire magnétique dans laquelle des données sont stockées par enregistrement magnétique à la surface d'un cylindre circulaire droit qui, en fonctionnement, tourne autour de son axe.

mémoire auxiliaire
➠ **mémoire externe**

mémoire cache
cache memory, cache storage

Cache constitué de mémoire vive d'accès très rapide, que l'ordinateur consulte avant d'interroger la mémoire principale et qui, fournissant les parties de programme et les données les plus utilisées dans le traitement en cours, permet de réduire la durée de celui-ci.

NOTE La mémoire cache est intercalée entre le processeur et la mémoire principale. Sa capacité est un des éléments déterminants de la puissance de l'ordinateur.

≈ antémémoire

mémoire centrale
main storage, main memory

Partie de la mémoire interne dans laquelle des instructions et d'autres données doivent être chargées pour exécution ou traitement ultérieurs.

≈ mémoire principale

mémoire cryogénique
➠ **mémoire à supraconducteur**

mémoire de cumul
sigma memory

Mémoire qui, dans une calculatrice, sert à totaliser les résultats d'une série de calculs.

≈ mémoire sigma

mémoire de messages
message store (MS)

Unité fonctionnelle qui procure à un usager direct isolé des capacités de mémorisation de messages.

☞ système informatique de messagerie, usager direct

mémoire dynamique
dynamic storage

Mémoire qui nécessite un rafraîchissement périodique.

mémoire EDO

➡ **mémoire vive dynamique en sortie étendue**

mémoire effaçable
erasable storage

Mémoire dans laquelle des données différentes peuvent successivement être écrites au même emplacement.

mémoire électrostatique
electrostatic storage

Mémoire qui utilise des zones chargées électriquement sur une couche diélectrique.

mémoire externe
external storage, auxiliary storage

Mémoire à laquelle un processeur ne peut avoir accès sans l'intermédiaire de canaux d'entrée-sortie.

≈ mémoire auxiliaire

mémoire flash
flash memory, flash EPROM, FEPROM

Mémoire morte programmable, qui peut être effacée par des impulsions électriques et réutilisée.

FEPROM est l'abréviation de l'expression anglaise *flash erasable programmable read-only memory.*

NOTE Les octets ou les mots peuvent généralement être effacés et reprogrammés individuellement.

≈ mémoire morte reprogrammable et effaçable, parflash

mémoire interne
internal storage, internal memory

Mémoire adressable directement, commandée par un processeur.

NOTES

1 La mémoire interne est utilisée pour stocker les programmes en cours de traitement.

2 La mémoire interne englobe la mémoire centrale et éventuellement d'autres types de mémoires, comme la mémoire cache et les registres.

mémoire magnétique
magnetic storage

Mémoire qui utilise un matériau aimantable comme support d'enregistrement, et fait principalement appel à des propriétés magnétiques pour l'enregistrement et l'extraction.

mémoire morte
ROM

Mémoire dans laquelle, dans des conditions normales d'exploitation, les données peuvent seulement être lues.

ROM est l'abréviation de l'expression anglaise *read-only memory.*

NOTE Le terme *mémoire ROM* n'est normalement employé que pour une mémoire à circuits intégrés.

≈ ROM

mémoire morte programmable
PROM

Mémoire à circuit intégré qui, après une première écriture, est transformée en mémoire morte.

PROM est l'abréviation de l'expression anglaise *programmable read-only memory.*

≈ PROM

mémoire morte reprogrammable
EPROM
Mémoire morte programmable, qui peut être effacée par un procédé particulier et réutilisée.
EPROM est l'abréviation de l'expression anglaise *erasable programmable read-only memory.*
NOTE Le procédé particulier est normalement une exposition à un rayonnement ultraviolet.
≈ EPROM

mémoire morte reprogrammable et effaçable
➡ **mémoire flash**

mémoire morte reprogrammable et effaçable électriquement
EEPROM
Mémoire morte programmable qui peut être effacée par des impulsions électriques et réutilisée.
EEPROM est l'abréviation de l'expression anglaise *electrically erasable programmable read-only memory.*
NOTE Les octets ou les mots peuvent généralement être effacés et reprogrammés individuellement.
≈ EEPROM

mémoire non rémanente
➡ **mémoire volatile**

mémoire non volatile
nonvolatile storage
Mémoire dont le contenu n'est pas perdu quand l'alimentation électrique est coupée.
≈ mémoire rémanente

mémoire optique
optical storage
Mémoire dont le fonctionnement fait principalement appel à des techniques optiques pour l'enregistrement et pour l'extraction.

mémoire organisée par mots
word-organized storage
Mémoire dans laquelle des données peuvent être stockées ou extraites par mots-machine entiers, ou, durant un intervalle de temps égal, par fractions de mot-machine.

mémoire permanente
permanent storage
Mémoire dont le contenu ne peut pas être effacé.

mémoire principale
➡ **mémoire centrale**

mémoire RAM
➡ **mémoire vive**

mémoire RAM vidéo
➡ **mémoire vive vidéo**

mémoire réelle
real memory, real storage
Désignation de la mémoire physique, dans un système à mémoire virtuelle.

mémoire rémanente
➡ **mémoire non volatile**

mémoire ROM
➡ **mémoire morte**

mémoire SDRAM
➡ **mémoire vive dynamique synchrone**

mémoire sigma
➡ **mémoire de cumul**

mémoire statique
static storage
Mémoire qui ne nécessite aucun rafraîchissement.

mémoire tampon
buffer
Mémoire ou zone de mémoire spécialisée permettant, par stockage temporaire, le transfert de données entre deux unités fonctionnelles ayant des caractéristiques de transfert différentes.
NOTE Une mémoire tampon est utilisée dans le cas d'organes non synchronisés, ou opérant l'un en série et l'autre en parallèle, ou ayant des vitesses de transfert différentes.
≈ tampon

mémoire vidéo
frame buffer, video RAM (VRAM)

Mémoire tampon qui contient les valeurs de tous les pixels d'une image.

VRAM est l'abréviation de l'expression anglaise *video random access memory.*

≈ vidéo-mémoire

mémoire virtuelle
virtual memory (VM)

Réalisation qui étend la taille apparente de la mémoire interne, en utilisant un grand espace d'adresses qui est mis dynamiquement en correspondance avec les adresses dans cette mémoire interne, et en permutant les données entre mémoire externe et mémoire interne, selon les besoins.

mémoire vive
RAM

Mémoire dans laquelle, dans des conditions normales d'exploitation, des données peuvent être lues et écrites.

RAM est l'abréviation de l'expression anglaise *random-access memory.*

NOTE Le synonyme *mémoire RAM* n'est normalement employé que pour une mémoire à circuits intégrés.

≈ mémoire RAM, RAM

mémoire vive dynamique
dynamic RAM (DRAM)

Mémoire vive à accès direct, qui est une mémoire volatile dont le contenu nécessite un rafraîchissement périodique.

DRAM est l'abréviation de l'expression anglaise *dynamic random access memory.*

NOTE Un état binaire est représenté par la présence ou l'absence d'une charge électrique dans chaque cellule de mémoire.

≈ DRAM, RAM dynamique

mémoire vive dynamique en sortie étendue
extended data out dynamic RAM (EDODRAM)

Mémoire vive dynamique dans laquelle un nouveau cycle de lecture commence avant la fin du cycle en cours.

EDO est l'abréviation de l'expression anglaise *extended data out.*

≈ mémoire à chevauchement, mémoire EDO

mémoire vive dynamique synchrone
synchronous dynamic RAM, synchronous DRAM (SDRAM)

Mémoire vive dynamique qui utilise une technique de rafales pour prédire l'adresse de l'emplacement de mémoire suivant auquel on veut accéder.

SDRAM est l'abréviation de l'expression anglaise *synchronous dynamic read-only memory.*

NOTE Une mémoire vive dynamique synchrone peut fonctionner à des vitesses d'horloge plus élevées que les mémoires vives dynamiques ordinaires.

≈ mémoire SDRAM

mémoire vive graphique synchrone
synchronous graphic RAM (SGRAM)

Mémoire vive dynamique optimisée pour son emploi dans un matériel graphique, principalement pour le rendu tridimensionnel et la vidéo à pleine vitesse.

mémoire vive pour fenêtre
window RAM (WRAM)

Mémoire vive dynamique optimisée pour son emploi dans un adaptateur d'affichage, mais plus rapide que les mémoires vives vidéo ordinaires.

WRAM est l'abréviation de l'expression anglaise *window random access memory.*

≈ mémoire WRAM

mémoire vive statique
static RAM (SRAM)

Mémoire vive à accès direct, qui est une mémoire volatile dont le contenu ne nécessite aucun rafraîchissement.

SRAM est l'abréviation de l'expression anglaise *static random access memory.*

≈ RAM statique, SRAM

mémoire vive vidéo
video RAM (VRAM)

Mémoire vive dynamique optimisée pour son emploi dans un adaptateur d'affichage.

VRAM est l'abréviation de l'expression anglaise *video random access memory.*

≈ mémoire RAM vidéo

Tableau M.2 – Niveaux d'atteintes à la sécurité

Menace	+	Vulnérabilité	=	Risque
↓				
Attaque	+	Vulnérabilité	=	Exposition
↓				
Intrusion				
↓				
Pénétration		→		Compromission
				↓
				Perte

mémoire volatile
volatile storage

Mémoire dont le contenu est perdu quand l'alimentation électrique est coupée.

≈ mémoire non rémanente

mémoire WRAM
➠ **mémoire vive pour fenêtre**

mémorisation
➠ **stockage**

mémorisation de messages
message storage

(en courrier électronique)

Mémorisation automatique de messages dans le système de messagerie, en vue d'une utilisation ultérieure.

≈ stockage de messages

mémoriser
➠ **stocker**

menace
threat

Violation potentielle de la sécurité informatique.

👁 Tableau M.2

menace active
active threat

Menace de changement non autorisé de l'état d'un système informatique.

EXEMPLE Une menace qui aurait pour résultat la modification de messages, l'insertion de faux messages, le déguisement et le déni de service.

menace passive
passive threat

Menace de divulgation d'informations sans changement de l'état du système informatique.

EXEMPLE Menace qui aurait pour résultat l'obtention d'informations sensibles par l'interception de données en cours de transmission.

menu
menu

Liste d'options affichées par un système informatique à l'intention d'un utilisateur, pour qu'il sélectionne l'action désirée.

menu déroulant
pull-down menu

Menu qui apparaît au-dessous de la barre de menus lorsque l'utilisateur sélectionne une option dans cette barre.

menu parlé
➡ **menu vocal**

menu vocal
voice menu, spoken menu

Menu offrant à l'utilisateur un choix parmi un ensemble d'options parlées.

≈ menu parlé

mer de portes
sea of gates

Matrice prédiffusée dans laquelle les portes élémentaires sont réparties sur toute la surface de la puce, sans utiliser de canaux de routage spécifiques.

≈ mer de silicium

mer de silicium
➡ **mer de portes**

message
message

I (en messagerie électronique) Suite de bits ou de caractères transférée comme un tout ; objet d'information transféré entre des agents d'utilisateur.

NOTE Un message se compose généralement de deux parties : le contenu et l'enveloppe.

II (en programmation) Demande exprimée afin qu'un objet effectue l'une de ses opérations.

III (en théorie de l'information et en théorie des communications) Suite ordonnée de caractères, destinée à communiquer des informations.

message de personne à personne
➡ **message interpersonnel**

message-guide
➡ **invite**

message incendiaire
flame, flaming

Déclaration agressive ou malveillante, contenue dans un message envoyé dans une conférence par ordinateur ou en courrier électronique.

Le terme *coup de feu* est employé au Canada.

≈ coup de feu

message interpersonnel
interpersonal message (IPM)

Message, en messagerie interpersonnelle.

≈ message de personne à personne

👁 Figure M.1

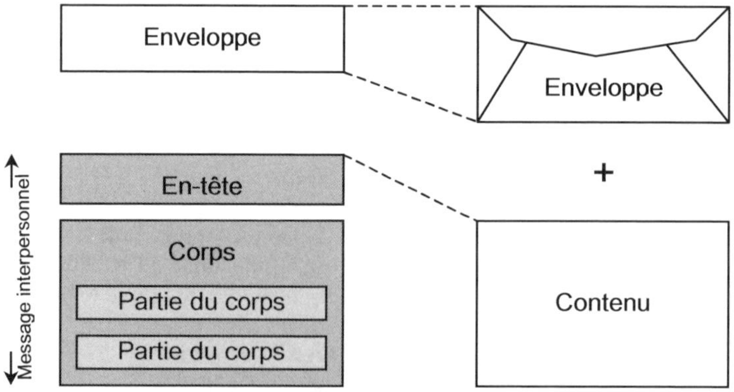

Figure M.1 – Exemple de structure d'un message interpersonnel

messagerie
→ **traitement de messages**

messagerie électronique
electronic messaging
Transfert, stockage et récupération de messages par des moyens électroniques.

messagerie interpersonnelle
interpersonal messaging
Forme de traitement de messages adaptée à la correspondance ordinaire, professionnelle ou privée, entre des personnes.

message vocal
voice mail
Message parlé numérisé, qui est enregistré et transmis à un ou plusieurs destinataires.

mesure de l'incertitude
→ **altération**

mesure de prévention
countermeasure
Action, dispositif, procédure, technique ou autre mesure conçue pour réduire la vulnérabilité.
≈ contre-mesure

métacompilateur
compiler generator, compiler compiler, metacompiler
Traducteur ou interpréteur utilisé pour spécifier et construire tout ou partie d'un compilateur.
≈ compilateur de compilateur

métaconnaissance
metaknowledge
Connaissance sur la structure, l'emploi et le contrôle d'autres connaissances.
NOTE Les métaconnaissances peuvent être de puissants mécanismes de contrôle, dans les systèmes experts et les autres systèmes à base de connaissances.

métadonnée
metadata
Donnée relative à des données ou à des éléments de données, y compris leurs descriptions de données, ou donnée sur la propriété des données, les chemins d'accès, les droits d'accès et la volatilité des données.

métafichier infographique CGM
CGM
CGM
Spécification normalisée d'un format de fichier, appelé métafichier, adapté au stockage et au transfert de données descriptives permettant de créer des images.
CGM est l'abréviation de l'expression anglaise *computer graphics metafile*.

métalangage
metalanguage
Langage utilisé pour spécifier tout ou partie des caractéristiques d'un autre langage, et éventuellement des siennes.
EXEMPLE Notation de Backus-Naur.

métarègle
metarule
Règle qui prescrit les conditions, l'ordre et la manière d'application d'une autre règle ou d'un ensemble de règles.
NOTE Les métarègles peuvent être de puissants mécanismes de contrôle dans les systèmes experts et les systèmes à base de règles.

méthode
method
(en programmation)
Opération qu'un objet exécute à la réception d'un message.

méthode heuristique
heuristic method
Méthode de résolution de problèmes, consistant en une suite d'essais donnant des résultats approchés, avec contrôle de la progression vers un résultat final acceptable, par exemple la méthode par approximations successives.

méthode structurale de reconnaissance de caractères
→ **reconnaissance structurale des caractères**

méthode structurale de reconnaissance de formes
➡ **reconnaissance structurale de formes**

mettre à l'échelle
to scale, to normalize
Changer la représentation d'une grandeur en employant d'autres unités de mesure, de façon à amener la gamme des valeurs de cette représentation dans un intervalle déterminé.
≈ changer d'échelle

mettre au point
➡ **déboguer**

mettre en forme
to edit
Préparer des données en vue d'une opération ultérieure.
NOTE La mise en forme peut comprendre un changement de l'ordre ou de la disposition des données, l'addition, la suppression ou la modification de données, une conversion de code et des opérations courantes telle que la suppression de zéros.

MHEG
MHEG
Méthode normalisée de structuration de données hypermédias et multimédias.
MHEG est l'abréviation de l'expression anglaise *multimedia and hypermedia information coding expert group*.

Mi
➡ **mébi**

microaiguille
micropin
Aiguille minuscule disposée dans un gant à sortie tactile ou une combinaison intégrale, qui produit des sensations de pression, de texture ou de toucher chez le porteur, lorsque celui-ci entre en contact avec des objets virtuels.

microassembleur
➡ **assembleur de microcode**

microcode
microcode
Ensemble de micro-instructions comprenant une partie, ou la totalité ou un ensemble de microprogrammes.

microdiagnostic
microdiagnostics
Technique diagnostique utilisant un microprogramme spécialisé, intégré à une unité fonctionnelle, ou externe à cette unité, selon les besoins.

microédition
desktop publishing
Publication assistée par ordinateur, utilisant un micro-ordinateur.
≈ éditique

micro-instruction
microinstruction
Directive spécifiant les opérations de base nécessaires pour effectuer une instruction machine, ou toute autre fonction matérielle autonome, et identifiant les opérandes de ces opérations.
NOTE Les micro-instructions sont les véritables instructions machine, et le microcode est utilisé pour créer une machine virtuelle qui semble disposer d'un jeu d'instructions plus convivial.

micrologiciel
firmware
Ensemble ordonné d'instructions et de données associées, stockées d'une manière telle qu'elles sont considérées comme faisant partie du matériel et se distinguent du logiciel, lequel est chargé dynamiquement selon des besoins.
EXEMPLE Microprogramme stocké en mémoire morte.
NOTE Un micrologiciel peut être installé sous forme de circuit logique ou stocké en mémoire morte ; il peut être adressé comme faisant partie de l'espace adressable de la mémoire, ou d'une manière entièrement distincte.

micro-opération
microoperation
En microprogrammation, chacune des opérations de base nécessaires pour effectuer une instruction machine ou une autre fonction matérielle autonome.
= microopération

micro-ordinateur
microcomputer
Ordinateur dont l'unité centrale est constituée d'un ou de plusieurs microprocesseurs, et qui offre des possibilités de stockage et des fonctions d'entrée-sortie.
= microordinateur

microprocesseur
microprocessor
Processeur réalisé sous la forme d'un seul circuit intégré.

microprogrammation
microprogramming
Mode de programmation utilisant des micro-instructions.
NOTE La microprogrammation s'oppose au câblage des signaux de commande nécessaires pour effectuer une instruction machine.

microprogramme
microprogram
Séquence de micro-instructions qui, associée aux composants matériels correspondants, effectue une instruction machine ou une autre fonction matérielle autonome.

MIME
MIME
Nom d'un protocole d'application permettant d'inclure et de transférer des données multimédia dans un document hypertexte ou dans un courrier électronique.
MIME est l'abréviation de l'expression anglaise *multipurpose Internet mail extensions*.
NOTE MIME permet les types de données suivants : texte, image, vidéo, audio, message, application et multipartie.

minimiser
➡ **icôniser**

mini-ordinateur
minicomputer
Ordinateur dont les fonctionnalités se situent entre celles d'un micro-ordinateur et celles d'un ordinateur central.

MIPS
MIPS
Unité de mesure de la puissance d'un ordinateur, égale à un million d'instructions par seconde.
MIPS est l'abréviation de l'expression anglaise *millions of instructions per second*.

mise à disposition
affordance
Moyen d'entrer dans un univers virtuel et de prendre part à l'expérience des participants.

mise à jour de fichier
file updating
Ensemble des opérations d'adjonction, de suppression ou de modification de données dans un fichier.

mise à l'échelle
scaling
(en infographie)
Agrandissement ou réduction de l'ensemble ou d'une partie d'une image, avec un facteur fixe dans chaque direction.
NOTE La mise à l'échelle n'est pas nécessairement réalisée avec le même facteur dans toutes les directions.
≈ changement d'échelle

mise en évidence
highlighting
Action de faire ressortir un élément graphique par modification de ses attributs visuels.

mise en forme de signal
signal shaping
Opération consistant à modifier certaines caractéristiques d'un signal, telles que la valeur maximale, la forme ou l'échelonnement dans le temps des éléments successifs constituant le signal.

mise en forme de texte
text editing, editing

Utilisation d'un système de traitement de texte pour manipuler un texte, par exemple pour le réorganiser ou le modifier, y compris par des adjonctions ou suppressions, ou pour le reformater.

≈ édition de texte

mise en mémoire
➥ **stockage (1)**

mise en œuvre d'un système
implementation of a system

Étape du développement de système à l'issue de laquelle le matériel, les logiciels et les procédures du système projeté entrent en fonction.

mise en page automatique
automatic pagination

Agencement automatique d'un texte, conformément à des paramètres prédéterminés de présentation des pages.

NOTE Cette fonction permet à l'utilisateur d'introduire du texte sans avoir à tenir compte des fins de pages.

mise en page horizontale
➥ **tabulation horizontale**

mise en page verticale
➥ **tabulation verticale**

mise en scène
staging

Ensemble des conditions d'une prise de vue, comportant la disposition de l'objet, sa présentation, son éclairage et la méthode de prise de vue.

mode addition
add mode

Dans les opérations d'addition et de soustraction, mode selon lequel le signe décimal est placé à un emplacement prédéterminé par rapport au dernier chiffre introduit.

mode brouillon
draft mode

Mode d'impression rapide donnant une qualité inférieure à celle du mode d'impression usuel.

mode calcul
compute mode, operate mode

Mode de fonctionnement d'un calculateur analogique au cours duquel s'effectue la résolution du problème.

mode conditions initiales
initial condition mode, reset mode

Mode de fonctionnement d'un calculateur analogique au cours duquel on introduit les conditions initiales tout en laissant les intégrateurs inopérants.

mode d'alimentation en papier
paper mode

Manière dont le papier est introduit dans une imprimante.

EXEMPLES Alimentation feuille à feuille, bac à papier, papier en continu, etc.

mode d'élocution
➥ **mode parlé**

mode de paramètre formel
formal parameter mode

Caractéristique qui indique si un paramètre formel peut être évalué sans modification, ou recevoir une nouvelle valeur, ou être à la fois évalué et modifié.

mode de transmission par paquets
packet transfer mode

Méthode de transfert de données par transmission et commutation de paquets, qui permet le partage dynamique des ressources du réseau entre de nombreuses connexions.

mode d'exploitation
operating mode

Manière dont les données sont traitées.

mode dialogué
conversational mode

Mode d'exploitation d'une unité fonctionnelle, selon lequel un utilisateur et l'unité fonctionnelle échangent des demandes et des réponses d'une manière semblable à un dialogue entre deux personnes.

mode indépendant du code
code-independent data communication

Mode de communication de données utilisant un protocole orienté caractère, indépendant du jeu de caractères et du code utilisés par la source de données.

mode interactif
interactive mode

Mode d'exploitation d'une unité fonctionnelle, selon lequel l'unité fonctionnelle répond à chaque action de l'utilisateur et dans lequel l'utilisateur a l'impression d'influencer directement les opérations pendant le processus.

mode justification
adjust text mode

Mode permettant à un utilisateur de remettre en forme un texte pour tenir compte des longueurs de ligne et des longueurs de pages spécifiées.

modèle conceptuel
conceptual model

Représentation des caractéristiques d'un univers du discours à l'aide d'entités et de rapports entre entités.

modèle connexionniste
connectionist model

Modèle informatique des activités intelligentes, dans lequel les éléments d'information sont représentés collectivement par un réseau d'un grand nombre d'unités de traitement élémentaires qui communiquent en échangeant des messages simples, et où des calculs complexes sont effectués par un traitement réparti entre un grand nombre d'unités fonctionnant en parallèle.

NOTE Les modèles connexionistes sont appliqués, par exemple, en représentation des connaissances, reconnaissance des formes, vision par ordinateur, compréhension du langage naturel, apprentissage (selon la définition donnée au terme *apprentissage*) et commande de mouvements.

modèle de comportement
user profile

Description de l'activité d'un utilisateur, qui peut servir de référence pour détecter des changements.

modèle de domaine
domain model

Modèle représentant l'ensemble des connaissances et des compétences relatives à une spécialité.

modèle de données
data model

I Dans une base de données, mode d'organisation des données, en conformité avec les descriptions formelles de son système d'information et avec les exigences du système de gestion de base de données à utiliser.

II Description de l'organisation des données dans le système d'information de gestion d'une entreprise.

modèle de Markov caché
hidden Markov model (HMM)

Modèle de signal, dans lequel l'état de chaque segment de signal est représenté par un état d'un processus de Markov, ces états n'étant pas directement observables.

NOTES

1 Un processus de Markov est un processus stochastique consistant en une suite d'états, la probabilité de passage d'un état à un autre ne dépendant que de ces deux états et non des états précédents.

2 Pour reconnaître un énoncé, le système calcule la vraisemblance de sa production par chacun des modèles dérivés pendant un apprentissage. L'énoncé est reconnu comme le mot ou comme une autre entité dont le modèle correspond à la vraisemblance maximale.

modèle d'entrée aligné

warped-input model

Forme comprimée de spectrogramme de la parole, qui conserve certaines caractéristiques importantes telles que les principales bandes de fréquences, les amplitudes relatives, les fréquences fondamentales montantes et descendantes.

modèle de réalité virtuelle

virtual-reality model (VR model), virtual model

Modèle graphique utilisé pour représenter un objet virtuel.

≈ modèle virtuel

modèle de référence

template

Image ou partie d'image qui sert à la comparaison avec d'autres images, ou à la génération d'autres images.

modèle de référence CGRM

CGRM

Cadre de référence normalisé pour l'infographie.

CGRM est l'abréviation de l'expression anglaise *computer graphics reference model*.

modèle de référence d'interconnexion de systèmes ouverts

modèle de référence OSI

open systems interconnection reference model (OSI reference model)

Modèle décrivant les principes généraux de l'interconnexion de systèmes ouverts, ainsi que l'architecture de réseau résultant de l'application de ces principes.

☞ couche (sens II)

modèle de référence OSI

➡ **modèle de référence d'interconnexion de systèmes ouverts**

modèle de référence vocal

speech template

Ensemble de caractéristiques vocales préenregistrées ou fondées sur des règles, stockées dans une unité fonctionnelle pour références et appariements ultérieurs.

modèle de réseau neuronal

neural-network model

Modèle abstrait de réseau neuronal, que l'on peut simuler par logiciel ou réaliser comme ordinateur neuronal.

≈ modèle neuronal

modèle d'instruction

➡ **format d'instruction**

modèle du tableau noir

blackboard model

Modèle de résolution de problème dans lequel une mémoire de travail appelée « tableau noir », accessible à plusieurs sources de connaissances, sert à communiquer des résultats intermédiaires ou des données nouvelles.

modèle en réseau

network model

Modèle de données (sens I) dont la structure suit une structure en réseau.

EXEMPLE Le modèle NDL.

modèle hiérarchique

hierarchical model

Modèle de données (sens I) dont la structure suit une structure arborescente.

modèle neuronal

➡ **modèle de réseau neuronal**

modèle relationnel

relational model

Modèle de données (sens I) dont la structure dépend d'un ensemble de relations.

EXEMPLE Le modèle SQL.

modèle virtuel

➡ **modèle de réalité virtuelle**

modélisation cognitive

cognitive modeling

Modélisation des mécanismes mentaux, sensoriels et moteurs humains, en vue d'un traitement informatique.

modélisation de produit
product modeling

Modélisation géométrique en trois dimensions, qui traite des informations nécessaires à la fabrication ainsi que des caractéristiques volumiques d'un objet.

NOTE Les informations nécessaires à la fabrication comprennent les informations relatives aux matériaux, aux tolérances et aux outils à utiliser.

modélisation filaire
➡ **modélisation fil de fer**

modélisation fil de fer
wireframe modeling

Modélisation géométrique qui représente les formes tridimensionnelles d'un objet au moyen d'une série de lignes délimitant sa surface.

≈ modélisation filaire

modélisation géométrique
geometric modeling

Création, sur un système informatique, d'un modèle représentant des formes en trois dimensions, de façon à les rendre manipulables.

modélisation par éléments finis
finite-element modeling

Création, sur un système informatique, d'un modèle mathématique représentant une pièce mécanique ou un système physique en cours de conception, pour réaliser une analyse par éléments finis.

modélisation solide
solid modeling, volume modeling

Modélisation géométrique en trois dimensions traitant les caractéristiques matérielles d'un objet afin de représenter sa structure interne et sa forme extérieure.

≈ modélisation volumique

modélisation surfacique
➡ **surfaçage**

modélisation volumique
➡ **modélisation solide**

modem
modem

Unité fonctionnelle assurant la modulation et la démodulation des signaux.

NOTES

1 Le modem permet notamment la transmission des signaux numériques par des moyens de transmission analogique.

2 Le terme « modem » est une contraction de MOdulateur-DÉModulateur.

mode maintien
hold mode

Mode de fonctionnement d'un calculateur analogique, au cours duquel les opérations d'intégration sont arrêtées ; toutes les variables sont alors figées à la valeur qu'elles avaient lorsqu'on est entré dans ce mode.

modem câble
cable modem

Modem rapide connecté à un câble coaxial pour assurer la transmission de données.

modem cellulaire
cellular modem, cell modem, mobile modem, mobidem, wireless modem, radio modem, cordless modem

Modem destiné aux communications de données par l'intermédiaire d'un réseau cellulaire de radiocommunication avec les mobiles.

≈ modem mobile

modem données-fax
data/fax modem

Modem permettant à la fois la transmission de données sérielles et de télécopies.

modem fax
fax modem

Modem permettant d'utiliser un ordinateur pour envoyer et recevoir des télécopies.

≈ modem télécopieur

modem mobile
➡ **modem cellulaire**

modem télécopieur
➡ **modem fax**

modem vocal
vocal modem, voice modem
Modem permettant d'utiliser un ordinateur pour la téléphonie sur le réseau téléphonique commuté.

mode parlé
speaking mode
Chacune des trois manières de parler à un reconnaisseur de parole, à savoir le mode de mots isolés, le mode de mots enchaînés et le mode de parole continue.
≈ mode d'élocution

modérateur
moderator
Dans une conférence par ordinateur, personne qui reçoit les projets d'articles et peut les accepter, les modifier ou les rejeter.
≈ animateur

mode transparent
code-transparent data communication
Mode de communication de données utilisant un protocole orienté bit, indépendant de la structure des séquences binaires utilisée par la source de données.

mode vérification statique
static test mode
Mode de commande d'un calculateur analogique, au cours duquel on introduit des conditions initiales fictives qui permettent de vérifier l'assemblage ainsi que le bon fonctionnement des dispositifs de calcul autres que les intégrateurs.

mode virgule fixe
fixed decimal mode
Mode selon lequel le nombre de chiffres décimaux devant figurer dans le résultat d'un calcul est fixé à l'avance.

mode virgule flottante
floating decimal mode
Mode selon lequel la position du signe décimal dans le résultat d'un calcul est fixée automatiquement, indépendamment du mode d'entrée des données.

modifiabilité
modifiability
Mesure de la facilité avec laquelle des modifications peuvent être apportées à un programme.

modification d'adresse
address modification
Toute opération arithmétique, opération logique ou opération syntaxique réalisée sur une adresse.

modularité
modularity
Mesure de la façon dont un programme est composé de modules, de telle sorte qu'une modification apportée à un module ait un effet minimal sur les autres modules.

modulation
modulation
Processus par lequel au moins une caractéristique d'une porteuse est modifiée en fonction des caractéristiques d'un signal à transmettre.

modulation par déplacement d'amplitude
amplitude shift keying (ASK)
Modulation par laquelle un signal numérique modulant fait varier l'amplitude du signal de sortie, parmi un nombre fixe de valeurs prédéfinies.

modulation par déplacement de fréquence
frequency shift keying (FSK)
Modulation par laquelle un signal numérique modulant fait varier la fréquence du signal de sortie, parmi un nombre fixe de valeurs prédéfinies.

modulation par déplacement de fréquence à cohérence de phase
phase coherent frequency shift keying (phase coherent FSK)
Modulation par déplacement de fréquence, par laquelle les fréquences prédéfinies sont des multiples entiers du débit binaire et les transitions entre fréquences sont effectuées aux passages à zéro de la porteuse.

modulation par déplacement de fréquence à phase continue
phase-continuous frequency shift keying (phase-continuous FSK)

Modulation par déplacement de fréquence, par laquelle la transition entre les fréquences prédéfinies se fait par une variation de la fréquence, telle qu'il n'y ait pas de décalage de phase à la transition.

NOTE La modulation par déplacement de fréquence à phase continue se distingue du remplacement brusque d'une fréquence par une autre, tel que celui obtenu par un commutateur.

modulation par déplacement de phase
phase shift keying (PSK)

Modulation par un signal numérique modulant qui fait varier la phase du signal de sortie parmi un nombre fixe de valeurs prédéfinies.

module
module, program unit

Partie de programme conçue pour être distincte ou identifiable dans le cadre d'actions telles que la compilation, l'édition de liens, ou l'exécution, et qui peut interagir avec d'autres programmes ou parties de programmes.

NOTE La notion désignée par le terme « module » peut varier selon les langages de programmation.

≈ unité de programme

module chargeable
load module

Tout ou partie d'un programme prêt à être chargé et exécuté.

NOTE Un module chargeable est généralement produit par un éditeur de liens.

module de dialogue
➥ **module d'interface**

module de mémoire unirangée
SIMM module

Circuit imprimé comportant des puces mémoires à circuit intégré montées en surface, et une seule rangée de connexions le long d'un grand côté.

SIMM est l'abréviation de l'expression anglaise *single inline memory module*.

≈ barrette SIMM, module SIMM

module de remplacement
➥ **élément de remplacement**

module de repérage amont
tracing facility

(en intelligence artificielle)

Dans un langage de programmation ou un outil logiciel basé sur les connaissances, module permettant de retrouver les règles exécutées, ainsi que la valeur des variables utilisées.

module d'explications
explanation facility

Élément d'un système à base de connaissances qui explique comment les solutions ont été obtenues, et qui décrit les différentes étapes permettant d'y arriver.

≈ justificateur

module d'extension
plug in, helper application

Extension à un logiciel de navigation, destinée à traiter certains types de données.

EXEMPLES Visualisateur, programmes de codage et de décodage comme Uuencode et Uudecode, programmes de chiffrement et de déchiffrement.

module d'interface
dialog component

Élément d'un système à base de connaissances, qui communique avec l'utilisateur en mode dialogué.

≈ module de dialogue

module générique
generic module

Modèle paramétré permettant de créer des modules par instanciation générique.

NOTE Les paramètres du modèle sont génériques par nature et ne doivent pas être confondus avec les paramètres formels des modules produits.

module objet
object module

Tout ou partie d'un programme objet, suffisamment complet pour être soumis à l'éditeur de liens.

NOTE Les assembleurs et les compilateurs produisent généralement des modules objets.

module SIMM
➡ **module de mémoire unirangée**

module source
source module, compilation unit

Tout ou partie d'un programme source, suffisamment complet pour pouvoir être traduit.

☞ unité de compilation

moiré
moiré

Motif généralement parasite qui résulte de la combinaison de deux signaux ou motifs périodiques.

molette
thumbwheel

Comparateur ou dispositif de pointage comportant une roue mobile autour de son axe.

NOTE Une paire de molettes peut servir pour une localisation bidimensionnelle : l'une des molettes fournit la position verticale et l'autre la position horizontale.

monde de blocs
blocks world

Petit monde artificiel fait de blocs, cylindres et pyramides, utilisé pour développer des idées en logique, en vision artificielle, en robotique, dans les interfaces de langages naturels, etc.

≈ univers de blocs

monde d'entités
entity world

Ensemble d'entités qui se rapportent à un aspect particulier d'un univers du discours.

EXEMPLE Dans l'univers du discours « les aspects financiers d'une organisation », « bulletins de salaire » et « comptes clients » pourraient être perçus comme des mondes d'entités.

monde virtuel
➡ **univers virtuel**

moniteur
monitor

I Dispositif d'affichage destiné à une représentation vidéo de données.

II Dispositif qui surveille et enregistre des activités sélectionnées à l'intérieur d'un système de traitement de données, à des fins d'analyse.

NOTE Ce dispositif peut servir à indiquer des écarts significatifs par rapport aux conditions normales de fonctionnement, ou à déterminer le niveau d'utilisation de certaines unités fonctionnelles.

≈ appareil de surveillance

III (en programmation) Objet de données, commun à un ensemble d'opérations pouvant manipuler l'objet de données, afin d'organiser les demandes de ressources ou d'accès aux ressources qui sont disponibles pour des processus parallèles, mais seulement un à la fois.

moniteur à balayage par ligne
raster display device, raster display

Moniteur qui affiche une image sur l'écran comme une succession de lignes de balayage horizontales du haut en bas.

≈ moniteur tramé

moniteur à la verticale
portrait monitor

Moniteur dont l'écran est plus haut que large, de façon à avoir le format d'une feuille de papier.

= moniteur vertical

moniteur d'exécution
execution monitor

Outil logiciel ou dispositif matériel qui fonctionne concurremment à un système ou à une unité fonctionnelle, et supervise, enregistre, analyse ou vérifie le fonctionnement du système ou de l'unité fonctionnelle.

Tableau M.3 – Médias et liens

	MÉDIA	
	MONOMÉDIA	**MULTIMÉDIA**
sans liens	roman imprimé (texte seulement) bande audio, disque audio jeu de diapositives radiodiffusion sonore	roman illustré film diapositive avec commentaires diffusion de télévision
avec liens	livre avec notes de bas de page et index dictionnaire hypertexte	bande avec signaux de commande du projecteur programme audiovisuel

moniteur tramé
➡ **moniteur à balayage par ligne**

monnaie électronique
electronic cash, E-cash, digital cash

Donnée représentant de l'argent, transférée au moyen d'un réseau d'ordinateurs.

NOTE La monnaie électronique est traitée comme un jeton qui peut être échangé contre de la monnaie réelle.

≈ argent électronique

monomédia
monomedia, single-media

I Relatif à l'utilisation d'un seul média.

Dans ce sens, *monomédia* est un adjectif ; il a pour équivalent anglais *single-media*.

II Domaine des notions, des applications et des techniques monomédias.

Dans ce sens, *monomédia* est un nom masculin ; il a pour équivalent anglais *monomedia*.

👁 Tableau M.3

monostable
monostable

Qualifie une entité qui comporte un seul état stable.

montage
montage

Image formée d'un ensemble d'objets juxtaposés et superposés.

montant
uplink

(dans un réseau local)

Qualifie une transmission de données allant d'une station de données vers la tête de bus.

≈ ascendant

morceler
to tessellate

Subdiviser une forme en formes plus simples.

EXEMPLE Représenter la surface d'un polygone par un ensemble de triangles.

mordu d'informatique
hacker

Personne passionnée d'informatique qui, par jeu, curiosité, défi personnel ou par souci de notoriété, sonde, au hasard plutôt qu'à l'aide de manuels techniques, les possibilités matérielles et logicielles des systèmes informatiques.

≈ fouineur

morphage
morphing

Technique d'animation par ordinateur, permettant de lier et de fusionner deux images ou plus, afin de créer des effets spéciaux.

NOTE Cette technique est souvent utilisée dans les médias visuels tels que le cinéma, les clips vidéo et la publicité.

≈ morphose

morphe
morph

Image créée par morphage.

morphologie binaire
binary morphology

Application de la morphologie mathématique à des images binaires.

morphologie d'échelle de gris
gray scale morphology

Filtrage d'une image à échelle de gris par application d'éléments structuraux à échelle de gris.

NOTE Le filtrage sert généralement à renforcer les défauts de surface d'un objet dans le champ de vision de l'appareil.

morphologie mathématique
mathematical morphology, morphology

Algèbre d'images dont les variables sont des formes géométriques et dont les opérations transforment ces formes.

morphose
➡ **morphage**

mosaïque
➡ **pavage**

mot
word

Chaîne de caractères ou chaîne de chiffres binaires traitée comme un tout pour un usage particulier.

NOTE La longueur d'un mot-machine est déterminée par l'architecture de l'ordinateur, tandis qu'en traitement de texte les mots sont délimités par des caractères spéciaux ou des caractères de commande.

mot alphabétique
alphabetic word

Mot comprenant des caractères du même jeu de caractères alphabétique.

mot alphanumérique
alphanumeric word

Mot comprenant des caractères qui appartiennent tous au même jeu de caractères alphanumérique.

mot de passe
password

Chaîne de caractères utilisée comme information d'authentification.

moteur de balayage
➡ **robot de recherche**

moteur de réalité
artificial-reality engine, reality engine

Système informatique utilisant un logiciel de création d'objets virtuels et d'univers virtuels, et permettant l'interaction de l'usager.

≈ machine de réalité virtuelle

moteur de recherche
search engine

Serveur permettant à un utilisateur de trouver le nom ou l'adresse d'une ressource internet, en se basant sur des critères de contenu tels que des mots-clés.

EXEMPLES Lycos, Google, Yahoo, AltaVista, Voila sont des moteurs de recherche.

👁 Figure M.2

moteur d'inférence
inference engine

Élément d'un système expert qui utilise des méthodes de raisonnement pour tirer des conclusions à partir des représentations d'informations stockées dans une base de connaissances.

motif de remplissage
fill pattern

Arrangement répétitif d'éléments graphiques, qui remplit une zone délimitée.

EXEMPLE Éléments générant des lignes ou une couleur.

mot-machine
computer word, machine word

Mot adapté au traitement exécuté par un ordinateur déterminé, et généralement traité comme un tout.

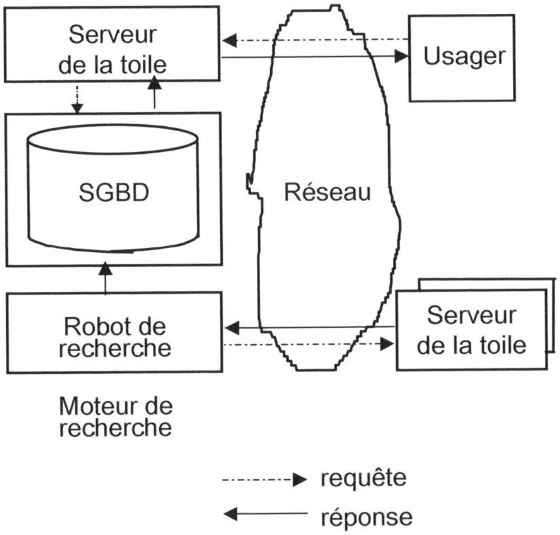

Un utilisateur envoie une requête à un serveur de la toile qui est un composant du moteur de recherche.

Le serveur de la toile transmet la requête à un système de gestion de base de données (SGBD), qui trouve les liens correspondant aux mots-clés de l'utilisateur et renvoie la réponse à l'utilisateur, *via* le serveur de la toile.

La base de données est alimentée par le robot de recherche, qui lit le contenu des pages de la toile publiques à intervalles réguliers (quelques jours), et suit tous les liens disponibles entre les pages. (Il agit comme un utilisateur ordinaire de la toile.)

Le SGBD indexe tous les textes et tous les liens trouvés par le robot de recherche, en texte intégral et en accès hypertexte.

Figure M.2 – Exemple d'interactions entre utilisateurs, moteurs de recherche et serveurs de la toile

mot numérique

numeric word

Mot comprenant des chiffres, et éventuellement des caractères espace et des caractères spéciaux.

EXEMPLE La chaîne « 33 (1) 41 62 80 00 » utilisée pour indiquer le numéro de téléphone de l'AFNOR.

mot réservé

reserved word

Identificateur prédéfini qui ne peut être redéfini par un programmeur.

NOTE Certains langages de programmation n'ont aucun mot réservé.

mouvement de page

paging

Transfert de pages entre la mémoire réelle et la mémoire externe.

moyenne des temps de bon fonctionnement

mean operating time between failures

Durée moyenne de fonctionnement entre des défaillances consécutives d'une unité fonctionnelle, dans des conditions données.

moyeu

hub

(en disques optiques)

Pièce centrale d'un disque optique, qui entre en contact avec la broche du lecteur de disque optique afin de centrer le disque et de produire la force de friction.

MPEG

MPEG

Méthode normalisée de compression et de stockage de données audio et vidéo.

MPEG est le sigle de l'expression anglaise *moving pictures expert group*.

MRF
➡ **multiplexage en fréquence**

MRP
➡ **planification des besoins en matières**

MRP II
➡ **planification des ressources de production**

MRT
➡ **multiplexage temporel**

multimédia
multimedia

I Relatif à l'utilisation combinée de plusieurs médias.

Dans ce sens, *multimédia* est un adjectif.

NOTE Une présentation multimédia peut combiner du son, du texte, des graphiques bidimensionnels et tridimensionnels, et des images fixes ou animées.

II Domaine des notions, des applications et des techniques multimédias.

Dans ce sens, *multimédia* est un nom masculin.

☞ monomédia, objet

multiordinateur
multicomputer

Ordinateur comportant plusieurs processeurs principaux, qui communiquent entre eux et dont chacun a son propre espace d'adresses.

multiplet
byte

Chaîne composée d'un certain nombre de bits, traitée comme un tout, et représentant souvent un caractère ou une partie d'un caractère.

NOTES

1 Le nombre de bits dans un multiplet est fixe pour un système informatique donné.

2 Le nombre de bits par multiplet est généralement 8.

multiplexage
multiplexing

I (dans l'OSI) Fonction d'une couche donnée, permettant de prendre en charge plusieurs connexions de cette couche sur une seule connexion de la couche immédiatement inférieure.

NOTE Le terme « multiplexage » est également utilisé dans un sens plus restreint pour désigner la fonction accomplie par l'entité expéditrice, alors que le terme « démultiplexage » sert à désigner la fonction accomplie par l'entité destinataire.

II (en communication de données) Opération consistant à combiner des signaux issus de plusieurs sources distinctes en un signal destiné à être transmis sur une seule voie de transmission.

NOTE L'opération de multiplexage et démultiplexage revient à diviser une voie de transmission commune en plusieurs voies distinctes pour acheminer des signaux indépendants dans la même direction.

multiplexage dans le temps
➡ **multiplexage temporel**

multiplexage en fréquence
MRF
frequency division multiplexing (FDM)

Multiplexage selon lequel des bandes de fréquences distinctes sont attribuées à plusieurs signaux indépendants en vue de leur transmission sur une seule voie de transmission.

≈ multiplexage par répartition en fréquence

multiplexage par répartition dans le temps
➡ **multiplexage temporel**

multiplexage par répartition en fréquence
➡ **multiplexage en fréquence**

multiplexage temporel
MRT
time division multiplexing (TDM)

Multiplexage selon lequel des créneaux temporels distincts sont attribués, en général périodiquement, à plusieurs signaux indépendants en vue de leur transmission sur une seule voie de transmission.

≈ multiplexage dans le temps, multiplexage par répartition dans le temps

multiplexage temporel statistique
statistical time division multiplexing (STDM)

Multiplexage temporel selon lequel les intervalles de temps sont attribués à chaque signal, selon les besoins prévus à chaque instant, avec le risque que la capacité totale demandée puisse dépasser, à l'occasion, la capacité totale de la voie de transmission.

1 multiplexeur
multiplexer

(dans les calculateurs de processus techniques)

Dispositif qui reçoit plusieurs signaux d'entrée et les combine en un seul signal de sortie, de telle sorte que chacun de ces signaux d'entrée puisse être reconstitué ultérieurement.

2 multiplexeur
multiplexer, data multiplexer

(en communication de données)

Unité fonctionnelle destinée à effectuer un multiplexage.

= multiplexeur de données

multiplication logique
➡ **intersection**

multiplieur analogique
analog multiplier

Unité fonctionnelle dont la variable analogique de sortie est proportionnelle au produit des deux variables analogiques d'entrée.

NOTE Ce terme peut également s'appliquer à un dispositif pouvant effectuer plusieurs multiplications.

multiplieur parabolique
quarter-squares multiplier

Multiplieur analogique dont le fonctionnement est basé sur l'identité $xy = [(x + y)^2 - (x - y)^2]/4$, et qui comprend des inverseurs, des sommateurs, et des générateurs de fonction quadratique.

multiprocesseur
multiprocessor

Ordinateur comportant plusieurs processeurs principaux qui partagent une mémoire comportant un seul espace d'adresses.

multiprogrammation
multiprogramming

Mode d'exploitation permettant de mener de front l'exécution imbriquée de plusieurs programmes par un seul processeur.

multitâche
➡ **fonctionnement multitâche**

multitraitement
multiprocessing

Mode d'exploitation permettant le traitement en parallèle de tâches sur plusieurs processeurs d'un multiprocesseur.

multivibrateur bistable
➡ **bascule bistable**

multivibrateur monostable
➡ **bascule monostable**

mystification
➡ **bluff**

N

nacelle
pod

Cabine ou habitacle fermé dans lequel se trouve un participant à un univers virtuel.

navigateur
➡ **logiciel de navigation**

navigateur graphique
graphical browser

(en hypermédia)

Navigateur qui permet l'affichage des données graphiques contenues dans des documents hypermédias.

navigation
navigation

Processus permettant d'accéder à des documents répartis sur un réseau d'ordinateurs, en suivant des liens donnés dans les documents ou introduits par l'utilisateur.

NOTE Sur la toile, les adresses URL sont utilisées comme liens parmi lesquels l'utilisateur navigue.

navigation hypermédia
hypermedia navigation

Processus de déplacement d'un nœud hypermédia à un autre, en suivant des hyperliens.

négation
negation, NOT operation

Opération booléenne monadique dont le résultat a une valeur booléenne opposée à celle de l'opérande.

≈ inversion logique, opération NON

néguentropie
➡ **entropie**

nétiquette
➡ **étiquette de réseau**

netteté
acutance

Qualité de la finesse des contours dans une image.

nettoyage
sanitizing

Fait de retrancher des informations sensibles d'un document pour en réduire la sensibilité.

≈ assainissement, toilettage

neurone artificiel
artificial neuron

Unité élémentaire de traitement d'un réseau neuronal, ayant plusieurs entrées et une sortie, dont la valeur de sortie est une fonction non linéaire d'une combinaison linéaire des valeurs d'entrée, les coefficients de pondération de la combinaison étant ajustables.

NOTES

1 Les neurones artificiels modélisent le fonctionnement des neurones dans le système nerveux et sont interconnectés de façon à échanger des messages.

2 Chaque neurone artificiel est un nœud du réseau neuronal, qui coopère et communique avec d'autres neurones artificiels. Un réseau neuronal peut aussi avoir des nœuds d'entrée qui ne sont pas des neurones artificiels.

≈ neurone formel

neurone caché
hidden neuron

Neurone artificiel qui ne communique pas directement avec des systèmes extérieurs.

≈ neurone intermédiaire

neurone d'entrée
input neuron

Neurone artificiel qui reçoit des signaux provenant de sources extérieures.

neurone de sortie
output neuron

Neurone artificiel qui envoie des signaux à un système extérieur.

neurone formel

➡ **neurone artificiel**

neurone intermédiaire

➡ **neurone caché**

neurone visible
visible neuron

Neurone artificiel qui communique directement avec des systèmes extérieurs.

NOTE Un neurone visible peut être un neurone d'entrée, un neurone de sortie, ou les deux à la fois.

neuro-ordinateur

➡ **ordinateur neuronal**

neuropuce
neurochip

Puce reconfigurable qui réalise tout ou partie d'un modèle de réseau neuronal.

≈ puce neuronale

niveau conceptuel
conceptual level

Niveau d'examen dont tous les aspects traitent de l'interprétation et de la manipulation de l'information décrivant un univers du discours ou un monde d'entités particulier, dans un système d'information.

niveau d'accès
access level

Niveau d'autorisation d'une entité, requis pour pouvoir accéder à une ressource protégée.

EXEMPLE Autorisation d'accéder aux données ou aux informations d'un certain niveau de sécurité.

niveau de détail
level of detail (LOD)

Nombre ou complexité des détails qui sont affichés à un instant particulier pour un objet particulier.

NOTE Le niveau de détail d'un objet est réglable et peut être fonction de la distance entre l'objet et l'observateur.

niveau de gris
gray level, gray shade

Valeur associée à un pixel d'une image numérique, représentant la luminosité de la scène d'origine, au voisinage du point correspondant au pixel.

niveau de sécurité
security level

Combinaison de la classification de sécurité hiérarchique et d'une catégorie de sécurité, qui représente la sensibilité d'un objet ou l'habilitation d'accès d'un individu.

niveau externe
external level

Niveau d'examen dont tous les aspects traitent de la représentation des informations destinées à l'utilisateur, visibles à l'entrée et à la sortie d'un système d'information.

niveau interne
internal level
Niveau d'examen dont tous les aspects traitent de la représentation des informations dans la mise en œuvre physique d'un système d'information.

niveau logique
logical level
Niveau d'examen dont tous les aspects traitent d'une base de données et de son architecture, en cohérence avec un schéma conceptuel et la base d'information correspondante, mais indépendamment de sa mise en œuvre physique.

niveau physique
physical level
Niveau d'examen dont tous les aspects traitent de la représentation physique des structures de données, et de leur mise en correspondance avec des organisations de mémoire et leurs opérations d'accès, dans un système informatique.

NNTP
NNTP
Nom d'un protocole d'application permettant de transférer des fichiers pour des conférences par ordinateur.
NNTP est l'abréviation de l'expression anglaise *network news transfer protocol.*
☞ internet

nœud
node
I (en organisation de données) Dans une structure de données, point à partir duquel partent des éléments subordonnés.
NOTE Un nœud peut ne pas avoir d'élément subordonné ; il est alors appelé *nœud terminal.*
II (en informatique répartie) Dans un réseau, entité qui est connectée à une ou plusieurs autres entités.
NOTES
1 En topologie de réseau ou dans une structure abstraite, les nœuds sont des points sur un schéma. Dans un réseau d'ordinateurs, les nœuds sont des ordinateurs ou des matériels de communication de données.
2 Un réseau peut contenir des nœuds d'extrémité et des nœuds intermédiaires.
☞ réseau
III (en communication de données) Dans un réseau de données, point où une ou plusieurs unités fonctionnelles relient des voies de transmission ou des circuits de données.

nœud d'extrémité
end node, endpoint node
Nœud situé à l'extrémité d'une seule branche.
EXEMPLE Un terminal, dans un réseau d'ordinateurs.
☞ réseau

nœud fictif
➡ **nœud substituable**

nœud hypermédia
hypermedia node
Donnée discrète qui est soit la source, soit la destination d'un hyperlien.

nœud intermédiaire
intermediate node
Nœud situé aux extrémités de plusieurs branches.
☞ réseau

nœud parent
parent node
Nœud auquel au moins un autre nœud est directement subordonné.

nœud racine
root node
Nœud qui n'a pas de nœud parent.

nœuds adjacents
adjacent nodes
Deux nœuds reliés par une branche.
☞ réseau

nœud source
source node

Nœud d'un réseau neuronal qui alimente les neurones artificiels en signaux d'entrée.

nœud substituable
place-holder node

Nœud hypermédia pouvant contenir un titre, un identificateur unique et une brève description des données qui lui seront associées.

NOTE Les nœuds substituables sont utilisés pendant la conception détaillée.

≈ nœud fictif

nœud terminal
terminal node, leaf

Nœud qui n'a pas de nœud subordonné.

≈ feuille

nombre aléatoire

➥ **nombre au hasard**

nombre au hasard
random number

Nombre choisi dans un ensemble donné, selon une procédure telle que la probabilité d'apparition des nombres de cet ensemble soit la même pour chacun.

≈ nombre aléatoire

nombre complexe
complex number

Nombre pouvant être représenté par une paire ordonnée de nombres réels, et pouvant être exprimé sous la forme a + bi, où a et b sont les nombres réels et $i^2 = -1$.

nombre d'Euler
Euler number

Nombre de plages d'une image binaire, diminué du nombre d'enfants.

nombre irrationnel
irrational number

Nombre réel qui n'est pas un nombre rationnel.

nombre ordinal
serial number

Entier relatif employé pour désigner le rang d'un élément dans une suite.

≈ numéro d'ordre

nombre rationnel
rational number

Nombre réel qui est le quotient d'un entier relatif par un entier autre que zéro.

nombre réel
real number

Nombre pouvant être représenté, dans une numération à base fixe, par un numéral fini ou infini.

nom canonique
canonical name

Nom de domaine d'une ressource internet, indiquant le type ou les possibilités de cette ressource.

EXEMPLE « www.isi.edu » désigne un hôte contenant un serveur de la toile.

NOTE Chaque ressource internet peut avoir plusieurs noms de domaine, et l'un d'entre eux est le nom préféré.

nom courant
common name

(en courrier électronique)

Attribut identifiant un utilisateur ou une liste de distribution, à l'intérieur d'une entité désignée par un autre attribut.

EXEMPLE Titre ou fonction à l'intérieur d'une organisation, par exemple : « maître de poste », « administrateur », « directeur du marketing ».

NOTE Une adresse électronique doit comprendre un nom courant ou un nom personnel.

☞ attribut (sens I)

nom d'annuaire
directory name

Identificateur d'un objet particulier, constitué selon les règles du système d'annuaire.

NOTE Ce nom doit être sans ambiguïté, c'est-à-dire qu'il doit désigner un seul objet ; mais il n'est pas nécessairement unique, c'est-à-dire être le seul nom qui désigne sans ambiguïté l'objet.

nom de domaine
domain name

Identificateur d'un domaine.

NOTE La structure et l'organisation des noms de domaine dépendent de chaque réseau.

nom de domaine complet
fully qualified domain name (FQDN)

Nom de domaine comprenant tous les noms de domaine de niveau supérieur, jusqu'au nom de domaine de premier niveau.

EXEMPLES « Paris.nisc.sri.com » est un nom de domaine complet pour l'hôte situé en 192.33.33.109 ; « nisc.sri.com » est le nom de domaine complet pour le domaine NISC.

NOTE Le nom de domaine complet doit être unique dans l'internet.

nom de domaine d'administration
administration domain name

Attribut qui identifie un domaine de gestion d'administration relatif à un pays.

☞ attribut (sens I), identificateur d'adresse

nom de domaine de gestion
management domain name

Identificateur d'un domaine de gestion.

nom de domaine de premier niveau
top-level domain name

Attribut d'une adresse électronique, qui identifie le niveau hiérarchique le plus élevé dans la structure géographique ou organisationnelle du système de messagerie.

NOTE Dans X.400, le nom de domaine de premier niveau est un nom de pays. Dans internet, le nom de domaine de premier niveau est soit un nom de pays ISO, soit une abréviation anglaise telle que « com », « edu », « gov », « mil », « net » ou « org ».

≈ nom de domaine de tête, nom de domaine principal

nom de domaine de tête
➡ **nom de domaine de premier niveau**

nom de domaine principal
➡ **nom de domaine de premier niveau**

nom de domaine privé
private domain name

Attribut qui identifie un domaine de gestion privé par rapport à un pays ou à un domaine de gestion d'administration.

☞ attribut (sens I), identificateur d'adresse

nom d'entrée
entry name

Identificateur qui désigne le début d'une séquence d'exécution.

nom de pays
country name

Attribut normalisé identifiant un pays.

NOTE Le nom de pays est généralement le symbole à deux lettres du pays, selon ISO 3166-1.

☞ attribut (sens I)

nom de pays ISO
ISO country name

Représentation du nom d'un pays par un symbole à deux lettres.

NOTE La norme ISO 3166-1 définit trois codes : un code à deux lettres, un code à trois lettres et un code à trois chiffres. Dans l'internet, les adresses URL et les noms de domaines utilisent le code à deux lettres.

nom d'expéditeur/destinataire
➡ **identificateur d'adresse**

nom d'hôte
host name

Nom identifiant un hôte particulier, dans le réseau internet.

EXEMPLE « www.iso.ch » identifie un hôte dans le domaine « iso.ch ».

NOTES

1 Historiquement, les noms d'hôte identifiaient des machines particulières. Aujourd'hui, ils peuvent identifier des fonctions.

2 Un nom d'hôte est généralement un nom de domaine complet ; si l'on veut désigner un hôte situé dans le même domaine local, on peut omettre le nom de domaine.

nom d'organisation
organization name

Attribut identifiant une organisation, aux fins de l'envoi et de la réception de messages.

☞ attribut (sens I), identificateur d'adresse

nom d'une unité d'organisation
organizational unit name

Attribut d'une adresse électronique, désignant explicitement une unité organisationnelle d'une organisation, aux fins de l'envoi et de la réception de messages.

☞ attribut (sens I), identificateur d'adresse

nom personnel
personal name

Attribut identifiant une personne au sein d'une entité désignée par un autre attribut, par exemple un nom d'organisation.

NOTES

1 Le nom personnel a, par exemple, les composants suivants :
- nom de famille ;
- prénom ;
- initiales ;
- qualificatif de génération.

2 Une adresse électronique doit comprendre un nom courant ou un nom personnel.

☞ attribut (sens I), identificateur d'adresse

non-confirmation
non-affirmation

Événement de transmission au cours duquel un agent de transfert de messages constate que le système de transfert de messages ne peut livrer le message décrit dans l'envoi-test à l'un de ses destinataires directs.

NOTE L'agent de transfert de messages peut générer un rapport de non-remise.

non connecté
➡ **autonome**

non-remise
nondelivery

Événement de transmission par lequel un agent de transfert de messages constate qu'un message ne peut être remis à ses destinataires directs, ou qu'un rapport ne peut être remis à l'expéditeur du message ou de l'envoi-test en question.

NOTE Dans le cas d'un message, l'agent de transfert de messages crée un rapport de non-remise.

normalisation
normalization

(dans une base de données)

Processus consistant à transformer une relation en une ou plusieurs relations plus simples, sans redondance d'attributs ni incohérence, afin de contribuer à l'intégrité référentielle.

normaliser
to normalize

(en numération à séparation flottante)

Modifier la mantisse d'un nombre réel, de façon à la placer dans une gamme prédéterminée, et ajuster en conséquence la caractéristique de manière que la valeur du nombre représenté ne soit pas modifiée.

EXEMPLE Afin de placer la mantisse dans la gamme de 1 à 9,99..., la représentation $123{,}45 \times 10^2$ est normalisée en $1{,}2345 \times 10^4$.

notarisation
notarization

Enregistrement de données chez un tiers de confiance, permettant de s'assurer ultérieurement de l'exactitude des caractéristiques des données telles que le contenu, l'origine, l'heure, et la remise.

notation
notation

Ensemble de symboles et de leurs règles d'utilisation, destiné à représenter des données.

notation binaire
binary notation

Notation faisant usage de deux caractères différents, habituellement les chiffres 0 et 1.

EXEMPLES V (vrai) ou F (faux), O (oui) ou N (non).

NOTE La notation binaire ne se limite pas à la numération binaire.

notation décimale
decimal notation

Notation faisant usage de dix caractères différents, habituellement les chiffres décimaux.

EXEMPLE La chaîne des caractères 199912312359 peut être employée pour représenter la date, l'heure et les minutes de l'instant défini par « une minute avant le début de l'année 2000 ».

NOTE La notation décimale n'est pas limitée à la numération décimale.

notation décimale binaire
binary-coded decimal notation (BCD notation), binary-coded decimal representation

Représentation codée en binaire suivant laquelle chacun des chiffres décimaux est représenté par un numéral binaire.

EXEMPLE La notation décimale 23 est représentée par 00100011 en notation décimale binaire, employant les poids 8-4-2-1, tandis que le nombre décimal 23 est représenté par 10111 en numération binaire.

= notation décimale codée en binaire

notation décimale condensée
packed decimal notation

Numération décimale binaire suivant laquelle deux chiffres décimaux consécutifs, de 4 bits chacun, sont représentés par un multiplet.

notation décimale étendue
unpacked decimal notation

Numération décimale binaire suivant laquelle chaque chiffre décimal est représenté par un multiplet.

notation infixée
infix notation

Représentation des expressions mathématiques soumise aux règles de préséance des opérateurs, et employant des séparateurs par paires tels que des parenthèses, dans laquelle les opérateurs sont répartis parmi les opérandes, chaque opérateur indiquant l'opération à effectuer sur les opérandes ou résultats intermédiaires qui lui sont adjacents.

EXEMPLES

1 Le produit de C par la somme de A et B peut s'écrire $(A + B) \times C$.

2 L'intersection de P et de l'intersection de Q et R peut s'écrire $P\wedge(Q\wedge R)$.

notation polonaise
➥ **notation préfixée**

notation polonaise inversée
➥ **notation suffixée**

notation pondérée
➥ **numération pondérée**

notation préfixée
prefix notation, Polish notation, parenthesis-free notation, Lukasiewicz notation

Représentation des expressions mathématiques, dans laquelle chaque opérateur précède ses opérandes et indique l'opération à effectuer sur les opérandes ou résultats intermédiaires qui le suivent.

EXEMPLES 1Le produit de C par la somme de A et B peut s'écrire x + ABC.

2 L'intersection de P et de l'intersection de Q et R peut s'écrire $\wedge P \wedge QR$.

≈ notation polonaise

notation suffixée
postfix notation, suffix notation, reverse Polish notation

Représentation des expressions mathématiques dans laquelle chaque opérateur suit ses opérandes et indique l'opération à effectuer sur les opérandes ou résultats intermédiaires qui le précèdent.

EXEMPLES

1 Le produit de C par la somme de A et B peut s'écrire AB + C x.

2 L'intersection de P et de l'intersection de Q et R peut s'écrire $PQR\wedge \wedge$.

≈ notation polonaise inversée

notification
notification

(en réseautique)

Information envoyée par un objet géré et concernant un événement survenu à l'intérieur de cet objet.

notification de voisinage
neighbor notification

Dans un réseau en anneau à jeton, processus par lequel chaque station de données identifie la plus proche station active, de sorte que, en cas de défaillance grave, toutes les stations concernées puissent en être informées.

nouvelles Usenet
Usenet news

Ensemble de conférences par ordinateur sur l'internet.

NOTE Ces conférences par ordinateur utilisent un réseau appelé Usenet, qui est un sous-ensemble de l'internet.

noyau
kernel

Partie du système d'exploitation qui en assure les fonctions de base.

numéral
numeral

Représentation discrète d'un nombre.

EXEMPLE Le même nombre est représenté par les quatre numéraux suivants, respectivement :

- Douze par un mot français
- 12 en numération décimale
- XII en chiffres romains
- 1100 en numération binaire.

Le terme *numéral* est un nom masculin.

≈ forme de nombre

numéral binaire
binary numeral

Numéral, en numération binaire.

EXEMPLE 101 est un numéral binaire et V est son équivalent numéral romain.

numéral décimal
decimal numeral

Numéral, en numération décimale.

numéral hexadécimal
hexadecimal numeral

Numéral, en numération hexadécimale.

numéral octal
octal numeral

Numéral, en numération octale.

numération
number representation, numeration

Représentation d'un nombre dans un système de numération.

numération à base
radix notation

Numération pondérée, dans laquelle le rapport du poids de chaque rang de chiffre au poids du rang de chiffre possédant le poids immédiatement inférieur est un entier positif.

NOTE À chaque rang de chiffre, les valeurs possibles du chiffre qui occupe ce rang vont de zéro jusqu'à la base de ce rang de chiffre diminuée de un.

numération à base fixe
fixed radix notation

Numération à base dans laquelle tous les rangs de chiffre, sauf éventuellement celui de poids le plus élevé, ont la même base de numération.

NOTES

1 Les poids attachés aux rangs successifs sont des puissances entières d'une base de numération unique, multipliées par un même facteur ; des puissances entières négatives de la base de numération sont employées pour représenter les fractions.

2 La numération à base fixe est un cas particulier de numération mixte.

numération à bases multiples
mixed base notation

Système de numération selon lequel un nombre est représenté par la somme d'une série de termes, dont chacun est composé d'une mantisse et d'une base des puissances ; la base d'un terme donné est constante pour une application donnée, mais il n'y a pas nécessairement de rapports entiers entre les bases de tous les termes.

EXEMPLE Avec les bases b_3, b_2 et b_1, et les mantisses 6, 5 et 4, le nombre représenté est donné par $6b_3 + 5b_2 + 4b_1$.

numération à séparation fixe
fixed-point representation system

Numération à base dans laquelle la séparation fractionnaire est implicitement fixée, par convention, dans la suite des chiffres.

≈ représentation à virgule fixe

numération à séparation flottante
floating-point representation system

Système de numération suivant lequel chaque nombre réel, représenté par un couple de numéraux, est égal au produit de l'un des numéraux, la mantisse, par une puissance dont la base est un entier positif fixe implicite et l'exposant est un entier égal à l'autre numéral.

NOTE Dans une numération à séparation flottante, il existe généralement plusieurs représentations du même nombre, obtenues par déplacement de la séparation fractionnaire et par modification correspondante de l'exposant.

≈ numération à virgule flottante

numération à séparation variable
variable-point representation system

Numération à base dans laquelle la séparation fractionnaire est explicitement indiquée à cette position par un caractère spécial.

numération à virgule flottante
➡ **numération à séparation flottante**

numération binaire
binary system, binary numeration system

Numération à base fixe employant les chiffres 0 et 1 et qui a pour base de numération deux, et dans laquelle le poids entier le plus petit est 1.

EXEMPLE Dans le système de numération binaire, le numéral 110,01 représente $1 \times 2^2 + 1 \times 2^1 + 1 \times 2^{-2}$ équivalent au numéral décimal 6,25.

numération décimale
decimal system, decimal numeration system

Numération à base fixe employant les chiffres 0, 1, 2, 3, 4, 5, 6, 7, 8 et 9, qui a pour base de numération dix, et dans laquelle le poids entier le plus petit est 1.

EXEMPLE Dans ce système de numération, le numéral 576,2 représente $5 \times 10^2 + 7 \times 10^1 + 6 \times 10^0 + 2 \times 10^{-1}$.

numération hexadécimale
hexadecimal system, hexadecimal numeration system

Numération à base fixe employant les seize chiffres 0, 1, 2, 3, 4, 5, 6, 7, 8, 9, A, B, C, D, E et F, où les caractères A, B, C, D, E et F correspondent respectivement aux nombres 10, 11, 12, 13, 14 et 15, qui a pour base de numération seize, et dans laquelle le poids entier le plus petit est 1.

EXEMPLE Dans le système de numération hexadécimale, le numéral 3E8 représente $3 \times 16^2 + 14 \times 16^1 + 8 \times 16^0$ équivalent au numéral décimal 1 000.

numération mixte
mixed radix notation

Numération à base dans laquelle tous les rangs de chiffre n'ont pas nécessairement la même base de numération.

EXEMPLE Système de numération employant trois chiffres successifs pour représenter respectivement les heures, les dizaines de minutes et les minutes ; si l'on prend la minute comme unité, les poids des trois rangs sont respectivement 60, 10 et 1 ; les bases de numération des deuxième et troisième chiffres sont respectivement 6 et 10.

NOTE Un système de numération analogue employant un chiffre au moins pour représenter les jours et deux chiffres pour représenter les heures, ne répondrait pas à la définition de la numération à base car le rapport des poids attachés respectivement au chiffre des « jours » et au chiffre des « dizaines d'heures » ne serait pas un entier.

numération octale
octal system, octal numeration system

Numération à base fixe employant les chiffres 0, 1, 2, 3, 4, 5, 6 et 7, qui a pour base de numération huit et dans laquelle le poids entier le plus petit est 1.

EXEMPLE Dans le système de numération octale, le numéral 1 750 représente $1 \times 8^3 + 7 \times 8^2 + 5 \times 8^1 + 0 \times 8^0$ équivalent au numéral décimal 1 000.

numération pondérée

positional notation, positional numeration system

Système de numération assurant la représentation d'un nombre par une suite de chiffres, à chacun desquels on attribue une valeur dépendant à la fois de sa nature et de sa position dans la suite.

≈ notation pondérée

1 numérique

numeric, numerical

Qualifie des données qui peuvent être exprimées par des nombres, ou les processus et les unités fonctionnelles qui utilisent ces données.

EXEMPLES Une grandeur physique, une grandeur mathématique.

2 numérique

digital

Qualifie la représentation des données par des états distincts ou des valeurs discrètes, et plus particulièrement qualifie des données constituées de chiffres, ou les processus et les unités fonctionnelles qui utilisent ces données.

numérisation de la parole

speech digitizing, speech digitization

Conversion de signaux de parole analogiques en signaux numériques.

numérisation d'image

digital imaging

Procédé de création d'une représentation numérique d'une scène ou d'une image continue.

EXEMPLE Conversion d'une image vidéo en pixels au moyen d'un convertisseur, d'analogique à numérique.

numériser

to digitize

Exprimer ou représenter sous forme numérale des données qui ne sont pas des données discrètes.

EXEMPLE Déduire une représentation numérale de la valeur d'une grandeur physique à partir d'une représentation analogique de cette valeur.

numériseur graphique

digitizer, graphics digitizer

Dispositif d'entrée de données graphiques, qui convertit les données géométriques analogiques en données numériques.

≈ table à numériser

numéro de réseau

network number

Numéro identifiant un réseau, dans un ensemble de réseaux interconnectés.

NOTE Dans le protocole IP, ce numéro forme une partie de l'adresse IP de tout ordinateur du réseau.

numéro d'ordre

➡ **nombre ordinal**

numéro IP

➡ **adresse IP**

numérotation automatique de page

automatic page numbering

Capacité d'un système de traitement de texte à générer automatiquement des numéros de page, pour les pages successives d'un document.

numérotation automatique de paragraphe

automatic paragraph numbering

Capacité d'un système de traitement de texte à générer automatiquement des identificateurs de paragraphe, pour les paragraphes successifs d'un document, selon des critères prédéfinis.

n-uplet

n-bit byte

Multiplet comportant une indication explicite du nombre de bits qui le composent.

EXEMPLE On écrira 7-uplet ou septuplet.

O

1 objet
object

I (en intelligence artificielle) Entité du monde réel ou conceptuel, décrite au moyen d'un ou de plusieurs attributs.

NOTE Un objet est habituellement associé à d'autres objets en mémoire, par des inférences symboliques ou des relations.

II (en programmation) Ensemble d'opérations et de données qui mémorisent l'effet des opérations.

NOTE Les objets sont mis en œuvre comme des paquetages ou des tâches en Ada, comme des « modules » en Modula-2, et comme des « objets » en Smalltalk.

III (en sécurité informatique) Entité dont l'accès est protégé.

EXEMPLES Fichier, programme, zone de mémoire principale ; données collectées et mises à jour sur une personne.

2 objet
hyperobject

(en hypermédia et multimédia)

Représentation codée d'une entité finie, indépendante, autodéfinie, qui peut être manipulée comme un tout par des applications, et échangée comme une seule unité.

EXEMPLES Un menu, une saisie de caractères dans une boîte de dialogue, du texte à initialiser, une page d'accueil sur la toile.

👁 Tableau O.1

3 objet
subject

(en courrier électronique)

Partie de l'en-tête qui résume le contenu du message, tel qu'il a été défini par l'expéditeur.

objet composite
composite object

Objet formé d'au moins deux objets.

EXEMPLE Menu associé à une boîte de dialogue pour la saisie d'une chaîne de caractères.

☞ objet (2)

objet de données
data object

I Ensemble de données discrètes considérées comme un tout, et représentant une occurrence de structure de données dont l'existence est connue ou considérée comme telle.

II (en programmation) Élément d'une structure de données, tel qu'un fichier, un tableau, ou un opérande, qui est nécessaire pour l'exécution de programmes.

NOTE Un objet de données peut être une constante ou une variable.

objet d'exécution
runtime object

Objet créé à partir d'un modèle, durant l'exécution.

Tableau O.1 – Exemples de types d'objets

Types d'objets	Objets simples		Objets composites	
	Monomédia	Multimédia	Monomédia	Multimédia
Objet d'entrée	- Boutons, menus ou sélections multiples - remplissage de formulaire - introduction d'une adresse ou d'une valeur numérique, etc.	Non	Suite de menus enchaînés	Menu avec saisie d'une chaîne de caractères dans une boîte de dialogue
Objet de sortie	- Texte, graphiques, images fixes - séquences audio ou audiovisuelles	Non	- Suite de blocs de texte - suite de séquences audiovisuelles	- Images fixes avec son - vidéo avec superposition de textes en sous-titres
Objet interactif	Non	Non	Objet texte suivi d'une sélection par un menu	Séquence audiovisuelle suivie d'une sélection par un menu
Objet (en hypermédia et multimédia)	Non	Non	Arbre d'objets textes reliés par des menus	Arbre d'objets multimédias reliés par des menus

objet d'information

information object

(en courrier électronique)
Ensemble de données représentant une entité d'information.

EXEMPLES Un message, un envoi-test, un rapport.

NOTE Cette information peut être représentée par un texte seul ou peut comprendre des sons ou des images.

objet géré

managed object

Dans un réseau, ressource qui peut être gérée par l'utilisation de protocoles appropriés.

objet interactif

interactive object

Objet composite qui dispose à la fois de fonctions d'entrée et de sortie.

EXEMPLE Séquence audiovisuelle associée à un menu.

☞ objet (2)

objet logique

logical object

Élément de la structure logique spécifique d'un document, qui peut avoir un sens significatif pour l'application ou pour l'utilisateur.

EXEMPLES Chapitre, section, paragraphe.

objet monomédia

monomedia object

Objet composite formé de plusieurs objets, relevant d'un seul média de représentation.

☞ objet (2)

objet multimédia

multimedia object

Objet composite formé d'objets relevant d'au moins deux types différents de médias de représentation.

EXEMPLE Son inséré dans du texte.

☞ objet (2)

objet physique

layout object

Élément de la structure physique spécifique d'un document.

EXEMPLES Page, bloc.

objet virtuel

virtual object

Objet créé par ordinateur dans un univers virtuel.

NOTE Cet objet peut être, par exemple, une image, des effets tactiles ou des odeurs.

obliquité
skew

Déviation angulaire ou longitudinale d'une rangée de bande par rapport à une référence spécifiée.

≈ effet d'obliquité

oblitérer
to occlude

Empêcher le choix d'une option associée à un objet affiché.

NOTE L'oblitération d'une option est généralement effectuée en recouvrant son nom ou son icône par une fenêtre (sens I) semi-transparente.

observer
to lurk

Regarder les activités d'une conférence par ordinateur passivement et sans se faire remarquer.

obturateurs électroniques
➡ **lunettes à obturateur**

occultation
occlusion

Zone d'une image qui ne contient pas de partie de la scène à cause d'un objet interposé.

1 occulter
to occlude

(en vision artificielle)

Empêcher l'apparition de tout ou partie d'un objet dans une image à cause d'un objet interposé.

EXEMPLE Une fenêtre graphique superposée à une autre sur un écran.

NOTE Un objet dans une scène peut occulter des objets qui se trouvent placés derrière.

2 occulter
to obscure

(en infographie)

Superposer un objet graphique à un autre, de manière à cacher ce dernier entièrement ou partiellement.

EXEMPLE Occulter une fenêtre (sens I) en lui superposant une autre fenêtre.

occurrence d'entité
entity occurrence, entity instance

Entité spécifique d'une classe d'entités donnée.

EXEMPLE Une transaction de vente particulière, un employé particulier.

≈ instance d'entité

octal
octal

I Qualifie une numération à base fixe dont la base est huit.

II Qualifie un objet, une condition ou une action pouvant présenter l'un quelconque de huit valeurs ou états distincts.

octet
octet, 8-bit byte

Multiplet composé de huit bits.

En anglais, le nom *byte* est souvent employé comme synonyme de « octet », avec le symbole B.

Le nom « octet » peut être combiné avec des préfixes pour multiples, et son symbole avec les symboles des préfixes.

NOTE Lorsque l'octet est utilisé pour exprimer une capacité de mémoire ou une taille de fichier, son symbole est o.

☞ bit

oculomètre
eye tracker, eye tracking unit

Dispositif d'entrée capable de suivre les mouvements de l'œil humain et de transmettre à un système informatique la direction du regard en vue de diverses applications.

≈ suiveur oculaire

ombrage
shading

I (en infographie) Rendu d'un objet, obtenu en calculant les luminosités de sa surface en fonction de la position des sources de lumière et de la manière dont elles illuminent l'objet et les objets voisins.

II (en vision artificielle) Gradient de luminosité dans une image absente de la scène d'origine, causé par le système de vision.

ombrage Gouraud
Gouraud shading
Ombrage lisse d'un modèle polygonal, obtenu par l'interpolation linéaire d'intensités de vertex le long de chaque arête.

ombrage lisse
smooth shading
Ombrage qui donne un aspect lisse aux surfaces courbes d'un objet solide connu par une représentation fil de fer.

ombrage Phong
Phong shading
Ombrage lisse d'une surface polygonale, obtenu par l'interpolation linéaire d'intensités, à partir d'un point intérieur, le long des perpendiculaires aux arêtes.

opérande
operand
Élément auquel s'applique une opération.
Le terme *opérande* est un nom féminin.

opérande immédiat
immediate operand
Opérande dont la valeur et non l'adresse est contenue dans une instruction.

opérateur
operator
(en symbolique)
Symbole représentant la nature d'une opération.

opérateur booléen
Boolean operator, boolean operator
Opérateur dont les opérandes et le résultat prennent chacun l'une ou l'autre de deux valeurs distinctes.
Avec une majuscule, *Boolean operator* est l'orthographe anglaise ; tandis que *boolean operator* est l'orthographe américaine.

opérateur diadique
dyadic operator, binary operator
Opérateur qui représente une opération portant sur deux et seulement deux opérandes.
☞ opérateur monadique

opérateur monadique
monadic operator, unary operator
Opérateur qui représente une opération portant sur un seul opérande.
☞ opérateur diadique

opération
operation
Action définie qui, appliquée à un ensemble admissible d'éléments spécifiés, engendre un élément défini.
EXEMPLE Dans l'opération arithmétique consistant à additionner cinq et trois, les nombres cinq et trois sont les opérandes, le nombre huit est le résultat, et le signe plus est l'opérateur indiquant que l'opération effectuée est une addition.

opérationalisation
operationalization
Compilation de connaissances déclaratives sous forme de connaissances procédurales, c'est-à-dire opératoires.
EXEMPLE Conversion du conseil « ne pas se mouiller » en une série d'instructions particulières expliquant comment éviter de se mouiller dans une situation donnée.
☞ apprentissage analytique

opération arithmétique binaire
binary arithmetic operation
Opération arithmétique, dans laquelle les opérandes et le résultat sont représentés en numération binaire.
Les termes *opération binaire* en français et *binary operation* en anglais sont parfois employés. Ils sont toutefois déconseillés car ils couvrent plusieurs sens.

opération booléenne
Boolean operation, boolean operation
I Opération dans laquelle les opérandes et le résultat prennent chacun l'une ou l'autre de deux valeurs distinctes.
II Opération conforme aux règles de l'algèbre de Boole.
Les termes *opération binaire* en français et *binary operation* en anglais sont parfois employés. Ils sont déconseillés car ils couvrent plusieurs sens.

Avec une majuscule, *Boolean operation* est l'orthographe anglaise ; tandis que *boolean operation* est l'orthographe américaine.

NOTE Pour simplifier les définitions des opérations booléennes particulières, les deux valeurs booléennes sont généralement appelées « valeur booléenne 0 » et « valeur booléenne 1 ». L'emploi d'autres paires de valeurs ne serait pas en contradiction avec les définitions.

opération booléenne diadique

dyadic Boolean operation

Opération booléenne portant sur deux et seulement deux opérandes.

Avec une majuscule, *Boolean* est l'orthographe anglaise ; tandis que *boolean* est l'orthographe américaine.

opération booléenne N-adique

N-adic Boolean operation

Opération booléenne portant sur N et seulement N opérandes.

Avec une majuscule, *Boolean* est l'orthographe anglaise ; tandis que *boolean* est l'orthographe américaine.

opération complémentaire d'une opération booléenne

complementary operation of a Boolean operation

Opération booléenne, définie par rapport à une autre opération booléenne, qui, lorsqu'elle est appliquée aux mêmes opérandes que cette autre opération, a pour résultat la négation du résultat de cette dernière.

EXEMPLE L'union est l'opération complémentaire de l'opération NON-OU.

Avec une majuscule, *Boolean* est l'orthographe anglaise ; tandis que *boolean* est l'orthographe américaine.

opération de non-identité

non-identity operation

Opération booléenne dont le résultat a la valeur booléenne 1, si et seulement si les opérandes n'ont pas tous la même valeur booléenne.

NOTE Une opération de non-identité portant sur deux opérandes est une disjonction.

opération de seuil

threshold operation

Opération effectuée sur des opérandes pour obtenir la valeur d'une fonction de seuil.

opération diadique

dyadic operation

Opération portant sur deux et seulement deux opérandes.

Les termes *opération binaire* en français et *binary operation* en anglais sont parfois employés. Ils sont déconseillés car ils couvrent plusieurs sens.

☞ opération N-adique

opération d'identité

identity operation

Opération booléenne dont le résultat a la valeur booléenne 1, si et seulement si tous les opérandes ont la même valeur booléenne.

NOTE Une opération d'identité portant sur deux opérandes seulement est une équivalence logique.

opération duale d'une opération booléenne

dual operation of a Boolean operation

Opération booléenne, définie par rapport à une autre opération booléenne, qui, lorsqu'elle est appliquée à des opérandes qui sont la négation des opérandes de cette autre opération, a pour résultat la négation du résultat de cette dernière.

EXEMPLE L'union est l'opération duale de l'intersection.

Avec une majuscule, *Boolean* est l'orthographe anglaise ; tandis que *boolean* est l'orthographe américaine.

opération ET

➠ **intersection**

opération générique

generic operation

Opération qui est surchargée et ne désigne pas une opération spécifique, mais fournit des paramètres formels pour des paramè-

tres effectifs ayant des types de données spécifiques.
EXEMPLE L'unité lexicale « + » peut signifier une addition d'entiers relatifs, une addition de nombres réels, une union d'ensembles, une concaténation, etc.

opération logique
logic operation, logical operation

I Opération conforme aux règles de la logique symbolique.

II Opération dans laquelle chaque caractère du résultat dépend d'un caractère au plus de chacun des opérandes.

opération majoritaire
majority operation

Opération de seuil, dans laquelle chacun des opérandes ne peut prendre que les valeurs 0 et 1, et qui prend la valeur 1 si et seulement si le nombre des opérandes ayant la valeur 1 est supérieur au nombre des opérandes qui ont la valeur zéro.

opération monadique
monadic operation, unary operation

Opération portant sur un opérande et un seul.
EXEMPLE La négation.

opération N-adique
N-adic operation, N-ary operation

Opération portant sur N et seulement N opérandes.
☞ opération diadique

opération NI
➡ **opération NON-OU**

opération NON
➡ **négation**

opération NON-ET
non-conjunction, NAND operation, NOT-BOTH operation, NOT-AND operation

Opération booléenne diadique dont le résultat a la valeur booléenne 0, si et seulement si les deux opérandes ont la valeur booléenne 1.
≈ fonction de Sheffer, incompatibilité logique

opération NON-OU
non-disjunction, NOR operation, NEITHER-NOR operation, NOT-OR operation

Opération booléenne diadique dont le résultat a la valeur booléenne 1, si et seulement si les deux opérandes ont la valeur booléenne 0.
≈ fonction de Pierce, opération NI

opération OU
➡ **union**

opération OU exclusif
➡ **disjonction**

opération OU inclusif
➡ **union**

ordinateur
digital computer

Calculateur qui accepte, traite et produit des données numériques.
NOTE En français, le terme « ordinateur » est souvent utilisé dans un sens général pour désigner un calculateur.
≈ calculateur numérique

ordinateur central
mainframe

Ordinateur, généralement implanté dans un centre de traitement de l'information, offrant des possibilités et des ressources étendues, et auquel peuvent être connectés d'autres ordinateurs de manière à partager des ressources.

ordinateur frontal
➡ **processeur frontal**

ordinateur hôte
host computer, host

Dans un réseau d'ordinateurs, tout ordinateur fournissant aux utilisateurs des services tels que calcul et accès à des bases de données, et pouvant remplir des fonctions de commande du réseau.
≈ hôte

ordinateur individuel
PC
personal computer (PC)

Micro-ordinateur essentiellement conçu pour une utilisation indépendante par un individu.

≈ ordinateur personnel

ordinateur microprogrammable
microprogrammable computer

Ordinateur dans lequel des microprogrammes peuvent être créés ou modifiés par l'utilisateur.

ordinateur neuronal
neurocomputer, neural computer

Ordinateur spécialisé, construit sous forme d'un réseau neuronal.

NOTE Le fonctionnement est généralement évalué en connexions actualisées par seconde.

= ordinateur neuronique
≈ neuro-ordinateur

ordinateur personnel
➡ **ordinateur individuel**

ordinateur portable
portable computer

Micro-ordinateur que l'on peut transporter afin de pouvoir l'utiliser en des lieux différents.

ordinateur portatif
laptop computer

Ordinateur portable doté d'une alimentation électrique autonome, de taille et de poids réduits, pouvant être utilisé sur les genoux.

ordonnancement
scheduling

Sélection de travaux ou de tâches, ou d'autres unités de travail, en vue de les répartir.

ordonnancement des paquets
packet sequencing

Processus qui assure la remise des paquets à l'équipement terminal de traitement de données (ETTD) récepteur, dans l'ordre où ils ont été envoyés par l'ETTD émetteur.

≈ remise en ordre des paquets

ordonnancer
to schedule

Sélectionner des travaux ou des tâches, ou d'autres unités de travail, en vue de les répartir.

NOTE Dans certains systèmes d'exploitation, l'ordonnancement peut également porter sur d'autres unités de travail, comme les opérations d'entrée-sortie.

≈ planifier

ordonnanceur
scheduler

Partie du système d'exploitation qui sélectionne des travaux, des tâches ou d'autres unités de travail en vue de les répartir.

ordonner
to sequence

Ranger selon la suite des nombres entiers naturels.

NOTE Il est possible de faire correspondre d'autres rangements linéaires à un rangement, selon la suite des entiers naturels ; ainsi, par extension, peut-on ordonner alphabétiquement ou chronologiquement.

ordre parlé
➡ **commande vocale**

organe de commande
➡ **unité de commande**

organe d'entrée
➡ **dispositif d'entrée**

organe d'entrée-sortie
➡ **dispositif d'entrée-sortie**

organe de sortie
➡ **dispositif de sortie**

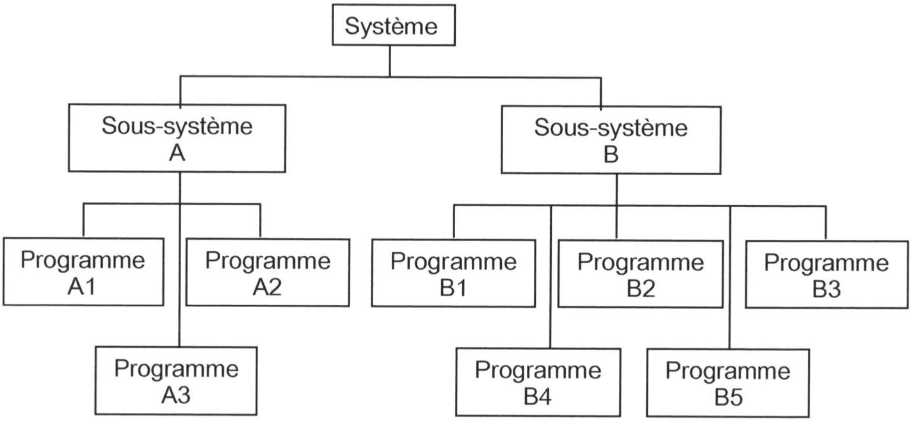

Figure O.1 – Exemple d'organigramme hiérarchique

organigramme
flowchart, flow diagram

Représentation graphique d'un processus, ou solution pas-à-pas d'un problème, au moyen de figures géométriques convenablement annotées, reliées par des lignes de liaison, en vue de concevoir ou de documenter un processus ou un programme.

organigramme hiérarchique
structure chart, hierarchy chart

Diagramme qui identifie les modules, les mouvements ou les autres entités dans un système ou un programme, et montre comment des entités générales et importantes se décomposent en entités plus spécifiques et plus petites.

NOTE Le résultat n'est pas nécessairement le même que dans un graphe d'appel.

👁 Figure O.1

organisation de fichier de base de données
database file organization

Arrangement de données dans une mémoire et mise en œuvre d'une méthode d'accès, en conformité avec les structures de données d'un fichier particulier et de ses enregistrements, pour permettre au fichier de faire partie d'une base de données.

organisation de mémoire
storage organization

Mise en correspondance d'une structure de données et des opérations sur ses données, avec une mémoire et les opérations d'accès correspondantes.

NOTE Les éléments logiques de la structure de données sont mis en correspondance avec les éléments physiques homologues stockés, par exemple, les enregistrements d'un type enregistrement avec les enregistrements stockés d'un fichier.

orienté objet
object-oriented

Qualifie une technique ou un langage de programmation qui prend en charge les objets, les classes, et permet l'héritage.

NOTE Certains spécialistes donnent les exigences suivantes pour la programmation orientée objet : masquage d'information ou encapsulage, abstraction des données, passation de messages, polymorphisme, liaison dynamique et héritage.

≈ par objets

origine d'assemblage
assembled origin

Adresse de l'emplacement de mémoire initial, affecté à tout ou partie d'un programme par un assembleur, un compilateur ou un éditeur de liens.

orpheline
orphan, orphan line

Première ligne d'un paragraphe de texte, isolée en bas d'une colonne ou d'une page.

OSI
➠ **interconnexion de systèmes ouverts**

OSIE
➠ **environnement OSI**

outil de génie cognitif
knowledge engineering tool

Outil logiciel conçu pour simplifier et accélérer la construction de systèmes à base de connaissances.

NOTE Un outil de génie cognitif comporte des stratégies de représentation de connaissances, de contrôle et d'inférence, ainsi que des structures de modélisation par types de problèmes.

outil hypermédia
hypermedia tool

Application qui permet la création ou la présentation hypermédia.

outil logiciel
software tool

Logiciel utilisé pour développer, tester, analyser ou maintenir un programme ou sa documentation.

EXEMPLES Générateur de références croisées, décompilateur, pilote, éditeur, traceur d'organigramme, moniteur, générateur de tests, analyseur temporel.

ouvrir une session
➠ **connecter (se –)**

P

PAD

➡ **assembleur-désassembleur de paquets**

page

virtual page

(dans un système à mémoire virtuelle)

Bloc de longueur fixe ayant une adresse virtuelle, et se transférant comme un tout entre la mémoire réelle et la mémoire externe.

page d'accueil

home page

Premier document auquel on accède dans un site de réseau particulier, ou premier document affiché à l'ouverture d'un logiciel de navigation.

page de la toile

Web page

Document accessible sur la toile.

NOTE Une page de la toile est normalement écrite en langage HTML.

≈ page Web

pages blanches

white pages

Annuaire donnant les adresses électroniques des utilisateurs d'un réseau, classés selon leur nom.

page Web

➡ **page de la toile**

pagination

paging technique

(dans un système à mémoire virtuelle)

Technique de division de la mémoire réelle en cadres de page.

pagination à la demande

demand paging

Transfert d'une page depuis la mémoire externe vers la mémoire réelle au moment où le besoin se présente.

pagination anticipée

anticipatory paging

Transfert d'une page depuis la mémoire externe vers la mémoire réelle avant le moment où le besoin se présente.

paire coaxiale

coaxial pair

Support de transmission constitué de deux conducteurs cylindriques dont l'un est situé à l'intérieur de l'autre, et qui partagent le même axe.

paire torsadée

twisted pair

Support de transmission constitué de deux conducteurs électriques isolés et torsadés.

palette de couleurs

color map

Ensemble de valeurs de couleur qui traduit les valeurs de pixel en couleurs affichées.

panneau à plasma

➡ **écran à plasma**

panneau de commande

➡ **pupitre de commande**

panneau de maintenance

maintenance panel

Partie d'un matériel réservée aux techniciens chargés d'en assurer la maintenance.

≈ tableau de maintenance

panoramique

panning, panoramic translating

Translation progressive des éléments graphiques pour donner l'impression visuelle d'un mouvement latéral de l'image.

NOTE Le panoramique permet la suppression et l'adjonction d'éléments graphiques.

PAO

➡ **publication assistée par ordinateur**

PAP

PAP

Nom d'un protocole permettant d'authentifier un mot de passe.

PAP est l'abréviation de l'expression anglaise *password authentification protocol.*

papier en accordéon

fanfold paper, zig-zag fold paper, z-fold paper

Papier en continu présenté sous forme de plis parallèles alternés, et généralement entraîné au moyen de perforations latérales.

papier en continu

continuous forms, continuous forms paper

Papier vierge ou préimprimé, présenté en bande continue.

≈ formulaire en continu

papillotement

flicker

Variation rythmique indésirable d'une caractéristique d'une image, telle que la luminosité ou la couleur.

paquet

packet

Suite de bits comportant des données de service et éventuellement des données de l'utilisateur, disposés selon un format particulier, et émis et commutés comme un tout.

paquetage

package

(en programmation)

Module conçu pour fournir l'abstraction, l'encapsulation, ou le masquage d'information par le groupement d'éléments de langage logiquement associés, tels que les types de données, les objets de données ayant ces types, et les sous-programmes dont les paramètres ont ces types.

paquetage générique

generic package

Paquetage conçu pour fournir des modèles pour des algorithmes ou des opérations s'y rapportant.

EXEMPLE Paquetages génériques pour des fonctions trigonométriques, des opérations de piles, des fonctions financières, etc.

paragraphe passe-partout

boilerplate

Partie de texte mise en mémoire, et destinée à être réutilisée dans de multiples documents.

parallèle

parallel

Qualifie une configuration de plusieurs dispositifs qui fonctionnent simultanément et dont chacun exécute tout ou partie d'une fonction donnée.

paramètre

parameter

I Variable à laquelle on assigne une valeur constante déterminée pour chaque cas particulier et qui, éventuellement, identifie ce cas.

II (en programmation) Élément de langage destiné à passer des objets de données ou des valeurs de donnée entre des modules.

paramètre effectif
actual parameter, actual argument

Paramètre, tel qu'une expression, un identificateur ou un autre élément de langage, utilisé dans un appel ou dans une instanciation générique pour relier un objet de données à la déclaration correspondante.

NOTE La déclaration correspondante est appelée paramètre formel.

≈ paramètre réel

paramètre fictif
➥ **paramètre formel**

paramètre formel
formal parameter, dummy argument

Paramètre, défini dans la déclaration de certains modules et associé à un paramètre effectif, dans un appel ou une instanciation générique.

≈ paramètre fictif

paramètre réel
➥ **paramètre effectif**

parcellisation
compartmentalization

Division de données en blocs isolés les uns des autres, et munis de contrôles de sécurité séparés afin de réduire le risque informatique.

EXEMPLE Division de données relatives à un grand projet en blocs correspondant à des sous-projets, dont chacun est protégé par son propre système de sécurité, afin de limiter l'exposition du projet dans son intégralité.

par défaut
default

Qualifie un attribut, une valeur de donnée ou une option retenus en l'absence d'autre précision.

EXEMPLE En Fortran, la convention de désignation par défaut précise que les noms qui commencent par une lettre de I à N désignent des variables de type entier.

≈ implicite

pare-feu
firewall

Unité fonctionnelle qui s'interpose sur tout le trafic passant entre deux réseaux et protège l'un d'eux, ou une partie de l'un d'eux, contre tout accès non autorisé.

Le terme *coupe-feu* est employé au Canada.

NOTES
1 Le réseau protégé est généralement un réseau privé interne à un organisme.
2 Un pare-feu autorise le transfert de messages ou de fichiers vers une station de travail de haute sécurité dans le réseau interne, sans permettre de transfert dans le sens opposé.

≈ barrière de sécurité, coupe-feu

👁 Figure P.1

parent
parent

(en vision artificielle)

Plage qui entoure complètement une autre plage.

EXEMPLE La partie rouge du drapeau suisse peut être considérée comme un parent.

☞ enfant

parflash
➥ **mémoire flash**

par objets
➥ **orienté objet**

parole
speech

Suite d'éléments de voix dans une langue donnée, ou signaux acoustiques simulant une telle suite.

parole artificielle
artificial speech, synthetic speech

Parole produite par une unité fonctionnelle.

≈ parole synthétique, voix artificielle

parole synthétique
➥ **parole artificielle**

partage de temps
➥ **temps partagé**

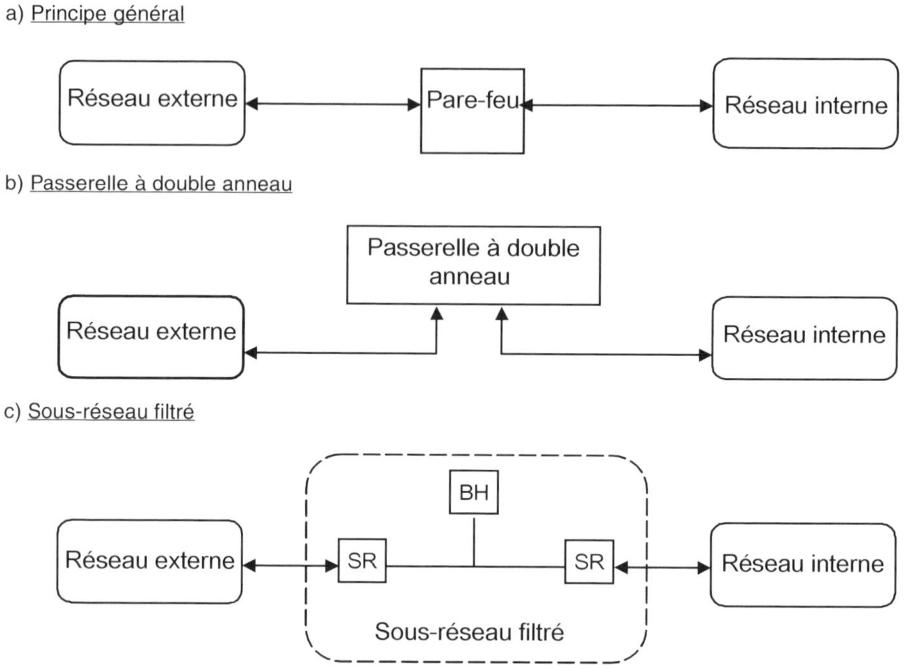

BH : passerelle hôte filtrée
SR : routeur de filtrage

Figure P.1 – Pare-feu

partie active
working set

Ensemble des pages virtuelles concernant un processus particulier, et présentes dans la mémoire réelle à un moment quelconque.

partie adresse
address part

Partie d'une instruction machine ou d'une micro-instruction qui spécifie l'adresse d'un opérande.

≈ zone adresse

partie déclarative
declarative part, data division

Portion d'un programme, constituée d'une ou plusieurs déclarations.

NOTE En COBOL, une partie déclarative s'appelle « division données ».

partie droite
right-hand side, conclusion part, action part

Ensemble des faits ou énoncés dans la partie « alors » d'une règle conditionnelle.

≈ conclusion, membre droit

partie gauche
left-hand side, premise part, condition part

Ensemble des faits ou énoncés dans la partie « si » d'une règle conditionnelle.

≈ membre gauche, prémisse

partie opérateur
operation part, operation field

Partie d'une instruction machine ou d'une micro-instruction qui spécifie l'opération à effectuer.

≈ partie type d'opération

partie privée
➡ **élément privé**

partie type d'opération
➟ **partie opérateur**

partie variable
variant part

Partie d'un enregistrement, composée d'objets de données, et dont les structures de données ou les types de données déclarés correspondants peuvent changer.

NOTE Le nombre aussi bien que la composition des objets de données peuvent changer.

partie visible
➟ **élément visible**

partition
realm

(dans un modèle en réseau)

Partie d'une base de données, qui peut être ouverte et fermée comme un tout.

partition de mémoire
memory partitioning, storage partitioning

Dans une calculatrice, séparation d'une mémoire en plusieurs parties indépendantes.

pas
increment size

Distance entre deux points adressables, adjacents sur une surface d'affichage.

≈ incrément

pas de luminophore
dot pitch

Grandeur caractérisant la résolution d'un écran, exprimée par la distance entre des points de luminophore de même couleur.

pas d'itération
iteration step

Action d'exécuter une seule fois la succession d'étapes d'une itération.

pas longitudinal
row pitch

Distance, mesurée le long d'une piste, entre des rangées de bande adjacentes sur un support d'enregistrement.

passage
run

Action d'effectuer un ou plusieurs travaux ou un ou plusieurs programmes.

☞ exécution

passage en parallèle
➟ **exploitation en double**

1 passerelle
gateway

Unité fonctionnelle permettant de connecter deux réseaux d'ordinateurs ayant des architectures de réseau différentes.

EXEMPLES Passerelle de réseaux locaux, passerelle de courrier.

NOTE Les réseaux d'ordinateurs peuvent être des réseaux locaux d'entreprise, des réseaux généraux ou d'autres types de réseaux.

2 passerelle
LAN gateway

Dans un réseau local, unité fonctionnelle qui connecte le réseau local à un autre réseau ayant des protocoles différents.

NOTE L'autre réseau peut être un réseau local, un réseau de données public, ou un réseau d'un autre type.

passerelle à double anneau
dual-homed host, dual-homed gateway

Ordinateur hôte qui réunit deux réseaux d'ordinateurs séparés, ayant des espaces d'adressage distincts.

NOTE Une passerelle à double anneau peut fournir des fonctions de sécurité en tant que pare-feu.

☞ pare-feu

passerelle de courrier
mail gateway, gateway

Unité fonctionnelle qui connecte des systèmes de messagerie différents et transfère les messages entre eux.

passerelle hôte filtrée
bastion host, screened-host gateway

Ordinateur hôte qui, dans un sous-réseau filtré, accomplit les fonctions d'un pare-feu.

☞ pare-feu

pas transversal
track pitch

Distance entre pistes adjacentes, mesurée dans une direction perpendiculaire aux pistes.

NOTE Le pas transversal est l'inverse de la densité de pistes.

≈ entre-axe des pistes

pavage
tiling

Fenêtrage obtenu par la division d'un espace d'affichage en fenêtres (sens I) qui ne se chevauchent pas.

≈ mosaïque

☞ fenêtrage en cascade

pavé
tile

I Table de pixels exprimée en dimensions x et y pour remplir une plage d'affichage.

II Fenêtre (sens I) créée par pavage.

pavé de fond
background tile

Pavé (sens I) servant à remplir les plages d'affichage d'une fenêtre (sens I) lorsque le contenu de celle-ci est perdu ou devient invalide.

pavé tactile
touch-sensitive pointing device, touch pad

Dispositif de pointage installé sur certains ordinateurs portables, que l'utilisateur actionne du doigt pour pointer et cliquer.

≈ tablette tactile

PC
➡ **ordinateur individuel**

PDU
➡ **unité de données du protocole**

pébi
pebi

Préfixe d'unité pour les multiples binaires, indiquant le facteur 2^{50}, employé principalement en combinaison avec le bit et l'octet. Le symbole de *pébi* est *Pi*.

NOTE Le préfixe « péta » indique normalement le facteur 10^{15}.

peigne
comb

Dans un lecteur de disque magnétique, ensemble solidaire de bras d'accès déplacé en bloc.

pénétration
penetration

Accès non autorisé à un système informatique.

☞ menace

perceptron monocouche
single-layer perceptron, simple perceptron, perceptron

Réseau neuronal constitué d'un seul neurone artificiel ayant une valeur de sortie binaire qui est déterminée par l'application d'une fonction monotone à une combinaison linéaire des valeurs d'entrée, avec apprentissage par correction d'erreur.

NOTES

1 Le perceptron monocouche forme deux régions de décision, séparées par un hyperplan.

2 Pour des valeurs d'entrée binaires, le perceptron monocouche ne peut pas réaliser la disjonction (opération OU exclusif).

≈ perceptron simple

perceptron multicouche
multilayered perceptron

Réseau acyclique comprenant un groupe de nœuds sources, une ou plusieurs couches cachées et une couche de sortie, et utilisant une fonction d'activation monotone.

NOTES

1 Chaque neurone artificiel d'un perceptron multicouche est un perceptron monocouche.

2 Les perceptrons multicouches peuvent réaliser toute fonction booléenne.

perceptron simple
➡ **perceptron monocouche**

période d'accès
access period

Intervalle de temps pendant lequel les droits d'accès d'une entité sont valides.

période de rétention
retention period

Durée pendant laquelle des données enregistrées sur un support d'enregistrement doivent être conservées.

période élémentaire
➡ **durée d'une tranche**

périphérique
peripheral equipment, peripheral device, peripheral

Dispositif qui est commandé par un ordinateur et qui peut communiquer avec lui.

EXEMPLES Unités d'entrée-sortie, mémoires externes.

permis d'accès
access permission

Ensemble des droits d'accès d'un sujet à un objet déterminé.

≈ permission d'accès

permission d'accès
➡ **permis d'accès**

permutation
transposition

Chiffrement qui change l'ordre des caractères ou des bits selon une logique donnée.

NOTE Les termes « transposition » et « permutation » peuvent désigner aussi le cryptogramme résultant d'un tel chiffrement.

≈ chiffrement de transposition, transposition

permuter
to swap

Déloger le contenu de la mémoire pour faire de la place à de nouvelles données, et reloger ces données.

perte
loss

Mesure quantitative des dommages et des privations résultant d'une compromission.

☞ menace

PGP
PGP

Nom d'un programme de chiffrement à clé publique, utilisant l'algorithme RSA et n'utilisant pas de tiers de confiance.

PGP est l'abréviation de l'expression anglaise *pretty good privacy.*

phase de transfert de données
data transfer phase

Dans une communication, phase durant laquelle les données des usagers peuvent être transférées entre des équipements terminaux de traitement des données interconnectés par un réseau.

PHIGS
➡ **système infographique PHIGS**

phonème
phoneme

Plus petite unité distinctive de la parole dans une langue donnée.

photostyle
lightpen

Dispositif de désignation ou releveur de coordonnées photosensible, que l'on utilise en le pointant vers la surface d'affichage.

phrase
sentence

Dans un langage de schéma conceptuel, construction linguistique qui exprime une proposition.

Pi
➡ **pébi**

pictogramme
➡ **icône**

pièce
➡ **retouche**

piégeage
entrapment

Fait de placer de manière délibérée des failles apparentes dans un système informatique pour pouvoir détecter des essais de pénétration ou pour faire hésiter un intrus sur les failles à exploiter.

pile
stack, pushdown list

Liste construite et gérée de telle façon que le prochain élément à extraire soit celui qui a été inséré en dernier.

NOTE Cette organisation est caractérisée par la formule « dernier entré, premier sorti » (LIFO).

≈ liste refoulée

👁 Tableau P.1

Tableau P.1 – Pile, file d'attente et file à deux entrées

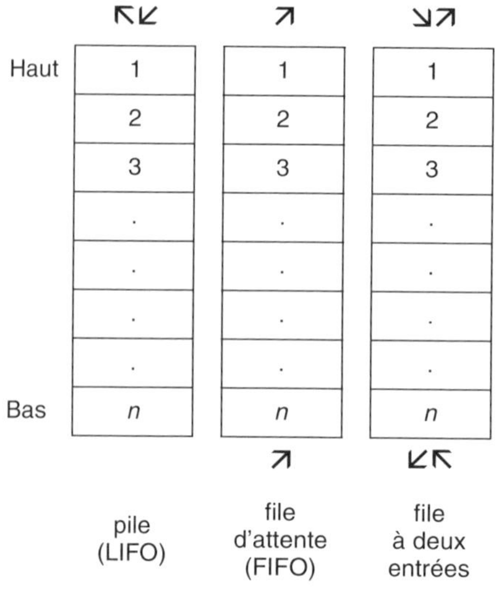

PIO
➡ **productique**

pipeline
pipeline

Succession de fragments de processus, qui sont traités par des processeurs successifs ou par des tâches qui peuvent s'exécuter en parallèle.

NOTE La notion de pipeline peut s'appliquer à un niveau macroscopique, comme dans un commutateur qui accomplit des traitements concurrents d'entrée, de routage et de sortie. Elle peut aussi s'appliquer à un niveau microscopique, comme dans une unité centrale où chaque instruction peut être traitée par une suite de processus tels que recherche de l'instruction, recherche des données, opération arithmétique ou logique, puis stockage des données.

piratage informatique
software piracy

Utilisation, copie ou distribution non autorisées de logiciels.

≈ piratage logiciel

piratage logiciel
➡ **piratage informatique**

pirate
cracker

Personne qui contourne ou détruit les protections d'un logiciel, d'un ordinateur ou d'un réseau d'ordinateurs.

1 piste
track, physical track

Sur un support d'enregistrement, chemin associé à l'accès des données en série.

NOTES

1 Un support donné peut être formaté avec de multiples pistes parallèles, comme des cercles concentriques sur un disque magnétique, ou avec une seule piste, comme la spirale continue généralement employée sur les disques optiques.

2 Sur certains supports, comme une bande magnétique, des pistes multiples sont lues ou écrites en parallèle de façon à assembler les éléments de données individuels en éléments de données plus grands, tels que des octets.

3 Sur les disques optiques, une piste est généralement le chemin suivi par le foyer d'un faisceau optique pendant un tour du disque.

= piste physique

2 piste
track

(en multimédia)

Lors d'une animation multimédia, média de représentation dans lequel sont référencées des données d'animation, qui peuvent être stockées dans une mémoire.

NOTE Le terme « piste » peut désigner un média de représentation contenant des références aux données de l'animation, qui peuvent être des images ou des sons enregistrés sur des disques durs, des disquettes, des disques compacts ou d'autres dispositifs.

piste adressable
addressable track

Piste logique dont chaque secteur est adressable individuellement.

piste décalée
offset track

Piste écrite à une position anormale sur un disque, constituant ainsi un mode de protection contre la copie.

piste de commande
control track

Piste ou spire de la piste, dans la zone de commande.

piste de données
data track

Piste ou spire de la piste, dans la zone de données.

piste de rechange
alternate track

Piste laissée disponible sur un disque magnétique, pour remplacer éventuellement une piste détériorée ou inexploitable.

≈ piste de remplacement

piste de remplacement
➡ **piste de rechange**

piste de synchronisation
clock track

Piste d'une bande magnétique où sont enregistrés des signaux utilisés pour la synchronisation.

piste de vérification
➡ **historique d'expertise**

piste d'index
index track

Piste dont le contenu sert à repérer des données sur d'autres pistes du même disque magnétique.

piste en spirale
spiral track

Piste en spirale sur un disque, constituant ainsi un mode de protection contre la copie.

= piste spiralée

piste excédentaire
extra track

Piste écrite sur un disque en supplément du nombre normal de pistes, constituant ainsi un mode de protection contre la copie.

piste large
wide track

Ensemble d'au moins deux pistes adjacentes d'un disque, sur lesquelles les mêmes données sont écrites, participant à une technique de protection contre la copie.

piste logique
logical track

Ensemble de secteurs consécutifs, en nombre déterminé, sur une ou plusieurs pistes ou spires de piste.

NOTE Le numéro de secteur 0 est attribué au premier secteur de chaque piste logique.

piste physique
➡ **piste (1)**

piste spiralée
➡ **piste en spirale**

pixel
pixel, picture element, pel

Élément bidimensionnel, le plus petit d'une image auquel on puisse affecter des attributs tels que couleur et intensité.

≈ élément d'image

pixel de contour
edge pixel
Pixel situé le long du contour.

plage
blob
Région d'une image dans laquelle tous les pixels ont la même valeur chromatique.

plage d'affichage
region
(en infographie)
Partie continue d'un espace d'affichage.

plage d'erreur
➥ **gamme d'une erreur**

plan de référence de disque
disk reference plane
Plan normal à l'axe de rotation d'un disque optique, défini par la surface annulaire parfaitement plate d'une broche idéale sur laquelle l'aire de pincement vient s'appuyer.

plan de reprise après sinistre
➥ **plan de secours**

plan de secours
contingency plan, disaster recovery plan
Plan comportant des procédures de sauvegarde, des solutions d'urgence et une remise en ordre à la suite d'un désastre.
≈ plan de reprise après sinistre

plan de test et d'évaluation
➥ **protocole de test**

plan d'occupation de la mémoire
load map
Liste produite par un ordinateur, et identifiant l'emplacement de mémoire ou la taille de tout ou partie des programmes ou données résidant en mémoire.
≈ carte de chargement

planéité du champ
flatness-of-field
Mesure dans laquelle un objet plat apparaît comme une image plate.

planification
planning
(en intelligence artificielle)
Ensemble de décisions relatives à la manière et à l'ordre d'application des actions avant leur commencement, en vue d'arriver au but désiré.
NOTE La planification vise la réduction du temps de recherche et la conciliation des conflits entre divers buts.

planification assistée par ordinateur
computer-aided planning (CAP)
Planification de toutes les activités de production par des systèmes informatiques, tels que des logiciels de planification et d'aide à la décision.
NOTE Les activités de production concernent la faisabilité, les quantités, le type, les cadences, les méthodes, l'emplacement, les moyens et le personnel.

planification de projet
project planning
Ensemble des activités se rapportant à la définition des tâches, du calendrier, des ressources et des procédures d'un projet.

planification des besoins en matières
material requirements planning (MRP)
Technique de définition des priorités, pilotée par un calendrier principal de production, et consistant à relier les demandes de composants aux calendriers de production des pièces dont ils sont issus.
NOTE Ne pas confondre avec MRP II, « planification des ressources de production ».
☞ planification des ressources de production

planification des processus assistée par ordinateur
computer-aided process planning (CAPP)
Ensemble des activités de planification utilisant des systèmes informatiques pour la préparation des données de base des processus de production, tels que l'usinage.

planification des ressources de production
manufacturing resource planning (MRP II)

Mise en œuvre de plans de gestion pour évaluer et prévoir la demande de chaque élément du processus de fabrication à un moment donné.

NOTE Ne pas confondre avec MRP, « planification des besoins en matières ».

☞ planification des besoins en matières

planification hiérarchique
hierarchical planning

Planification qui consiste à préciser les détails d'un plan en le décomposant en sous-plans représentés hiérarchiquement.

planification non hiérarchique
nonhierarchical planning

Planification qui utilise des plans schématiques prédéterminés et des opérations de résolution de problème appropriés pour leur instanciation, dans un contexte particulier.

planification opportuniste
opportunistic planning

Planification qui introduit des actions de résolution de problème appropriées, durant l'exécution d'un plan.

planification par diagrammes
network planning

Technique permettant de planifier, d'ordonnancer et de diriger un projet, au moyen de diagrammes de planification.

planifier
➡ **ordonnancer**

plan image
image plane

Dans un système optique, plan qui contient l'image voulue.

plan objet
object plane

Plan virtuel dont l'image par le système optique se trouve dans le plan image spécifié.

plan principal
principal plane

Plan virtuel à l'intérieur d'une lentille, ou proche de celle-ci, et dans lequel les rayons lumineux semblent changer de direction.

plaque
slab

Groupe de neurones artificiels ayant la même fonction d'activation, la même règle d'apprentissage et des topologies d'interconnexion équivalentes.

NOTE Les plaques peuvent être interconnectées hiérarchiquement mais il existe d'autres architectures.

plateau à souris
mouse tray

Petit plateau destiné à limiter les déplacements d'une souris par son utilisateur et comportant souvent un repose-poignet.

plateau de chargement
loading tray, disk tray

Plateau solidaire d'un lecteur de disque optique, sur lequel le disque optique est posé pour son insertion dans le lecteur et son extraction par un mécanisme d'éjection.

≈ compartiment de disque

plate-forme mobile
motion platform

Dispositif qui produit une sensation corporelle de mouvement dans l'espace.

NOTE Les plates-formes mobiles sont par exemple utilisées en simulation aéronautique.

poids
weight

Dans une numération pondérée, coefficient par lequel il y a lieu de multiplier la valeur représentée par le chiffre qui occupe le rang d'un chiffre pour obtenir la valeur additive à lui attribuer dans la représentation d'un nombre.

poids de connexion
➡ **poids synaptique**

poids synaptique
connection weight, connection strength

Coefficient qui multiplie une valeur d'entrée d'un neurone artificiel avant combinaison de cette valeur avec les autres valeurs d'entrée.

≈ poids de connexion, pondération

poignée
handle

(en infographie)

Petit rectangle qui peut apparaître à l'un des angles, ou sur un côté d'un cadre d'objet ou d'une fenêtre (sens I), et qui permet de redimensionner l'objet ou la fenêtre.

point adressable
addressable point

Tout point pouvant être localisé par un système de coordonnées défini.

≈ position adressable

point d'accès
access point

(en réseautique)

Dans un réseau, point à partir duquel l'utilisateur peut se relier au réseau.

point d'accès à des services
service access point (SAP)

Point où les services d'une couche déterminée sont fournis, par une entité de cette couche, à une entité de la couche immédiatement supérieure.

point d'ancrage
anchor, anchor point

(en hypermédia)

Nœud hypermédia qui est la destination d'un hyperlien.

point d'arrêt
breakpoint

Point d'un programme, d'un module ou d'une instruction, où l'exécution peut être suspendue en fonction d'une condition ou d'un événement particulier.

NOTES

1 Un point d'arrêt est positionné pour permettre une supervision manuelle ou automatique du déroulement du programme ou de ses résultats.

2 Il peut y avoir plusieurs points d'arrêt.

≈ point d'interruption

point d'arrêt d'entrée
preamble breakpoint

Point d'arrêt placé sur un point d'entrée d'un programme ou d'un sous-programme.

point d'arrêt de référence
data breakpoint

Point d'arrêt qui dépend de l'accès à un objet de données particulier.

point d'arrêt de sortie
postamble breakpoint

Point d'arrêt placé sur un point de sortie d'un programme ou d'un sous-programme.

point d'arrêt d'exécution
code breakpoint, control breakpoint

Point d'arrêt qui dépend de l'exécution d'une instruction particulière.

point d'arrêt dynamique
dynamic breakpoint

Point d'arrêt pour lequel les conditions ou les événements particuliers qui le déclenchent peuvent changer durant l'exécution de son programme ou d'un autre programme.

point d'arrêt programmable
programmable breakpoint

Point d'arrêt qui, lorsqu'il est déclenché, appelle automatiquement un processus, préalablement spécifié, de mise au point.

point d'arrêt statique
static breakpoint

Point d'arrêt qui peut être positionné durant la compilation.

EXEMPLE Un point d'arrêt peut être positionné lors d'un appel d'un sous-programme déterminé.

point de branchement
branching point

Dans une présentation sur un média interactif, emplacement dans un programme où l'utilisateur peut choisir entre plusieurs chemins.

point de chargement
load point

Début de la zone d'enregistrement, sur une bande magnétique.

NOTE Certains dérouleurs de bande magnétique utilisent un repère de début de bande pour indiquer la position du point de chargement.

point de contrôle
checkpoint

Point d'un programme où l'on peut interrompre l'exécution du programme, et où l'on a inséré une séquence d'instructions pour enregistrer l'état et les résultats, les inspecter et reprendre.

1 point d'entrée
entry point, entrance

Point d'un programme, d'un module ou d'une instruction, à partir duquel l'exécution de ce programme, de ce module ou de cette instruction peut commencer.

2 point d'entrée
entry point

(en base de données)
Premier enregistrement accessible lors de l'entrée dans une base de données, suite à une commande de l'utilisateur.

point d'entrée d'une tâche
task entry

Endroit, dans une tâche, qui offre une interface pour un module appelant.

point de réentrée
reentry point

Point d'un programme, d'un module ou d'une instruction, auquel ce programme, ce module ou cette instruction reprend son exécution à la suite de l'exécution d'un autre programme, module ou instruction.

point de reprise
restart point, rescue point

Point d'un programme où l'on peut continuer ou reprendre son exécution après qu'elle ait été interrompue à un point d'arrêt ou à un point de contrôle.

point de sortie
exit point

Point d'un programme, d'un module ou d'une instruction, à partir duquel l'exécution de ce programme, de ce module ou de cette instruction peut s'arrêter.

point d'interruption

➡ **point d'arrêt**

pointe
hotspot

Le point de coordonnées x et y, désigné par un pointeur.

EXEMPLE La position de la pointe d'une flèche.

pointeur
pointer

I (en organisation de données) Élément de données indiquant l'emplacement d'un autre élément de données.

II (en infographie) Symbole, affiché sur un écran, qu'un utilisateur peut déplacer à l'aide d'un dispositif de pointage tel qu'une souris, pour sélectionner des informations.

III (en programmation) Objet de données dont la valeur de donnée est l'adresse d'un autre objet de données.

pointeur courant
current pointer

Pointeur mis à jour, si nécessaire, lors de l'exécution d'une instruction de langage de manipulation de données afin d'identifier l'emplacement de l'enregistrement faisant l'objet d'une manipulation de données.

pointeur d'instruction

➡ **registre d'adresse d'instruction**

pointeur nul
null pointer

Pointeur qui explicitement ne pointe sur aucun objet de données.

NOTE Selon le langage de programmation, le pointeur nul a une représentation appelée « nil », « null », etc.

pointillé de fond
stipple pattern

Table de pixels servant à créer un pavé ou un masque de découpage.

police de caractères
➡ **fonte**

police de glyphes
glyph font

Jeu de glyphes accompagné d'un schéma d'indexation et d'une description de caractéristiques telles que la hauteur, l'inclinaison et l'épaisseur.

politique de sécurité
security policy

Plan ou programme d'action adopté pour assurer la sécurité informatique.

pollution
contamination

Introduction de données relevant d'une classification de sécurité ou d'une catégorie de sécurité donnée, dans des données relevant d'une classification de sécurité inférieure ou d'une catégorie de sécurité différente.

≈ contamination des données

polymorphisme
polymorphism

Capacité de différents objets de répondre au même message de façon différente.

ponctuation
punctuation capability

Découpage, en tranches de trois chiffres, de la partie entière d'un nombre affiché ou imprimé.

pondération
➡ **poids synaptique**

pont
bridge

Unité fonctionnelle interconnectant deux réseaux locaux qui utilisent le même protocole de commande de liaison logique, mais peuvent utiliser des protocoles de commande d'accès au support différents.

NOTE Dans les réseaux d'ordinateurs conformes au modèle OSI, un pont fonctionne à la couche liaison de données.

pont-routeur
brouter, b-router, bridge-router

Unité fonctionnelle pouvant combiner les fonctions d'un pont et d'un routeur.

POP3
POP3

Nom d'un protocole d'application permettant de transférer du courrier électronique d'un serveur de courrier vers un client de courrier par un réseau public.

POP est l'abréviation de l'expression anglaise *post-office protocol.*

NOTE On utilise généralement le réseau téléphonique public.

port
port

Unité fonctionnelle par laquelle des données peuvent entrer dans un réseau ou en sortir.

≈ accès, porte d'accès

portabilité
portability

Aptitude d'un programme à être utilisé sur des systèmes informatiques différents, sans qu'il soit nécessaire de le convertir dans un autre langage, et avec peu ou pas de modifications.

portail
portal

Page d'accueil d'un fournisseur de services qui présente une vue d'ensemble d'une sélection de services et de sites de la toile, et permet d'y accéder.

NOTES
1 Un portail peut être configuré automatiquement selon un profil de l'utilisateur mis en mémoire.
2 Un portail est souvent associé à un moteur de recherche.
3 Le terme « portail » est aussi employé pour désigner le fournisseur de services lui-même.

port d'entrée-sortie
input-output port, port

Point d'accès d'un ordinateur destiné à l'entrée ou à la sortie de données.

porte
gate, logic gate

Circuit combinatoire qui effectue une opération logique élémentaire.

NOTES
1 La notion de « porte » implique généralement la présence d'une seule valeur de sortie.
2 Chaque porte est qualifiée comme l'opération logique qu'elle effectue.

≈ porte logique

porte à seuil
threshold gate

Porte réalisant une opération de seuil.

NOTE Une porte à seuil sort la valeur 1 si une fonction déterminée des valeurs d'entrée excède une valeur de seuil donnée, et la valeur 0 dans le cas contraire.

porte-copie
copy holder

Support incliné qui présente un document imprimé, de façon qu'il soit facile à lire par l'utilisateur d'un ordinateur.

porte d'accès
➡ **port**

porte de disjonction
➡ **porte OU exclusif**

porte d'équivalence
XNOR gate, IF-AND-ONLY-IF gate

Porte réalisant l'opération booléenne d'équivalence logique.

NOTE Pour des variables booléennes 0 et 1, une porte d'équivalence sort la valeur 1 si et seulement si ses deux valeurs d'entrée sont les mêmes ; elle sort la valeur 0 si les valeurs d'entrée sont différentes.

porte d'exclusion
NOT-IF-THEN gate

Porte réalisant l'opération booléenne d'exclusion.

NOTE Pour des variables booléennes 0 et 1, il y a deux formes de portes d'exclusion. L'une sort la valeur 1 si et seulement si la première valeur d'entrée est 1 et la seconde est 0 ; l'autre sort la valeur 1 si et seulement si la première valeur d'entrée est 0 et la seconde est 1 ; dans les autres cas elles sortent la valeur 0.

porte d'identité
identity gate

Porte réalisant l'opération d'identité.

NOTE Pour des variables booléennes 0 et 1, une porte d'identité sort la valeur 1 si et seulement si toutes ses valeurs d'entrée sont les mêmes ; dans les autres cas elle sort la valeur 0.

porte d'implication
➡ **porte d'inclusion**

porte d'inclusion
IF-THEN gate

Porte réalisant l'opération booléenne d'inclusion.

NOTE Pour des variables booléennes 0 et 1, il y a deux formes de portes d'exclusion. L'une sort la valeur 0 si et seulement si la première valeur d'entrée est 1 et la seconde est 0 ; l'autre sort la valeur 0 si et seulement si la première valeur d'entrée est 0 et la seconde est 1 ; dans les autres cas elles sortent la valeur 1.

≈ porte d'implication

porte dissimulée
➡ **trappe**

portée
scope, scope of a declaration

Partie du programme à l'intérieur duquel une déclaration est valide.

≈ champ d'application d'une déclaration, portée d'une déclaration

portée d'une déclaration
➡ **portée**

portée dynamique
dynamic scope

Portée créée par l'activation de portions de modules, ou de modules entiers, qui contiennent des déclarations utilisées par un autre module qui n'a pas ces déclarations, pendant l'exécution de ce dernier module.

≈ champ d'application dynamique

portée statique
static scope

Portée d'une déclaration, déterminée par le module englobant le plus intérieur contenant cette déclaration.

NOTE Le contrôle manuel d'un programme suffit pour trouver une portée statique.

≈ champ d'application statique

porte ET
AND gate

Porte réalisant l'opération booléenne d'intersection.

NOTE Pour des variables booléennes 0 et 1, une porte ET sort la valeur 1 si et seulement si toutes les valeurs d'entrée sont 1 ; dans les autres cas elle sort la valeur 0.

porte logique
➡ **porte**

porte majoritaire
majority gate

Porte réalisant une opération majoritaire.

NOTE Pour des variables booléennes 0 et 1, une porte majoritaire sort la valeur 1 si et seulement si le nombre d'entrées ayant la valeur 1 est supérieur au nombre d'entrées ayant la valeur 0.

porte NI
➡ **porte NON-OU**

porte NON
NOT gate

Porte réalisant l'opération booléenne de négation.

NOTE Pour des variables booléennes 0 et 1, une porte NON sort respectivement les valeurs 1 et 0 pour les valeurs d'entrée 0 et 1.

porte NON-ET
NAND gate

Porte réalisant l'opération booléenne NON-ET.

NOTE Pour des variables booléennes 0 et 1, une porte NON-ET sort la valeur 0 si et seulement si toutes les valeurs d'entrée sont 1 ; dans les autres cas elle sort la valeur 1.

porte NON-OU
NOR gate

Porte réalisant l'opération booléenne NON-OU.

NOTE Pour des variables booléennes 0 et 1, une porte NON-OU sort la valeur 0 si une ou plusieurs de ses valeurs d'entrée sont 1 ; elle sort la valeur 1 seulement si toutes les valeurs d'entrée sont 0.

≈ porte NI

porte OU exclusif
XOR gate, EXCLUSIVE-OR gate

Porte réalisant l'opération booléenne de disjonction.

NOTE Pour des variables booléennes 0 et 1, une porte OU exclusif sort la valeur 1 si et seulement si une seule de ses deux valeurs d'entrée est 1 ; dans les autres cas elle sort la valeur 0.

≈ porte de disjonction

porte OU inclusif
INCLUSIVE-OR gate, OR gate

Porte réalisant l'opération booléenne d'union.

NOTES
1 Pour des variables booléennes 0 et 1, une porte OU sort la valeur 1 si une ou plusieurs de ses valeurs d'entrée sont 1 ; elle sort la valeur 0 seulement si toutes les valeurs d'entrée sont 0.
2 Le terme « porte OU » sans qualificatif est généralement compris comme désignant une porte OU inclusif.

porte secrète
➥ **entrée de service**

porteuse
carrier

Onde ou oscillation dont on peut modifier des caractéristiques par un signal à transmettre.

NOTE L'onde ou oscillation peut être, par exemple, une onde sinusoïdale ou un train d'impulsions.

port infrarouge
infrared port

Port d'entrée-sortie employant un faisceau optique infrarouge et non un câble, pour connecter un périphérique.

port parallèle
parallel port

Port d'entrée-sortie destiné à connecter des périphériques et transmettant en parallèle plusieurs éléments de données, tels que bits ou octets.

port série
serial port

Port d'entrée-sortie destiné à connecter des périphériques et transmettant les données bit par bit.

pose
pose

Position et orientation d'un objet, déterminées par la relation à des marques de référence.

NOTE Une pose est définie par six degrés de liberté, précisant la position et l'orientation.

position
position

Emplacement d'un élément dans une chaîne.

position adressable
➥ **point adressable**

position binaire
bit position

Position de caractère dans un mot représenté en notation binaire.

position de mémoire
➥ **emplacement de mémoire**

position du signe
sign position

Position, située normalement au début ou à la fin d'un numéral, et contenant l'indication du signe algébrique à attribuer au nombre représenté.

positionnement de formulaire
form feed

Passage de la position d'impression ou d'affichage à une zone déterminée d'un formulaire.

≈ avance de formulaire

positionner un point d'arrêt
to set a breakpoint

Définir à la fois un point d'arrêt et l'événement associé qui suspend l'exécution d'un programme.

positionneur
➥ **mécanisme d'accès**

postcondition
postcondition

Assertion qui doit être vérifiée en un point qui, dans la séquence d'exécution, suit immédiatement une partie déterminée du programme.

poste de travail
➥ **station de travail**

poste graphique
graphics workstation

Poste de travail qui peut afficher et gérer des informations graphiques aussi bien que des données alphanumériques, et qui peut comprendre un ou plusieurs organes d'entrée.

postulat d'entrée
➡ **précondition**

potentiomètre
coefficient unit, scale multiplier

Unité fonctionnelle dont la variable analogique de sortie est égale à la variable analogique d'entrée multipliée par une constante.

poursuite
tracking

(en infographie)

Action de déplacer un symbole de poursuite.

préambule
preamble

Configuration particulière de bits, envoyée par une station de données avant émission d'une trame, afin d'établir la synchronisation avec les autres stations de données.

NOTE Dans certains protocoles, le préambule est inclus dans la trame.

☞ trame

précision
precision

Mesure de l'aptitude à distinguer des valeurs très voisines.

EXEMPLE Des numéraux à quatre chiffres sont moins précis que des numéraux à six chiffres ; cependant, un numéral à quatre chiffres correctement calculé peut être plus exact qu'un numéral à six chiffres incorrectement calculée.

précision nominale moyenne
mean rate accuracy

Marge d'erreur qui ne devrait pas être dépassée lorsqu'un dispositif est utilisé dans des conditions normales de fonctionnement, et qu'il est fait abstraction des erreurs provenant du bruit à l'entrée.

précondition
precondition

Assertion qui doit être vérifiée en un point qui, dans la séquence d'exécution, précède immédiatement une partie déterminée du programme.

≈ postulat d'entrée

prédéfini
predefined, built-in, intrinsic

Qualifie un élément de langage dont la déclaration figure dans la définition du langage de programmation.

EXEMPLES La fonction prédéfinie SIN en PL/I, le type de données prédéfini INTEGER en Fortran.

≈ incorporé, intrinsèque

prédicat
predicate

Dans un langage de schéma conceptuel, construction linguistique, analogue à un verbe, qui qualifie des entités mentionnées dans une phrase.

prédiction des erreurs
error prediction

Évaluation quantitative du nombre et de la nature des erreurs dans le fonctionnement d'un système ou d'un composant.

premier plan d'image
foreground image, dynamic image

Partie d'une image qui peut être modifiée à chaque transaction.

prémisse
➡ **partie gauche**

préprocesseur
preprocessor

Programme ou sous-programme qui effectue certaines tâches de traitement, avant un traitement plus important.

préprocesseur de langage
language preprocessor

Unité fonctionnelle qui effectue des tâches préalables au traitement de programmes.

EXEMPLE Un macrogénérateur peut tenir lieu de préprocesseur de langage pour un traducteur.

préséance des opérateurs

➡ **priorité des opérateurs**

présélection de fonctions

function preselection capability

Affectation de plus d'une fonction à une même commande ou à une même touche.

presse-papiers

clipboard

Zone de mémoire permettant de stocker temporairement du texte ou des graphiques, en vue de les réutiliser dans le même document ou dans un autre.

≈ bloc-notes

prestataire d'informations

➡ **fournisseur d'informations**

prêt

ready

Se dit de l'état de tâche d'une tâche exécutable, dans lequel la tâche est en attente de traitement et non bloquée.

prétraitement

preprocessing

Traitement effectué avant un traitement plus important.

EXEMPLE Traduction d'une instruction d'un langage de base de données intégré, tel que SQL, en langage hôte.

prétraitement d'image

image preprocessing

Amélioration, transformation, filtrage ou autre préparation d'image avant le traitement principal.

preuve de correction

➡ **preuve d'exactitude**

preuve d'exactitude

proof of correctness

Preuve résultant d'une démonstration d'exactitude.

≈ preuve de correction

prévisualisateur vocal

➡ **correcteur vocal**

1 prévisualisation

print preview

Affichage d'une page entière d'un document, de façon à reproduire l'aspect qu'aurait la page après l'impression.

NOTE La fonction de prévisualisation doit être demandée par l'utilisateur, alors que le mode tel écran-tel écrit permet d'afficher en permanence sur l'écran la réplique de la page telle qu'elle sera imprimée.

2 prévisualisation

preview

(en hypermédia et multimédia)

Courte représentation du contenu d'un média, fabriquée dynamiquement.

prévisualiseur

previewer

Logiciel utilisé pour la prévisualisation.

primitive

primitive, service primitive

(dans l'OSI)

Description abstraite d'une interaction entre un utilisateur de service et un fournisseur de service.

NOTE L'utilisateur de service est généralement une entité. Pour une couche déterminée, un fournisseur de service comprend généralement des entités de cette couche et un service d'une couche inférieure (sauf pour la couche physique). Il en résulte qu'une primitive est également une description abstraite d'une interaction entre deux entités adjacentes.

≈ primitive de service

primitive de confirmation

confirm primitive

Primitive émise par un fournisseur de service, pour indiquer qu'il a exécuté une procédure précédemment appelée par une primitive de demande au même point d'accès au service.

primitive de demande
request primitive

Primitive émise par un utilisateur de service pour appeler une procédure.

primitive d'entrée
input primitive

Chacun des plus petits éléments de représentation graphique, obtenu avec un organe d'entrée tel qu'un clavier, un sélecteur, un releveur de coordonnées, un dispositif de pointage ou un comparateur.

primitive de réponse
response primitive

Primitive émise par un utilisateur de service pour indiquer qu'il a exécuté une procédure précédemment appelée par une primitive d'indication au même point d'accès au service.

primitive de service
➡ **primitive**

primitive d'indication
indication primitive

Primitive émise par un fournisseur de service soit pour indiquer qu'il a appelé une procédure, soit pour indiquer qu'une procédure a été appelée par l'utilisateur de service au point d'accès au service homologue.

primitive graphique
➡ **élément graphique**

priorité des opérateurs
operator precedence

Règle qui définit l'ordre d'application des opérateurs, dans une expression.

NOTE La règle peut spécifier si l'évaluation est faite de gauche à droite ou de droite à gauche.

≈ préséance des opérateurs

prise
socket

Élément d'un objet d'exécution auquel un autre objet d'exécution peut être attaché.

prise en charge d'un système
system support

Fourniture continue de matériel et de services, nécessaire à l'utilisation et à l'amélioration d'un système mis en œuvre.

≈ soutien d'un système

privé
private

Qualifie les caractéristiques d'éléments de langage qui ne sont pas directement disponibles à leur utilisateur.

privilège minimal
minimum privilege

Ensemble des droits d'accès strictement nécessaires à un sujet pour l'exécution de tâches autorisées.

≈ droit minimal

problème d'application
application problem

Problème soumis par un utilisateur final et dont la résolution suppose le recours à un système de traitement de l'information.

procédure
procedure, subroutine

Sous-programme qui ne renvoie pas de valeur de donnée, sauf en tant que partie d'un paramètre.

NOTES

1 En COBOL, une procédure est un paragraphe ou un groupe de paragraphes qui se suivent logiquement, ou bien une section comprenant zéro, un ou plusieurs paragraphes, à l'intérieur de la division procédure.

2 Dans certains langages de programmation, par exemple C et C++, l'élément de langage procédure n'est pas distinct de l'élément de langage fonction, sauf que les valeurs de données renvoyées peuvent être vides ou ne pas être utilisées.

procédure d'enregistrement
registration procedure

Procédure spécifiée pour effectuer un enregistrement ou pour modifier ou supprimer les inscriptions existantes.

procédure de passage du jeton
token passing procedure
Dans un réseau local utilisant un jeton, ensemble des règles indiquant comment une station de données acquiert, exploite et transfère le jeton.

procédure de repli
➡ **procédure de substitution**

procédure de sauvegarde
backup procedure
Procédure pour permettre la restauration des données en cas de défaillance ou de désastre.
EXEMPLE Créer des fichiers de secours.

procédure de substitution
contingency procedure
Procédure utilisée à la place du cheminement normal d'un processus, s'il se produit durant son déroulement un événement inhabituel mais prévisible.
≈ procédure de repli, procédure d'urgence

procédure d'urgence
➡ **procédure de substitution**

processeur
processor
Unité fonctionnelle capable d'interpréter et d'exécuter des instructions.
NOTE Un ordinateur contient au moins un processeur. Un processeur comporte au moins une unité de commande et une unité arithmétique et logique.

processeur CISC
CISC processor
Processeur qui utilise des instructions machine puissantes, et souvent compliquées, de façon à réduire le nombre d'instructions exécutées.
CISC est l'abréviation de l'expression anglaise *complex instruction set computer*, c'est-à-dire « ordinateur à jeu d'instructions complexes ».
NOTE À cause de la complexité des instructions, chacune d'elles peut prendre plusieurs cycles d'horloge pour son exécution.
☞ processeur RISC

processeur de langage
language processor
Unité fonctionnelle destinée à traduire et à exécuter des programmes écrits dans un langage de programmation déterminé.
EXEMPLE Une machine LISP.

processeur de signal numérique
digital signal processor (DSP)
Circuit intégré conçu pour la manipulation rapide de données, principalement pour des applications en temps réel telles que l'audiovisuel, les télécommunications, le traitement d'image, l'acquisition de données, la commande automatique.

processeur d'exception
exception handler
Partie de programme exécutée en réponse à un type particulier d'exception.
≈ gestionnaire d'exception

processeur d'image
image processor
Unité fonctionnelle qui assure le traitement d'image.

processeur en tranches de bits
bit slice processor
Processeur construit à partir d'un ensemble de dispositifs identiques, dont chacun traite simultanément un ou plusieurs bits contigus.

processeur frontal
front-end processor (FEP), front-end computer
Dans un réseau d'ordinateurs, processeur qui effectue les opérations de communication pour le compte d'un ordinateur hôte.
NOTE Les tâches d'un processeur frontal peuvent comprendre la gestion des lignes, le traitement des messages, la conversion de code et le traitement des erreurs.
≈ frontal, ordinateur frontal

processeur MIMD
MIMD processor
Processeur parallèle dans lequel de nombreuses unités fonctionnelles effectuent des

opérations différentes sur des données différentes.

EXEMPLES Multiprocesseurs et multiordinateurs.

MIMD est l'abréviation de l'expression anglaise *multiple instruction-multiple data.*

processeur pipeline
pipeline processor

Processeur dans lequel l'exécution des instructions s'effectue en phases successives dans une série d'unités, combinées de telle sorte que plusieurs de ces unités puissent traiter simultanément des parties appropriées de plusieurs instructions.

processeur RISC
RISC processor

Processeur qui utilise un petit nombre d'instructions simples, qui sont regroupées pour effectuer des opérations plus puissantes, de façon à réduire le nombre de cycles d'horloge par instruction.

RISC est l'abréviation de l'expression anglaise *reduced instruction set computer*, c'est-à-dire « ordinateur à jeu d'instructions réduit ».

NOTE À cause de la simplicité des instructions et de l'emploi d'un grand nombre de registres, chaque instruction prend généralement un seul cycle d'horloge pour son exécution, et le processeur peut fonctionner à des fréquences plus élevées que les processeurs CISC.

☞ processeur CISC

processeur SIMD
SIMD processor

Processeur parallèle dans lequel de nombreuses unités fonctionnelles effectuent la même opération sur des données différentes.

EXEMPLE Processeur vectoriel.

SIMD est l'abréviation de l'expression anglaise *single instruction-multiple data*, c'est-à-dire « instruction simple-données multiples ».

processeur vectoriel
array processor, vector processor

Processeur conçu pour appliquer simultanément le même traitement à des éléments homologues de tableaux de données.

NOTE Dans le cas particulier où un processeur vectoriel opère sur des éléments isolés, ceux-ci sont désignés sous le nom de « scalaires ».

processeur VLIW
VLIW processor

Processeur dont l'architecture combine de nombreuses instructions simples en un seul mot instruction qui utilise plusieurs registres.

VLIW est l'abréviation de l'expression anglaise *very-long instruction word*, c'est-à-dire « mot instruction très long ».

processus
process

I Ensemble des opérations accomplies par un matériel, selon lequel des variables physiques sont gérées et contrôlées.

EXEMPLES La distillation et la condensation dans une raffinerie ; le pilotage et l'atterrissage automatiques dans un aéronef.

☞ calculateur de processus

II Suite des événements résultant de l'exécution de tout ou partie d'un programme, et qui dépendent de conditions extérieures.

production intégrée par ordinateur
➥ **productique**

productique
computer-integrated manufacturing (CIM)

Production dont toutes les activités sont intégrées par un système informatisé de planification, de gestion et de commande.

NOTE La productique comprend les techniques de conception assistée par ordinateur, de planification assistée par ordinateur, de fabrication assistée par ordinateur et d'assurance qualité assistée par ordinateur ainsi que le partage des informations entre elles.

≈ production intégrée par ordinateur (PIO)

produit-programme
➡ **progiciel**

profil d'accès
capability list

Liste qui est associée à un sujet et qui identifie tous les types d'accès de ce sujet pour tous les objets.

EXEMPLE Liste associée à un processus et qui identifie tous ses types d'accès à tous les fichiers et autres ressources protégées.

≈ liste d'habilitation

profil de document
document profile

Ensemble d'attributs qui définissent les caractéristiques de la totalité d'un document, telles que son type et son format.

profil d'exécution
execution profile

Représentation des fréquences absolues ou relatives d'exécution, ou des durées d'exécution des instructions d'un programme.

profil d'utilisateur
user profile

Description d'un utilisateur, notamment utilisée pour le contrôle d'accès.

NOTE Un profil d'utilisateur peut comprendre des données telles que l'identité de l'utilisateur, son nom d'utilisateur, son mot de passe, ses droits d'accès et autres attributs.

profondeur de champ
depth-of-field

Intervalle entre les distances minimale et maximale, à partir du capteur dans lequel doit se trouver l'objet, pour que l'image focalisée soit suffisamment nette.

progiciel
software package

Ensemble complet et documenté de programmes, conçu pour être fourni à plusieurs utilisateurs, en vue d'une même application ou d'une même fonction.

NOTE Certains progiciels sont modifiables en vue d'applications particulières.

≈ produit-programme

programmathèque
➡ **bibliothèque de programmes**

1 programmation
programming

Ensemble des travaux de conception, d'écriture, de modification et de test des programmes.

2 programmation
coding

Action d'exprimer un programme dans un langage de programmation.

programmation fonctionnelle
functional programming

Méthode utilisée pour structurer les programmes en les écrivant, pour la plus grande part, sous la forme de suites d'appels de fonctions, éventuellement emboîtés.

programmation logique
logic programming

Méthode utilisée pour structurer les programmes, sous la forme d'ensembles de règles logiques munis d'algorithmes prédéfinis permettant de traiter, selon ces règles, les données d'entrée d'un programme.

programmation modulaire
modular programming

Technique de développement de logiciel, dans laquelle le logiciel est écrit sous la forme d'une collection de modules.

programmation par famille de pièces
family-of-parts programming

Dans un système de conception et fabrication assistées par ordinateur, méthode de création de nouvelles pièces, consistant à apporter de légères modifications dans la conception de pièces existantes, ou à utiliser des pièces, des sous-ensembles ou des structures déjà existants.

programmation structurée
structured programming

I Méthode de construction de programmes n'utilisant que des éléments disposés hiérarchiquement, et ayant chacun un point d'entrée unique et un point de sortie unique.

II Toute technique de développement de logiciel qui inclut la conception structurée et produit des programmes structurés.

NOTE Trois types de flux de commande sont utilisés en programmation structurée : séquentiel, conditionnel et itératif.

programme
program, computer program
Unité linguistique conforme aux règles d'un langage déterminé, et ayant pour but l'exécution d'une fonction ou d'une tâche, ou la résolution d'un problème.

programme antivirus
➡ **vaccin**

programme cible
target program
Version résultant de la traduction d'un programme source.

programme d'application
➡ **logiciel d'application**

programme de commande
control program
Programme servant à ordonnancer et à surveiller l'exécution des programmes, dans un système informatique.

programme de contrôle
checking program
Programme de diagnostic qui analyse des programmes sources ou des données, dans le but d'y trouver une syntaxe ou une sémantique incorrectes, ou un défaut de conformité à certaines spécifications.

programme de diagnostic
diagnostic program
Programme qui permet de détecter, de localiser et de décrire des anomalies dans les matériels, ou des erreurs dans les programmes.

programme de jalonnement
➡ **programme de trace**

programme de mise en page
document formatter
Programme permettant à l'utilisateur de mettre en forme et d'obtenir une copie d'un document, prête pour l'impression.
NOTE Un programme de mise en page peut également remplir d'autres fonctions telles que la numérotation des pages ou des paragraphes.

programme de service
utility program
Programme qui fournit des services généraux, d'usage fréquent, pour les utilisateurs d'ordinateurs et le personnel informatique.
EXEMPLE Un programme de diagnostic, un programme de trace, un programme de tri.

programme de service de base de données
➡ **utilitaire de base de données**

programme de soutien
➡ **logiciel de soutien**

programme d'essai et de maintenance
test and maintenance program
Programme conçu pour tester une unité fonctionnelle essentiellement pour la maintenance ou la vérification.

programme de trace
trace program
Programme qui produit une trace.
≈ programme de jalonnement

programme de traduction
➡ **traducteur**

programme interprétable
interpretive code
Code exprimé sous une forme qui peut être reconnue et traitée par un interpréteur.

programme malveillant
➡ **logiciel malveillant**

programme objet
object program

Programme cible qui doit, si nécessaire, être soumis à l'éditeur de liens avant de pouvoir être exécuté par un ordinateur déterminé.

programme principal
main program

Premier module d'un programme à exécuter, pouvant appeler l'exécution d'autres modules.

programmer
to program, to code

Concevoir, écrire, modifier et tester des programmes.

Le terme anglais *to code* est déconseillé dans ce sens.

programme relogeable
➡ **programme translatable**

programme résidant
resident program, terminate and stay resident

Programme qui reste en mémoire après son exécution et qui est prêt à être réactivé.

programme source
source program

Programme que l'on peut soumettre à un traducteur déterminé.

programme structuré
structured program

Programme construit selon les principes de la programmation structurée (sens I).

programme translatable
relocatable program

Programme objet dont la forme lui permet d'être translaté.

≈ programme relogeable

programmeur
programmer

Personne qui conçoit, écrit ou teste des programmes.

projecteur
computer projector, data projector

Périphérique comportant un dispositif d'affichage, une source lumineuse et des lentilles optiques, destiné à faire une présentation sur un grand écran.

projection
projection

Opération d'algèbre relationnelle, qui produit une nouvelle relation en ayant recours à un sous-ensemble des attributs d'une relation donnée.

projet
project

Entreprise dont les objectifs, l'importance et la durée sont prédéterminés.

projet pilote
pilot project

Projet visant à mettre au point une version préliminaire d'un système de traitement de l'information, qui sera utilisée dans un cadre réel bien que restreint, et qui servira à la mise au point du système définitif.

PROM
➡ **mémoire morte programmable**

propagation arrière
➡ **rétropropagation**

propagation avant
feedforward propagation, forward propagation

Dans un réseau multicouche, propagation de l'ajustement des poids synaptiques, couche par couche, de la couche d'entrée vers la sortie du réseau.

propager une exception
to propagate an exception

Transférer la commande à un processeur d'exception d'un module appelant antérieur ou d'un module emboîtant, par suite du manque de traitement approprié à l'intérieur d'un module donné, ou bien déclencher à nouveau, et explicitement, l'exception à l'intérieur d'un processeur d'exception.

proposition
proposition

Situation envisageable concernant des entités pour lesquelles il est possible d'affirmer ou de nier qu'elle est vraie.

protection contre la copie
copy protection

Recours à des techniques spéciales pour détecter ou éviter la copie non autorisée de données, de logiciels, ou de micrologiciels.

protection contre les erreurs
➠ **traitement des erreurs**

protection de contact
contact protection

Protection d'un contact mécanique contre une surtension ou une surintensité.

protection d'écriture
➠ **dispositif de protection d'écriture**

protection de la vie privée
privacy protection

Ensemble des mesures prises pour assurer le respect de la vie privée.

NOTE Ces mesures englobent la protection des données et des restrictions sur la collecte, la combinaison et le traitement des données sur les personnes.

protection de mémoire
storage protection

Restriction d'accès à une mémoire, ou à un ou plusieurs emplacements de mémoire, interdisant la lecture, l'écriture ou les deux.

protection d'entrée
input protection

Dans le cas de voies d'entrée analogique, protection contre les surtensions pouvant survenir entre deux bornes d'entrée ainsi qu'entre toute borne d'entrée et la terre.

protection des données
data protection

Mise en vigueur d'un ensemble de mesures administratives, techniques et physiques pour interdire tout accès non autorisé à des données.

protection des fichiers
file protection

Mise en œuvre de mesures administratives, techniques ou matérielles, destinées à protéger des fichiers contre un accès, une modification ou une suppression non autorisé.

protocole
protocol

I (en communication de données) Ensemble de règles régissant le comportement des unités fonctionnelles, au cours de la communication.

II (dans l'OSI) Ensemble de règles sémantiques et syntaxiques déterminant le comportement des entités d'une même couche, lorsqu'elles effectuent des fonctions de communication.

protocole bit
➠ **protocole orienté bit**

protocole caractère
➠ **protocole orienté caractère**

protocole de contrôle d'accès au support
medium access control protocol (MAC protocol)

Dans un réseau local, protocole qui régit l'accès au support de transmission, en prenant en compte les aspects topologiques du réseau, afin de permettre l'échange de données entre stations de données.

≈ protocole MAC

protocole de contrôle de liaison logique
logical link control protocol (LLC protocol)

Dans un réseau local, protocole qui régit les échanges de trames entre stations de données, indépendamment du mode de partage du support de transmission.

≈ protocole LLC

protocole de test
test plan, system test and evaluation plan

Plan établissant les besoins détaillés, les critères, les méthodes générales, les responsabilités et la planification générale pour le test et l'évaluation d'un système.

≈ plan de test et d'évaluation

protocole IP
IP

Nom d'un protocole de transmission en mode sans connexion, correspondant à peu près aux protocoles de la couche réseau du modèle de référence OSI.

IP est l'abréviation de l'expression anglaise *Internet protocol.*

☞ couche, internet

protocole LLC
➠ **protocole de contrôle de liaison logique**

protocole MAC
➠ **protocole de contrôle d'accès au support**

protocole orienté bit
bit-oriented protocol

Protocole régissant une liaison de données, selon lequel les fonctions de commande de la liaison de données sont spécifiées dans des positions particulières de la trame, permettant de transférer les données de l'utilisateur sous forme d'une séquence transparente de bits.

EXEMPLE Le protocole de commande de liaison de données à haut niveau.

Le terme *protocole bit* est employé au Canada.

≈ protocole bit

protocole orienté caractère
character-oriented protocol

Protocole régissant une liaison de données, selon lequel les données de l'utilisateur et les fonctions de commande de la liaison de données sont codées par des caractères spécifiques.

EXEMPLE Les protocoles de commande de liaison en mode de base.

≈ protocole caractère

protocole TCP
TCP

Nom d'un protocole de transmission en mode connexion, correspondant à peu près aux protocoles de la couche transport du modèle de référence OSI.

TCP est l'abréviation de l'expression anglaise *transmission control protocol.*

☞ couche, internet

protocole TCP/IP
TCP/IP protocol

Protocole réunissant le protocole TCP et le protocole IP.

prototype
prototype

Modèle ou mise en œuvre préliminaire permettant l'évaluation de la conception d'un système, de sa réalisation et de son potentiel d'exploitation, ou encore une meilleure identification et compréhension des besoins.

prototype virtuel
virtual prototype

Maquette d'un projet de modèle ou de produit dans un univers virtuel, destinée à présenter les caractéristiques du modèle ou du produit aux utilisateurs avant d'en lancer la construction.

pseudocode
pseudocode

Combinaison d'éléments d'un langage de programmation et d'un langage naturel, qui n'est pas nécessairement traitable par ordinateur, mais a pour but d'expliquer à un lecteur humain la conception d'un programme.

EXEMPLE SI les données arrivent plus vite que prévu,

ALORS rejeter un article sur trois.

SINON traiter toutes les données reçues.

FINDESI.

publication assistée par ordinateur

PAO

computer-aided publishing, computer-assisted publishing

Production de documents de qualité imprimerie, comportant du texte, des graphiques et des illustrations, à l'aide d'un ordinateur.

NOTE La publication assistée par ordinateur peut se faire au moyen de calculateurs universels, ou bien au moyen de systèmes spécialisés.

publication électronique

electronic publishing

Mise à disposition ou distribution de documents par des moyens électroniques, par opposition à l'utilisation de supports physiques comme le papier.

EXEMPLE Distribution d'un journal par l'emploi du courrier électronique, et publication de ce journal sous forme d'une page sur la toile.

puce

chip

Petite plaquette de matériau semiconducteur, dans laquelle est réalisé un circuit intégré.

puce neuronale

➡ **neuropuce**

pupitre de commande

operator console, console, operator control panel

Unité fonctionnelle contenant les dispositifs qui permettent à un opérateur de diriger le fonctionnement d'un ordinateur et de communiquer avec lui.

≈ panneau de commande, tableau de commande

Q

qualification de donnée

name qualification, qualification

Technique permettant de désigner des éléments de langage dans la portée d'une partie d'un programme, en se référant à cette partie et à un identificateur déclaré pour l'élément de langage dans cette partie.

EXEMPLE Cette technique est utilisée pour désigner des composants d'un enregistrement (B OF A en COBOL), des membres d'une bibliothèque ou des éléments de langage dans un module.

quantification

quantization

(en vision artificielle)

Procédé par lequel chaque valeur chromatique d'une image est remplacée par une valeur approchée, prise dans un ensemble donné de valeurs chromatiques.

quantifier

to quantize

Subdiviser l'intervalle de variation d'une variable en un nombre fini d'intervalles disjoints, d'égales ou inégales largeurs, et désigner chaque intervalle par une valeur unique choisie à l'intérieur de celui-ci.

EXEMPLE Représenter les âges par des nombres entiers d'années.

quantité de décision

decision content

Logarithme du nombre d'événements, dans un ensemble fini d'événements, s'excluant mutuellement, soit mathématiquement : $H_0 = \log n$; où n est le nombre des événements.

NOTES

1 La base du logarithme détermine l'unité employée. Les unités habituellement utilisées sont les suivantes :

- shannon (symbole : Sh) pour les logarithmes de base deux ;
- unité naturelle (symbole : nat) pour les logarithmes de base e ;
- hartley (symbole : Hart) pour les logarithmes de base 10.

Table de conversion :

- 1 Sh = 0,693 nat = 0,301 Hart
- 1 nat = 1,433 Sh = 0,434 Hart
- 1 Hart = 3,322 Sh = 2,303 nat

2 La quantité de décision est indépendante des probabilités de réalisation des événements.

3 Le nombre de décisions élémentaires distinctes qui doivent être prises, pour choisir un des événements dans un ensemble d'événements s'excluant mutuellement, est le plus petit entier supérieur ou égal à la quantité de décision, la base du logarithme étant le nombre de choix possibles à chaque décision. Soit $\{a,b,c\}$ un jeu de trois événements. Sa quantité de décision est :

$$H_0 = (\text{lb } 3)\ \text{Sh} = 1{,}580\ \text{Sh}$$
$$= (\ln 3)\ \text{nat} = 1{,}098\ \text{nat}$$
$$= (\lg 3)\ \text{Hart} = 0{,}477\ \text{Hart}$$

☞ information (sens I)

quantité d'information

information content

Mesure quantitative de l'information concernant la réalisation d'un événement de probabilité déterminée, égale au logarithme de l'inverse de cette probabilité, soit mathématiquement :

$I(x)=\log\frac{1}{p(x)}=-\log p(x)$; où $p(x)$ est la probabilité de réalisation de l'événement x.

EXEMPLE Soit $\{a,b,c\}$ un jeu de trois événements et $p(a)=0{,}5$, $p(b)=0{,}25$ et $p(c)=0{,}25$ leurs probabilités de réalisation. Les quantités d'information de ces événements sont :

$$I(a)=Ib\frac{1}{0{,}50}\text{Sh}=1\,\text{Sh}$$

$$I(b)=Ib\frac{1}{0{,}25}\text{Sh}=2\text{Sh}$$

$$I(c)=Ib\frac{1}{0{,}25}\text{Sh}=2\text{Sh}$$

NOTE Pour un ensemble d'événements équiprobables, la quantité d'information de chaque événement est égale à la quantité de décision de l'ensemble.

☞ information (sens I)

quantité d'information conditionnelle

conditional information content

Mesure quantitative de l'information concernant la réalisation d'un événement x lorsque s'est réalisé un autre événement y, égale au logarithme de l'inverse de la probabilité conditionnelle $p(x|y)$ de réalisation de l'événement x lorsque s'est réalisé l'événement y : $I(x|y)=\log\frac{1}{p(x|y)}$.

NOTE La quantité d'information conditionnelle est aussi égale à l'excès de la quantité d'information conjointe des deux événements sur la quantité d'information du second : $I(x|y) = I(x,y) - I(y)$.

quantité d'information conjointe

joint information content

Mesure quantitative de l'information concernant la réalisation d'un couple d'événements x et y, égale au logarithme de l'inverse de leur probabilité de réalisation simultanée $p(x,y)$: $I(x,y)=\log\frac{1}{p(x,y)}$.

quantité d'information mutuelle

➥ **transinformation**

quantité d'information mutuelle moyenne

➥ **transinformation moyenne**

quasi-instance

near-miss

Exemple négatif d'un concept à apprendre, presque identique à un exemple positif de ce concept, et qui peut servir à en isoler les traits distinctifs.

queue de bande magnétique

magnetic tape trailer, trailer

Partie d'une bande magnétique qui suit le repère de fin de bande.

NOTE La queue n'est pas nécessairement magnétique.

= queue

≈ garde de fin de bande magnétique, garde de fin

R

rafraîchissement
refresh

Procédé qui consiste à produire de manière répétée une image sur un écran afin que l'image reste visible.

raisonnement
reasoning

Processus par lequel une personne ou un ordinateur analyse, classifie, diagnostique, résout des problèmes, émet des hypothèses ou tire des inférences.

raisonnement par récurrence
mathematical induction

Méthode de démonstration, selon laquelle on montre qu'une propriété est vraie dans un cas de rang N, ensuite que, si elle est vraie pour un cas quelconque de rang égal ou supérieur à N, elle est vraie pour le cas suivant, et que, par conséquent, elle est vraie dans tous les cas de rang égal ou supérieur à N.

RAM
➡ **mémoire vive**

RAM dynamique
➡ **mémoire vive dynamique**

RAM statique
➡ **mémoire vive statique**

rang d'un chiffre
digit place, digit position

Chacune des positions qui peut être occupée par un chiffre dans une numération pondérée, et qui est désignée par un nombre ordinal ou une indication équivalente.

rangée de bande
tape row, tape frame

Groupe de bits pouvant être enregistrés ou détectés en parallèle sur une ligne perpendiculaire, aux bords d'une bande magnétique.

rangement
➡ **classement**

ranger
to order

Disposer des éléments suivant certains critères d'ordre.

≈ classer

RAP
➡ **reconnaissance de la parole**

rapetisser
to shrink

Réduire la taille d'une fenêtre (sens I).

rapidité de modulation
modulation rate

Nombre d'éléments de signal transférés par unité de temps.

rapiécer
to patch

Faire une retouche.

rappel automatique
call-back, dial-back

Procédure par laquelle un système informatique identifie un terminal appelant, déconnecte l'appel, et appelle le terminal appelant pour vérifier son identité.

rapport
report

(en courrier électronique)

Objet d'information produit par le système de transfert de messages, et rendant compte de l'issue ou de l'état d'avancement de la transmission d'un message ou d'un envoi-test.

NOTE Un rapport peut rendre compte de la remise ou de la non-remise d'un message ou d'un envoi-test.

rapport d'évaluation
evaluation report

Rapport sur le suivi d'un système, décrivant comment ont été atteints ses objectifs, identifiant les problèmes non résolus et facilitant ainsi les évolutions ultérieures.

rapport entre attributs
attribute relationship

Association perçue entre des attributs.

rapport entre entités
entity relationship

Association perçue entre des entités, ou bien entre des attributs de la même classe d'entité.

NOTE Dans certains contextes, un rapport entre entités peut être considéré comme une entité.

rattachement automatique de note en bas de page
automatic footnote tie-in

Fonction permettant de placer automatiquement une note de bas de page dans le bas de la page sur laquelle figure le renvoi correspondant, ou à un emplacement déterminé.

rattacher
to plug

Attacher un objet d'exécution à un élément d'un autre objet d'exécution.

réacheminement
redirection

Événement de transmission au cours duquel un agent de transfert de messages remplace un utilisateur ou une liste de distribution figurant parmi les destinataires directs d'un message, par un destinataire suppléant.

réalisation en réalité virtuelle
virtual reality realization (VR realization), three-dimensional visualization, cyberspace representation

Processus par lequel une personne interprète une impression sensorielle particulière comme étant un objet à trois dimensions.

≈ visualisation tridimensionnelle

réalité projetée
projected reality

Image des mouvements d'un utilisateur, projetée avec d'autres images sur un grand écran où l'utilisateur peut s'observer lui-même comme s'il jouait dans la scène.

réalité virtuelle
virtual reality (VR)

Ensemble des perceptions et des expériences d'un participant dans un univers virtuel.

réalité virtuelle sans fil
➡ **virtualité sans fil**

rebobiner
rewind

Ramener une bande magnétique à sa position de départ.

NOTE Par extension, « rebobiner » s'emploie aussi pour l'établissement logique d'une référence de fichier, d'une manière analogue au rebobinage d'une bande.

≈ réenrouler

rebondissement de contact
contact bounce

Fermeture et ouverture intempestives d'un circuit, lors de l'ouverture ou de la fermeture du contact.

recensement des données
data inventory

Dans un système de traitement de l'information, ensemble des données et de leurs caractéristiques, y compris leurs rapports d'interdépendance.

réception
receipt

(en courrier électronique)

Étape de transmission au cours de laquelle soit un agent d'utilisateur transporte un message ou un rapport à son usager direct, soit un autre système de communication le transporte à un usager indirect.

☞ usager direct

1 recherche
search

Examen d'un ensemble de données pour déterminer celles qui présentent une caractéristique particulière.

2 recherche
search, find

(en traitement de texte)

Fonction ou mode permettant à l'utilisateur de localiser, dans un texte, des éléments tels que des chaînes de caractères, des commandes encastrées ou des caractères ayant un attribut particulier.

recherche arborescente
tree search

Sur des données ayant une structure arborescente, recherche dans laquelle on rejette à chaque étape la partie de l'arborescence ne contenant pas les données cherchées.

recherche arrière
backward search, reverse search, reverse find

Fonction ou mode permettant une recherche à partir de toute position d'un document, en revenant vers le début de ce document.

recherche bidirectionnelle
bidirectional search

Recherche qui procède simultanément par chaînage avant et par chaînage arrière, et qui s'arrête au point de rencontre dans l'espace de solution ou lorsque toutes les possibilités sont épuisées.

recherche binaire
binary search

Recherche dichotomique qui segmente un ensemble de recherche en deux ensembles de taille approximativement égale, et accepte l'un des deux ensembles comme nouvel ensemble de recherche.

recherche de Fibonacci
Fibonacci search

Recherche dichotomique effectuée en subdivisant, à chaque étape, l'ensemble des données en deux sous-ensembles dont les cardinaux sont égaux aux deux nombres de Fibonacci précédant le nombre d'éléments de l'ensemble ; si ce dernier n'est pas égal à un nombre de Fibonacci, on le suppose égal à celui qui lui est immédiatement supérieur.

NOTES

1. La suite 0, 1, 1, 2, 3, 5, 8, etc., dans laquelle chaque terme est égal à la somme des deux précédents est une suite de Fibonacci.
2. La recherche de Fibonacci a, par rapport à la recherche binaire, l'avantage de réduire le déplacement moyen d'un support de données à accès séquentiel, la bande magnétique par exemple.

recherche dichotomique
dichotomizing search

Recherche par laquelle on divise en deux parties distinctes un ensemble rangé de données ; une partie est rejetée et l'opération se répète sur la partie conservée jusqu'à la fin de la recherche.

recherche d'informations
➡ **recherche documentaire**

recherche documentaire
information retrieval (IR)

Ensemble des opérations, méthodes et procédures ayant pour effet d'extraire les informations concernant un sujet donné, à partir de données stockées en mémoire.

≈ recherche d'informations

recherche du meilleur
best-first search

Recherche qui, à chaque étape d'une séquence explorée, évalue à l'aide de critères prédéterminés les branches menant vers le but à atteindre et choisit le trajet le plus prometteur en fonction des résultats de l'évaluation.

= recherche du meilleur d'abord

recherche en chaîne
chained list search, linked list search

Recherche utilisant une liste chaînée.

recherche en largeur
breadth-first search

Recherche qui ne passe d'un niveau supérieur au niveau immédiatement inférieur d'un arbre de recherche qu'après avoir exploré tous les nœuds possibles au niveau supérieur et ce, jusqu'à l'atteinte du but ou d'un état prédéterminé.

= recherche en largeur d'abord

recherche en profondeur
depth-first search

Recherche qui commence au sommet d'un arbre de recherche et descend le long d'une branche sélectionnée, jusqu'à l'atteinte du but, jusqu'à une profondeur prédéterminée ou jusqu'à une impasse.

NOTE Si le but n'est pas atteint, la recherche recule vers une branche qui n'a pas été évaluée auparavant, et reprend le long de celle-ci.

= recherche en profondeur d'abord

recherche et remplacement
search and replace, find and replace

Fonction ou mode permettant à l'utilisateur de localiser dans un texte les occurrences des éléments tels qu'une chaîne de caractères, des commandes encastrées ou des caractères ayant un attribut particulier, et de les remplacer.

NOTE Cette fonction peut s'appliquer à tout ou partie d'un document.

recherche et remplacement automatiques
global search and replace, global find and replace

Fonction ou mode permettant à l'utilisateur de localiser dans un texte toutes les occurrences d'éléments, tels qu'une chaîne de caractères, des commandes encastrées ou des caractères ayant un attribut particulier, et de les remplacer au moyen d'une seule commande.

recherche heuristique
heuristic search

Recherche basée sur l'expérience et le jugement, utilisée pour obtenir des résultats acceptables sans garantie de succès.

recherche individuelle
➡ **technique de tirer**

recherche linéaire
linear search, sequential search

Recherche dans laquelle un ensemble de données fait l'objet d'un balayage séquentiel.

≈ recherche séquentielle

recherche par adresse calculée
➡ **recherche par calcul d'adresse**

recherche par calcul d'adresse
hash table search

Recherche dans laquelle l'emplacement en mémoire d'une donnée est déterminé à partir d'une table d'adresses calculées, une procédure particulière intervenant en cas de collision d'adresses.

≈ recherche par adresse calculée

recherche séquentielle
➡ **recherche linéaire**

reconfiguration
reconfiguration

(en fiabilité, maintenabilité et disponibilité)

Modification de la configuration d'une unité fonctionnelle, suite à la détection d'une anomalie ou d'une erreur, dans le but d'éviter une défaillance ou de ramener l'unité à un état qui lui permet d'exécuter une fonction requise.

reconnaissance à base de modèle géométrique
➡ **reconnaissance par modèle géométrique**

reconnaissance automatique de la parole
➡ **reconnaissance de la parole**

reconnaissance de caractères
character recognition

Identification de caractères par des moyens automatiques.

reconnaissance de caractères magnétiques
magnetic ink character recognition (MICR)

Reconnaissance de caractères portant sur des caractères magnétiques.

reconnaissance de la parole
RAP
speech recognition, automatic speech recognition (ASR)

Conversion, par une unité fonctionnelle, d'un signal de parole en une représentation du contenu de la parole.

NOTE Le contenu à reconnaître peut être exprimé comme une suite appropriée de mots ou de phonèmes.

≈ reconnaissance automatique de la parole

reconnaissance de la parole continue
continuous-speech recognition, connected-words recognition

Reconnaissance d'énoncés parlés dans des situations normales de parole.

reconnaissance de la voix
voice recognition

Conversion, par une unité fonctionnelle, d'un signal vocal en une représentation de certaines caractéristiques acoustiques de la voix.

NOTE La reconnaissance de la voix est utilisée en reconnaissance du locuteur.

reconnaissance de mots enchaînés
contiguous-words recognition

Reconnaissance de séquences de mots parlés, séparées par des pauses s'ajoutant à celles des situations normales de parole.

NOTE Les séquences de mots prononcées sans pause sont, par exemple, des syntagmes grammaticaux, comme dans une dictée.

reconnaissance de mots isolés
isolated-words recognition, discrete-speech recognition

Reconnaissance de mots prononcés isolément, effectuée mot par mot sans tenir compte des autres mots éventuels.

reconnaissance dépendante du locuteur
speaker-dependent recognition

Reconnaissance des échantillons de parole d'un locuteur ou d'un groupe de locuteurs particuliers, fondée sur un entraînement préalable à leurs formes de parole.

reconnaissance des formes
pattern recognition

Identification, par une unité fonctionnelle, de formes physiques ou abstraites, de structures ou de configurations.

reconnaissance des gestes
gesture recognition, gestural recognition

Interprétation par l'ordinateur des mouvements de la main ou du corps, comme commandes pour l'action.

≈ reconnaissance gestuelle

reconnaissance d'image
image recognition

Perception et analyse, par une unité fonctionnelle, d'une image, des objets qui la constituent, de leurs propriétés et de leurs relations mutuelles dans l'espace.

NOTE La reconnaissance d'image comprend l'analyse de scène.

reconnaissance du locuteur
speaker recognition

Obtention d'informations sur un locuteur particulier, par l'analyse de certaines caractéristiques de sa voix.

reconnaissance gestuelle
➠ **reconnaissance des gestes**

reconnaissance indépendante du locuteur
speaker-independent recognition

Reconnaissance des échantillons de parole d'un locuteur quelconque, sans entraînement préalable à ses formes de parole.

reconnaissance optique de caractères
ROC
optical character recognition (OCR)

Reconnaissance de caractères fondée sur la détection optique des caractères graphiques.

reconnaissance par modèle géométrique
model-based object recognition

Reconnaissance d'image fondée sur une comparaison avec des modèles prédéfinis d'objets.

≈ reconnaissance à base de modèle géométrique

reconnaissance par traits distinctifs
feature-based speech recognition

Reconnaissance de la parole, qui utilise un appariement par forme de référence correspondant à des caractéristiques distinctives, telles que la fréquence fondamentale, les fréquences des formants, les contours d'enveloppe, les niveaux de bruit.

reconnaissance structurale de formes
structural pattern recognition

Méthode de reconnaissance des formes, représentées par des composantes d'images et par les relations entre elles, afin de décrire et de classifier la structure des formes.

NOTE Les composantes d'image peuvent comporter des contours, des plages, etc. En analyse des objets et appliquées de manière récursive, les composantes d'une image peuvent comprendre des objets, comme dans le cas d'une analyse de poème. De même, les caractères peuvent se reconnaître par des structures de caractères, et la signification des textes peut se reconnaître d'après l'agencement des mots.

≈ méthode structurale de reconnaissance de formes

reconnaissance structurale des caractères
structural character recognition

Méthode de reconnaissance de caractères fondée sur la structure des caractères à identifier, et utilisée lorsque l'appariement simple n'est pas possible, comme par exemple dans les documents manuscrits.

NOTE Les caractéristiques structurales peuvent comprendre le nombre de lignes droites, de courbes ou d'yeux, etc.

≈ méthode structurale de reconnaissance de caractères

reconnaisseur adaptatif
speaker-adaptive system, user-tuned system

Système indépendant du locuteur, capable de modifier et de mettre à jour ses modèles de référence vocaux pour suivre les différences entre échantillons de parole et améliorer son fonctionnement.

NOTE La capacité à améliorer le fonctionnement est une forme d'apprentissage.

reconnaisseur à message fixe
text-dependent recognizer, text-dependent recognition system

Reconnaisseur de parole qui ne fonctionne de façon fiable que s'il reçoit un échantillon de parole correspondant à un message prédéterminé.

≈ système de reconnaissance à message fixe

reconnaisseur à message quelconque
text-independent recognizer, text-independent recognition system

Reconnaisseur de parole qui fonctionne de façon fiable, que l'échantillon de parole reçu corresponde ou non à un message prédéterminé.

≈ système de reconnaissance à message quelconque

reconnaisseur de parole
speech recognizer, speech recognition system

Unité fonctionnelle destinée à la reconnaissance de la parole.

NOTE Un reconnaisseur de parole a un analyseur de parole parmi ses composants, et procède généralement en appariant l'entrée vocale aux paramètres caractéristiques d'un modèle de référence vocal.

≈ système de reconnaissance de la parole

reconnaisseur dépendant du locuteur
➠ **système dépendant du locuteur**

reconnaisseur indépendant du locuteur
➠ **système indépendant du locuteur**

reconnaisseur omnilocuteur
➠ **système indépendant du locuteur**

reconstitution des données
data reconstitution

Méthode de restauration des données, par assemblage de données disponibles dans d'autres sources.

reconstruction des données
data reconstruction

Méthode de restauration des données, utilisant l'analyse des sources orginales.

1 recoupement
aggregation

(en sécurité informatique)

Acquisition d'informations sensibles par le rassemblement et la mise en relation d'informations d'une sensibilité inférieure.

2 recoupement
linkage, fusion

(en sécurité informatique)

Combinaison volontaire de données ou d'informations provenant d'un système informatique avec des données ou informations provenant d'un autre système, afin d'en déduire une information protégée.

≈ corrélation

1 recouvrir
➠ **écraser**

2 recouvrir
to overlay

(en programmation)

Charger un segment recouvrant à partir d'une mémoire auxiliaire, de façon à recouvrir d'autres parties du programme.

reculer
to backspace

I Faire revenir un support d'enregistrement sur une distance déterminée.

EXEMPLE Reculer une bande magnétique d'un bloc.

II Déplacer en arrière la position d'impression ou d'affichage d'un espacement le long de la ligne.

récupération
recovery

(en programmation des ordinateurs)

Action de récupérer, ou résultat de cette action.

récupération de message
message retrieval

Action d'extraire d'une boîte aux lettres du courrier électronique entrant.

récupération du rythme
timing recovery
Obtention d'un signal de rythme à partir d'un signal numérique reçu, en se servant de la périodicité des créneaux temporels élémentaires.

récupération en direct
inline recovery
Récupération effectuée en reprenant le travail à un point sûr, précédant l'apparition d'une défaillance.

récupération illicite
scavenging
Recherche sans autorisation dans des données résiduelles, pour obtenir des informations sensibles.
≈ cannibalisation

récupération par progression
forward recovery
Type de récupération dans lequel un système, un programme, un fichier, une base de données ou toute autre ressource, est amené dans un état nouveau, non atteint auparavant, et dans lequel il pourra effectuer les fonctions requises.
EXEMPLE L'action d'amener un fichier à un état donné, en mettant à jour une version antérieure au moyen de données conservées dans un enregistrement chronologique des modifications apportées à ce fichier.

récupération par régression
backward recovery
Type de récupération dans lequel un système, un programme, un fichier, une base de données ou toute autre ressource, est ramené dans un état antérieur dans lequel il pourra effectuer les fonctions requises.
EXEMPLE L'action d'amener un fichier à un état donné, en inversant toutes les modifications faites sur ce fichier depuis qu'il était dans cet état.

récupérer
to recover
Établir ou rétablir un état de tout ou partie d'un système, d'un fichier, d'une base de données ou de toute autre ressource, ou de l'exécution d'un programme, de telle sorte que les fonctions requises puissent être effectuées.

récursif direct
directly recursive
Qualifie un sous-programme qui contient un appel sur lui-même.

récursif indirect
indirectly recursive
Qualifie un sous-programme qui appelle un autre sous-programme, qui à son tour appelle le sous-programme, initial ou bien déclenche une autre chaîne d'appels de sous-programmes, qui finalement ramène à un appel de sous-programme sur le sous-programme initial.

récursion
recursion
Processus dans lequel un sous-programme soit contient un appel de sous-programme sur lui-même, soit appelle un autre sous-programme, qui à son tour appelle le sous-programme initial ou bien déclenche une autre chaîne d'appels de sous-programmes, qui finalement ramène à un appel de sous-programme sur le sous-programme initial.

récursion mutuelle
mutual recursion
Situation dans laquelle deux sous-programmes s'appellent l'un l'autre.

redémarrage
restart
(en base de données)
Lancement d'un système de gestion de base de données après une restauration à la suite d'un incident.

redémarrer
➡ **reprendre**

redimensionner
to resize
Sur une surface d'affichage, changer des paramètres, des coordonnées ou des dimensions d'éléments.

redondance

redundancy

I (en fiabilité, maintenabilité et disponibilité) Existence de plus de moyens que strictement nécessaire, pour accomplir une fonction requise dans une unité fonctionnelle ou pour représenter des informations par des données.

EXEMPLES Utilisation d'éléments fonctionnels en double, adjonction de bits de parité.

NOTE La redondance sert essentiellement à améliorer la fiabilité ou la disponibilité.

II (en théorie de l'information) Excès R de la quantité de décision H_0 sur l'entropie H, exprimé mathématiquement par : $R = H_0 - H$.

EXEMPLE Soit $\{a,b,c\}$ un jeu de trois événements et $p(a) = 0{,}5$, $p(b) = 0{,}25$ et $p(c) = 0{,}25$ leurs probabilités de réalisation. La redondance de ce jeu est : $R = 1{,}58$ Sh – 1,50 Sh = 0,08 Sh.

NOTE En pratique, l'usage de codes convenables permet de représenter des messages avec un nombre réduit de caractères ; la redondance peut être considérée comme une mesure de la diminution de la longueur moyenne des messages ainsi réalisée au moyen d'un codage approprié.

redondance relative

relative redundancy

Rapport r de la redondance R à la quantité de décision H_0 ; mathématiquement, ce rapport est : $r = R/H_0$.

NOTE La redondance relative est aussi égale au complément à un de l'entropie relative Hr : $r = 1 - Hr$.

réduction de bruit

noise reduction

Traitement d'une image permettant de supprimer les éléments parasites d'une image.

réduction de problème

problem reduction

Résolution de problème dans laquelle on utilise des opérations pour décomposer un problème en un ensemble de sous-problèmes, plus faciles à résoudre.

réenrouler

➥ **rebobiner**

réentrant

reentrant

Qualifie un programme ou une partie de programme sous forme exécutable, que l'on peut exécuter de façon répétée, dont on peut déclencher une nouvelle exécution avant l'achèvement d'une exécution antérieure, et dont chaque exécution est indépendante de toutes les autres exécutions.

réexécution

replay

Technique consistant à saisir les données d'entrée, que l'on peut ensuite réintroduire dans un programme de façon à provoquer l'exécution contrôlée de ce programme, dans le but de l'analyser.

réexpéditeur anonyme

anonymous remailer

Unité fonctionnelle qui permet aux expéditeurs de messages de garder leur identité secrète vis-à-vis des destinataires finals.

référence indirecte

indirect referencing

Procédé permettant de désigner un élément de langage au moyen d'un objet de données qui pointe vers cet élément.

NOTE La référence peut être obtenue au moyen d'une chaîne d'objets de données dans laquelle chaque objet de données pointe vers l'objet suivant, sauf le dernier qui pointe vers l'élément de langage désiré.

réfléchir

to mirror

Créer une image telle que chacun de ses éléments graphiques ait un élément correspondant symétrique par rapport à un axe commun.

refus de service

➥ **déni de service**

régénération de signal
signal regeneration
Mise en forme de signal, destinée à rendre un signal conforme à ses caractéristiques d'origine.

régénération d'image
regeneration, image regeneration
Suite d'événements nécessaires pour produire une image d'après sa représentation en mémoire.

région
region
Dans une image, partie d'un seul tenant, définie par une caractéristique propre.
NOTE Une région est délimitée par un ensemble de contours ou de frontières.

région déclarative
➡ **zone déclarative**

région d'intérêt
region of interest (ROI)
Région que l'utilisateur souhaite analyser.

registre
register
Élément de mémoire interne rapide, interne à une unité de traitement, doté d'une petite capacité déterminée et généralement destiné à un usage particulier.

registre à décalage
shift register
Registre dans lequel tous les bits sont décalés d'un nombre déterminé de positions, à chaque cycle d'horloge.
NOTE Les décalages peuvent entraîner des pertes de données ou le transfert des données d'une extrémité à l'autre du registre, de façon circulaire.
= registre de décalage

registre arithmétique
arithmetic register
Registre qui contient les opérandes, ou les résultats d'opérations arithmétiques ou d'opérations logiques.

registre à virgule flottante
floating-point register
Registre servant à manipuler des données, dans une numération à séparation flottante.

registre banalisé
➡ **registre général**

registre d'adresse
address register
Registre appelé à recevoir une adresse.

registre d'adresse d'instruction
instruction address register, program counter, instruction pointer
Registre appelé à recevoir l'adresse d'une instruction à exécuter.
≈ compteur ordinal, pointeur d'instruction

registre de conditions
condition code register
Registre dans lequel la valeur de chaque bit est fonction de conditions spécifiées se produisant lors de l'exécution des instructions.

registre d'état
status register, flag register
Registre contenant un ou plusieurs bits d'état, ou drapeaux.

registre d'horloge
timer, clock register
Registre dont le contenu se modifie à des intervalles de temps réguliers, pour permettre de mesurer la durée d'intervalles de temps.

registre d'index
index register
Registre dont le contenu peut servir à modifier une adresse d'opérande durant l'exécution d'une instructions.
NOTE Un registre d'index peut encore servir comme compteur pour commander l'exécution d'une boucle ou l'utilisation des éléments d'un tableau, ou, pour une recherche en table, être utilisé comme un aiguillage ou comme un pointeur.

registre d'instruction
instruction register

Registre appelé à recevoir une instruction prête à être interprétée.

registre d'interruption
interrupt register

Registre contenant des données servant à la gestion des interruptions.

registre double
double-length register, double register

Groupe de deux registres fonctionnant comme un registre unique.

NOTE Un registre double peut être utilisé :

a en multiplication, pour ranger le produit ;
b en division, pour ranger le quotient partiel et le reste ;
c en traitement de caractères, pour accéder aux chaînes de caractères ou les décaler.

registre général
general purpose register

Registre appartenant à un ensemble de registres, au sein duquel il est généralement adressable de façon explicite, et se prêtant à des utilisations variées, par exemple comme accumulateur, comme registre d'index ou pour un stockage intermédiaire.

≈ registre banalisé

registre multiple
N-tuple length register, N-tuple register

Groupe de plusieurs registres fonctionnant comme un registre unique.

EXEMPLE Registre double, registre triple, registre quadruple.

règle conditionnelle
if-then rule, if-then statement

Règle de la logique formelle qui comprend une partie « si », représentant la condition, et une partie « alors », représentant l'action à entreprendre lorsque la partie « si » est vraie.

≈ règle « si...alors »

règle de contrainte
constraint rule

Règle limitant la recherche d'une solution à une partie déterminée d'un espace de problème.

NOTE Les règles de contrainte peuvent être de puissants mécanismes de contrôle, dans les systèmes experts et les systèmes à base de règles.

règle de manipulation de données
data manipulation rule

Règle concernant la manipulation d'objets de données en tant qu'occurrences d'un certain type de données, selon les opérations permises pour les données de ce type.

règle de production
production rule

Règle conditionnelle servant à la représentation des connaissances, dans un système à base de règles.

règle de structuration de données
data structuring rule

Règle qui spécifie la structure des données en tant qu'occurrences d'un certain type de données.

règle heuristique
heuristic rule

Règle *ad hoc* permettant de formaliser les connaissances et l'expérience auxquelles un expert fait appel pour résoudre un problème.

règle prosodique
prosody rule, prosodic rule

Règle appliquée à une séquence de symboles phonétiques indiquant les sons à produire, en vue d'introduire des marqueurs qui spécifient la vitesse de la parole, l'intonation, la fréquence fondamentale, l'intensité et l'accent d'insistance.

règle « si...alors »

➡ **règle conditionnelle**

réglette de clavier
➡ **grille de clavier**

regroupement
chunking
Intégration de données dans une entité unique de niveau conceptuel plus élevé, aux fins de stockage et d'extraction.

réinitialiser
to reset
Ramener un compteur à l'état correspondant à un nombre initial donné.

réjection de mode commun
common mode rejection
Aptitude d'un amplificateur différentiel à supprimer les effets d'une tension de mode commun.

réjection de mode normal
normal mode rejection
Aptitude d'un amplificateur à supprimer l'effet d'une tension de mode normal.

relais
relay
Ensemble de fonctions, telles que le routage, permettant de faire suivre des données provenant d'un système ouvert vers un autre système ouvert.

relation
relation
Ensemble constitué d'occurrences d'entités ayant les mêmes attributs, et de ces attributs.
NOTE Dans une base de données relationnelle, une relation peut être représentée par une table dont les lignes correspondent aux occurrences d'entités, et les colonnes aux attributs.

relevé des anomalies
fault trace
Enregistrement du fonctionnement interne d'une unité fonctionnelle, établi par un appareil de surveillance qui indique la suite d'états précédant immédiatement la détection d'une anomalie.

releveur de coordonnées
locator device, locator
Dispositif d'entrée fournissant des données pour calculer les coordonnées d'une position.
EXEMPLE Tablette graphique, dispositif de pointage.

relieur
➡ **éditeur de liens**

relogeable
➡ **translatable**

1 reloger
to roll in
Transférer, de la mémoire externe vers la mémoire principale, un ensemble de données, tel que des fichiers ou des programmes, qui en avait été délogé auparavant.

2 reloger
➡ **translater**

remise
delivery
Étape de transmission au cours de laquelle un agent de transfert de messages transporte un message ou un rapport, vers la mémoire de messages ou l'agent d'utilisateur d'un destinataire potentiel.
NOTE La remise ne signifie pas que la réception par l'utilisateur a eu lieu.
☞ usager direct

remise de document
document delivery
Transfert d'un document dans l'environnement du destinataire.

remise en ordre des paquets
➡ **ordonnancement des paquets**

remise physique
physical delivery (PD)
Remise d'un message sous une forme matérielle.
NOTE La forme matérielle peut être une lettre.

remplacement
replace
Fonction ou mode permettant à l'utilisateur de remplacer une partie déterminée d'un texte précédemment saisi, par un autre texte.

remplir
to fill
Appliquer un arrangement répétitif d'éléments graphiques à l'intérieur d'une zone délimitée ou d'un objet.

remplir de zéros
to zerofill
Remplir des emplacements de mémoire non utilisés avec la représentation du caractère qui désigne zéro.

remplissage
fill
Dans un réseau en anneau à jeton, configuration particulière de bits qu'une station de données émettrice envoie avant ou après des trames, des jetons ou des séquences d'abandon, pour éviter ce qui, autrement, serait interprété comme un état inactif ou indéterminé de l'émetteur.

remplissage de polygone
polygon fill
Propagation d'un motif de remplissage à l'intérieur d'une zone polygonale d'une surface définie par programme.

rendez-vous
rendezvous
Interaction de deux tâches, synchronisée à un point donné dans chaque processus d'exécution des tâches, et où un processus peut attendre l'autre.

1 rendre
➡ **renvoyer**

2 rendre
to render
(en hypermédia et multimédia)
Convertir des données sous la forme à présenter à l'utilisateur.
≈ affiner

1 rendu
rendering
(en infographie)
Conversion en image des caractéristiques géométriques, de couleur, de texture, de luminosité, et autres, d'une scène.

2 rendu
rendition
I En hypermédia et multimédia, processus effectué sur un document pour préparer sa présentation à l'utilisateur.
≈ affinage
II Résultat de ce processus.

renfoncer
➡ **décaler**

renforcement de collision
collision enforcement
Dans un réseau CSMA-CD, émission d'un signal de bourrage par une station de données qui vient de détecter une collision, afin de s'assurer que toutes les autres stations de données ont été averties de cette collision.

renifleur de paquet
packet sniffer
Unité fonctionnelle qui observe le trafic d'un réseau pour reconnaître et analyser les paquets la concernant.
NOTE Un renifleur de paquet est utilisé pour l'analyse de réseau.

renvoi à la ligne
word wrap
Fonction permettant de reporter automatiquement sur la ligne suivante un mot entier lorsque la longueur de ce mot et de la ponctuation associée dépasse l'espace restant disponible sur la ligne.

renvoi de référence
referral
Suggestion d'utiliser un autre point d'accès ou un autre agent de système d'annuaire, donnée par un agent de système d'annuaire à un agent d'utilisateur d'annuaire ou à un autre agent de système d'annuaire, pour le

cas où une demande au système d'annuaire ne pourrait être satisfaite.

NOTE La raison d'une telle suggestion peut être que l'information concernée par la demande est logiquement trop éloignée.

renvoyer
to return

Fournir une valeur de donnée au programme appelant, lors de l'exécution d'une instruction de retour.

Dans ce sens, les verbes *renvoyer* en français et *to return* en anglais sont transitifs.

≈ rendre

réorganisation
reorganization

Modification de l'organisation de mémoire d'une base de données en respectant ses structures de données, ou dans le but d'obtenir un meilleur arrangement de ses structures de données, incluant l'adaptation des données qui existent déjà dans la base pour les mettre en accord avec la nouvelle organisation.

NOTE Une réorganisation peut être effectuée soit pour utiliser une mémoire plus efficacement, soit pour accélérer l'accès aux données.

répartir
to dispatch

Allouer du temps de processeur aux travaux ou tâches qui sont prêts à être exécutés.

≈ distribuer

répartiteur
dispatcher

Programme d'un système d'exploitation, ou toute autre unité fonctionnelle, dont l'objet est de répartir des travaux ou des tâches.

repérage de mots
word spotting

Capacité d'un reconnaisseur de parole à reconnaître soit un mot, soit une séquence de commande dans la parole courante.

repère de début de bande
beginning-of-tape marker (BOT marker)

Sur une bande magnétique, repère servant à indiquer le début de la zone d'enregistrement.

EXEMPLES Étiquette réfléchissante ou portion transparente de la bande.

repère de fin de bande
end-of-tape marker (EOT marker)

Sur une bande magnétique, repère servant à indiquer la fin de la zone d'enregistrement.

EXEMPLES Étiquette réfléchissante ou portion transparente de la bande.

repère visuel
visual clue

Information visuelle concernant des objets et permettant de donner leur orientation et leur position.

répertoire de relogement
➥ **répertoire de translation**

répertoire de translation
relocation dictionary

Partie d'un module objet ou d'un module chargeable qui identifie les adresses qui doivent être ajustées lorsqu'on translate ce module.

≈ répertoire de relogement

répéteur
repeater

Dans un réseau local, appareil qui amplifie et régénère les signaux, afin d'accroître la portée des transmissions entre stations de données ou d'interconnecter deux branches.

répétition
➥ **itération**

répondre
to reply

Créer un message en réponse à un message reçu, en prenant comme destinataire spécifié l'expéditeur du message reçu.

1 réponse
answering
Suite donnée à l'appel d'une station de données, ayant pour effet d'établir une connexion entre des stations.

2 réponse
response
Dans une conférence par ordinateur, message envoyé à l'auteur d'un message antérieur.

1 réponse automatique
automatic answering
(en communication de données)
Réponse effectuée automatiquement par l'équipement terminal de traitement de données (ETTD) appelé.
NOTE La communication sera établie, que l'ETTD soit ou non surveillé par un opérateur.

2 réponse automatique
auto-reply
(en courrier électronique)
Création automatique d'un message en réponse à un message reçu, en prenant automatiquement comme destinataire spécifié l'expéditeur du message reçu.

réponse manuelle
manual answering
Réponse pour laquelle une communication est établie seulement lorsque l'usager indique, par une manœuvre appropriée, qu'il est prêt à la recevoir.

réponse vocale
voice response (VR)
Signal de parole synthétique, produit à la suite d'une requête d'un utilisateur.

réponse vocale dialoguée
➠ **réponse vocale interactive**

réponse vocale interactive
interactive voice response (IVR)
Réponse vocale faisant suite à une entrée de parole provenant d'un utilisateur.
≈ réponse vocale dialoguée

report
carry
Action de transférer une retenue.

report circulaire
end-around carry
Report d'une retenue du rang de plus fort poids au rang de plus faible poids.
EXEMPLE L'addition de deux nombres négatifs représentés par leur complément restreint peut exiger un report circulaire.

report négatif circulaire
end-around borrow
Action de transférer une retenue négative du rang de plus fort poids au rang de plus faible poids.

repose-poignets
➠ **appui-poignets**

reprendre
to restart
Poursuivre l'exécution d'un programme en utilisant les données enregistrées à un point de contrôle.
≈ redémarrer

représentation analogique
analog representation
Représentation de la valeur d'une variable par une grandeur physique considérée comme continue, et qui est directement proportionnelle à cette variable ou à une fonction appropriée de cette variable.
☞ représentation discrète

représentation à virgule fixe
➠ **numération à séparation fixe**

représentation à virgule flottante
floating-point representation
Représentation d'un nombre réel, dans une numération à séparation flottante.
EXEMPLE Une représentation à virgule flottante du nombre 0,0001234 est 0,1234E-3, où 0,1234 est la mantisse et -3 est l'exposant, désigné par E. Les numéraux sont exprimés en numération décimale à séparation variable ; la base de séparation flottante implicite est 10.

représentation codée en binaire
binary-coded notation

Notation binaire suivant laquelle chaque caractère est représenté par un numéral binaire.

représentation de contour
outline representation

Représentation fil de fer d'un objet, qui exclut les lignes cachées.

représentation des connaisances
knowledge representation

Processsus consistant à coder et à stocker des connaissances dans une base de connaissances, ou résultat de ce processus.

représentation discrète
discrete representation

Représentation de données à l'aide de caractères, chaque donnée particulière étant représentée par un caractère, ou groupe de caractères, distinct.

☞ représentation analogique

représentation filaire

➡ **représentation fil de fer**

représentation fil de fer
wireframe representation

Représentation d'un objet tridimensionnel composée entièrement de lignes, comme si l'objet était construit en fil de fer.

NOTE Les lignes peuvent représenter des arêtes ou des contours de surfaces, y compris ceux qui sont cachés dans la vue d'un objet réel.

≈ représentation filaire

1 représentation numérique
digital representation

Représentation d'un nombre par des chiffres, éventuellement accompagnés de caractères spéciaux et du caractère espace.

2 représentation numérique
numeric representation

Représentation d'une donnée à l'aide de nombres.

représentation pondérée
positional representation

Représentation d'un nombre, dans une numération pondérée.

représentation sous-symbolique
subsymbolic representation

Méthode de représentation des connaissances qui répartit les connaissances entre les éléments d'un réseau relativement grand, plutôt que de stocker directement des symboles.

NOTE Dans le modèle connexionniste, les connaissances stockées dans le réseau sont fragmentées par une représentation sous-symbolique et ne peuvent pas être facilement exprimées par des règles simples ou sous forme symbolique.

représentation visuelle

➡ **visualisation scientifique**

reprise
recovery

(en communication de données)

Processus par lequel on résout les conflits ou les erreurs qui apparaissent durant le transfert des données.

reprise en cas d'erreur

➡ **reprise sur incident**

reprise sur incident
error recovery

Processus de correction ou de neutralisation de l'effet d'une anomalie ou d'une erreur, permettant à l'unité fonctionnelle de continuer à accomplir une fonction requise.

≈ reprise en cas d'erreur

reproduction de la parole
speech reconstruction, speech restitution

Production, par une unité fonctionnelle, à partir de données codées, d'un signal de parole semblable à la parole d'origine.

reproduire

to duplicate

Copier, de telle sorte que la forme physique de résultat soit identique à celle de l'original.

EXEMPLE Copier un ficher d'une bande magnétique sur une autre.

≈ dupliquer

répudiation

repudiation

Fait, pour une des entités impliquées dans la communication, de nier avoir participé aux échanges, totalement ou en partie.

NOTE Dans la description des techniques et des mécanismes, le terme « non répudiation » est souvent utilisé pour signifier qu'aucune des entités impliquées dans une communication ne peut nier sa participation à la communication.

réseau

network

Ensemble formé par des entités et leurs interconnexions.

NOTE En topologie de réseau ou dans une structure abstraite, les entités interconnectées sont des points sur un schéma, et les interconnexions sont des lignes sur le schéma. Dans un réseau d'ordinateurs, les entités interconnectées sont des ordinateurs ou des matériels de communication de données, et les interconnexions sont des liaisons de données.

👁 Figures R.1 et R.2

réseau à accès multiple par détection de porteuse et détection de collision

réseau AMDP-DC, réseau CSMA-CD

carrier sense multiple access with collision detection network (CSMA/CD network)

Réseau en bus, dans lequel le protocole de commande d'accès au support impose la détection de porteuse, et dans lequel les états d'exception provoqués par une collision sont résolus par retransmission.

réseau à accès multiple par détection de porteuse et évitement de collision

réseau AMDP-EC, réseau CSMA-CA

carrier sense multiple access with collision avoidance network (CSMA/CA)

Réseau en bus, dans lequel le protocole de commande d'accès au support impose la détection de porteuse, et dans lequel une station émettrice envoie d'abord un signal de bourrage ; s'il n'y a pas de collision avec des signaux de bourrage provenant d'autres stations, elle envoie ses données ; sinon, elle interrompt son émission et recommence ultérieurement.

réseau à autoorganisation

➡ **réseau autoorganisable**

réseau à connexion complète

fully connected network

(en informatique répartie)

Réseau dans lequel deux nœuds quelconques sont reliés par une branche.

≈ réseau totalement connecté

☞ réseau

réseau à connexions aléatoires

randomly connected network, random network

Réseau neuronal dont les neurones artificiels sont connectés aléatoirement.

≈ réseau aléatoire

réseau acyclique

feedforward network, forward-propagation network, acyclic network

Réseau multicouche sans rétroaction et sans connexions entre neurones artificiels d'une même couche.

EXEMPLE Perceptron multicouche.

NOTE Le terme « réseau à propagation avant » est parfois utilisé pour désigner tout réseau en couches.

réseau à fonctions de base radiales

radial basis function network, RBF network

Réseau acyclique dont chaque neurone caché utilise une fonction de base radiale comme fonction d'activation, et dont les neurones de sortie effectuent des combinaisons linéaires de ces fonctions de base radiales.

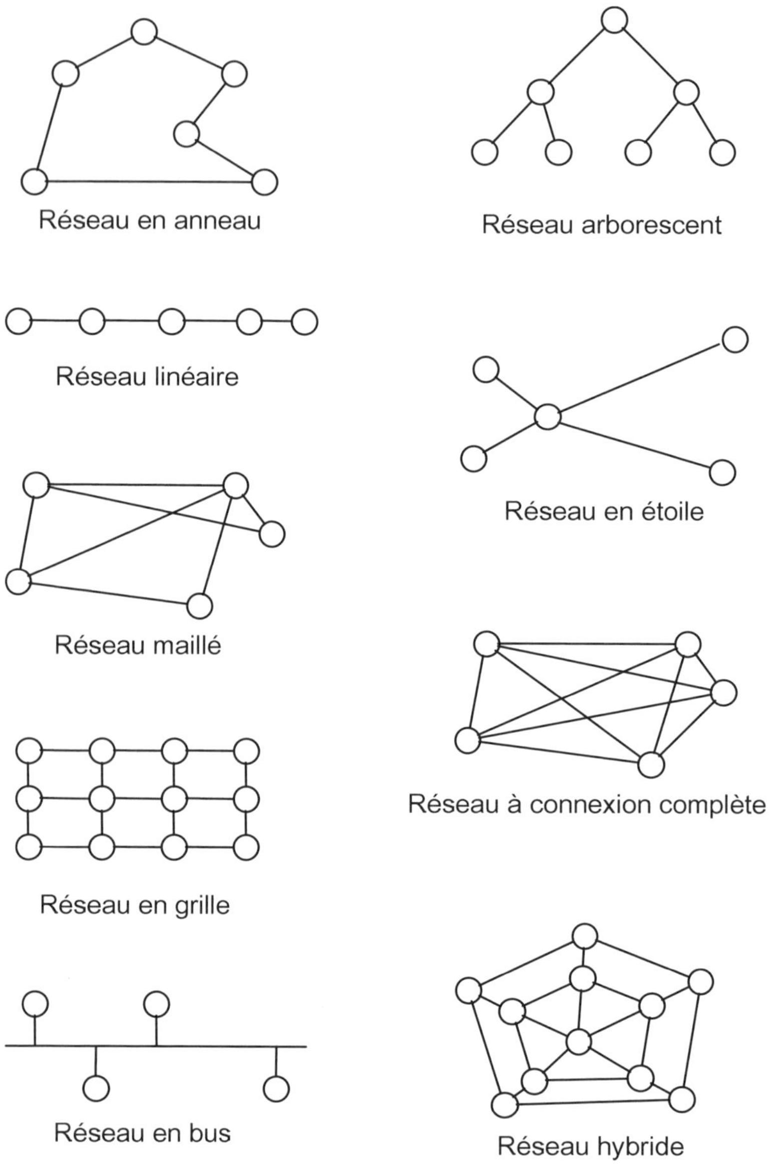

Figure R.1 – Exemples de réseaux

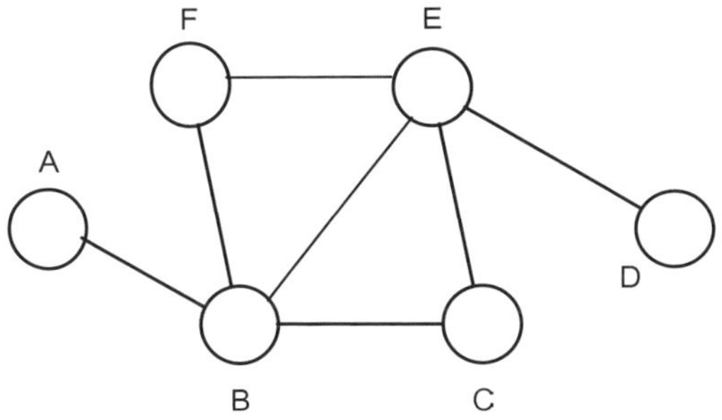

Note
Les branches sont les lignes AB, BC, BE, BF, CE, DE et EF.

Les nœuds sont A, B, C, D, E, F.

Les nœuds d'extrémité sont A et D.

Les nœuds intermédiaires sont B, C, E, F.

Les nœuds adjacents sont (A et B), (B et C), (B et E), (B et F), (C et E), (D et E) ou (E et F).

Il y a trois chemins de A à D : ABCED, ABED, ABFED.

Figure R.2 – Composants d'un réseau

réseau aléatoire

➡ **réseau à connexions aléatoires**

réseau à longue distance

➡ **réseau étendu**

réseau AMDP-DC

➡ **réseau à accès multiple par détection de porteuse et détection de collision**

réseau AMDP-EC

➡ **réseau à accès multiple par détection de porteuse et évitement de collision**

réseau à poids répartis

weight-sharing network

Réseau neuronal dont tous les neurones artificiels d'une couche partagent le même ensemble de poids synaptiques.

réseau arborescent

tree network

Réseau dans lequel il n'existe qu'un seul chemin entre deux nœuds.

≈ réseau en arbre

☞ concentrateur

réseau à résonance adaptative

adaptive resonance theory network (ART network)

Réseau neuronal dans lequel l'algorithme d'apprentissage actualise les prototypes stockés, caractérisant des catégorie si la forme d'entrée est suffisamment semblable à l'un d'eux, ou sinon crée une nouvelle catégorie avec la forme d'entrée comme prototype.

NOTE Les réseaux à résonance adaptative réalisent un compromis entre la plasticité (aptitude à apprendre) et la stabilité (pas d'effacement ou de corruption des connaissances acquises).

réseau à rétropropagation

back-propagation network (BPN), feedback-propagation network

Réseau multicouche utilisant une rétropropagation pour l'ajustement des poids synaptiques en phase d'apprentissage.

réseau autoorganisable

self-organizing network

Réseau neuronal ayant une capacité d'autoorganisation.

NOTE Un réseau autoorganisé est souvent conçu pour émuler l'aptitude des cellules du cerveau à s'organiser en comportements ou en motifs.

≈ réseau à autoorganisation

réseau CSMA-CA

➡ **réseau à accès multiple par détection de porteuse et évitement de collision**

réseau CSMA-CD

➡ **réseau à accès multiple par détection de porteuse et détection de collision**

réseau de données

data network

Réseau composé de circuits de données et éventuellement de dispositifs de commutation, permettant des communications de données entre des équipements terminaux de traitement de données.

réseau de Hopfield

Hopfield network, crossbar associative network (CAN)

Réseau entièrement connecté, constitué de neurones visibles qui sont actualisés cycliquement jusqu'à obtention d'un état stable.

NOTES

1 Un réseau de Hopfield possède un nombre fini d'états stables, correspondant aux minimums d'une fonction d'énergie. Pendant l'apprentissage, les poids synaptiques sont ajustés de sorte que les états stables correspondent aux formes à stocker. Après application d'une forme d'entrée, le réseau évolue vers la forme stockée la plus voisine.

2 Un réseau de Hopfield peut être un réseau neuronal synchrone ou un réseau neuronal asynchrone.

3 Le réseau de Hopfield sert principalement de mémoire associative, mais trouve aussi des applications en optimisation.

réseau de neurones artificiels

➡ **réseau neuronal**

réseau de neurones formels

➡ **réseau neuronal**

réseau de pairs

peer-to-peer network

Réseau d'ordinateurs qui contient des nœuds équivalents par leurs possibilités de commande ou de fonctionnement.

réseau discriminant

discrimination network

Réseau neuronal dans lequel l'ensemble de tests utilisés pour classer une collection d'objets, situations ou événements, est mis en œuvre selon des traits prédéterminés.

réseau d'ordinateurs

computer network

Réseau dont les nœuds sont composés d'ordinateurs et de matériels de communication de données, et dont les branches sont des liaisons de données.

réseau en anneau

ring network, ring

Réseau dans lequel chaque nœud est un nœud intermédiaire et est situé à l'extrémité de deux branches seulement.

≈ anneau, réseau en boucle

☞ réseau

réseau en anneau à découpage temporel

slotted-ring network

Réseau en anneau, permettant une transmission de données dans un seul sens entre stations de données, en transférant des données dans des tranches prédéfinies du flot de transmission sur un support de transmission, de telle sorte que les données émises reviennent à la station émettrice.

réseau en anneau à jeton

token-ring network

Réseau en anneau, permettant une transmission de données dans un seul sens entre stations de données, selon une procédure de passage du jeton, de telle sorte que les données émises reviennent à la station émettrice.

réseau en anneau étoilé
star/ring network

Réseau en anneau, permettant une transmission dans un seul sens, et disposé de telle sorte que plusieurs stations de données soient groupées en certains points et rattachées au réseau par un coupleur au câble principal.

NOTE Cette configuration permet d'ajouter et d'enlever des stations de données sans interrompre le fonctionnement du réseau.

réseau en arbre
➠ **réseau arborescent**

réseau en boucle
➠ **réseau en anneau**

réseau en bus
bus network

I (en informatique répartie) Réseau d'ordinateurs dans lequel tous les ordinateurs et les matériels de communication de données sont réunis par un support de transmission commun.

NOTE Entre deux nœuds quelconques, il n'y a qu'un seul chemin.
☞ réseau

II (en réseaux locaux) Réseau local ne présentant qu'un seul chemin entre deux stations de données quelconques, et dans lequel les données émises par chaque station sont mises concurremment à la disposition de toutes les autres stations appartenant au même support de transmission.

NOTE Un réseau en bus peut être un réseau linéaire, un réseau en étoile ou un réseau arborescent.

réseau en bus à jeton
token-bus network

Réseau en bus dans lequel on utilise une procédure de passage du jeton.

réseau en couches
layered network

Réseau neuronal dont les neurones artificiels sont organisés hiérarchiquement en couches.

NOTE Un réseau en couches peut comprendre un groupe distinct de nœuds sources, en plus des couches de neurones artificiels.

réseau en étoile
star network

Réseau arborescent comprenant un seul nœud intermédiaire.
☞ réseau

réseau en grille
grid network

Réseau constitué par l'expansion à deux dimensions d'un réseau linéaire.

NOTE Il y a trois classes de nœuds : les nœuds des coins, les nœuds des bords et les nœuds internes, connectés respectivement à 2, 3 ou 4 branches.
☞ réseau

réseau en hypercube
hypercube network, hypercube

Réseau en hypergrille dont les bords sont réduits à deux nœuds.

NOTE Un hypercube à n dimensions possède 2^n nœuds.
≈ hypercube

réseau en hypergrille
hypergrid network, hypergrid

Réseau constitué par l'expansion multidimensionnelle d'un réseau linéaire.

NOTES
1 Si n est la dimension du réseau en hypergrille, alors il y a $2^{(n-1)}$ classes différentes de nœuds. Les nœuds les plus intérieurs sont connectés à 2^n branches, les hypercoins à n branches.
2 S'il n'y a de nœuds que sur les hypercoins, alors le réseau en hypergrille est appelé un réseau en hypercube.
≈ hypergrille

réseau entièrement connecté
totally connected network, fully connected network

(dans les réseaux neuronaux)
Réseau sans couches dont chaque neurone artificiel est relié à tous les autres, ou réseau en couches dont chaque neurone artificiel

d'une couche est relié à tous les neurones de la couche adjacente vers la sortie du réseau.
≈ réseau totalement connecté

réseau étendu
wide area network (WAN)
Réseau fournissant des services de télécommunication à une zone géographique plus grande qu'une seule agglomération urbaine.
NOTES
1 En général, un réseau étendu couvre un seul pays.
2 En français, le terme « réseau étendu » remplace le terme « réseau général » qui figure dans certains documents, mais n'est plus employé dans ce sens.
≈ réseau à longue distance

réseau fédérateur
➡ **dorsale**

réseau général
➡ **réseau étendu**

réseau hétérogène
heterogeneous computer network, heterogeneous network
Réseau d'ordinateurs dans lequel les ordinateurs ont des architectures différentes, mais peuvent communiquer entre eux.

réseau hiérarchisé
hierarchical computer network, hierarchical network
Réseau d'ordinateurs dans lequel les nœuds sont organisés selon une hiérarchie de classes qui se différencient par leurs possibilités de commande ou de fonctionnement.

réseau homogène
homogeneous computer network, homogeneous network
Réseau d'ordinateurs dans lequel tous les ordinateurs ont une architecture semblable ou identique.

réseau hybride
spidernet
Mélange d'un réseau en étoile et de réseaux en anneau, semblable à une toile d'araignée.
NOTES
1 Un tel réseau contient trois classes de nœuds : une étoile centrale avec *m* branches, des nœuds sur les *k* anneaux internes avec quatre branches chacun, et un anneau périphérique.
2 Un tel réseau peut être étendu à un nombre supérieur de dimensions.
☞ réseau

réseau linéaire
linear network
Réseau dans lequel il y a exactement deux nœuds d'extrémité, un nombre quelconque de nœuds intermédiaires, et un seul chemin entre deux nœuds.
NOTE Un réseau linéaire est un cas particulier de réseau arborescent.
☞ réseau

réseau local
RLE
local area network (LAN)
Réseau d'ordinateurs situé dans un domaine privé et géographiquement limité.
NOTE Les communications internes à un réseau local ne sont pas soumises aux réglementations d'organismes extérieurs à ce réseau. Par contre, les communications franchissant les limites du réseau peuvent être soumises à des réglementations extérieures.
≈ réseau local d'entreprise

réseau local à large bande
broadband LAN
Réseau local qui comprend plusieurs voies de transmission de données, et dans lequel les données sont codées, multiplexées, puis émises avec modulation de porteuses.

réseau local à large bande à câble unique
single-cable broadband LAN
Réseau local à large bande qui utilise le même câble pour la voie d'aller et la voie de retour.

réseau local à large bande à deux câbles
dual-cable broadband LAN

Réseau local à large bande qui utilise des câbles distincts pour la voie d'aller et la voie de retour.

réseau local d'entreprise
➥ **réseau local**

réseau local en bande de base
baseband LAN

Réseau local dans lequel les données sont codées, puis émises sans modulation d'une porteuse.

réseau local virtuel
virtual local area network (VLAN), virtual private network (VPN)

Réseau d'ordinateurs utilisant des réseaux intermédiaires pour obtenir des communications de données transparentes pour les utilisateurs, et qui n'impose pas de restriction sur les protocoles, de sorte que ce réseau se comporte comme un réseau local.

NOTE Les communications de données sur les réseaux intermédiaires utilisent généralement une tunnellisation.

réseau logique programmable
➥ **matrice logique programmable**

réseau logique programmable par l'utilisateur
➥ **matrice logique programmable par l'utilisateur**

réseau maillé
mesh network

Réseau dans lequel au moins deux nœuds sont reliés par plusieurs chemins.
☞ réseau

réseau métropolitain
metropolitan area network (MAN)

Réseau dont le but est de réunir des réseaux locaux situés dans une même agglomération urbaine.

NOTE Un réseau métropolitain traverse des limites administratives et peut utiliser plusieurs méthodes d'accès.

réseau mondial
global area network (GAN)

Réseau qui combine plusieurs réseaux de types différents, et qui couvre une zone géographique non limitée.

réseau monocouche
single-layered network

Réseau en couches comprenant seulement des nœuds sources et une couche de sortie, sans couches cachées.

NOTE Dans un réseau monocouche, seule la couche de sortie effectue des calculs.

réseau multicouche
multilayered network

Réseau en couches comprenant au moins deux couches.

NOTE Un réseau multicouche peut comprendre un groupe distinct de nœuds sources en plus des couches de neurones artificiels. Dans ce cas, il y a au moins une couche cachée.

réseau neuronal
artificial neural network, neural network, neural net (NN)

Réseau d'unités élémentaires de traitement reliées par des connexions pondérées de poids ajustables, dans lequel chaque unité produit une valeur en appliquant une fonction non linéaire à ses valeurs d'entrée, et la transmet à d'autres unités ou la présente en sortie.

NOTES

1 Certains réseaux neuronaux sont destinés à simuler le fonctionnement des neurones dans le système nerveux, mais la plupart des réseaux neuronaux sont utilisés en intelligence artificielle comme réalisations du modèle connexioniste.

2 Généralement, la fonction non linéaire est une fonction à seuil.

≈ réseau de neurones artificiels (RNA), réseau de neurones formels

réseau neuronal adaptatif
adaptive neural network

Réseau neuronal capable d'ajuster ses caractéristiques de fonctionnement selon les variations de son environnement.

réseau neuronal asynchrone
asynchronous neural network

Réseau neuronal dont les neurones artificiels ne sont pas actualisés simultanément, mais par exemple aléatoirement ou selon une séquence déterminée.

réseau neuronal hiérarchisé
hierarchical neural network, hierarchical artificial neural network

Réseau neuronal constitué de plusieurs étages de sous-réseaux où le traitement est effectué d'un étage au suivant.

réseau neuronal synchrone
synchronous neural network

Réseau neuronal dont les neurones artificiels sont actualisés simultanément.

réseau numérique à intégration de services
RNIS
integrated services digital network (ISDN)

Réseau qui fournit ou supporte un ensemble de services de télécommunication, au moyen de connexions numériques entre les interfaces usager-réseau.

EXEMPLES La téléphonie, la transmission de données et de signaux vidéo, le courrier électronique et la télécopie.

réseau partiellement connecté
partially connected network, diluted network

Réseau sans couches, dont chaque neurone artificiel n'est pas nécessairement relié à tous les autres, ou réseau en couches dont chaque neurone artificiel d'une couche n'est pas nécessairement relié à tous les neurones de la couche adjacente vers la sortie du réseau.

réseau plus au vainqueur
winner-takes-more network

Réseau neuronal dans lequel tous les neurones artificiels ayant une valeur d'entrée au-dessus de la moyenne peuvent rester actifs.

NOTE Un réseau plus au vainqueur utilise un type d'apprentissage concurrentiel.

réseau prédiffusé de portes
➡ **matrice prédiffusée**

réseau prédiffusé programmable
➡ **matrice prédiffusée programmable**

réseau récursif
recurrent network

Réseau neuronal dans lequel les connexions entre neurones artificiels forment au moins une boucle de rétroaction.

EXEMPLES Réseau de Hopfield, machine de Boltzmann.

NOTE Tout réseau sans couches est récursif. Un réseau à couches est récursif s'il existe des connexions entre neurones d'une même couche, ou des connexions d'un neurone déterminé vers un neurone situé dans une couche plus proche de l'entrée.

réseau redondant de disques indépendants
redundant array of independent disks, redundant array of inexpensive disks (RAID)

Système de stockage de données utilisant un chevauchement de données pour améliorer les performances et la disponibilité.

≈ stockage RAID

réseau régulier
regular network

Réseau dans lequel chaque nœud ou chaque classe de nœuds est situé à l'extrémité du même nombre de branches.

EXEMPLES Réseau en anneau, réseau en étoile, réseau en grille.

NOTE Une classe de nœuds est caractérisée par la position relative des nœuds à l'intérieur des réseaux, par exemple les nœuds d'extrémité et les nœuds intermédiaires.

réseau sans couches
nonlayered network

Réseau neuronal dont les neurones artificiels ne sont pas organisés en couches.

réseau sémantique
semantic network, semantic net

Formalisme de représentation des connaissances à base de concepts, dans laquelle les objets ou les états sont représentés par des nœuds reliés par des arcs indiquant leurs relations mutuelles.

réseautage illicite
➡ **chemin furtif**

réseautique
networking

Ensemble des techniques destinées à créer, gérer, exploiter et utiliser des réseaux.

réseau totalement connecté
➡ **réseau à connexion complète**
➡ **réseau entièrement connecté**

réseau tout au vainqueur
winner-takes-all network

Réseau neuronal dans lequel le neurone artificiel dont l'entrée est la plus forte dans une couche peut inhiber tous les autres neurones de cette couche.

NOTE Un réseau tout au vainqueur utilise un type d'apprentissage concurrentiel.

réseau tronqué
stub network

Réseau qui n'achemine pas de trafic de transit mais seulement du trafic local, et qui n'a qu'une seule liaison avec un autre réseau.

résidant
resident

Qualific des programmes, des parties de programme ou des données, dans la mesure où ils se trouvent dans la mémoire centrale.

résidus
➡ **donnée résiduelle**

résilience
➡ **tolérance aux anomalies**

résistance aux surtensions
surge resistance, surge withstand capability

Aptitude d'un appareil à rester fonctionnellement intact après avoir été exposé à des surtensions.

résolution
resolution

Aptitude d'un dispositif d'affichage à faire apparaître deux lignes ou deux points voisins, comme des lignes ou des points séparés, ou à distinguer deux valeurs chromatiques.

EXEMPLES Résolution spatiale, résolution chromatique.

résolution de collision
collision resolution

(en hachage)

Processus consistant à appliquer d'autres calculs ou d'autres méthodes pour résoudre une collision.

résolution de conflit
conflict resolution

Résolution du problème des appariements multiples dans un système à base de règles, par sélection de la règle la plus appropriée.

NOTE Des appariements multiples se produisent en appariement de formes ou dans la partie gauche d'une règle, lorsque deux règles aboutissent à des assertions contradictoires.

résolution de problème
problem solving

Détermination d'une séquence d'opérations ou d'actions, censée mener au but recherché.

NOTE La résolution d'un problème débute souvent à l'état initial d'un espace de problème, et traverse les autres états à la recherche du but désiré. Le succès dépend de la connaissance de l'état initial, de ce qu'on considère comme le résultat acceptable par rapport au but recherché, et des éléments ou opérations définissant l'espace de problème.

résolution du nom
name resolution

(en courrier électronique)

Événement de transmission au cours duquel une adresse électronique est ajoutée à un identificateur d'adresse, si nécessaire.

résolution horizontale
horizontal resolution

Nombre de pixels sur une seule ligne d'exploration horizontale de balayage.

résolution sous-pixel
sub-pixel resolution

Résolution inférieure à un pixel, obtenue par interpolation.

résolution verticale
vertical resolution

Nombre de pixels dans la verticale de l'image.

résolveur
resolver

I (en calcul analogique) Unité fonctionnelle ayant comme variables analogiques d'entrée les coordonnées polaires d'un point, et comme variables analogiques de sortie les coordonnées cartésiennes de ce même point, ou vice versa.

NOTE Un résolveur peut être qualifié par PR (polaire – rectangulaire/cartésien) ou RP (rectangulaire/cartésien – polaire).

II (dans l'internet) Programme qui assure l'interface entre les programmes utilisateurs et les serveurs de nom de domaine.

NOTE Le programme utilisateur peut être, par exemple, un client FTP.

respect de la vie privée
privacy

Garantie de l'absence d'intrusion dans la vie privée ou les affaires d'une personne, dans la mesure où cette intrusion résulte de la collecte et de l'utilisation illégales et non fondées de données relatives concernant cette personne.

ressource
resource, computer resource

Tout élément d'un système informatique nécessaire à l'exécution des opérations voulues.

EXEMPLE La mémoire centrale, les dispositifs d'entrée-sortie, une ou plusieurs unités centrales, les données, les fichiers et les programmes.

ressource internet
Internet resource

Dans le réseau internet, ressource qui contient des informations ou qui fournit des possibilités de traitement de données.

EXEMPLE Un serveur de la toile.

restauration
recovery

(en base de données)

Reconstitution d'une base de données, par exemple au moyen de fichiers de sauvegarde et d'images après.

restauration des données
data restoration

Fait de régénérer des données qui ont été perdues ou contaminées.

NOTE Les méthodes de restauration des données comprennent la copie à partir d'une archive, la reconstruction des données à partir de données sources, ou la reconstitution des données à partir d'autres sources.

restauration d'image
image restoration

Processus par lequel on modifie une image dégradée pour l'amener à un état aussi proche que possible de l'état d'origine.

NOTE Le retour exact à l'état d'origine est possible si la dégradation est mathématiquement réversible.

restauration par annulation de mise à jour

➡ **restauration par régression**

restauration par mise à jour en amont
➥ **restauration par régression**

restauration par mise à jour en aval
➥ **restauration par progression**

restauration par progression
forward recovery

Reconstitution des données d'une version récente d'un objet de données, en utilisant une version ancienne et des données enregistrées dans un journal.

≈ restauration par mise à jour en aval

restauration par régression
backward recovery

Reconstitution des données d'une version antérieure de données, en utilisant une version plus récente et des données enregistrées dans un journal.

≈ restauration par annulation de mise à jour, restauration par mise à jour en amont

restructuration
restructuring

Modification de la structure logique d'une base de données selon l'état actuel de son système d'information, comprenant la réorganisation.

résultat
result

Élément engendré par une opération.

résultat de clichage
dump, datadump

Données qui ont été vidées.

≈ donnée clichée

retardé
delayed

Se dit de l'état de tâche d'une tâche exécutable qui est bloquée par une instruction d'attente.

retenir
to carry

Transférer une retenue.

retenue
carry digit

Chiffre qui apparaît lorsque, à un rang de chiffre donné, la valeur de la somme ou du produit excède le plus grand nombre pouvant être représenté à ce rang, et qui est transféré à un autre rang pour y être traité.

NOTE La retenue est transférée au rang de poids immédiatement supérieur, pour y être traitée.

retenue négative
borrow digit

Chiffre qui apparaît lorsque, à un rang de chiffre donné, on obtient une différence négative, et qui est transféré ailleurs pour y être traité.

NOTE La retenue négative est transférée au rang de poids immédiatement supérieur, pour y être traitée.

retouche
patch

Modification directe d'un module objet ou d'un programme chargé, sans effectuer un nouvel assemblage ou une nouvelle compilation du programme source.

≈ pièce

retour arrière
backtracking

Opération de recherche qui consiste, lorsqu'un choix conduit à un résultat inacceptable, à revenir à un état antérieur pour faire un autre choix.

NOTE L'état antérieur ne peut pas toujours être reconstitué entièrement puisque certaines instructions déjà exécutées peuvent avoir des effets secondaires irréversibles.

retour de chariot
carriage return

Passage de la position d'impression ou d'affichage à la première position dans une même ligne.

retourner
to return

Exécuter une instruction de retour qui provoque un saut vers le programme appelant.

Dans ce sens, les verbes *retourner* en français et *to return* en anglais sont intransitifs.

retransmettre
to forward

Faire suivre un message en spécifiant un nouveau destinataire prévu.
≈ transférer

retransmission automatique
auto-forward

Action automatique consistant à retransmettre des messages reçus vers un nouveau destinataire prédéterminé.

rétrécissement
shrinking

Transformation d'image qui réduit la taille d'une image.

NOTE Le rétrécissement peut être effectué par l'amincissement.

rétrécissement du contraste
contrast shrinking

Opération d'amélioration d'image qui implique de diviser chaque valeur de pixel par un facteur qui dépend de cette valeur.

rétroaction électrocutanée
electrocutaneous feedback

Méthode de communication tactile utilisée pour transmettre des informations de la machine à des opérateurs humains, et consistant à envoyer des impulsions électriques de basse tension à des électrodes placées sur la peau de l'opérateur.

rétropropagation
back propagation, feedback propagation

Dans un réseau multicouche, propagation de l'ajustement des poids synaptiques, couche par couche, de la couche de sortie vers l'entrée du réseau.

NOTE La rétropropagation est habituellement associée à l'apprentissage par correction d'erreur.
≈ propagation arrière

réunion
➡ **union**

révision structurée
walk-through

Examen systématique, par un personnel spécialisé, des besoins, de la conception, de la mise en œuvre de tout ou partie d'un système.

RFC
RFC

Nom de documents décrivant les protocoles du réseau internet.

RFC est l'abréviation de l'expression anglaise *request for comments*.

risque informatique
risk

Possibilité qu'une menace particulière tire parti d'une vulnérabilité particulière d'un système informatique.
☞ menace

RLE
➡ **réseau local**

RNA
➡ **réseau neuronal**

RNIS
➡ **réseau numérique à intégration de services**

robot de recherche
search robot, knowledge robot, knowbot

Composante d'un moteur de recherche, qui collecte des informations dans les ressources internet.
≈ logiciel de référence, moteur de balayage
☞ moteur de recherche

robotique
robotics

Ensemble des techniques de conception, de construction et de mise en œuvre des robots.

robot manipulateur industriel
manipulating industrial robot

Manipulateur à plusieurs degrés de liberté, à commande automatique, reprogrammable, multiapplication, mobile ou non, destiné à être utilisé dans les applications d'automatisation industrielle.

NOTE Les termes « robot fixe » et « robot mobile » sont parfois utilisés pour désigner des robots manipulateurs industriels.

ROC

➡ **reconnaissance optique de caractères**

rodage fonctionnel

burn in

Essai de sélection effectué en faisant fonctionner des unités fonctionnelles non réparables dans des conditions réelles d'emploi.

NOTE Un essai de sélection est destiné à détecter et à éliminer les unités fonctionnelles défectueuses ou susceptibles de présenter des défaillances précoces.

rôle thématique

thematic role

Ensemble de fonctions accomplies par une entité, durant le déroulement d'un script.

NOTE Le rôle thématique est joué par un acteur.

ROM

➡ **mémoire morte**

rotation

rotation

(en infographie)

Transformation des éléments graphiques de façon à représenter la rotation d'un objet autour d'un axe fixe.

routeur

router

Unité fonctionnelle qui établit un chemin à travers un ou plusieurs réseaux d'ordinateurs.

NOTE Dans les réseaux d'ordinateurs conformes au modèle OSI, un routeur fonctionne à la couche réseau.

routeur de filtrage

screening router

Routeur capable de contrôler le trafic du réseau selon les données transférées.

NOTE Dans le réseau internet, le contrôle est basé sur le type de protocole et sur la valeur de certains champs du protocole dans le paquet.

≈ routeur filtrant

☞ pare-feu

routeur filtrant

➡ **routeur de filtrage**

routine

routine, program

Programme ou partie d'un programme qui peut être d'un emploi général ou répété.

routine de service

utility routine

Routine qui fournit des services généraux, d'usage fréquent, pour les utilisateurs d'ordinateurs et le personnel informatique.

EXEMPLE Une routine d'entrée.

ruban encreur

inked ribbon

Ruban encré utilisé dans une imprimante à impact.

rythmeur

interval timer

Dispositif qui émet un signal d'interruption à intervalles réguliers.

S

saisie au gant

glove input, glove-based input

Entrée gestuelle de la main, qui est supervisée au moyen d'un gant muni de capteurs le long des doigts, et traduite en commandes d'ordinateur qui sont transmises à un univers virtuel.

saisie de données

data entry

Introduction de données sous une forme exploitable par ordinateur.

EXEMPLE Introduire des données dans un fichier salaires sur une disquette, à partir d'un terminal.

saisie d'idéogrammes

ideogram entry

Méthode de saisie de texte pour les idéogrammes, qui associe la saisie multitouche, fondée sur les phonogrammes, et la conversion de ces derniers en idéogrammes, au moyen d'un dictionnaire et de règles de syntaxe.

EXEMPLE Saisie et conversion kana-kanji pour les caractères japonais, saisie et conversion pinyin-hanji pour les caractères chinois.

saisie gestuelle

➡ **entrée gestuelle**

saisie multitouche

multistroke character entry

Méthode de saisie de texte exigeant la frappe de plusieurs touches pour l'obtention d'un caractère déterminé.

saisisseur d'image

frame grabber, video capture device, video capture board

Dispositif qui permet la saisie et l'affichage d'une image isolée à partir d'un support d'enregistrement vidéo.

NOTE La saisie peut être en temps réel.

≈ captureur d'image

salle blanche

cold site, shell site

Ensemble de moyens comportant au moins l'équipement nécessaire pour permettre l'installation et le fonctionnement d'un système informatique de remplacement.

sans type explicite

anonymous

Qualifie un objet de données dont le type de données n'est pas explicitement déclaré.

≈ atypique

SAP

➡ **point d'accès à des services**

saturation
saturation

Attribut de la sensation visuelle selon lequel une surface paraît d'une couleur plus ou moins soutenue par rapport au gris de même luminosité.

NOTES
1 Les gris n'ont pas de saturation.
2 La saturation est l'un des trois attributs de la couleur avec la teinte et la luminosité.

1 saut
skip

(en traitement de texte)
Fonction permettant à l'utilisateur de ne pas prendre en compte certaines parties de texte, telles une page ou un paragraphe.

2 saut
jump

(en programmation)
Déviation par rapport à l'exécution séquentielle des instructions.

NOTE Un saut est provoqué par une instruction appropriée, par opposition à l'interruption asynchrone ou à une interruption dûe à une exception, dans laquelle la commande est transférée à un gestionnaire d'exception.

saut de page
page break

Fonction qui provoque la fin de l'impression sur la page en cours et la continuation de l'impression en haut de la page suivante.

NOTE Les titres de bas de page et de haut de page sont éventuellement imprimés lors du saut de page.

saut de page conditionnel
soft page break

Saut de page inséré lors de la mise en page automatique et dont la position peut varier en cours d'édition.

saut de page impératif
➡ **saut de page obligatoire**

saut de page obligatoire
hard page break, required page break

Saut de page inséré manuellement à une position déterminée, et qui ne change pas pendant l'édition.
≈ saut de page impératif

sauter
to jump

S'écarter de l'ordre implicite ou explicite selon lequel les instructions doivent être exécutées.

sauvegarde
save

Fonction ou mode permettant à l'utilisateur de stocker un fichier sur un support d'enregistrement, de façon à rendre permanentes les modifications apportées au contenu de ce fichier.

SBC
➡ **système à base de connaissances**

scalaire
scalar

Grandeur caractérisée par une valeur seule.

scannage de marques
➡ **lecture optique de marques**

scanneur
scanner

Appareil qui examine successivement les différentes parties d'une figure ou d'une forme, et produit les signaux analogiques ou numériques correspondants.
≈ analyseur

scanneur à chargeur
sheet-fed scanner, feed scanner

Scanneur à plat capable de charger automatiquement un ensemble de documents pour les analyser.

scanneur à défilement
scrolling scanner

Scanneur dans lequel le document est entraîné automatiquement pour être analysé.

scanneur à main
hand-held scanner, hand scanner

Scanneur de petite taille, que l'utilisateur tient à la main, destiné à des applications domestiques limitées en moyens de calcul.

scanneur à plat
flatbed scanner

Scanneur caractérisé par une surface plate de verre sur laquelle est placé le document à analyser.

scanneur couleur
color scanner, color separation scanner

Scanneur qui produit des signaux représentant des images ou des formes en couleur.

scanneur optique
optical scanner

Scanneur qui emploie un procédé optique pour examiner des formes.

NOTE Les scanneurs optiques sont souvent utilisés en reconnaissance de formes ou reconnaissance de caractères.

≈ analyseur optique

scanneur stylo
pen scanner

Petit scanneur à main ayant la forme d'un stylo.

scénario
➡ **script (1)**

1 scène
scene

(en infographie)

Configuration d'objets réels.

2 scène
stage

(en hypermédia et multimédia)

Espace logique mis en correspondance avec un média de présentation, dans lequel se situent les actions d'une application multimédia.

3 scène
scene, episode

(en intelligence artificielle)

Dans une représentation des connaissances à base de scripts, séquence habituelle d'actions ou d'événements stéréotypés.

NOTE Dans un script restaurant, on peut trouver la succession de scènes : entrer, commander, manger, payer, sortir.

≈ épisode

schéma
schema

I Dans une base de données, description complète de la structure de la base de données correspondant à un niveau particulier d'examen.

II (en intelligence artificielle) Formalisme qui représente les connaissances relatives à un concept, à une entité ou à une classe d'objets, au moyen de l'ensemble de ses usages possibles.

NOTE Le schéma montre les façons typiques d'utiliser les concepts mais ne décrit pas des instances typiques de ces concepts.

schéma conceptuel
conceptual schema

Ensemble cohérent de phrases exprimant les propositions nécessaires qui sont vraies dans un univers du discours.

schéma de base de données
database schema

Ensemble de divers schémas ayant chacun les propriétés suivantes :

- il se rapporte à un niveau particulier d'examen d'un univers du discours ou d'un monde d'entités particulier, ainsi qu'aux aspects pertinents d'une base de données appropriée ;
- il définit les formes de représentation de l'ensemble cohérent des phrases de la base d'information, qui correspondent au même niveau d'examen, y compris les aspects touchant la manipulation de ces formes.

schéma externe
external schema

Partie d'un schéma de base de données se rapportant au niveau externe, et définissant les représentations externes des ensembles de phrases possibles dans une vue utilisateur particulière, y compris les aspects touchant la manipulation de ces représentations.

schéma fonctionnel
block diagram

Schéma d'un système dont les parties ou les fonctions principales sont représentées par des blocs reliés par des lignes indiquant leurs relations.

schéma interne
internal schema

Partie d'un schéma de base de données se rapportant au niveau interne, et définissant les représentations correspondantes des ensembles de phrases possibles dans une vue utilisateur particulière, y compris les aspects touchant la manipulation de ces représentations.

1 schéma logique
logic diagram

Représentation graphique d'une conception logique.

2 schéma logique
logical schema

Partie d'un schéma de base de données qui concerne le niveau logique.

schéma physique
physical schema

Partie d'un schéma de base de données qui concerne le niveau physique.

science cognitive
cognitive science, cognitivism

Domaine interdisciplinaire qui se propose de découvrir les capacités de la pensée à représenter et à calculer, ainsi que leur matérialisation structurelle et fonctionnelle dans le cerveau humain.

NOTE La science cognitive s'intéresse à la nature du traitement symbolique impliqué dans les processus cognitifs et ce, à partir de disciplines aussi diverses que la psychologie, l'informatique, la linguistique, l'anthropologie, la philosophie, la pédagogie, les mathématiques, l'ingénierie, la physiologie et la neuroscience.

≈ cognitivisme

1 script
script, scenario

(en intelligence artificielle)

Formalisme de représentation des connaissances qui utilise des séquences préétablies d'événements pour déterminer les résultats d'interactions entre entités connues.

NOTES

1 Les événements sont décrits à l'aide de scènes, de décors, de rôles thématiques et d'accessoires.

2 Un script est orienté vers les événements tandis qu'un cadre est orienté vers les données, et reflète leur état à un moment donné.

≈ scénario

2 script
script

(en hypermédia et multimédia)

Spécification de la manière dont les objets doivent être présentés à un utilisateur, et de la manière dont sa réponse doit être traitée.

SDU
➡ **unité de données du service**

SE
➡ **système expert**

secours différé
cold standby

Configuration dans laquelle une unité fonctionnelle redondante peut être mise en service avec un certain retard si l'unité fonctionnelle principale tombe en panne.

secours immédiat
hot standby

Configuration dans laquelle une unité fonctionnelle redondante peut être mise immédiatement en service si l'unité fonctionnelle principale tombe en panne.

secteur
sector

Portion angulaire déterminée d'une piste ou d'une bande multipiste qui, sur un support d'enregistrement, peut être adressée.

secteur excédentaire
extra sector

Secteur écrit sur une piste en supplément du nombre normal de secteurs, constituant ainsi un mode de protection contre la copie.

secteur leurre
fake sector

Secteur comportant un en-tête mais pas de données, utilisé en grand nombre sur un disque pour faire en sorte qu'un programme de copie illicite manque de mémoire et ne puisse pas copier le disque.

section critique
critical section

Partie d'une tâche pendant l'exécution de laquelle les autres parties de cette tâche ou d'autres tâches ne doivent pas être exécutées.

sectorisation logique
soft sectoring

Repérage des secteurs sur un disque magnétique, à l'aide de données enregistrées.

sectorisation physique
hard sectoring

Repérage physique des secteurs, sur un disque magnétique.

sectorisation truquée
bad sectoring

Technique de protection contre la copie, selon laquelle de mauvais secteurs sont volontairement écrits sur un disque.

sécurité administrative
administrative security, procedural security

Ensemble des mesures administratives de sécurité informatique.

NOTE Ces mesures peuvent être des procédures opérationnelles ou d'imputabilité, permettant de vérifier les intrusions dans la sécurité et l'étude d'historiques d'expertise.

sécurité des communications
communications security (COMSEC)

Sécurité informatique appliquée aux communications de données.

sécurité des données
data security

Sécurité informatique appliquée aux données.

sécurité informatique
computer security (COMPUSEC)

Protection des données et des ressources contre des actes accidentels ou malveillants, habituellement en prenant les mesures appropriées.

NOTE Ces actes peuvent être la modification, la destruction, l'accès, la diffusion ou l'acquisition non autorisés.

sécurité intégrée (à –)
failsafe

(en sécurité informatique)

Qualifie le fait d'éviter la compromission, dans le cas d'une défaillance.

segment
segment

(en programmation)

Partie d'un programme qui peut être exécutée sans que la totalité de ce programme se trouve en mémoire principale.

segmentation
segmentation

Technique d'attribution de mémoire selon laquelle des parties d'un programme sont chargées de mémoire auxiliaire en mémoire principale, lorsque nécessaire.

segmentation d'image
image segmentation

Décomposition d'une image en régions.

segment recouvrant
overlay segment

Chacun des segments d'un programme qui occupent tour à tour le même emplacement en mémoire principale, durant leur exécution.

sélecteur
choice device

Organe d'entrée qui fournit une valeur à choisir parmi plusieurs possibles.

EXEMPLE Un clavier de fonctions.

sélection
selection

Opération d'algèbre relationnelle, qui produit une nouvelle relation qui est un sous-ensemble des occurrences d'entités d'une relation donnée.

EXEMPLE Pour la relation constituée par des « livres » et leurs attributs « auteur » et « titre », la sélection permet d'obtenir le sous-ensemble des livres écrits par un auteur particulier.

sélection rapide
fast select

En service de communication virtuelle, option permettant d'introduire des données d'utilisateur dans les paquets d'établissement et de libération de la communication.

sémaphore
semaphore

Structure de données servant à contrôler, au moyen d'une file d'attente, l'accès aux ressources qui sont disponibles pour plusieurs tâches, mais pour une seule à la fois.

sensibilité
sensitivity

Mesure de l'importance accordée à une information, par le propriétaire de cette information, afin de signaler son besoin de protection.

sentinelle
guard

Expression conditionnelle utilisée pour déterminer la nature ouverte ou fermée d'une alternative, dans une instruction d'attente sélective.

sentinelle fermée
closed guard

Sentinelle dont la condition s'évalue à FAUX.

sentinelle ouverte
open guard

Sentinelle dont la condition s'évalue à VRAI.

séparateur
separator

Délimiteur qui évite de considérer comme un élément unique des unités lexicales ou syntaxiques adjacentes.

EXEMPLES Caractère espace ou caractère de mise en page.

☞ délimiteur

séparation des responsabilités
separation of duties

Fait de diviser les responsabilités en matière d'informations sensibles, afin qu'un individu agissant seul ne puisse compromettre la sécurité que d'une partie limitée d'un système informatique.

séparation fractionnaire
radix point

Dans la représentation d'un nombre selon une numération à base, signe placé entre les chiffres exprimant la partie entière et ceux exprimant la partie fractionnaire.

séquence
sequence

Suite d'éléments qui ont été ordonnés.

séquence d'abandon
abort sequence

Configuration particulière de bits pouvant apparaître n'importe où dans le flot des éléments binaires, et employée pour mettre fin prématurément à la transmission d'une trame.

séquence d'appel
calling sequence

Séquence d'instructions qui provoque l'exécution d'un sous-programme, lui fournit, si nécessaire, les données à traiter, et contrôle la sortie des résultats éventuels et le retour au programme appelant.

séquence de classement
➡ **séquence d'interclassement**

séquence de contrôle de trame
frame check sequence (FCS)

Séquence de bits, déterminée à partir des données présentes dans la trame, et incluse dans cette trame pour permettre la détection d'erreurs de transmission.

☞ trame

séquence d'exécution
execution sequence

Ordre dans lequel les déclarations sont élaborées, et les instructions et parties d'instructions sont exécutées.

séquence d'interclassement
collating sequence

Disposition déterminée résultant d'un interclassement.

≈ séquence de classement

séquentiel
sequential

Qualifie un processus constitué de plusieurs sous-processus, qui sont exécutés de telle sorte que chacun sauf le premier démarre immédiatement après la fin de celui qui le précède.

NOTES

1 Les sous-processus sont aussi dits « séquentiels ».

2 Un processus séquentiel est un exemple de processus en série.

1 serveur
server

Dans un réseau d'ordinateurs, unité fonctionnelle qui fournit des services à des stations de travail, à des ordinateurs individuels ou à d'autres unités fonctionnelles.

EXEMPLES Serveur de fichiers, serveur d'impression, serveur de messagerie.

NOTE Les services peuvent être des services spécialisés ou des services partagés.

2 serveur
LAN server

Dans un réseau local, station de données qui fournit des services aux autres stations de données du réseau.

EXEMPLES Serveur de fichiers, serveur d'impression, serveur de messagerie.

serveur de fichiers
file server

Serveur contenant des fichiers, et organisé pour faciliter leur accès.

serveur de forum
news server, forum server

Serveur qui fournit une partie des fonctions de mise en mémoire, d'organisation et de diffusion pour un ou plusieurs forums.

serveur de gestion de réseau
network management server

Serveur qui fournit des services de gestion de réseau.

serveur de la toile
Web server

Serveur qui fournit l'accès à des fichiers ou à des applications, pour les utilisateurs de la toile.

NOTES

1 Le protocole de communication entre un serveur de la toile et un client est généralement HTTP.

2 « CGI » est le protocole et la notation utilisés entre un serveur de la toile et d'autres applications.

≈ serveur Web

☞ moteur de recherche, toile

serveur de noms
name server

Serveur qui gère des noms symboliques et les adresses correspondantes sur le réseau.

serveur de noms de domaine
domain name server (DNS)
Dans le réseau internet, serveur qui effectue la traduction entre les noms d'hôte et les adresses IP, selon le système de noms de domaine.
≈ serveur DNS

serveur d'impression
print server
Serveur qui gère des ressources d'impression et qui est organisé pour faciliter leur emploi.

serveur DNS
➡ **serveur de noms de domaine**

serveur temporel
time server
Serveur qui maintient et diffuse la date et l'heure correctes sur un réseau d'ordinateurs.
NOTE Cette diffusion utilise habituellement un protocole particulier.

serveur vidéo
video server
Serveur distribuant des services vidéo à la demande.
≈ vidéoserveur

serveur vocal
voice server
Serveur utilisant une réponse vocale.

serveur Web
➡ **serveur de la toile**

servibilité
servability, serveability, serviceability
Aptitude d'un service à être obtenu à la demande d'un utilisateur, et à continuer d'être fourni pendant la durée voulue, avec des tolérances spécifiées et dans des conditions données.

service
service
Ensemble de possibilités qu'une couche déterminée et les couches situées en-dessous mettent à la disposition de la couche immédiatement supérieure.
NOTE Le service fourni par une couche déterminée est fourni à la frontière entre cette couche et la couche immédiatement supérieure.
☞ couche (sens II)

service commun d'information de gestion
common management information service (CMIS)
Service d'application qui fournit un mécanisme générique pour échanger des informations et des commandes, dans le but d'effectuer une gestion de systèmes, dans un environnement de gestion centralisé ou décentralisé.

service complémentaire
user facility
Service mis, sur demande, à la disposition d'un usager, et fourni par un réseau de données dans le cadre d'un service de transmission de données.
NOTE Certains de ces services complémentaires peuvent être disponibles communication par communication, ou pour une période convenue avec l'usager.

service d'avertissement de messages en mémoire
stored message alert service
Service qui avertit l'utilisateur à chaque fois qu'arrive un message satisfaisant des critères prédéterminés.

service d'avis de non-remise
nondelivery notification service
Service qui permet à l'agent d'utilisateur d'un expéditeur de demander à être prévenu qu'un message déposé n'a pas été remis à un agent d'utilisateur du destinataire ou à une unité d'accès.
NOTES
1 Le motif de la non-remise peut être inclus dans l'avis.
2 En cas de message à plusieurs destinataires, cet avis peut faire référence à l'un ou à la totalité des destinataires auxquels le message n'a pu être remis.

service d'avis de remise

delivery notification service

Service qui permet à l'agent d'utilisateur d'un expéditeur de demander à être prévenu explicitement lorsqu'un message déposé a bien été remis à un agent d'utilisateur du destinataire ou à une unité d'accès.

NOTES

1 La remise ne signifie pas que la réception par l'utilisateur a eu lieu.

2 En cas de message à plusieurs destinataires, ce service peut être demandé destinataire par destinataire.

☞ usager direct

≈ service de rapport de remise

service de bavardage internet

➡ **service de causette internet**

service de causette internet

Internet relay chat (IRC)

Service destiné à mener une causette sur l'internet.

≈ service de bavardage internet

service de communication virtuelle

virtual call facility

Service complémentaire utilisant une procédure d'établissement et de libération de la communication, qui détermine une période pendant laquelle les données de l'usager sont transférées en mode paquet entre deux équipements terminaux de traitement de données.

NOTE Les données sont généralement remises par le réseau dans l'ordre où il les a reçues.

service de conservation pour remise ultérieure

hold-for-delivery service

Service qui permet à un agent d'utilisateur destinataire de demander au système de transfert de messages de conserver ses messages et rapports jusqu'à une date ultérieure.

service de datagrammes

datagram service

En commutation de paquets, service d'acheminement de datagrammes vers la destination identifiée dans la zone adresse, sans que le réseau ait à se référer à aucun autre datagramme.

NOTE Les datagrammes peuvent être remis à l'adresse de destination dans un ordre différent de leur ordre d'entrée dans le réseau.

service de divulgation d'autres destinataires

disclosure of other recipients service

Service qui permet à l'agent d'utilisateur de l'expéditeur de charger le système de transfert de messages, au moment du dépôt d'un message à plusieurs destinations, de divulger les identificateurs d'adresse de tous les autres destinataires à chaque agent d'utilisateur destinataire lors de la remise du message.

service de gestion des accès

access management service

Service qui permet à un agent d'utilisateur et à un agent de transfert de messages d'établir un accès réciproque et de gérer les informations associées.

service de gestion de sécurité d'accès

secure access management service

Service qui fournit une protection des ressources du système de messagerie contre un accès non autorisé.

service de listage des messages en mémoire

stored message listing service

Service qui fournit à l'agent d'utilisateur d'un destinataire une liste d'informations concernant les messages rangés dans sa mémoire de messages.

NOTE Ces informations comprennent des attributs choisis dans chaque message, et d'autres informations ajoutées par la mémoire de messages.

service de messagerie
message handling service
Service fourni par un système de messagerie.

service de messagerie de personne à personne
➡ **service de messagerie interpersonnelle**

service de messagerie industrielle
manufacturing message service (MMS)
Service d'application qui permet à un ordinateur de surveillance de gérer le fonctionnement d'un ensemble réparti d'appareils informatisés, dans un réseau utilisé pour la fabrication ou pour la commande de processus industriels.

service de messagerie interpersonnelle
interpersonal messaging service
Service offert par un système de messagerie interpersonnelle.
≈ service de messagerie de personne à personne

service de noms de domaine
domain name service (DNS)
Service qui assure la correspondance entre les noms d'hôte et les adresses IP.
≈ service DNS

service de preuve de dépôt
proof of submission service
Service qui permet à l'expéditeur d'un message d'obtenir du système de transfert de messages les moyens d'authentifier le dépôt d'un message, en vue de sa remise aux destinataires prévus.

service de preuve de remise
proof of delivery service
Service qui permet à l'expéditeur d'un message d'obtenir confirmation que ce message a bien été remis aux destinataires prévus.

service de rapport de remise
➡ **service d'avis de remise**

service de remise différée
deferred delivery service
Service qui permet à l'agent d'utilisateur d'un expéditeur de demander de ne pas remettre un message déposé, avant une date et une heure spécifiées.

service de résumé des messages en mémoire
stored message summary service
Service qui indique à l'agent d'utilisateur d'un destinataire le décompte des messages répondant à un certain critère, d'après un ou plusieurs attributs des messages rangés dans sa mémoire de messages.

service d'identification de message
message identification service
Service qui permet à un système de transfert de messages de fournir à un agent d'utilisateur un identificateur spécifique pour chaque message ou envoi-test déposé ou remis par le système.
EXEMPLE Indication de date et d'heure.

service d'indication d'annulation
obsoleting indication service
Service qui permet à l'expéditeur d'indiquer au destinataire qu'un ou plusieurs messages envoyés précédemment sont annulés.

service d'indication de la date d'expiration
expiration date indication service, expiry date indication service
Service qui permet à l'expéditeur d'indiquer au destinataire la date et l'heure à partir desquelles le message interpersonnel ne sera plus valable.

service d'indication du type de corps
typed body service
Service qui permet de transmettre la nature et les caractéristiques de chacune des parties du corps d'un message interpersonnel.
NOTE Les caractéristiques comprennent le type de codage.

service DNS

➡ **service de noms de domaine**

session

session

Ensemble des activités qui prennent place durant l'établissement, le maintien et la libération d'une connexion, dans un réseau d'ordinateurs.

seuillage

thresholding

Processus de segmentation d'image dans lequel on range dans la même classe tous les pixels pour lesquels la valeur d'un certain attribut est comprise entre deux limites spécifiées.

EXEMPLE Le seuillage est utilisé dans la production d'images binaires.

NOTE L'attribut habituel est le niveau d'intensité, mais la technique peut également s'appliquer à la teinte ou à la saturation.

sexadécimal

➡ **hexadécimal**

SGBD

➡ **système de gestion de base de données**

SGBDR

➡ **système de gestion de base de données relationnelle**

SGML

SGML

Nom d'un langage normalisé utilisé pour baliser les éléments de documents, afin de permettre des traitements particuliers comme l'indexation, le formatage et l'établissement de liens.

SGML est l'abréviation de l'expression anglaise *standard generalized markup language.*

SIG

➡ **système d'information de gestion**

signal

signal

Phénomène physique dont la présence, l'absence ou les variations sont considérées comme représentant des informations.

signal acoustique

acoustic signal

Signal constitué par des sons qui représentent des données.

signal analogique

analog signal

Signal, tel que la caractéristique qui représente des données est susceptible, à tout instant d'un intervalle de temps continu, de suivre une quelconque des valeurs d'un intervalle continu.

EXEMPLE Un signal analogique peut suivre, généralement de façon continue, les valeurs d'une autre grandeur physique représentant des données.

signal binaire

binary signal, binary digital signal

Signal numérique qui ne peut prendre, à chaque instant discret, que deux valeurs possible.

≈ signal numérique binaire

signal d'autorisation

enabling signal

Signal qui permet l'apparition d'un événement.

signal de bourrage

jam signal

Signal envoyé par une station de données pour informer les autres stations de données qu'elles ne doivent pas émettre.

NOTES

1 Dans les réseaux CSMA-CD, le signal de bourrage indique qu'une collision vient de se produire.

2 Dans les réseaux CSMA-CA, le signal de bourrage indique que la station qui l'a envoyé veut émettre.

signal de chrominance
chrominance signal

Signal qui porte l'information de chrominance.

signal de parole
speech signal

Signal acoustique portant des informations dans une langue donnée.

NOTE Un signal de parole peut être un signal vocal ou un signal acoustique simulant un signal vocal.

signal de rafale de bruits
noise burst signal

Dans un réseau en bus à jeton ou dans un réseau en anneau à jeton, signal indiquant que l'activité en cours sur le support de transmission ne produit pas de trame de transmission valide.

signal de sélection
selection signal

Dans un réseau commuté, suite de caractères représentant les informations nécessaires à l'établissement de la communication.

signal de silence sur le bus
bus quiet signal

Dans un réseau en bus à jeton, signal indiquant que le support de transmission est inactif.

signal d'interdiction
inhibiting signal

Signal qui empêche l'apparition d'un événement.

signal d'interrogation de contact
contact interrogation signal

Signal dont la valeur indique l'état, ouvert ou fermé, d'un contact.

signal d'interruption du processus
process interrupt signal

Signal provenant d'un processus technique, et provoquant une interruption dans le calculateur de processus.

signal numérique
digital signal

Signal quantifié qui est aussi un signal temporel discret.

NOTES

1 Les valeurs sont généralement représentées par des nombres.

2 Les données sont représentées par la suite des valeurs dans le temps, selon une certaine convention.

signal numérique binaire
➠ **signal binaire**

signal quantifié
quantized signal

Signal dont les grandeurs caractéristiques représentant des informations peuvent prendre seulement des valeurs dans un ensemble dénombrable de valeurs.

NOTE Des exemples de caractéristiques sont l'amplitude, la forme, la durée et la position dans le temps.

signal temporel discret
discretely timed signal

Signal dont les grandeurs caractéristiques représentant des informations ne sont valides que durant certains intervalles de temps.

NOTE Des exemples de caractéristiques sont l'amplitude, la forme, la durée et la position dans le temps.

signal vidéo
video signal

Signal dont le format permet l'affichage d'une ou plusieurs images.

signal vidéo complet
composite video signal

Signal unique résultant de la combinaison du signal vidéo, des signaux de synchronisation verticale et horizontale, et des signaux de suppression verticale et horizontale.

signal vocal
voice signal

Signal acoustique constitué par de la voix.

signature
signature

(en courrier électronique)

Partie de texte placée par l'expéditeur à la fin du corps, pour identification personnelle.

NOTES

1 La signature contient généralement le nom et l'adresse, et peut aussi contenir des numéros de téléphone et de télécopie.

2 La signature peut contenir une signature numérique ou d'autres données authentifiant le message.

signature de virus
virus signature

Chaîne de bits qui est commune à chacune des copies d'un virus particulier, et qui peut être utilisée par un programme de balayage pour détecter la présence du virus.

signature numérique
digital signature

Données ajoutées à un message, permettant au destinataire du message de vérifier la source de ce message.

signature vocale
➡ **empreinte vocale**

signe décimal
decimal point

Séparation fractionnaire, en numération décimale.

NOTE Le signe décimal peut être représenté, suivant les usages, par une virgule ou un point, ou par un point placé à mi-hauteur des chiffres. Dans les normes internationales, une virgule est utilisée.

signe moins
negative indication

Caractère graphique indiquant que le nombre présenté a une valeur négative.

signet
bookmark

I (dans l'internet) Nom ou adresse d'une ressource internet, mémorisé sur le site d'un utilisateur pour faciliter un accès ultérieur.

NOTE Un signet contient généralement une adresse URL, un nom donné à la ressource par l'utilisateur, et éventuellement des notes de celui-ci.

II (en hypermédia) Indication spécifiée par l'utilisateur pour lui permettre d'accéder facilement à un nœud hypermédia particulier.

sillon
groove

Tranchée pratiquée sur un disque optique avant tout enregistrement de données, pour définir l'emplacement de la piste.

simulation
simulation

Utilisation d'un système informatique pour représenter certains comportements d'un système physique ou abstrait.

EXEMPLE Représentation des flux d'air sur des surfaces portantes à des vitesses, températures et pressions atmosphériques différentes.

simultané
simultaneous

I Qualifie des événements qui surviennent au même instant.

II Qualifie des processus qui sont exécutés au cours d'un intervalle de temps commun, chacun par une unité fonctionnelle distincte.

EXEMPLE Un calcul, une impression et un affichage au cours de l'exécution d'un ou plusieurs programmes.

☞ entrelacer

SIRV
➡ **système interactif de réponse vocale**

site
➡ **site de réseau**

site de la toile
Web site, WWW site

Ensemble de pages de la toile et d'applications, liées entre elles sur la toile et placées sous une même direction.

NOTES

1 Les sites de la toile peuvent être ordonnés de manière hiérarchique, c'est-à-dire qu'un site de la toile peut être inclus dans un site de la toile supérieur.

2 On accède à un site de la toile en utilisant son adresse URL.

3 Un site de la toile est généralement situé à l'intérieur d'un domaine déterminé.

≈ site Web

site de réseau
network site, net site, site

Ensemble d'unités fonctionnelles accessibles par l'intermédiaire d'un réseau, appartenant à un même domaine de gestion, et considéré comme un tout.

NOTES

1 Un site de réseau comprend généralement un serveur ou un client avec son environnement, par exemple des bases de données ou des assistants de réseau.

2 Les sites de réseau peuvent être spécialisés pour des services particuliers, par exemple des sites FTP, des sites de la toile, etc.

= site

site de secours
➡ **centre de secours immédiat**

site Web
➡ **site de la toile**

SMTP
SMTP

Nom d'un protocole d'application permettant de transférer des messages pour le courrier électronique.

SMTP est l'abréviation de l'expression anglaise *simple mail transfer protocol.*

☞ internet

sommateur
summer, analog adder

Unité fonctionnelle dont la variable analogique de sortie est égale à la somme, ou à une somme pondérée, des variables analogiques d'entrée.

≈ additionneur analogique

son
sound

Vibration de l'air ou d'un autre milieu, susceptible de provoquer une sensation par l'intermédiaire des nerfs auditifs.

sonagramme
sonogram

Représentation graphique d'un signal acoustique, donnant les fréquences et les amplitudes correspondantes en fonction du temps.

= sonogramme

son spatial
spatial sound

Ensemble de sons semblant provenir de distances et de directions différentes et variables.

sortance
fan-out

Nombre de modules commandés par un module.

NOTE Une valeur de sortance élevée suggère que la complexité du module appelant peut être élevée en raison de la complexité de la logique nécessaire pour commander et coordonner les composants subordonnés.

sortie
output process

Opération consistant à transférer des données vers l'extérieur d'un système informatique ou de l'une de ses parties.

NOTE En français, le nom « sortie » peut être employé à la place d'expressions telles que « donnée de sortie » ou « signal de sortie », lorsque cet emploi est clair dans un contexte donné.

sortie de parole
speech output, voice output

Suite de signaux de parole synthétiques ou préenregistrés, qu'une unité fonctionnelle produit ou reproduit.

En anglais, le terme *voice output* est déconseillé.

≈ sortie vocale

sortie vocale
➡ **sortie de parole**

sortir
to exit

Exécuter une instruction qui appartient à un programme ou à une partie de programme, et qui met fin à l'exécution de ce programme ou de cette partie de programme.

souligner
to underline, to underscore

Imprimer ou afficher un trait sous un caractère ou un groupe de caractères.

soumission de lots à distance
➡ **télésoumission de lots**

soupassement de capacité
underflow

I Dans une opération arithmétique, résultat dont la valeur absolue est trop petite pour être représentée dans la gamme du système de numération employé.

EXEMPLES

1 En numération à séparation flottante, obtention d'un résultat non nul inférieur à la plus petite valeur non nulle susceptible d'être représentée.

2 Obtention d'un exposant négatif dont la valeur n'est pas comprise dans la gamme prévue.

II Dans une calculatrice, état dans lequel la calculatrice donne comme résultat un ensemble de zéros pour la partie la plus significative d'un nombre, alors que sa partie la moins significative est ignorée.

EXEMPLE Si la capacité de présentation est de quatre chiffres, le nombre .0000432 apparaîtra sous la forme .0000.

≈ dépassement de capacité par valeurs inférieures

source de connaissances
knowledge source

Source d'informations servant à établir une base de connaissances pour un type particulier de problème.

source de données
data source

Unité fonctionnelle qui fournit les données à transmettre.

source de messages
message source, information source

Partie d'un système de communication d'où l'on considère que sont issus les messages.

≈ source d'information

source de messages stationnaire
stationary message source, stationary information source

Source de messages dont chaque message a une probabilité de réalisation indépendante de l'instant de cette réalisation.

≈ source d'information stationnaire

source d'information
➡ **source de messages**

source d'information stationnaire
➡ **source de messages stationnaire**

souris
mouse

Dispositif de pointage tenu à la main et fonctionnant par déplacement sur une surface autre que la surface d'affichage.

NOTE La souris comporte un ou plusieurs boutons poussoirs pour sélectionner des informations ou déclencher une opération à l'écran.

souris 3D
➡ **souris volante**

souris aérienne
➡ **souris volante**

souris annulaire
ring mouse

Petite souris portée autour d'un doigt et actionnée avec le pouce ou un autre doigt.

souris de bus
bus mouse

Souris connectée à l'ordinateur par une carte d'extension insérée dans un logement d'extension.

souris infrarouge
infrared mouse

Souris communiquant avec un ordinateur par une liaison infrarouge et non par un cordon.

souris mécanique
mechanical mouse

Souris dont le déplacement est converti en signaux par rotation de pièces mécaniques.

souris optique
optical mouse

Souris dont le déplacement est converti en signaux par des moyens optiques.

souris série
serial mouse

Souris connectée directement à un port série d'un ordinateur.

souris stylo
mouse pen

Dispositif de pointage en forme de stylet, qui fonctionne par déplacement de sa pointe sur une surface ou en l'appuyant directement sur l'écran.

souris volante
airborne mouse, flying mouse, 3D mouse, air mouse

Souris spéciale utilisée dans les applications de la réalité virtuelle.

≈ souris 3D, souris aérienne

sous-arbre
subtree

Tout nœud dans un arbre, dont tous les nœuds descendants lui sont directement reliés.

sous-couche
sublayer

(dans l'OSI)

Dans le modèle de référence d'interconnexion de systèmes ouverts, groupe de services, de fonctions et de protocoles, conçu comme un tout, pouvant s'étendre à travers tout ou partie des systèmes ouverts, et compris dans une couche.

sous-couche de contrôle d'accès au support
medium access control sublayer (MAC sublayer)

Dans un réseau local, partie de la couche liaison de données qui applique un contrôle d'accès au support et assure les fonctions dépendant de la topologie du réseau.

NOTE La sous-couche MAC utilise les services de la couche physique pour fournir des services à la sous-couche de contrôle de liaison logique.

≈ sous-couche MAC

sous-couche de contrôle de liaison logique
logical link control sublayer (LLC sublayer)

Dans un réseau local, partie de la couche liaison de données qui assure les fonctions de liaison de données indépendantes du support.

NOTE La sous-couche LLC utilise les services de la sous-couche de commande d'accès au support pour fournir des services à la couche réseau.

≈ sous-couche LLC

sous-couche de raccordement au support physique
physical medium attachment sublayer (PMA sublayer)

Dans un réseau local, partie de la couche physique mise en œuvre par les circuits fonctionnels de l'unité de raccordement au support.

≈ sous-couche PMA

sous-couche de signalisation physique
physical signaling sublayer (PLS sublayer)

Dans un réseau local, partie de la couche physique qui est en contact avec la sous-

couche de contrôle d'accès au support, et qui réalise le codage et l'émission des symboles binaires, la réception et le décodage des symboles binaires, et des fonctions facultatives d'isolation.
≈ sous-couche PLS

sous-couche LLC
➡ **sous-couche de contrôle de liaison logique**

sous-couche MAC
➡ **sous-couche de contrôle d'accès au support**

sous-couche PLS
➡ **sous-couche de signalisation physique**

sous-couche PMA
➡ **sous-couche de raccordement au support physique**

sous-programme
subprogram
Module ayant un identificateur, appelé par un élément de langage dans le flux de commande d'un autre programme ou d'un autre module, et d'où le flux de commande reviendra ultérieurement au programme ou module appelant.

sous-réseau
subnetwork, subnet
Partie d'un réseau dont les éléments possèdent des caractéristiques communes, qui a des frontières définies, et qui constitue elle-même un réseau.

sous-réseau filtré
screened subnetwork
Sous-réseau qui permet l'accès à la fois depuis des réseaux externes non fiables et depuis des réseaux internes, mais ne permet pas au trafic de s'écouler entre ces deux types de réseaux.
☞ pare-feu

sous-schéma conceptuel
conceptual subschema
Partie d'un schéma conceptuel correspondant à une ou plusieurs applications.

sous-schéma de base de données
database subschema
Partie d'un schéma de base de données correspondant à une ou plusieurs applications.

sous-système
subsystem
(dans l'OSI)
Élément d'une division hiérarchique d'un système ouvert n'ayant d'interaction directe qu'avec des éléments de la division immédiatement supérieure ou immédiatement inférieure du même système ouvert.
NOTE Une division hiérarchique d'un système ouvert est soit une couche, soit une sous-couche.

sous-système de messagerie
messaging subsystem
Partie d'un système de messagerie jouant un rôle particulier.
EXEMPLES Un agent d'utilisateur, un diffuseur de courrier.

sous-système d'entrée
input subsystem
Partie d'une interface de commande servant au transfert des données provenant du processus technique, vers le calculateur de processus.

sous-système de sortie
output subsystem
Partie d'une interface de commande servant au transfert des données provenant du calculateur de processus, vers le processus technique.

soustracteur
subtracter
Unité fonctionnelle dont les données de sortie représentent la différence des nombres représentés par ses données d'entrée.

sous-type
subtype
Type de données déduit d'un autre type de données, en soumettant ce type de données à une ou plusieurs contraintes.

sous-unité
subunit

Corps d'un module, compilé séparément.

soutien d'un système
➡ **prise en charge d'un système**

spécialisation d'un concept
concept specialization

Restriction d'une description de concept par diminution du nombre des exemples auxquels cette description s'applique.

spécification
specification

Formulation detaillée, présentée sous forme de document, et devant servir de description définitive du système, en vue de son développement ou de sa validation.

spécification de programme
➡ **dossier de programmation**

spécification d'un projet
➡ **cahier des charges**

spécification formelle
formal specification

I Spécification pouvant être utilisée afin de démontrer mathématiquement la validité de la mise en œuvre d'un système, ou encore de définir mathématiquement la mise en œuvre du système.

II (en programmation des ordinateurs) Spécification écrite en notation formelle, souvent utilisée pour une démonstration d'exactitude.

spécifique d'une machine
machine-dependent

Qualifie un logiciel qui est fondé sur des caractéristiques propres à un type particulier d'ordinateur, et ne peut, par conséquent, être exécuté que sur des ordinateurs de ce type.

spectrogramme de la parole
speech spectrogram, utterance spectrogram

Représentation graphique des caractéristiques fréquentielles de la parole.

NOTE Les spectrogrammes de la parole sont habituellement des outils de recherche fondamentaux en reconnaissance de la parole.

spooling
➡ **spoulage**

spoulage
spooling

Technique d'exploitation, dans laquelle on utilise une mémoire tampon dans un transfert de données entre des organes périphériques et la mémoire principale d'un ordinateur, pour réduire les retards de traitement.

NOTE Le terme *spooling* vient de l'expression anglaise *simultaneous peripheral operations on line*, c'est-à-dire « fonctionnement simultané des périphériques en ligne ».

≈ spooling

spoule
spool buffer

Mémoire tampon utilisée en spoulage.

spouleur
spooler

Logiciel, habituellement une partie du système d'exploitation, qui effectue le spoulage.

SRAM
➡ **mémoire vive statique**

station à la veille
➡ **station passive**

station asservie
slave station

En commande de liaison en mode de base, station de données invitée par une station maîtresse à recevoir des données.

station combinée
combined station

En commande de liaison de données à haut niveau, station de données capable d'assurer les fonctions d'une station primaire ou d'une station secondaire.

station d'accueil
docking station, docking unit, dock, port replicator, replicator

Matériel qui reçoit un ordinateur portable de façon qu'il puisse être utilisé comme un ordinateur de table.

≈ station d'ancrage

station d'alarme
beaconing station

Dans un réseau en anneau, station de données qui signale aux autres stations les défaillances graves.

station d'ancrage
➡ **station d'accueil**

station de commande
➡ **station pilote**

station de données
data station

Unité fonctionnelle qui fournit des données à transmettre, reçoit des données transmises, et assure toutes les fonctions nécessaires pour la communication avec une autre unité fonctionnelle.

station de travail
workstation

Unité fonctionnelle ayant habituellement des capacités de traitement spécialisé et intégrant des dispositifs d'entrée-sortie adaptés aux utilisateurs.

EXEMPLE Un terminal programmable, un micro-ordinateur indépendant.

≈ poste de travail

station maîtresse
master station

En commande de liaison en mode de base, station de données qui a accepté une invitation à transférer des données vers une ou plusieurs autres stations de données.

NOTE À un instant donné, il ne peut exister qu'une seule station maîtresse sur une liaison de données.

station passive
passive station

Dans une liaison multipoint ou une liaison point à point utilisant la commande de liaison en mode de base, toute station subordonnée attendant une invitation à émettre ou une invitation à recevoir.

≈ station à la veille

station pilote
control station

En commande de liaison en mode de base, station de données qui désigne la station maîtresse et contrôle les procédures d'invitation à émettre, d'invitation à recevoir, d'interrogation et de récupération.

≈ station de commande

station primaire
primary station

En commande de liaison de données à haut niveau, partie d'une station de données qui assure les fonctions de commande primaire de la liaison de données, fournit les ordres à émettre et interprète les réponses reçues.

NOTE La station primaire est principalement chargée du lancement de l'échange des signaux de commande, de l'organisation du flux de données et de toutes les opérations de traitement des erreurs et de récupération.

station secondaire
secondary station

En commande de liaison de données à haut niveau, partie d'une station de données qui remplit les fonctions de commande de liaison de données, suivant les instructions de la station primaire, et qui interprète les ordres reçus et fournit les réponses à émettre.

station subordonnée
➡ **station tributaire**

station tributaire
tributary station

Dans une liaison multipoint ou une liaison point à point utilisant la commande de liaison en mode de base, toute station de données autre que la station pilote.

≈ station subordonnée

statique
static

Qualifie des objets qui existent et conservent leurs valeurs pendant l'exécution de tout le programme.

EXEMPLE Variable d'un sous-programme qui a été déclarée statique afin de conserver ses valeurs d'une exécution à l'autre.

stéréographie de contours
edge-based stereo

Technique stéréographique fondée sur l'appariement des contours entre au moins deux vues de la même scène, prises depuis des endroits différents.

1 stockage
storing

Action d'introduire des données dans une mémoire.

≈ mémorisation, mise en mémoire

2 stockage
storage

Conservation de données dans une mémoire.

≈ mémorisation

stockage de messages

➡ **mémorisation de messages**

stockage et retransmission
store-and-forward

Mode de fonctionnement d'un réseau de données, dans lequel des données sont provisoirement stockées avant d'être retransmises vers leur destination.

≈ enregistrement et retransmission

stockage RAID

➡ **réseau redondant de disques indépendants**

stocker
to store

Introduire des données dans une mémoire et les y conserver.

≈ mémoriser

stratégie d'apprentissage
learning strategy

Ensemble coordonné de techniques d'apprentissage, élaboré avant leur application.

stratégie de l'apprenti
learning-apprentice strategy

Attribution de crédit-blâme, qui procède par l'étude des actions d'un expert pour distinguer les bonnes décisions des mauvaises, de façon à éviter les tâtonnements et à assurer une rétroaction rapide.

NOTE La stratégie de l'apprenti est souvent adoptée lors de la construction semi-automatique des systèmes experts.

structure
structure

Ensemble des relations entre les éléments d'un système.

structure arborescente
tree structure

Structure de données dans laquelle on représente les entités ou les attributs par des nœuds, avec au plus un nœud parent pour chaque nœud, et avec un seul nœud racine.

structure de données
data structure

Ensemble constitué de données et d'une relation physique ou logique entre elles.

structure de l'adresse

➡ **format d'adresse**

structure en réseau
network structure

Structure de données dans laquelle on représente les entités ou les attributs par des nœuds, et qui, contrairement à une structure arborescente, permet à chaque nœud d'avoir plusieurs nœuds parents.

structure hypermédia
hypermedia structure

Organisation des données en nœuds hypermédias.

structure relationnelle
relational structure

Structure de données dont les données sont disposées sous forme de relations.

style
style

Jeu identifié d'instructions de formatage, permettant de doter un texte de plusieurs attributs à la fois, et d'unifier la présentation d'un document en appliquant les mêmes caractéristiques de formatage à de multiples parties du texte.

substitution
substitution

I Chiffrement de données ou de messages, effectué en remplaçant des chaînes de caractères ou de bits par d'autres suites de caractères ou de bits.

II Cryptogramme résultant d'un tel chiffrement.

≈ chiffrement de substitution

substitution intersensorielle
cross-sensory substitution

Ensemble de signaux correspondant à une certaine sensation, qui sont convertis en signaux d'une autre sensation et présentés comme tels.

substrat
substrate

Couche d'un disque optique, destinée à soutenir mécaniquement la couche d'enregistrement.

NOTE Le substrat peut être transparent et être traversé par le faisceau optique, qui accède ainsi à la couche d'enregistrement.

suite aléatoire de nombres

➠ **suite de nombres aléatoires**

suite de nombres aléatoires
random number sequence

Suite de nombres dont aucun ne peut être prévu à partir de la seule connaissance de ses prédécesseurs.

≈ suite aléatoire de nombres

suite de nombres pseudo-aléatoires
pseudo-random number sequence

Suite de nombres obtenue par un procédé de calcul donné mais qui, en fait, pour le but recherché, constitue une suite de nombres aléatoires.

suite récurrente
recursively defined sequence

Suite dans laquelle chaque terme autre que le premier est défini par une opération dont les opérandes comprennent tout ou partie des termes qui le précèdent.

NOTE Dans une suite récurrente, il peut exister un nombre fini d'éléments non définis, éventuellement supérieurs à un.

suiveur oculaire

➠ **oculomètre**

suivi
follow-up posting, follow-up

Dans un forum ou dans un babillard électronique, article qui contient une référence spécifique à un article antérieur.

suivi de ligne
line following

Construction d'une ligne en ajoutant à la partie de la ligne existante un nouvel élément, le plus proche possible du prolongement rectiligne de l'ensemble.

suivi de projet
project control

Ensemble des activités se rapportant à la surveillance de la progression, de la gestion, de l'utilisation des ressources et de la qualité d'un projet, par rapport aux plans établis.

≈ contrôle de projet

suivi des contours
edge following

Algorithme de segmentation d'image, permettant d'isoler une région en suivant ses contours.

suivi d'un système
system follow-up, post-implementation review, post-development review

Étude des effets d'un système lorsque son utilisation opérationnelle s'est stabilisée.

sujet
subject

(en sécurité informatique)
Entité active qui peut accéder à des objets.

EXEMPLE Processus qui comprend l'exécution d'un programme.

NOTE Un sujet provoque une circulation d'informations entre des objets ou un changement d'état du système informatique.

superordinateur
supercomputer

Tout ordinateur de la gamme qui offre, à un moment donné, les vitesses de traitement les plus élevées pour la résolution de problèmes scientifiques ou techniques.

supersecteur
supersector

Secteur surdimensionné écrit sur un disque, en tant que technique de protection contre la copie.

support de données préenregistré
prerecorded data medium, prerecorded medium

Support d'enregistrement comportant des données préliminaires, les autres données y étant introduites au cours d'opérations ultérieures.

≈ support préenregistré

support d'enregistrement
storage medium

Objet sur ou dans lequel il est possible d'enregistrer des données, et d'où elles peuvent être extraites.

EXEMPLES Bande magnétique ou optique, disque, carte magnétique ou optique.

support de transmission
transmission medium

Support matériel ou milieu naturel sur lequel sont transmis des signaux.

support préenregistré

➥ **support de données préenregistré**

support vide
empty medium

Support d'enregistrement contenant seulement des repères de référence et non des données de l'utilisateur.

support vierge
blank medium

Support d'enregistrement sur lequel ou dans lequel n'ont été enregistrés ni repères de référence, ni données de l'utilisateur.

suppression
deletion

I Action d'annuler des données sur un support d'enregistrement en enlevant les références.

II (en traitement de texte) Fonction permettant à l'utilisateur d'effacer tout ou partie d'un texte précédemment saisi.

suppression de tiret
hyphen drop

Fonction qui consiste à supprimer un tiret lorsque la division n'est plus nécessaire pour le mot concerné.

suppression de zéros
zero suppression function

I Élimination des zéros non significatifs d'un numéral.

II Fonction qui permet la suppression des zéros non significatifs dans les résultats affichés ou imprimés d'un calcul.

supprimer
to delete

Annuler des données sur un support d'enregistrement en enlevant les références.

NOTE Les données restent stockées et sont récupérables tant que l'emplacement correspondant n'a pas été réutilisé.

surcharger
to overload
Donner plusieurs significations à une unité lexicale.
EXEMPLE L'unité lexicale « + » peut signifier une addition d'entiers relatifs, une addition de nombres réels, une union d'ensembles, une concaténation, etc.

surfaçage
surfacing, surface modeling
Création, sur un système informatique, d'un modèle représentant les surfaces d'objets.
≈ modélisation surfacique

surface cachée
hidden surface
Surface qui peut être masquée, dans la vue d'un objet tridimensionnel.

surface d'affichage
display surface
Dans un dispositif d'affichage, support sur lequel les images peuvent apparaître.
EXEMPLE Écran d'un tube cathodique, papier sur un traceur.
≈ surface de visualisation

surface d'entrée
entrance surface
Surface d'un disque optique que le faisceau optique atteint en premier.

surface de visualisation
➡ **surface d'affichage**

surface utile
➡ **espace d'affichage**

surfer
to surf
(en réseautique)
Effectuer une navigation sur un réseau sans avoir de but précis en tête.

surtension maximale de mode commun permise
maximum allowable common mode overvoltage
Valeur maximale de la tension de mode commun, qui peut être appliquée à un sous-système d'entrée sans qu'il soit détérioré, mais avec, éventuellement, une perte temporaire de fonctions.
NOTES
1 Si le contexte le permet, ce terme peut être abrégé en « surtension maximale permise ».
2 La tension maximale de mode commun est inférieure à la tension maximale de mode commun avec dégradation, qui est elle-même inférieure à la surtension maximale de mode commun permise.

surtension maximale de mode normal permise
maximum allowable normal mode overvoltage
Valeur maximale de la tension de mode normal, qui peut être appliquée à un sous-système d'entrée sans qu'il soit détérioré, mais avec, éventuellement, une perte temporaire de fonctions.
NOTES
1 Si le contexte le permet, ce terme peut être abrégé en « surtension maximale permise ».
2 La tension maximale de mode normal est inférieure à la tension maximale de mode normal avec dégradation, qui est elle-même inférieure à la surtension maximale de mode normal permise.

survol
browsing
(en traitement de texte)
Examen rapide, par défilement, d'un texte affiché, à l'écran.

symbole
symbol
Désignation non linguistique d'une notion, formée de lettres, de numéraux, de pictogrammes ou d'une combinaison de ces éléments.

symbole de poursuite
tracking symbol
Symbole qui indique à l'écran la position correspondant aux coordonnées fournies par un releveur de coordonnées.

symbole logique
logic symbol
Symbole représentant un opérateur, une fonction ou une relation fonctionnelle.

synchrone
synchronous
Se dit de plusieurs processus dont les instants significatifs homologues sont tous simultanés, ou séparés par des intervalles de temps de durée pratiquement constante.

synchronisation
synchronization
Action de maintenir un instant commun et une coordination dans l'exécution de plusieurs procédures asynchrones.

synchronisation des tâches
task synchronization
Moyen de coordination temporelle des activités des tâches.
EXEMPLES Sémaphore, moniteur, rendez-vous.

synchronisation horizontale
horizontal synchronization
Partie d'un signal vidéo complet indiquant la fin d'une ligne de balayage.

synchronisation verticale
vertical synchronization
Partie d'un signal vidéo complet indiquant la fin d'une trame.

synchroniseur final
postamble
Sur un support d'enregistrement magnétique, suite de bits enregistrée à la fin de chaque bloc pour permettre la synchronisation lors de la lecture arrière.

synchroniseur initial
preamble
Sur un support d'enregistrement magnétique, suite de bits enregistrée au début de chaque bloc pour permettre la synchronisation.

synonyme
synonym
L'un des termes d'un ensemble de termes différents qui désignent la même entité.

syntaxe abstraite
abstract syntax
Spécification de données de la couche application ou d'informations de contrôle du protocole d'application, en appliquant des règles de notation indépendantes de la technique de codage utilisée pour représenter ces données.

syntaxe concrète
concrete syntax
Aspect des conventions utilisées dans la description formelle des données, qui recouvre une représentation spécifique de ces données.

syntaxe de transfert
transfer syntax
Syntaxe concrète utilisée dans le transfert des données entre systèmes ouverts.

synthèse
synthesis
(en intelligence artificielle)
Production, par une unité fonctionnelle, de voix artificielle, de textes, de musique ou d'images.

synthèse à base de modèle
model-based synthesis
Méthode de synthèse de la parole, utilisant un modèle de production de parole pour engendrer les signaux de parole.
≈ synthèse fondée sur un modèle

synthèse à base de règles
rule-based synthesis
Méthode de synthèse de la parole, fondée sur la conversion d'une description phonétique en paramètres d'un modèle de production de parole, au moyen d'un ensemble de règles.

synthèse de la parole
speech synthesis

Production de parole artificielle.

synthèse directe
direct waveform synthesis

Méthode simple de synthèse de la parole, consistant à enregistrer des signaux de parole sous forme analogique ou numérique, puis à les reproduire à la demande selon les besoins de l'application.

NOTE La synthèse directe peut introduire des retards d'accès et est limitée en capacité par le support d'enregistrement disponible, mais la parole artificielle est généralement de qualité élevée.

synthèse fondée sur un modèle
➡ **synthèse à base de modèle**

synthèse paramétrique
synthesis by parametric representation,
synthesis by parametric modeling

Méthode de synthèse de la parole consistant, à partir du signal de parole, à établir un modèle abstrait de production de parole fondé sur des paramètres temporels et fréquentiels tels que formants, fréquence fondamentale et amplitudes d'excitation.

NOTE Contrairement à la synthèse directe, la synthèse paramétrique réduit les besoins en mémoire par message.

synthèse par formants
formant synthesis

Production de parole artificielle au moyen de filtres qui simulent les formants du conduit vocal humain.

synthèse par segments
➡ **synthèse segmentale**

synthèse segmentale
concatenation synthesis

Méthode de synthèse de la parole, consistant à chaîner des unités de parole synthétisées ou préenregistrées.

NOTES

1 Les unités de parole synthétisées peuvent être obtenues en superposant plusieurs harmoniques de la fréquence fondamentale voulue, avec les pondérations correspondant à l'importance de chacun. Les unités de parole préenregistrées peuvent être des phonèmes, des diphones, des syllabes, des mots, etc.

2 Par rapport à la synthèse directe, la synthèse segmentale exige plus de traitement pendant la reproduction, mais les besoins en mémoire par message sont réduits.

≈ synthèse par segments

synthétiseur de parole
speech synthesizer, speech synthesis system

Unité fonctionnelle destinée à la synthèse de la parole.

≈ système de synthèse de parole

synthétiseur d'image
image synthesizer

Unité fonctionnelle qui génère une représentation visuelle d'objets à l'aide d'un système informatique et ce, sans référence matérielle à des images réelles.

synthétiseur texte-parole
text-to-speech synthesizer, text-to-speech synthesis system

Synthétiseur de parole qui convertit un texte en symboles phonétiques, puis en parole artificielle.

≈ convertisseur texte-parole

système
system

Ensemble d'éléments reliés entre eux, considéré comme un tout dans un contexte défini et séparé de son environnement.

NOTE Les événements d'un système peuvent être aussi bien des objets matériels que des concepts et les résultats de ceux-ci (par exemple des formes d'organisation, des méthodes mathématiques, des langages de programmation).

système à base de connaissances

SBC

knowledge-based system (KBS)

Système de traitement de l'information qui aide à résoudre les problèmes dans un domaine d'application particulier, en faisant des inférences à partir d'une base de connaissances.

NOTES

1 Le terme « système à base de connaissances » est parfois utilisé comme synonyme de « système expert », qui est normalement restreint aux connaissances d'experts.

2 Certains systèmes à base de connaissances sont capables d'apprentissage.

système à base de modèle

➡ **système expert à base de modèle**

système à base de règles

rule-based system, production system

Système à base de connaissances qui produit des inférences en appliquant des règles conditionnelles à des faits, selon des procédures établies.

≈ système de production

système à commande vocale

voice control system, voice controller

Système dans lequel un reconnaisseur de parole émet des ordres vers un équipement commandé par ordinateur, en réponse à une entrée de parole.

EXEMPLE Robot qui répond par des mouvements à des ordres parlés simples.

système basé sur un modèle

➡ **système expert à base de modèle**

système BBS

➡ **système de babillard électronique**

système bureautique

office automation system

Système de traitement de l'information utilisé pour l'intégration des activités de bureau.

système CD enregistrable

compact disc recordable system (CD-R)

Système qui permet d'enregistrer des disques utilisables sur un lecteur de disques compacts usuels.

NOTE Ce système comporte des disques effaçables ou des disques à écriture unique.

système clé en main

turnkey system

Système informatique prêt à être utilisé lors de son installation, et fourni à l'utilisateur en état de fonctionnement immédiat, éventuellement après adaptation à une application ou à un client particulier.

NOTE Une mise en forme des données d'exploitation de l'utilisateur peut être nécessaire.

système composé

information system (IS)

(en base de données)

Ensemble composé d'un schéma conceptuel, d'une base d'information et d'un processeur d'information, constituant un système destiné à conserver et à traiter l'information.

≈ système d'information

système-conseil

advisory system

Système expert qui conseille l'utilisateur plus qu'il ne le dirige.

≈ système d'orientation

système cryptographique

➡ **système de chiffrement**

système d'adressage par domaine

➡ **système de noms de domaine**

système d'analyse de la parole

➡ **analyseur de parole**

système d'annuaire

directory system

(dans l'OSI)

Ensemble de systèmes ouverts qui coopèrent pour établir une base de données logique, contenant des informations sur un ensemble d'objets dans le monde réel.

système de babillard électronique

bulletin board system (BBS)

Système informatique utilisé pour mettre en œuvre un babillard électronique.

≈ système BBS

système de chiffrement

cryptographic system, ciphersystem, cryptosystem

Ensemble de documents, de dispositifs, d'équipements et des techniques associées, dont l'utilisation combinée constitue un moyen de chiffrement ou de déchiffrement.

≈ système cryptographique

système de contrôle d'accès

controlled access system (CAS)

Système permettant un contrôle d'accès physique automatique.

EXEMPLE Utilisation de badges à piste magnétique, de cartes à puce, de capteurs biométriques.

système de coordonnées temporelles

time coordinate system

Ensemble de valeurs qui définit le contexte d'une base des temps.

NOTE Un système de coordonnées temporelles consiste en une échelle temporelle associée à une durée. Ensemble, ces valeurs définissent le domaine de validité d'une valeur temporelle et d'une base des temps.

système de dictionnaire de données

data dictionary system, information resource dictionary system (IRDS)

Logiciel permettant de créer, de traiter, d'utiliser un dictionnaire de données et d'en assurer le suivi.

système de fichiers de réseau

network file system

Système de fichiers réparti sur un réseau d'ordinateurs.

système de gestion de base de données

SGBD

database management system (DBMS)

Système matériel et logiciel permettant de définir, de créer, de manipuler, de contrôler, de gérer et d'utiliser des bases de données.

NOTE Le logiciel d'utilisation d'une base de données peut faire partie du système de gestion de base de données ou peut être un logiciel indépendant.

système de gestion de base de données relationnelle

SGBDR

relational database management system (RDBMS)

Système de gestion de base de données conçu pour les bases de données relationnelles.

système de lecture labiale

lipreading system

Système utilisé pour la reconnaissance de la parole, fondé sur la détection du mouvement des lèvres.

système de maintien vérifonctionnel

truth maintenance system (TMS)

Système à base de connaissances, qui maintient la validité de sa base de connaissances en vérifiant les interdépendances de ses croyances.

NOTE La validité est maintenue principalement en éliminant les éléments de connaissance qui ont conduit à des inférences fausses.

système de messagerie

message handling system (MHS)

Ensemble organisé d'unités fonctionnelles, qui transporte des messages d'un correspondant à un autre.

👁 Figure S.1

système de messagerie de personne à personne

➥ **système de messagerie interpersonnelle**

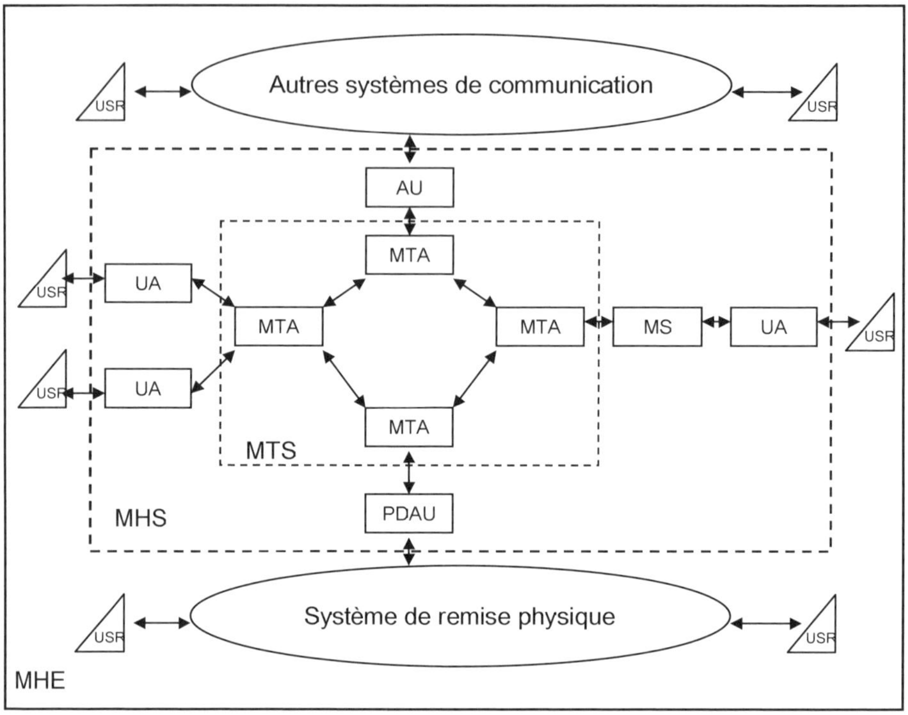

Environnement ou systèmes :

MHE :	environnement de la messagerie
MHS :	système de messagerie
MTS :	système de transfert de messages

Unités fonctionnelles :

AU :	unité d'accès
MS :	mémoire de messages
MTA :	agent de transfert de messages
PDAU :	unité d'accès de remise physique
USR :	utilisateur
UA :	agent d'usager

Figure S.1 – Vue statique de l'environnement de la messagerie

système de messagerie interpersonnelle

interpersonal messaging system (IPMS)

Système de messagerie qui permet la messagerie interpersonnelle.

≈ système de messagerie de personne à personne

système de noms de domaine

domain name system (DNS)

Dans le réseau internet, base de données répartie qui assure la correspondance entre un nom d'hôte et l'adresse IP associée.

NOTE Le système de noms de domaine contient une sorte d'arbre des noms pour les domaines et hôtes, qui identifie sans ambiguïté chaque nœud internet.

≈ système d'adressage par domaine

système de numération

numeration system, number representation system

Toute notation destinée à représenter des nombres.

système dépendant du locuteur
speaker-dependent system (SD system), speaker-trained system

Reconnaisseur de parole limité à un utilisateur particulier ou à un groupe d'utilisateurs, qui nécessite un entraînement à leurs formes de parole.

EXEMPLES Système monolocuteur, système multilocuteur.

≈ reconnaisseur dépendant du locuteur

système de planification et de gestion de la production
production planning control system (PPCS)

Système informatique permettant de créer, d'exécuter et de gérer la planification de la fabrication.

système de production
➡ **système à base de règles**

système de programmation
programming system

Dans un environnement de programmation, ensemble des langages de programmation et des outils logiciels nécessaires au développement et à l'utilisation de programmes écrits dans ces langages de programmation.

système de reconnaissance à message fixe
➡ **reconnaisseur à message fixe**

système de reconnaissance à message quelconque
➡ **reconnaisseur à message quelconque**

système de reconnaissance de la parole
➡ **reconnaisseur de parole**

système de remise physique
physical delivery system (PDS)

Système qui effectue une remise physique.

EXEMPLE Le système postal.

système de synthèse de parole
➡ **synthétiseur de parole**

système de traitement de l'information
information processing system

Ensemble constitué d'un ou de plusieurs systèmes informatiques et d'appareils, tel que du matériel bureautique et de communication, et qui assure le traitement de l'information.

système de traitement de texte
text processor, word processor

Progiciel ou dispositif associé à du logiciel, permettant à un utilisateur d'effectuer du traitement de texte.

système de transfert de messages
message transfer system (MTS)

Unité fonctionnelle comprenant un ou plusieurs agents de transfert de messages, qui assurent le transfert de messages par enregistrement et retransmission entre agents d'utilisateur, mémoires de messages et unités d'accès.

☞ système de messagerie

système de transition
change-over system

Système de traitement de l'information provisoire, facilitant le passage d'un système opérationnel à celui devant le remplacer.

système de vision
vision system

Système permettant de capter des images à l'aide d'un capteur optique sans contact, pouvant mesurer, analyser et traiter différentes caractéristiques en vue d'une prise de décision.

NOTE Les fonctions d'un système de vision peuvent couvrir la localisation, l'inspection, l'identification, la reconnaissance, la poursuite.

système de vision modélisé
model-based vision system

Système utilisant un modèle *a priori* pour tirer d'une image une description de la scène originale.

système de vision stéréoscopique

stereoscopic system

Système d'imagerie conçu pour produire une impression de relief, en présentant des images différentes à chaque œil.

EXEMPLES

1 Les anaglyphes, où des lentilles de couleurs complémentaires permettent à chaque œil de ne voir qu'une des images de la paire.

2 Les écrans séparateurs, dans lesquels des moyens optiques séparent les images imbriquées destinées à chaque œil.

3 Les écrans doubles, où des affichages vidéo présentent simultanément des images différentes.

système d'exploitation

operating system (OS)

Logiciel régissant l'exécution des programmes, et pouvant remplir des fonctions telles que l'attribution de ressources, l'ordonnancement, la gestion des entrées et sorties, et la gestion des données.

NOTE Bien que les systèmes d'exploitation soient constitués surtout de logiciel, des réalisations partiellement matérielles ou en micrologiciel sont possibles.

système d'exploitation de réseau

network operating system (NOS)

Système d'exploitation grâce auquel un ensemble d'ordinateurs indépendants agit comme un seul système informatique.

NOTE Un système d'exploitation de réseau permet notamment une authentification centralisée et la réaffectation de ressources à travers le réseau.

système d'imagerie

imaging system

Ensemble matériel et logiciel conçu spécialement pour saisir, ranger en mémoire, manipuler, transmettre et afficher des images, que ce soit à partir de calculs directs, d'environnements réels, de modèles ou de documents.

≈ système imageur

1 système d'information

information system

Système de traitement de l'information, accompagné des ressources organisationnelles associées telles que les ressources humaines, techniques et financières, et qui fournit et répartit des informations.

2 système d'information

➡ **système composé**

système d'information de gestion

SIG

management information system (MIS)

Système de traitement de l'information, qui aide la direction d'une organisation à prendre ses décisions.

≈ système d'information d'entreprise

système d'information d'entreprise

➡ **système d'information de gestion**

système d'orientation

➡ **système-conseil**

système essentiel

expert system shell, shell

Noyau de système expert auquel on peut intégrer les connaissances d'un domaine particulier.

NOTE Le système essentiel comprend normalement un langage évolué pour la représentation des connaissances, un ou plusieurs moteurs d'inférence et des programmes d'interface.

≈ coquille

système expert

SE

expert system (ES)

Système à base de connaissances, qui aide à résoudre les problèmes dans un domaine d'application particulier en faisant des inférences à partir d'une base de connaissances fondée sur l'expérience et la compétence humaines.

NOTES

1 Le terme « système expert » est parfois utilisé comme synonyme de « système à base de connaissances », qui n'est pas restreint aux connaissances d'experts.

2 Certains systèmes experts peuvent améliorer leur base de connaissances et créer de nouvelles règles d'inférence à partir de l'expérience acquise lors de problèmes antérieurs.

système expert à base de modèle

model-based expert system, model-based system

Système expert dont la conception tient compte de la structure et des fonctions d'un modèle de domaine.

EXEMPLE Les didacticiels intelligents comportant un « modèle de l'apprenant » et les systèmes de diagnostic de pannes à formes de référence intégrées.

≈ système expert basé sur un modèle, système à base de modèle, système basé sur un modèle

système expert basé sur un modèle

➠ **système expert à base de modèle**

système flexible de fabrication

➠ **atelier flexible**

système graphique GKS

GKS

Graphical Kernel System (GKS)

Système normalisé, qui fournit un ensemble de fonctions de programmation graphique et une interface fonctionnelle entre un programme d'application et les organes d'entrée/sortie.

système imageur

➠ **système d'imagerie**

système indépendant du locuteur

speaker-independent system (SI system), unrestricted recognition system

Reconnaisseur de parole, ouvert à des utilisateurs quelconques, qui peut fonctionner de façon fiable avec des utilisateurs qui ne l'ont jamais ou rarement utilisé.

≈ reconnaisseur indépendant du locuteur, système omnilocuteur, reconnaisseur omnilocuteur

système infographique PHIGS

PHIGS

Programmer's Hierarchical Interactive Graphics System (PHIGS)

Ensemble normalisé de fonctions graphiques auxiliaires pour commander la définition, la modification, le stockage et l'affichage de données graphiques hiérarchiques.

système informatique

data processing system, computer system, computing system

Ensemble constitué d'un ou de plusieurs ordinateurs, de périphériques et de logiciels, et qui assure le traitement de données.

NOTE Les systèmes informatiques peuvent aussi comprendre des possibilités de traitement de l'information.

système informatique de messagerie

messaging system

Système informatique utilisé dans la réalisation d'un système de messagerie.

👁 Figure S.2

système informatique embarqué

embedded data processing system

Système informatique intégré dans une machine ou dans un autre système, notamment dans un système mobile tel qu'un avion, un missile, un train, une automobile, par exemple.

système informatique éprouvé

➠ **système informatique fiable**

système informatique fiable

trusted computer system

Système informatique qui procure une sécurité informatique suffisante pour permettre un accès concurrent aux données par des utilisateurs disposant de droits d'accès différents, et un accès à des données appartenant à des classifications de sécurité et à des catégories de sécurité différentes.

≈ système informatique éprouvé

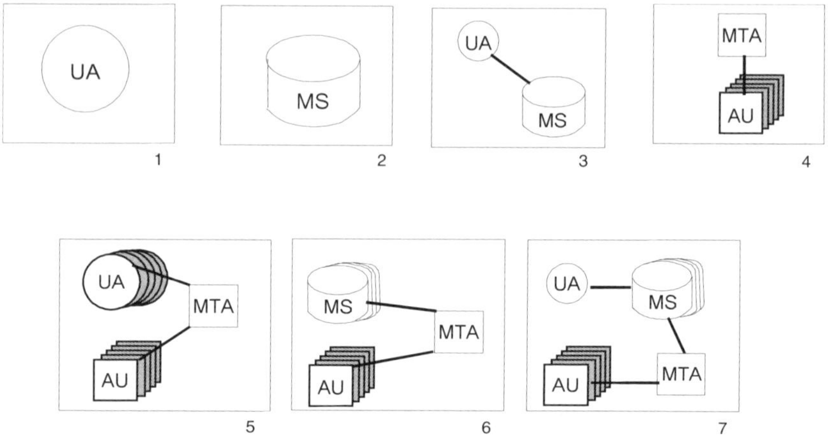

AU : unité d'accès
MS : mémoire de messages
MTA : agent de transfert de messages
UA : agent d'utilisateur

Note
Les divers systèmes informatiques de messagerie peuvent contenir des unités fonctionnelles desservant, soit un seul utilisateur (cas 1 à 3), soit plusieurs utilisateurs (cas 4 à 7).

Figure S.2 – Types de systèmes informatiques de messagerie

système interactif à disque compact
compact disc interactive (CD-I)

Système normalisé permettant la lecture interactive d'enregistrements audiovisuels sur disque compact.

système interactif de réponse vocale
SIRV
voice interactive response system (VIRS)

Unité fonctionnelle destinée à émettre une réponse vocale interactive.

système intermédiaire
intermediate system

Système ouvert qui n'est ni source de données, ni collecteur de données au cours d'une communication donnée, mais assure une fonction de relais.

NOTE Il peut y avoir plusieurs systèmes intermédiaires en série.

système omnilocuteur
➡ **système indépendant du locuteur**

système ouvert
open system

Représentation, dans le cadre d'un modèle abstrait généralisé, des aspects d'un système ouvert réel, qui relèvent de ses communications avec d'autres systèmes ouverts réels.

système ouvert d'extrémité
end open system

Système ouvert qui est source de données ou collecteur de données, au cours d'une communication.

système ouvert réel
real open system

Système réel dont les communications avec d'autres systèmes réels sont effectuées, conformément à un ensemble de normes connues sous le nom de normes d'interconnexion de systèmes ouverts.

système réel

real system

Ensemble comprenant un ou plusieurs ordinateurs, le logiciel associé, des périphériques, des terminaux, des opérateurs humains, des processus physiques et des moyens de communication, et constituant un tout autonome capable d'effectuer le traitement ou le transfert d'information.

système robotique

➥ **cellule robotisée**

T

table
table

Ensemble organisé de données, dont chaque élément est identifiable au moyen d'arguments ou de clés.

≈ tableau

table à numériser
➡ **numériseur graphique**

table à tracer
➡ **table traçante**

1 tableau
➡ **table**

2 tableau
array

Agrégat, qui est un exemple d'un type tableau, et dont chaque élément ou groupe approprié d'éléments peut être référencé directement et indépendamment des autres.

tableau de commande
➡ **pupitre de commande**

tableau de maintenance
➡ **panneau de maintenance**

1 table de bits
bitmap, bitplane

(en infographie)

Matrice bidimensionnelle de bits qui indiquent la présence, ou bien l'absence, d'un attribut.

NOTE Pour une représentation plus générale des attributs, le terme propre est « table de pixels ».

2 table de bits
bitmap

(en vision artificielle)

Représentation d'une image tramée, dans laquelle les caractéristiques de chaque pixel sont indiquées par un ensemble de bits.

table de décision
decision table

Tableau représentant les conditions à envisager dans la description d'un problème, et les actions à mener en fonction des différentes conditions.

table de Karnaugh
Karnaugh map

Représentation symbolique des valeurs prises par une fonction logique, à l'aide d'un tableau rectangulaire subdivisé lui-même en cases, de manière que chacun des domaines communs à plusieurs de ces cases représente une combinaison unique des valeurs des variables, et que toute combinaison possible de ces valeurs soit représentée dans le tableau.

table de pixels
pixel map, pixmap

Matrice bidimensionnelle de valeurs de pixel.

table de vérité
truth table

Table d'opération d'une opération logique.

table d'onde
wavetable

Ensemble d'échantillons de sons, provenant de différents instruments de musique, dont la combinaison permet la synthèse de séquences musicales définies par un signal numérique.

table d'opération
operation table

Table donnant la valeur du résultat d'une opération pour chacune des combinaisons possibles des valeurs des opérandes.

table d'opérations booléennes
Boolean operation table, boolean operation table

Table d'opération, dans laquelle les opérandes et le résultat prennent chacun l'une ou l'autre de deux valeurs distinctes.

Avec une majuscule, *Boolean operation table* est l'orthographe anglaise ; tandis que *boolean operation table* est l'orthographe américaine.

table traçante
flatbed plotter

Traceur qui dessine l'image sur une surface d'affichage montée sur une table.

≈ table à tracer

tablette à style
koala pad

Tablette graphique munie d'un style qui sert à déplacer le pointeur et à en confirmer la position par pression.

tablette de jeu
game pad

Releveur de coordonnées ou dispositif de pointage, comportant une plaquette orientable à deux degrés de liberté au moins, utilisé pour les jeux sur ordinateur.

tablette de projection
➡ **tablette de rétroprojection**

tablette de rétroprojection
projection panel

Écran plat connecté à un ordinateur, permettant la projection de données sur grand écran, au moyen d'un système optique.

≈ tablette de projection, transparent électronique

tablette graphique
graphics tablet

Surface plane conçue pour permettre le repérage des positions qu'elle contient, et servant le plus souvent de releveur de coordonnées.

tablette tactile
➡ **pavé tactile**

tableur
spreadsheet program

Programme qui affiche un tableau d'éléments organisé en rangées et en colonnes, et dans lequel la modification du contenu d'un élément peut provoquer de nouveaux calculs sur un ou plusieurs autres éléments, en fonction de relations entre éléments, définies par l'utilisateur.

tabulation horizontale
horizontal tabulation, horizontal formatting

Fonction d'un éditeur de texte, permettant de disposer un texte horizontalement entre des limites définies par l'utilisateur.

≈ mise en page horizontale

tabulation verticale
vertical tabulation, vertical formatting

Fonction d'un éditeur de texte, permettant de disposer un texte verticalement entre des limites définies par l'utilisateur.

≈ mise en page verticale

tâche
task

(en programmation)
Module qui peut être exécuté de façon concurrente avec d'autres modules, soit par un multiprocesseur, soit imbriqués sur un seul processeur.

NOTE La distinction entre une tâche et un module du point de vue de la commande d'exécution n'est pas toujours précise.

tache de diffraction
blur circle

Image non ponctuelle, obtenue à travers une source ponctuelle de lumière par un système optique.

NOTE La qualité d'un système optique et de son réglage affectent la taille de la tâche de diffraction. Il est préférable que cette tache soit aussi petite que possible.

≈ tache focale

tache focale
➡ **tache de diffraction**

tâche maître
master task

Dans un programme, module dont l'exécution crée une tâche.

taille de mémoire
➡ **capacité de mémoire**

talonnage
➡ **faufilement (1)**

tampon
➡ **mémoire tampon**

tampon de disque
disk buffer

Mémoire tampon dans laquelle les données sont conservées avant leur écriture ou leur lecture sur un disque.

tapis de souris
mouse pad, mouse mat

Coussin plat et souple dont le revêtement assure une friction adaptée au déplacement d'une souris.

tas
heap

I (en organisation de données) Liste maintenue dynamiquement, et dont l'ordre des éléments n'est pas défini.

II (en programmation des ordinateurs) Partie de la mémoire interne utilisée pour construire ou supprimer dynamiquement des objets de données, et dans laquelle l'ordre d'utilisation des données n'est pas défini.

tassement
packing

Opération qui consiste à condenser des données.

taux d'erreurs
error rate

Rapport du nombre total d'éléments de données erronés, au nombre total d'éléments de données transmis ou transférés.

taux d'erreurs binaires
TEB
bit error ratio, bit error rate (BER)

Rapport entre le nombre de bits erronés et le nombre total de bits émis, reçus ou traités durant une période déterminée.

≈ taux d'erreur sur les bits

taux d'erreur sur les bits
➡ **taux d'erreurs binaires**

tchate
➡ **causette**

TEB
➡ **taux d'erreur binaire**

tébi
tebi

Préfixe d'unité pour les multiples binaires, indiquant le facteur 2^{40}, employé principalement en combinaison avec le bit et l'octet.

Le symbole de *tébi* est *Ti*.

NOTE Le préfixe « téra » indique normalement le facteur10^{12}.

technique de groupe
group technology

Ensemble de techniques de codification et de classification, employées en planification de processus assistée par ordinateur pour regrouper par familles des pièces semblables souvent utilisées.

NOTE Ces techniques facilitent la localisation d'une pièce existante ayant des caractéristiques déterminées et aident à normaliser la fabrication de pièces semblables.

technique de pousser
push technology

(en réseautique)

Technique utilisée sur la toile pour fournir, de façon automatique et répétée, des informations répondant à une demande antérieure d'un utilisateur, dès que des données satisfaisant à des critères définis par l'utilisateur sont disponibles.

EXEMPLE Abonnement à un magazine électronique.

≈ distribution sélective

technique de tirer
pull technology

(en réseautique)

Technique utilisée sur la toile pour fournir une information à la demande expresse d'un utilisateur.

EXEMPLE Chargement de logiciel.

≈ recherche individuelle

technologie de l'information
information technology (IT)

Ensemble des sciences appliquées et des techniques qui concernent des opérations sur des données et des informations.

EXEMPLE La saisie, la représentation, le traitement, la sécurité, le transfert, l'échange, la présentation, la gestion, l'organisation, le stockage et la recherche de données et d'informations.

teinte
hue

Attribut de la sensation visuelle, selon lequel une surface paraît présenter une seule couleur.

NOTES

1 Les teintes des couleurs pures sont en relation directe avec la longueur d'onde dominante du rayonnement correspondant.

2 Le blanc, le noir et les gris n'ont pas de teinte.

3 La teinte est l'un des trois attributs de la couleur avec la saturation et la luminosité.

télécharger vers l'amont
to upload

Transférer des programmes ou des données, à partir d'un ordinateur donné vers un autre ordinateur.

NOTE Initialement, ce terme signifiait « transférer des données d'un petit ordinateur vers un ordinateur central ».

télécharger vers l'aval
to download

Transférer des programmes ou des données vers un ordinateur donné, à partir d'un autre ordinateur.

NOTE Initialement, ce terme signifiait « transférer des données d'un ordinateur central vers un ordinateur plus petit ».

téléconférence
teleconference

Communication interactive entre des participants répartis dans plusieurs lieux, reliés entre eux par des moyens de télécommunication.

NOTE Les téléconférences comprennent notamment les audioconférences et les visioconférences, avec images fixes ou animées.

☞ audioconférence, visioconférence

👁 Figure T.1

1 télécopie
fax, facsimile, telefax

Transmission, par l'intermédiaire d'un système de télécommunication, d'une image d'une page et création d'une copie de cette image sur le lieu de réception.

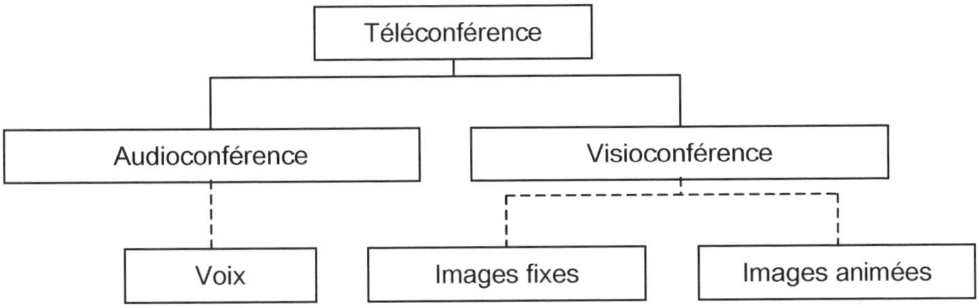

Figure T.1 – Téléconférence

2 télécopie
fax, telecopy

Copie papier établie par l'intermédiaire d'un équipement de télécopie.

télécopier
to fax

Transmettre une image au moyen d'équipements de télécopie.

télécopieur
fax machine, facsimile machine

Unité fonctionnelle qui convertit des images sur papier en signaux transmissibles sur un réseau de télécommunication, ou reconvertit en images sur papier les signaux reçus.

tel écran-tel écrit
WYSIWYG (what-you-see-is-what-you-get)

Capacité d'un système de traitement de texte à afficher en permanence sur l'écran la réplique du texte, tel qu'il sera imprimé.

NOTE Le mode tel écran-tel écrit permet d'afficher en permanence la réplique du texte, alors que la prévisualisation est une fonction qui doit être demandée par l'utilisateur.

téléexistence
tele-existence

Expérience humaine consistant à voir par les yeux d'une machine, et à utiliser des gestes naturels pour commander la machine, dans le monde physique.

télémaintenance
remote maintenance, telemaintenance, online maintenance

Maintenance d'une unité fonctionnelle effectuée par télécommunication, avec l'aide ou sous la direction d'un service de maintenance situé dans un lieu éloigné.

NOTE Dans ce contexte, la télécommunication exclut une communication par l'intermédiaire d'un réseau local situé dans le même domaine privé que l'unité fonctionnelle.

téléprésence
telepresence

Expérience psychologique qui crée l'impression d'être immergé dans un univers virtuel.

télérobotique
telerobotics

Télécommande de robots, qui sont surveillés par utilisation de téléprésence.

NOTE La télérobotique s'oppose à la téléexistence, dans laquelle l'observateur a le sentiment d'être là-bas, alors que, en télérobotique, l'observateur est encore ici, mais le robot est là-bas.

télésoumission de lots
remote batch entry (RBE)

Introduction de lots de données au moyen d'un organe d'entrée qui a accès à un ordinateur par une liaison de données.

≈ introduction par lots à distance, soumission de lots à distance

télésoumission de travaux
remote job entry (RJE)

Introduction de travaux au moyen d'un organe d'entrée qui a accès à un ordinateur par une liaison de données.

≈ introduction des travaux à distance

télétex
teletex

Service de courrier électronique qui permet des communications de qualité courrier entre abonnés.

NOTES
1 Le télétex est une version améliorée du télex. Il permet la transmission de caractères minuscules et majuscules à une vitesse supérieure à celle du télex.
2 Il convient d'éviter la confusion entre « télétex » et « télétexte ».

télétexte
teletext, broadcast videography

Service de diffusion permettant l'affichage direct sur le téléviseur d'un abonné d'informations textuelles, telles que des informations, des prévisions météorologiques ou des publicités, parmi lesquelles il peut faire un choix.

NOTES
1 Pour pouvoir recevoir les signaux de télétexte, l'abonné doit disposer d'un décodeur spécial.
2 Il convient d'éviter la confusion entre « télétexte » et « télétex ».

≈ vidéographie diffusée

télétraitement par lots
remote batch processing

Traitement par lots dans lequel des organes d'entrée-sortie ont accès à un ordinateur par une liaison de données.

télex
telex

Service public commuté de transmission de texte entre téléimprimeurs ou terminaux compatibles.

Telnet

Nom d'un protocole de terminal virtuel utilisé pour connecter un terminal distant, et permettant à un terminal ou à un ordinateur situé sur un site de réseau déterminé d'interagir avec un ordinateur distant situé sur un autre site, au moyen d'une liaison TCP, comme si ce terminal ou cet ordinateur était directement connecté à l'ordinateur distant.

☞ internet

témoin
cookie

(en réseautique)

Enregistrement créé par un serveur de la toile, rangé dans une mémoire de l'utilisateur, et utilisé par ce serveur de la toile pour faciliter les communications ultérieures.

≈ biscuit

temporisation
time-out

Événement prévu pour survenir à la fin d'un laps de temps prédéterminé.

NOTE On peut éviter une temporisation par l'envoi d'un signal approprié ; un état de temporisation peut être annulé par la réception d'un signal approprié d'annulation de la temporisation.

temps d'accès
access time

Intervalle de temps entre l'instant où un appel de données est déclenché et l'instant où ces données sont disponibles.

NOTES
1 Les deux événements considérés se rapportent à la même entité, par exemple le même utilisateur ou la même unité fonctionnelle.
2 Le temps d'accès est égal à la somme du temps d'attente et du temps de transfert.
3 Dans certains cas, le temps d'accès se rapporte à l'instant où le premier élément de données est disponible.

temps d'assemblage

➡ **durée d'assemblage**
➡ **instant d'assemblage**

1 temps d'attente
latency, waiting time

Intervalle de temps entre l'instant où une unité de commande déclenche un appel de données et celui du début du transfert effectif de ces données.

NOTE Les deux événements considérés se rapportent à la même entité, par exemple le même utilisateur ou la même unité fonctionnelle.

2 temps d'attente
slot time

(dans un réseau en bus à jeton)

Temps maximal pendant lequel une station de données doit attendre avant d'obtenir une réponse d'une autre station.

temps de compilation
➡ **durée de compilation**

➡ **instant de compilation**

temps de cycle
cycle time

Intervalle de temps minimal entre le début des cycles successifs de lecture-écriture d'une mémoire.

temps de cycle d'écriture
write cycle time

Dans une mémoire dont les cycles d'écriture et de lecture sont distincts, intervalle de temps minimal entre les débuts des cycles successifs d'écriture.

temps de cycle de lecture
read cycle time

Dans une mémoire dont les cycles d'écriture et de lecture sont distincts, intervalle de temps minimal entre les débuts des cycles successifs de lecture.

temps de montée
rise time

Temps nécessaire pour qu'un signal passe d'une valeur inférieure spécifiée à une valeur supérieure spécifiée, lorsqu'on cherche à réaliser une fonction échelon.

NOTE Habituellement, cette valeur inférieure et cette valeur supérieure représentent respectivement 10 % et 90 % d'une valeur spécifiée.

temps de montée en régime
turn-on stabilizing time

Période s'écoulant entre l'instant où un appareil est mis sous tension et l'instant où le fonctionnement est conforme aux spécifications.

temps de positionnement
➡ **temps de recherche**

temps de processeur
processor time

Somme des intervalles de temps durant lesquels des processeurs exécutent effectivement un programme.

☞ durée chronométrée

temps de propagation
transmission path delay, one-way propagation time

Dans un réseau en bus, temps mis par un bit pour parcourir la distance entre les deux stations de données les plus éloignées l'une de l'autre.

temps de propagation d'aller-retour
round-trip propagation time

Dans un réseau en bus, durée égale au double du temps mis par un bit pour voyager entre les deux stations de données les plus éloignées l'une de l'autre.

NOTE Dans un réseau utilisant la détection de porteuse, chaque trame doit être assez longue pour que la station émettrice puisse détecter une éventuelle collision ou un éventuel signal de bourrage, pendant la transmission de cette trame. Sa longueur minimale est donc déterminée par le temps de propagation d'aller-retour.

temps de recherche
seek time, positioning time

Dans une mémoire à accès direct, temps nécessaire au bras d'accès pour se positionner au-dessus de la piste adéquate.

NOTE Le temps de recherche est une partie du temps d'attente.

≈ temps de positionnement

temps de reconnaissance
recognition time
Dans un dispositif d'entrée numérique, temps écoulé depuis une variation de la valeur d'un signal d'entrée numérique jusqu'à la reconnaissance de cette variation par le dispositif.

temps de récupération
➡ **délai de rétablissement**

temps de réponse
response time
Temps qui s'écoule entre la fin d'une demande adressée à un système informatique et le début de la réponse.
EXEMPLE L'intervalle de temps entre l'indication de la fin d'une demande et l'apparition du premier caractère de la réponse sur un terminal d'utilisateur.

temps de révolution
ring latency
Dans un réseau en anneau, temps nécessaire pour qu'un signal fasse une fois le tour de l'anneau.
NOTE Le temps de révolution comprend le temps de propagation du signal le long du support en anneau, y compris le long des câbles de dérivation, augmenté de la somme des temps de propagation à travers chacune des stations de données connectées au réseau, et est fonction du débit de la transmission.

1 temps de rotation
turnaround time, turnround time
Temps qui s'écoule entre la prise en charge d'un travail et la réception de la totalité des résultats.

2 temps de rotation
➡ **temps d'exploration**

temps d'établissement
settling time
Temps nécessaire, après l'application à un système d'un signal d'entrée spécifié, pour que le signal de sortie entre et se maintienne dans une bande étroite et spécifiée, centrée sur la valeur en régime permanent.
NOTE Le signal d'entrée peut prendre la forme d'un échelon, d'une impulsion, d'une rampe, d'une parabole ou d'une sinusoïde. Dans le cas d'un échelon ou d'une impulsion, la bande est souvent spécifiée comme représentant ± 2 % de la valeur finale en régime permanent.

temps de traduction
➡ **durée de traduction**
➡ **instant de traduction**

temps de transfert
transfer time
Intervalle de temps entre l'instant du début et l'instant de la fin d'un transfert de données.
NOTE Les deux événements considérés se rapportent à la même entité, par exemple le même utilisateur ou la même unité fonctionnelle.

temps d'exploration
search time, rotational delay
Dans une mémoire à accès direct, temps nécessaire pour que la tête de lecture-écriture puisse atteindre, sur une piste, un enregistrement particulier correspondant à une adresse ou à une clé donnée.
NOTE Le temps d'exploration est une partie du temps d'attente, immédiatement après le temps de recherche, et est suivi du temps de transfert.
≈ temps de rotation

temps moyen entre défaillances
mean time between failures
Durée moyenne entre des défaillances consécutives d'une unité fonctionnelle, dans des conditions données.
NOTE Le temps moyen entre défaillances peut être calculé à partir d'un modèle théorique ou d'après les observations effectuées.

temps partagé
time sharing
Technique d'exploitation d'un système informatique, qui assure l'imbrication dans le temps de plusieurs processus dans un même processeur.
≈ partage de temps

tension de mode commun
common mode voltage

Dans un amplificateur différentiel, composante indésirable de la tension entre chaque borne d'entrée et la terre, qui s'ajoute à la tension de chacun des signaux d'origine.

tension de mode normal
normal mode voltage

Composante indésirable de la tension entre les bornes d'entrée d'un amplificateur, qui s'ajoute à la tension du signal d'origine.

tension maximale de mode commun
maximum common mode voltage

Valeur maximale de la tension de mode commun, sous laquelle un sous-système peut fonctionner selon ses spécifications nominales.

NOTE La tension maximale de mode commun est inférieure à la tension maximale de mode commun avec dégradation, qui est elle-même inférieure à la surtension maximale de mode commun permise.

tension maximale de mode commun avec dégradation
maximum operating common mode voltage

Valeur maximale de la tension de mode commun qui peut être appliquée à un sous-système d'entrée, et sous laquelle le sous-système fonctionnera avec des caractéristiques dégradées.

NOTES

1 Si le contexte le permet, ce terme peut être abrégé en « tension maximale avec dégradation ».

2 La tension maximale de mode commun est inférieure à la tension maximale de mode commun avec dégradation, qui est elle-même inférieure à la surtension maximale de mode commun permise.

tension maximale de mode normal
maximum normal mode voltage

Valeur maximale de la tension de mode normal, sous laquelle un sous-système peut fonctionner selon ses spécifications nominales.

NOTE La tension maximale de mode normal est inférieure à la tension maximale de mode normal avec dégradation, qui est elle-même inférieure à la surtension maximale de mode normal permise.

tension maximale de mode normal avec dégradation
maximum operating normal mode voltage

Valeur maximale de la tension de mode normal qui peut être appliquée à un sous-système d'entrée, et sous laquelle le sous-système fonctionnera avec des caractéristiques dégradées.

NOTES

1 Si le contexte le permet, ce terme peut être abrégé en « tension maximale avec dégradation ».

2 La tension maximale de mode normal est inférieure à la tension maximale de mode normal avec dégradation, qui est elle-même inférieure à la surtension maximale de mode normal permise.

terme
term

Dans un langage de schéma conceptuel, construction linguistique qui désigne une entité.

terminal
terminal

Unité fonctionnelle par laquelle des données peuvent être introduites dans un ordinateur, un système informatique, un système de traitement de l'information ou un réseau d'ordinateurs, ou en être extraites.

terminal à écran
video display terminal, visual display terminal (VDT), visual display unit (VDU)

Terminal comportant un écran de visualisation, généralement équipé d'un dispositif d'entrée tel qu'un clavier.

terminal de données
data terminal equipment (DTE)

Partie d'une station de données qui sert de source de données, de collecteur de données ou des deux à la fois, et qui dirige le transfert de données à effectuer.

NOTE L'ETTD peut être relié directement à un ordinateur ou en être un constituant.

≈ équipement terminal de traitement de données (ETTD)

terminal d'utilisateur
user terminal, terminal

Dispositif d'entrée-sortie par lequel un utilisateur communique avec un ordinateur.

= terminal

terminal en mode paquet
packet mode terminal

Équipement terminal de traitement de données capable de gérer, mettre en forme, émettre et recevoir les paquets.

terminal intelligent

➡ **terminal programmable**

terminal non intelligent

➡ **terminal non programmable**

terminal non programmable
nonprogrammable terminal, dumb terminal

Terminal ne disposant pas de capacités indépendantes de traitement de données.

≈ terminal non intelligent

terminal programmable
programmable terminal, intelligent terminal

Terminal disposant de certaines capacités de traitement de données.

≈ terminal intelligent

terminal virtuel
virtual terminal

Modèle logique généralisé de terminaux d'une classe donnée, décrivant le comportement des terminaux de cette classe dans un environnement OSI.

terminé
terminated

Se dit de l'état de tâche d'une tâche qui est finie, dont tous les événements qui en dépendent ont été résolus, et dont l'article d'activation est libéré.

ternaire
ternary

I Qualifie une numération à base fixe dont la base est trois.

II Qualifie un objet, une condition ou une action pouvant présenter l'un quelconque de trois valeurs ou états distincts.

testabilité
confirmability

Mesure de la manière dont un programme est conçu et structuré, de façon que toutes ses parties puissent être facilement testées.

test assisté par ordinateur
computer-aided testing (CAT)

Essai et vérification d'une pièce ou d'un produit, effectués au moyen de systèmes informatiques.

NOTE Les tests assistés par ordinateur sont un aspect de l'assurance qualité assistée par ordinateur.

test de continuation
continuation test

Dans un contrôle de boucle, test selon lequel un état VRAI indique que l'itération doit continuer ; un état FAUX indique que l'itération doit s'arrêter.

EXEMPLE En Pascal, la variable de boucle d'un test de continuation est précédée d'une clause « while ».

test de fin
termination test

Dans un contrôle de boucle, test selon lequel un état VRAI indique que l'itération doit s'arrêter.

EXEMPLE En Pascal, la variable de boucle d'un test de fin est précédée d'une clause « until ».

test de pénétration
penetration testing

Examen des fonctions d'un système informatique, réalisé pour trouver les moyens de contourner la sécurité informatique.

≈ essai de pénétration

test de réception

➥ **essai de recette**

test de recette

➥ **essai de recette**

test de validation
validation test

Test visant à établir qu'un système mis en œuvre est conforme aux exigences spécifiées.

test de vérification
verification test

Test visant à démontrer qu'un système est conforme aux besoins spécifiés à un moment particulier de son développement.

≈ essai de vérification

test d'intégration

➥ **essai d'intégration**

test d'utilisation
usability test, fitness-for-use test

Test visant à établir si le système mis en œuvre remplit ses fonctions premières, telles que déterminées par ses utilisateurs.

tête de bus
headend

Dans un réseau local à large bande, appareil qui reçoit les signaux venant de chaque station de données, et les renvoie vers l'ensemble des stations de données.

NOTE Cette retransmission peut exiger un décalage des fréquences porteuses.

tête d'écriture
write head

Tête magnétique qui ne sert qu'à l'écriture des données.

tête d'effacement

➥ **tête magnétique d'effacement**

tête de lecture
read head

Tête magnétique qui ne sert qu'à la lecture des données.

tête de lecture-écriture
read/write head

Tête magnétique qui sert à la lecture et à l'écriture des données.

tête de prélecture
pre-read head

Tête de lecture adjacente à une tête de lecture principale, et assurant une première lecture des données avant que l'autre tête ne les lise.

tête d'impression
print head, printing head, print cartridge

Dans une imprimante, mécanisme mobile destiné à inscrire des points ou des caractères sur du papier ou sur un autre support.

tête flottante
floating head, flying head, air-floating head

Tête magnétique séparée de la surface du support d'enregistrement par une couche d'air.

tête magnétique
magnetic head

Électroaimant qui, sur un support d'enregistrement magnétique, peut assurer une ou plusieurs des fonctions de lecture, d'écriture ou d'effacement de données.

tête magnétique d'effacement
erase head, erasing head

Tête magnétique qui ne sert qu'à l'effacement des données.

≈ tête d'effacement

tête optique
optical head

Dans un lecteur de disque optique, assemblage de composants optiques servant à mettre en forme et à positionner un faisceau optique utilisé pour une ou plusieurs des fonctions de lecture, d'écriture, ou d'effacement de données sur des disques optiques.

tête traçante
plotting head

Partie d'un traceur qui produit les marques sur la surface d'affichage.

texel
texel, texture element

Plus petit élément d'une image, utilisé pour décrire la texture d'une surface.

≈ élément de texture

texte
text

Ensemble de données présenté sous forme de caractères, de symboles, de mots, d'expressions, de paragraphes, de phrases, de tableaux ou d'autres arrangements de caractères, ayant une signification particulière, et dont l'interprétation dépend essentiellement de la connaissance, de la part du lecteur, d'un langage naturel ou d'un langage artificiel.

EXEMPLE Lettre commerciale imprimée sur papier ou affichée à l'écran .

texte chiffré
➥ **cryptogramme**

texte en clair
plaintext, cleartext

Ensemble de données dont le contenu sémantique est accessible sans recourir à des techniques cryptographiques.

texture
texture

Ensemble d'attributs caractérisant l'aspect macroscopique d'une surface d'un objet, indépendamment de la couleur et de la luminosité.

théorie de l'information
information theory

Discipline théorique traitant des mesures quantitatives de l'information.

théorie des communications
communication theory

Discipline mathématique traitant des aspects probabilistes de la transmission de messages en présence de bruits et éventuellement d'autres perturbations.

Ti
➥ **tébi**

ticket
ticket

(en sécurité informatique)

Représentation du ou des droits d'accès à un objet, possédés par un détenteur.

NOTE Le ticket représente un permis d'accès.

tirage
➥ **copie d'écran**

tiret
soft hyphen, discretionary hyphen

Caractère spécial, introduit par un opérateur ou un programme pour couper un mot en fin de ligne, faute de place, la fin de ce mot étant reportée au début de la ligne suivante.

NOTE Le tiret peut être supprimé.

≈ tiret conditionnel

tiret conditionnel
➥ **tiret**

tiroir
slot

(en intelligence artificielle)

Élément de cadre qui peut contenir des caractéristiques telles que noms d'objets, attributs particuliers appelés facettes, valeurs et pointeurs vers d'autres cadres.

titre de bas de page
footer, running foot

Bloc imprimé au bas d'une ou plusieurs pages d'un document.

NOTE Un titre de bas de page peut contenir des éléments variables, tels qu'un numéro de page.

titre de haut de page
page header, running head

Bloc imprimé en haut d'une ou plusieurs pages d'un document.

NOTE Un titre de haut de page peut contenir des éléments variables, tels qu'un numéro de page.

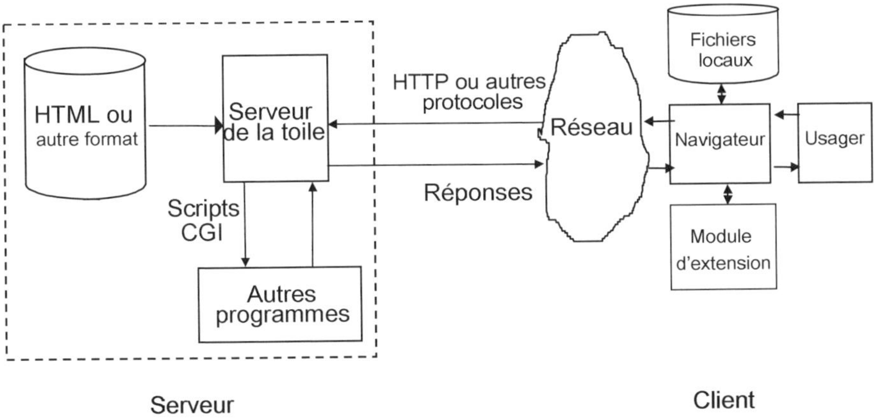

Figure T.2 – Une vue de la toile

toile

➡ **toile d'araignée mondiale**

toile d'araignée mondiale

World Wide Web (WWW, W3), Web

Dans l'internet, application répartie, qui sert essentiellement pour publier et inspecter des documents au moyen de techniques d'hypertexte, et qui donne aussi accès à diverses ressources de l'internet.

NOTE La communication se fait selon un modèle client-serveur, avec HTTP comme protocole principal.

≈ toile, toile mondiale

👁 Figure T.2

toile hypermédia

hypermedia Web

Ensemble interconnecté d'hyperliens et de nœuds hypermédias.

NOTE Habituellement, les hyperliens concernent un sujet commun, ou peuvent être suivis de façon continue à travers des points d'ancrage communs.

toile mondiale

➡ **toile d'araignée mondiale**

toilettage

➡ **nettoyage**

tolérance aux anomalies

fault tolerance, resilience

Aptitude d'une unité fonctionnelle à continuer d'accomplir une fonction requise en présence d'anomalies ou d'erreurs.

≈ résilience

topologie de réseau

network topology

Disposition schématique des branches et des nœuds d'un réseau.

NOTE Les topologies peuvent être physiques ou logiques. Par exemple, un anneau logique peut être mis en œuvre physiquement sous la forme d'un réseau en étoile.

touche virtuelle

virtual pushbutton, light button

Bouton poussoir simulé par une zone d'écran, qui peut être activé par un dispositif de pointage.

tour de disques optiques

array

Chargeur multidisque de grande capacité.

trace

trace

Enregistrement de l'exécution de tout ou partie d'un programme, montrant la succession des instructions exécutées, les opérandes concernés et leurs noms, et les résultats.

tracé
inking

Dessin du chemin suivi par un releveur de coordonnées se déplaçant sur un écran, et analogue à la trace laissée par un crayon sur du papier.

tracé des frontières
boundary tracking, tracing

Procédé consistant à suivre les contours des plages pour déterminer leur forme complète.

trace des sous-programmes
subprogram trace

Enregistrement de tout ou partie des appels de sous-programmes effectués durant l'exécution de tout ou partie d'un programme, et, facultativement, des valeurs des paramètres passés ou renvoyés par chaque sous-programme ou par tout autre module.

trace des variables
variable trace, data-flow trace, data trace

Enregistrement des noms et des valeurs des variables utilisées ou modifiées durant l'exécution d'un programme.

trace d'exécution
execution trace, control-flow trace, code trace

Enregistrement de la succession des instructions exécutées durant l'exécution d'un programme.

Le terme *code trace* est américain.

tracer
to trace

Produire une trace.

trace rétrospective
retrospective trace

Trace produite après la fin de l'exécution d'un programme, à partir des données historiques enregistrées durant l'exécution.

NOTE La trace rétrospective diffère de la trace d'exécution qui est produite de manière cumulative durant l'exécution.

trace symbolique
symbolic trace

Enregistrement des instructions du programme source et du résultat des sauts, au fur et à mesure de l'exécution du programme, utilisant, pour les données d'entrée, des valeurs symboliques plutôt que les valeurs effectives.

traceur
plotter

Imprimante qui produit des graphiques sous la commande d'un ordinateur.

traceur à stylets
pen plotter, multiple-pen plotter

Traceur qui produit des dessins au trait sur du papier ou sur un autre support, en utilisant des stylets mobiles.

traceur à tambour
drum plotter

Traceur qui dessine l'image sur une surface d'affichage montée sur un tambour rotatif.

traceur électrostatique
electrostatic plotter

Traceur par ligne dans lequel une image latente est créée par un procédé électrostatique, puis révélée et fixée sur papier.

traceur par ligne
raster plotter

Traceur qui produit l'image en balayant ligne par ligne la surface d'affichage.

traceur par points
dot plotter

Traceur qui produit des graphiques par une configuration de points.

traducteur
translator, translation program

Programme conçu pour traduire.

≈ programme de traduction

traducteur d'adresse
address translator
Unité fonctionnelle qui convertit les adresses virtuelles en adresses réelles.

traduction
translation
Action de traduire ou résultat de cette action.

traduction du langage parlé
spoken-language translation
Processus consistant à reconnaître la parole dans une langue source, à traduire le contenu du message dans une langue cible, et à synthétiser un message parlé approprié dans la langue cible, de façon à permettre une communication entre des personnes qui ne parlent pas la même langue.

traduire
to translate
Transformer tout ou partie d'un programme écrit dans un langage de programmation, pour l'exprimer dans un autre langage de programmation, sans modifier la signification originale.

train d'impulsions
pulse train, pulse string
Suite régulière d'impulsions semblables en nombre fini.

trait d'union
hard hyphen, required hyphen
Trait qui fait partie intégrante d'un mot composé ou d'une expression, quelle que soit la position de ce mot sur la ligne.
NOTE Le trait d'union ne peut pas être supprimé.
≈ trait d'union imposé

trait d'union imposé
➡ **trait d'union**

traitement à parallélisme massif
massively parallel processing (MPP)
Traitement de structures de données par exécution simultanée d'opérations de matériels sur plusieurs processeurs, avec des mémoires réservées.
NOTE Ce traitement est généralement organisé sur des tableaux multidimensionnels, et peut être utilisé pour des applications comme les transformations de Fourier rapides et les réseaux neuronaux.

traitement automatique des données
➡ **traitement des données**

traitement de bas niveau
low-level processing
Traitement d'image utilisant des techniques sommaires pour créer ou améliorer la représentation d'une image.

traitement déclenché par l'événement
event-driven processing
Mode d'exploitation selon lequel la succession des traitements est commandée par des événements, tels que le mouvement d'une souris ou l'introduction de données.
NOTE Certains événements peuvent avoir une priorité plus haute que d'autres et interrompent le traitement de ceux-ci.

traitement déclenché par une interruption
interrupt-driven processing
Mode d'exploitation selon lequel les changements dans la succession des traitements sont commandés par des interruptions.

traitement de Fourier
Fourier processing
Technique mathématique de traitement d'une image représentée par ses composantes, selon les fréquences spatiales.

traitement de groupe de pixels
pixel group processing
Traitement d'image dans lequel chaque pixel est traité avec les pixels adjacents.
EXEMPLE Évaluation de la moyenne pondérée d'un tableau de pixels, en vue de faciliter le filtrage spatial.

traitement de haut niveau
high-level processing
Traitement d'image qui exige d'un ordinateur de simuler l'intelligence humaine.

traitement de la parole
speech processing

Traitement de signaux de parole, tels que l'analyse de la parole, la compression de la parole, la reconnaissance de la parole et la synthèse de la parole.

traitement de l'information
information processing

Déroulement systématique d'opérations sur des informations, comprenant le traitement des données, et pouvant comprendre d'autres opérations, par exemple en bureautique.

NOTE Le terme « traitement de l'information » ne doit pas être utilisé comme synonyme de « traitement des données ». Le traitement des données opère sur des données sans changer leur signification, tandis que le traitement de l'information opère sur des informations dont il modifie la signification.

☞ information

traitement de liste
list processing

Méthode de traitement de données présentées sous forme de listes.

NOTE On emploie généralement des listes chaînées de façon que l'ordre des éléments puisse être changé sans que leur emplacement physique soit modifié.

traitement de messages
message handling

(en courrier électronique)

Traitement d'information décentralisé, qui englobe les traitements intrinsèquement liés de transfert de messages et de mémorisation de messages.

≈ messagerie

traitement des données
data processing (DP), automatic data processing (ADP)

Déroulement systématique d'opérations sur des données.

EXEMPLES Opérations arithmétiques ou logiques, fusion ou tri de données, assemblage ou compilation de programmes, ou opérations portant sur du texte, telles que mise à jour, tri, fusion, stockage, recherche, affichage ou impression.

NOTE Le terme « traitement des données » ne doit pas être utilisé comme synonyme de « traitement de l'information ». Le traitement des données opère sur des données sans changer leur signification, tandis que le traitement de l'information opère sur des informations dont il modifie la signification.

≈ traitement automatique des données

☞ information

traitement des erreurs
error control

Partie d'un protocole assurant la détection d'erreurs, et éventuellement la correction d'erreurs.

≈ protection contre les erreurs

traitement de texte
text processing

Ensemble d'opérations informatiques effectuées sur du texte, telles que la saisie, la mise en forme, le tri, la fusion, le stockage, l'extraction, l'affichage et l'impression.

traitement de transactions
transaction processing

Service d'application d'un système réparti, qui permet à plusieurs processus d'effectuer des transactions au moyen de communications interactives.

traitement différé
delayed processing, deferred processing

Traitement de données après mise en attente ou après un certain délai.

traitement d'image
image processing, picture processing

Exécution d'opérations portant sur des données d'images.

NOTE Le traitement d'image comprend notamment l'analyse de scènes, la compression d'image, le prétraitement, la qualification, le filtrage spatial et la construction de modèles bidimensionnels ou tridimensionnels à partir d'images d'objets.

= traitement de l'image

traitement en simultanéité
parallel processing
Mode d'exploitation selon lequel plusieurs processus sont exécutés sous forme concurrente ou simultanée.

traitement en simultanéité évolutif
scalable parallel processing
Traitement en simultanéité qui permet d'ajouter des processeurs ou des utilisateurs, avec une faible augmentation de complexité ou une faible perte de performance.
≈ traitement en simultanéité modulable

traitement en simultanéité modulable
➥ **traitement en simultanéité évolutif**

traitement immédiat
immediate processing
Traitement de données à mesure de leur réception par un système informatique, sans mise en attente ni délai.

traitement optique
optical processing
Reconnaissance optique qui emploie des méthodes optiques pour reconnaître des objets.

traitement par lots
batch processing
Mode d'exploitation, selon lequel les données ou les travaux sont regroupés au préalable, et sont traités de telle sorte que l'utilisateur final ne peut généralement plus agir sur les traitements en cours.

traitement pipeline
pipeline processing
Mode d'exploitation qui utilise un ou plusieurs pipelines.

traitement ponctualisé de pixel
pixel point processing
Traitement d'image dans lequel le contraste de chaque image est ajusté en multipliant ou en divisant chaque pixel par une constante, ou dans lequel la luminosité de l'image est ajustée en additionnant ou en soustrayant une valeur constante à chaque pixel.

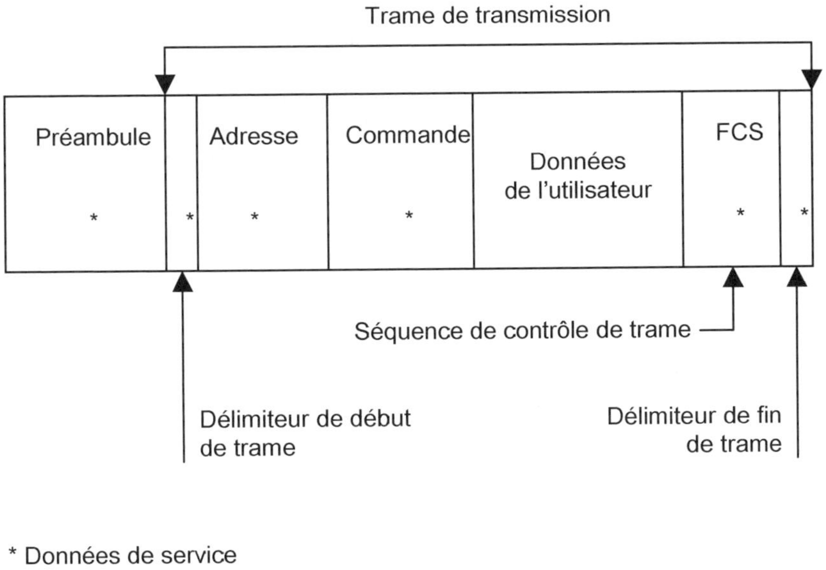

Figure T.3 – Exemple de trame de transmission

traitement ponctuel multi-image
multiple-image pixel-point processing

Technique de traitement consistant à former une nouvelle image à partir de plusieurs autres, en combinant, pixel par pixel, les valeurs de pixel.

NOTE Cette technique est utile pour les applications nécessitant la superposition d'images, la détection par défaut, etc.

traitement transactionnel
transaction processing

Mode d'exploitation selon lequel les données ou les travaux sont traités immédiatement après leur réception.

traiter des données
to process

Effectuer des opérations sur des données.

traiter une exception
to handle an exception

Agir immédiatement à la suite d'une exception.

NOTE Normalement, la commande est transférée à un processeur d'exception qui agit de manière appropriée.

≈ gérer une exception

tramage
rasterization

Rendu qui produit une image composée de pixels.

1 trame
raster

(en infographie)

Motif de lignes prédéterminé, qui fournit une couverture uniforme d'un espace d'affichage par balayage.

2 trame
frame, transmission frame

(en communication de données)

Configuration de données, comprenant des zones, prédéterminées selon un certain protocole, pour la transmission des données de l'utilisateur et des données de service.

NOTE La composition d'une trame, et notamment le nombre et la nature des diverses zones, varie selon le type de protocole.

≈ trame de transmission

Figure T.3

3 trame
frame, video signal frame

(en vision artificielle)

Ensemble des signaux nécessaires à la production d'une image.

trame de service
control frame

Trame envoyée par une couche ou une sous-couche à une entité située dans la même couche ou sous-couche dans un autre système, mais non transmise aux couches ou sous-couches supérieures.

EXEMPLE Une trame de contrôle d'accès au support.

trame de transmission

➥ **trame (2)**

tranche de tableau
array slice, slice

Partie d'un tableau, composée de cellules adjacentes selon une quelconque des dimensions.

NOTE En Ada, le terme « tranche de tableau » est aussi employé pour désigner une opération de base.

= tranche

transaction
transaction

Unité de traitement qui est activée par une commande, un message ou l'introduction de données et qui effectue une fonction particulière pour l'utilisateur.

transcodeur
code converter

Convertisseur de données destiné à changer la forme de la représentation des données en passant d'un code à un autre code, ou d'un jeu de caractères codés à un autre jeu.

≈ convertisseur de code

transcrire
to transcribe

Copier des données d'un support à un autre et les convertir éventuellement, si la nature du nouveau support l'exige.

transducteur gestuel
gestural transducer

Dispositif qui reconnaît des gestes humains et les traduit en données.
≈ convertisseur gestuel

1 transférer
to transfer, to move

I Envoyer depuis un emplacement et recevoir à un autre emplacement.

II Déplacer des données d'un emplacement de mémoire à un autre.

2 transférer
➡ **retransmettre**

1 transfert
cutover

(en développement de système)
Passage des fonctions d'un système à celui qui le remplace à un instant donné.
≈ basculement

2 transfert
transfer

(en courrier électronique)
Étape de transmission au cours de laquelle un agent de transfert de messages transporte un message, un envoi-test ou un rapport à un autre agent de transfert de messages.
☞ usager direct

transfert, accès et gestion de fichiers
FTAM
file transfer, access and management (FTAM)

Service d'application qui permet aux processus des applications des utilisateurs de transférer des fichiers entre systèmes ouverts d'extrémité, et d'accéder à distance à un ensemble de fichiers, qui peut être réparti, ou de gérer cet ensemble.

transfert de fichiers
file transfer

(en réseautique)
Service consistant à copier le contenu d'un fichier, ou d'une partie d'un fichier, d'un ordinateur à un autre, par l'intermédiaire d'un réseau.

transfert de messages
message transfer (MT)

(en courrier électronique)
Acheminement de messages utilisant des réseaux d'ordinateurs.

transfert et manipulation de travaux
job transfer and manipulation (JTM)

Service d'application qui permet aux processus d'application de transférer des documents relatifs aux tâches de traitement, et d'intervenir dans l'exécution de ces tâches.

transfert par blocs
block transfer

Action de transférer des données, regroupées en blocs, en une opération.

NOTE Un transfert par blocs peut être effectué avec ou sans effacement des données de l'emplacement d'origine.

transformation d'image
image transformation

Toute opération qui produit une image de sortie à partir d'une image d'entrée.

EXEMPLES Sélection et agrandissement d'une partie d'image, comme dans un zoom ; déplacement d'un objet à l'intérieur d'une image, par translation.

transformation en coordonnée d'appareil
device transformation

Transformation d'une coordonnée d'appareil normée en coordonnée d'appareil.

transformation fenêtre-clôture
window/viewport transformation

Mappage qui fait correspondre au contour et à l'intérieur d'une fenêtre (sene II), le contour et l'intérieur d'une clôture.

transformation globale

global transformation

Transformation d'image affectant à chaque pixel une nouvelle valeur, qui est une fonction des valeurs de tous les pixels de l'image.

NOTE Les propriétés globales comprennent la distribution de valeur de gris et la distribution de fréquence spatiale, comme dans l'histogramme de pixel et la transformation de Fourier, et la corrélation.

transformation locale

local transformation, neighborhood processing

Transformation d'image, par laquelle la valeur d'un pixel est modifiée en fonction de la valeur des pixels voisins.

EXEMPLES Convolution, morphologie mathématique.

transformation normée

normalized transformation

Transformation d'une coordonnée universelle en coordonnée d'appareil normée.

transformation ponctuelle

point transformation

Transformation d'image, à l'issue de laquelle la nouvelle valeur de chaque pixel ne dépend que de son ancienne valeur.

transformer

to transform

Modifier la forme des données suivant certaines règles, sans changer fondamentalement leur signification.

transinformation

transinformation content, transferred information, transmitted information, mutual information

Excès de la quantité d'information $I(x)$ apportée par la réalisation d'un événement x, sur la quantité d'information conditionnelle $I(x,y)$ liée à cette réalisation, lorsque l'on connaît la réalisation d'un autre événement y ; mathématiquement cette mesure s'exprime par : $T(x,y) = I(x) - I(x,y)$.

NOTES

1 Les deux événements x et y sont en particulier un message émis par la source de messages d'une voie, et un message reçu par le collecteur de messages de la voie.

2 La transinformation peut aussi être exprimée par :
$T(x,y) = I(x) + I(y) - I(x|y)$; où $I(y)$ est la quantité d'information de l'événement y. Il en résulte qu'elle est symétrique en x et y : $T(x,y) = T(y,x)$.

≈ quantité d'information mutuelle

transinformation moyenne

mean transinformation content, average transinformation content

Espérance mathématique de la transinformation de deux événements, appartenant respectivement à deux ensembles finis et exhaustifs d'événements s'excluant mutuellement, soit mathématiquement :

$$T(X,Y) = \sum_{i=1}^{n} \sum_{j=1}^{m} p(x_i, y_j) T(x_i, y_j) \quad ;$$

où $X = \{x_1 \ldots x_n\}$ est l'ensemble d'événements x_i ; $(i = 1 \ldots n)$, $Y = \{y_1 \ldots y_m\}$ est l'ensemble d'événements ; $y_j = (1 \ldots m)$, $T(x_i,y_j)$ est la transinformation de x_i et y_j, $p(x_i,y_j)$ est la probabilité de réalisation simultanée des deux événements.

NOTES

1 La transinformation moyenne est symétrique par rapport à X et Y. Elle est aussi égale à l'excès de l'entropie de l'un des ensembles d'événements sur l'entropie conditionnelle de cet ensemble par rapport à l'autre :
$T(X,Y) = H(X) - H(X|Y) = H(Y) - H(Y|X) = T(Y,X)$.

2 La transinformation moyenne est une mesure quantitative de l'information transmise à travers une voie, lorsque X est un ensemble déterminé de messages émis par la source de messages et Y un ensemble déterminé de messages reçus par le collecteur de messages. Elle est égale à l'excès de l'entropie à la source sur l'équivoque, ou à l'excès de l'entropie au collecteur sur l'altération.

≈ quantité d'information mutuelle moyenne

transinformation moyenne par caractère

character mean transinformation content

Moyenne par caractère de la transinformation moyenne, étendue à tous les messages issus d'une source de messages stationnaire, et définie par la limite : $T = \lim_{m \to \infty} \frac{Tm}{m}$;

où T_m est la transinformation moyenne de toutes les paires de suites correspondantes émises et reçues, de m caractères chacune.

NOTE La transinformation moyenne par caractère peut être exprimée à l'aide d'une unité telle que le shannon par caractère.

transinformation moyenne par unité de temps

➡ **débit moyen de transinformation**

transition

transition

Phénomène transitoire séparant deux éléments de signal consécutifs ayant des états significatifs différents, dans un signal temporel discret.

translatable

relocatable

Qualifie tout ou partie d'un programme objet qui peut être chargé en un emplacement quelconque de la mémoire principale.

NOTE L'adresse de départ est déterminée par le chargeur, qui ajuste ensuite les adresses de façon à refléter les emplacements de mémoire dans lesquels les diverses parties du programme devront être chargées.

≈ relogeable

translater

to relocate

Transférer tout ou partie d'un programme objet dans un espace d'adresses, et faire les modifications d'adresses nécessaires afin que les parties correspondantes du programme, résultant de cette transformation, puissent être exécutées dans le nouvel emplacement.

≈ reloger

translation

translating

(en infographie)

Application d'un déplacement constant aux positions d'un ou de plusieurs éléments graphiques.

translation d'image

image translation

Mouvement d'une image dans une direction donnée, sans rotation.

translation dynamique

dynamic relocation

Déplacement d'un programme vers de nouvelles adresses absolues, durant son exécution.

translitérer

to transliterate

Convertir des données, caractère par caractère.

1 transmission (– de texte, – de la voix, – de l'image, – de séquences vidéo)

(text –, voice –, image –, video –) transmission

Transfert électronique de texte, de la voix, de l'image ou de séquences vidéo, d'un point à un autre sur un réseau.

2 transmission

transmittal

(en courrier électronique)

Envoi ou tentative d'envoi d'un objet d'information, d'une source à ses destinataires potentiels.

NOTE Une transmission consiste en une séquence d'étapes de transmission et d'événements de transmission.

transmission à l'alternat

➡ **transmission semi-duplex**

transmission arythmique

start-stop transmission

Transmission asynchrone, dans laquelle chaque groupe d'éléments de signal, représentant un caractère ou un bloc de caractères, est précédé d'un signal particulier, appelé signal de départ, et suivi d'un autre signal, appelé signal d'arrêt.

transmission asynchrone
asynchronous transmission

Transmission de données, dans laquelle le début de chaque caractère ou bloc de caractères survient à un instant quelconque, mais où, après ce démarrage, chacun des éléments de signal survient en relation de phase constante avec les instants significatifs d'une base de temps fixe.

transmission avec connexion
➡ **transmission en mode connexion**

transmission bilatérale simultanée
➡ **transmission duplex**

transmission de données
data transmission

Transfert de données d'un point vers un ou plusieurs autres points, au moyen de signaux.

NOTES

1 La transmission peut se faire directement ou indirectement, avec ou sans enregistrement intermédiaire.

2 L'utilisation du terme anglais *data transmission* dans le sens de « envoi de données » (ou « émission de données ») est déconseillée.

transmission duplex
duplex transmission, full-duplex transmission

Transmission de données dans les deux sens, simultanément.

≈ transmission bilatérale simultanée

transmission en mode connexion
connection-mode transmission, connection-oriented transmission

Transmission d'unités de données, depuis une source constituant un point d'accès au service, vers une ou plusieurs destinations constituant des points d'accès au service, au moyen d'une connexion.

NOTE La connexion est établie avant la transmission de données, et est libérée après la transmission.

≈ transmission avec connexion

transmission en mode sans connexion
connectionless-mode transmission, connectionless transmission

Transmission d'une seule unité de données, depuis une source constituant un point d'accès au service, vers une ou plusieurs destinations constituant des points d'accès au service, sans établir de connexion.

≈ transmission sans connexion

transmission en tunnel
➡ **tunnelisation**

transmission parallèle
parallel transmission

Transmission simultanée, sur des voies de transmission distinctes, des éléments de signal composant un même signal de caractère ou de bloc.

= transmission en parallèle

transmission sans connexion
➡ **transmission en mode sans connexion**

transmission semi-duplex
half-duplex transmission

Transmission de données dans un sens ou dans l'autre, mais non simultanément.

≈ transmission à l'alternat

transmission série
serial transmission

Transmission, en des intervalles de temps successifs, jointifs ou non, des éléments de signal qui composent un même signal de caractère ou de bloc.

= transmission en série

transmission simplex
simplex transmission

Transmission de données dans un seul sens, fixé à l'avance.

transmission synchrone
synchronous transmission

Transmission de données dans laquelle chaque élément de signal survient à un instant défini par une base de temps fixe, commune à l'émetteur et au récepteur.

transparence du circuit de données
data circuit transparency

Aptitude d'un circuit de données à transmettre toutes les données sans en modifier la signification ou la structure.

transparent électronique
➥ **tablette de rétroprojection**

transposition
➥ **permutation**

trappe
trapdoor

Mécanisme logiciel ou matériel dissimulé, habituellement conçu pour les tests et la détection des erreurs, utilisé pour contourner la sécurité informatique.

≈ porte dissimulée

travail
job

Ouvrage qui est défini comme un tout par un utilisateur, pour être accompli par un ordinateur.

NOTE Le travail défini par l'utilisateur peut comporter un ensemble de programmes, des fichiers, et des instructions de commande données au système d'exploitation.

trier
to sort

Répartir des éléments en groupes suivant des règles déterminées, sans nécessairement ordonner les éléments dans chacun des groupes.

troncature d'un calcul
truncation of a computation process

Action mettant un terme, suivant une règle déterminée, à un calcul susceptible d'être continué.

troncature d'une chaîne
truncation of a string

Suppression ou omission d'une partie, initiale ou finale, d'une chaîne, selon des critères donnés.

tunnellisation
tunneling

Technique permettant de relier deux réseaux par l'intermédiaire d'un troisième réseau, tout en isolant totalement le trafic de cette liaison de tout autre trafic dans le troisième réseau.

≈ transmission en tunnel

tuple
tuple

Dans une base de données relationnelle, partie d'une relation qui décrit de façon unique une occurrence d'entité et ses attributs.

NOTE Un tuple peut être représenté par une ligne d'une table de relations.

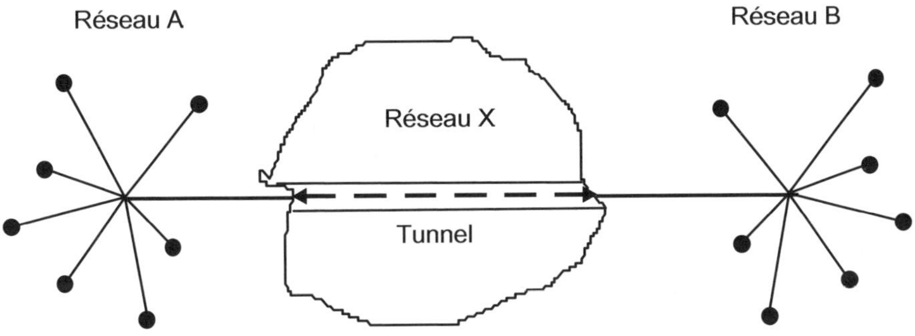

Note
Le tunnel relie les réseaux A et B à travers le réseau X, sans accès intermédiaire.

Figure T.4 – Tunnellisation

typage faible
weak typing

Assouplissement des règles de typage fort.

EXEMPLE Le typage faible permet l'addition d'un entier relatif et d'un nombre à virgule flottante, sans conversion de type explicite de l'un des deux opérandes.

NOTE En typage faible, il peut y avoir ou non conversion de type implicite.

typage fort
strong typing

Obligation faite aux opérandes, dans un élément de langage, d'avoir un type de données compatible avec l'opération effectuée, ou de subir une conversion de type explicite avant que l'opération ne soit effectuée.

EXEMPLE En Ada, le typage fort rend l'addition 2 + 3,5 illégale, car « 2 » est un entier relatif et « 3,5 » un nombre réel.

type atomique
atomic type

Type de données dont chacun des objets de données est constitué d'une valeur de donnée non décomposable.

type caractère
character type

Type ordinal dont chaque objet de données représente un caractère.

type chaîne
string type

Type de données dont chaque objet de données représente une chaîne.

type champ
field type

Type de données dont les occurrences sont élémentaires dans un certain contexte conceptuel et qui, dans ce contexte, représente une information élémentaire.

EXEMPLE Un type de données « date » peut être élémentaire dans un certain contexte, alors que, dans d'autres contextes, il peut être constitué des types champs « année », « mois » et « jour ».

NOTE Le fait qu'un type de données soit élémentaire ou non est déterminé par le point de vue.

type composite
composite type

Type de données dont la structure de données est composée des structures de données d'un ou plusieurs types de données, et qui dispose de son propre ensemble d'opérations permises.

EXEMPLE Le type de données « nombre complexe » peut être composé de deux types de données « nombre réel ».

NOTE Les opérations d'un type composite peuvent manipuler ses occurrences comme un tout, ou manipuler des parties de ses occurrences.

type d'accès
access type

(en sécurité informatique)

Type d'opération spécifié par un droit d'accès.

EXEMPLES Lire, écrire, exécuter, ajouter, modifier, supprimer, créer.

type de base
base type, host type, underlying type

Type de données dont un sous-type est déduit.

☞ type parent

type de boucle
iteration scheme

Méthode utilisée dans le contrôle de boucle, pour déterminer s'il faut ou non sortir d'une boucle.

EXEMPLE Une clause « do ... while ».

type de codage
encoded information type (EIT)

Partie de l'enveloppe qui identifie le type de codage d'information caractérisant les diverses parties du contenu.

EXEMPLES MIME (*multipurpose Internet mail extender*) et ASN.1.

type de contenu
content type

Partie de l'enveloppe qui identifie la syntaxe et la sémantique de la totalité du contenu.

EXEMPLES Texte en clair, ASN.1, SGML.

type de données
data type, datatype

Ensemble déterminé d'objets de données d'une structure de données spécifiée, accompagné d'un ensemble d'opérations permises, de façon que ces objets de données puissent agir en tant qu'opérandes lors de l'exécution de l'une quelconque de ces opérations.

EXEMPLE La structure d'un type entier est très simple, chacune de ses occurrences, appelée couramment « valeur », est une représentation d'un élément d'une certaine portée de nombres entiers, et les opérations permises comprennent les opérations arithmétiques courantes pour les entiers relatifs.

NOTE Le terme « type » peut être utilisé à la place de « type de données » quand il n'y a aucune risque d'ambiguïté sémantique.

type de données abstrait
abstract data type (ADT)

Classe de structures de données décrite par une liste d'opérations, ou de caractéristiques disponibles dans cette structure et par les propriétés formelles de ces opérations, dont les interfaces sont distinctes de la réalisation interne.

type dérivé
derived type

Type de données dont les valeurs et les opérations sont des copies exactes de celles d'un type parent existant.

NOTES

1 Le typage fort interdit les opérations entre valeurs de types dérivés différents, ou entre un type dérivé et un type parent, à moins qu'une conversion de type explicite ne soit utilisée.

2 L'ensemble des valeurs de données, ou les opérations applicables des types dérivés, peuvent être réduits ou élargis.

☞ type parent

type encapsulé
encapsulated type

Type de données ayant des interfaces définies de façon publique et une structure interne réalisée de façon privée, ainsi que les opérations s'y rapportant.

type enregistrement
record type

Type composite, dont les composantes sont des types champs ou d'autres types de données du même genre.

EXEMPLE Un enregistrement de dossier personnel peut contenir des données personnelles organisées dans des champs, ou des sous-enregistrements à l'intérieur de cet enregistrement de dossier personnel.

NOTE Un type enregistrement définit un ensemble de valeurs et d'opérations. Un exemple d'un type enregistrement de ce genre peut contenir des valeurs qui sont elles-mêmes des enregistrements.

≈ type structure

type ensemble
set type

(dans un modèle en réseau)

Ensemble de types enregistrements, portant un nom, et constitué d'un type enregistrement d'enregistrement propriétaire, et d'un ou plusieurs types enregistrements d'enregistrements membres, ainsi que d'une relation hiérarchique entre le type enregistrement de l'enregistrement propriétaire et les autres types enregistrements.

type entier
integer type

Type ordinal dont chaque objet de données représente un entier relatif, à l'intérieur d'un intervalle déterminé.

type énumératif
enumeration type, enumerated type

Type ordinal dont les objets de données sont explicitement énumérés dans la déclaration de ce type de données.

type en virgule fixe
fixed-point type, implied decimal type

Type réel dont chaque objet de données est représenté en numération à séparation fixe.

type en virgule flottante
floating-point type

Type réel dont chaque objet de données est représenté en numération à séparation flottante.

type index
index type

Type ordinal dont chaque objet de données représente un indice dans un tableau.

type limité
limited type

Type privé dont seules des opérations ou des attributs de données explicitement déclarés sont disponibles, à l'extérieur de la partie de programme qui le contient.

type logique
logical type, Boolean type, boolean type

Type de données dont les objets de données peuvent prendre seulement deux valeurs possibles (habituellement VRAI ou FAUX) et ne peuvent être manipulés que par des opérateurs booléens.

Avec une majuscule, *Boolean type* est l'orthographe anglaise ; tandis que *boolean type* est l'orthographe américaine.

☞ type caractère, type énumératif, type entier, type réel

type numérique
numeric type

Type scalaire dont chaque objet de données représente un entier relatif ou une approximation d'un nombre réel.

type ordinal
ordinal type, discrete type

Type de données dont chaque objet de données représente un membre d'un ensemble comptable ordonné.

NOTE En Pascal, les types ordinaux sont « énumératif », « car », « entier » et « booléen ». En Ada, les « types ordinaux » sont soit des types entiers, soit des types énumératifs.

type parent
parent type

Type de données qui sert de modèle pour déduire de nouveaux types.

☞ type de base, type dérivé

type pointeur
pointer type, access type

Type de données dont chaque objet de données est un pointeur.

type prédéfini
predefined type

Type de données référencé par un identificateur prédéfini, pour lequel un langage de programmation fournit les opérations adéquates.

type privé
private type

Dans un programme, type de données dont la structure, l'ensemble des valeurs et les opérations sont définis mais ne sont disponibles que dans certaines parties privilégiées du programme.

EXEMPLE En Ada, seule l'affectation, l'égalité et l'inégalité sont utilisables en dehors des opérations explicitement rendues disponibles.

type réel
real type

Type de données dont chaque objet de données représente un nombre réel, parfois par approximation.

EXEMPLE En notation binaire, le nombre décimal 0,1 est représenté par un nombre infini de chiffres.

NOTE Les types réels sont soit des types en virgule flottante, soit des types en virgule fixe.

type scalaire

scalar type, simple type

Type de données dont chaque élément représente un scalaire.

NOTE En Pascal et en Ada, les types scalaires sont soit des types ordinaux, soit des types réels.

type structure

➡ **type enregistrement**

type tableau

array type

Type composite dont les composants sont du même type de données.

NOTE Les types tableaux peuvent être organisés et référencés comme si leurs composants étaient organisés en colonnes, lignes, etc.

type union

variant record type

Type enregistrement ayant une partie variable qui spécifie un choix de listes de composants.

type universel

universal type

Type de données des libellés numériques, et type de données du résultat de certaines opérations prédéfinies, qui sont utilisés pour se conformer aux règles du typage fort.

EXEMPLE En Ada, une déclaration de nombre (sans type de données) implique que le nombre a le type universel.

U

UC

➡ **unité centrale**

UDP

UDP

Nom d'un protocole de communication en mode sans connexion, correspondant à peu près aux protocoles de la couche transport du modèle de référence OSI.

UDP est l'abréviation de l'expression anglaise *user datagram protocol.*

☞ couche, internet

UML

➡ **langage unifié de modélisation**

union

disjunction, OR operation, INCLUSIVE-OR operation, logical add

Opération booléenne dont le résultat a la valeur 0 si et seulement si tous les opérandes ont la valeur booléenne 0.

NOTE « OU inclusif » a le sens de la conjonction latine *vel.*

≈ opération OU, opération OU inclusif, réunion

unité à niveau de sécurité unique

single-level device

Unité fonctionnelle ne pouvant traiter, à un instant déterminé, que des données relevant d'un seul niveau de sécurité.

unité à niveaux de sécurité multiples

multilevel device

Unité fonctionnelle capable de traiter simultanément des données relevant de plusieurs niveaux de sécurité, sans risque de compromettre la sécurité informatique.

unité arithmétique et logique

arithmetic and logic unit (ALU)

Partie d'un processeur qui effectue des opérations arithmétiques et des opérations logiques.

unité à virgule flottante

floating point unit

Partie d'un processeur qui effectue des opérations arithmétiques dans une numération à séparation flottante.

unité centrale

UC

central processing unit (CPU)

Unité de traitement qui a un rôle central dans le fonctionnement d'un ordinateur.

NOTE Il existe des systèmes à processeurs multiples, par exemple en multitraitement symétrique, qui n'ont pas d'unité centrale.

unité d'accès
access unit (AU)

Unité fonctionnelle qui relie un système de transfert de messages à un autre système de communication, et par lequel ses utilisateurs accèdent indirectement au système de messagerie.

☞ système de messagerie

unité d'accès de remise physique
physical delivery access unit (PDAU)

Unité d'accès destinée à effectuer une remise physique.

EXEMPLE Une imprimante.

☞ système de messagerie

unité d'allocation
➡ **groupe de secteurs**

unité de bande magnétique
magnetic tape unit, tape unit

Dispositif comprenant un dérouleur de bande magnétique, des têtes magnétiques et les commandes associées.

unité de commande
instruction control unit

Partie d'un processeur qui recherche en mémoire centrale les instructions, interprète chacune d'elles et, selon cette interprétation, adresse des signaux à l'unité arithmétique et logique, et à d'autres parties du processeur.

≈ organe de commande

unité de commande principale
main control unit

Dans un processeur possédant plusieurs unités de commande, celle de ces unités à laquelle les autres sont subordonnées, dans un intervalle de temps donné.

NOTE Dans un système d'exploitation, une unité de commande peut être désignée comme unité de commande principale par construction, par programme ou les deux.

unité de compilation
compilation unit

Tout ou partie d'un programme, exprimé en langage évolué et suffisamment complet pour pouvoir être compilé.

unité de disque
➡ **lecteur de disque**

unité de disque dur
➡ **lecteur de disque dur**

unité de disque fixe
➡ **lecteur de disque fixe**

unité de disque magnétique
➡ **lecteur de disque magnétique**

unité de données du protocole
PDU

protocol data unit (PDU)

Ensemble de données spécifié dans un protocole d'une couche déterminée, et composé d'informations de contrôle du protocole de cette couche et, éventuellement, de données de l'utilisateur de cette même couche.

☞ informations de contrôle du protocole

unité de données du service
SDU

service data unit (SDU)

Ensemble de données remises par un utilisateur des services d'une couche déterminée, pour qu'elles soient transférées sans modification sémantique à l'utilisateur de service homologue.

☞ informations de contrôle du protocole

unité de données exprès
expedited data unit

Petite unité de données de service, dont la remise à l'entité homologue dans le système ouvert destinataire est assurée avant que toute autre unité de données de service envoyée sur la même connexion ne soit remise.

unité de gestion de la mémoire
memory management unit (MMU)

Unité fonctionnelle qui assure la protection, le partage et l'affectation des blocs de mémoire.

NOTE L'unité de gestion de la mémoire gère la mémoire virtuelle et les mouvements de page, en traduisant les adresses virtuelles en adresses réelles, et peut assurer le multiplexage des adresses et le cycle de rafraîchissement de la mémoire vive dynamique.

≈ gestionnaire de mémoire

unité d'entrée

➡ **dispositif d'entrée**

unité d'entrée-sortie

➡ **dispositif d'entrée-sortie**

unité de programme

➡ **module**

unité de raccordement au support

medium attachment unit (MAU)

Dans une station de données d'un réseau local, appareil utilisé pour raccorder le terminal de données au support de transmission.

unité de sortie

➡ **dispositif de sortie**

unité de traitement

processing unit

Unité fonctionnelle constituée d'un ou de plusieurs processeurs, et des mémoires internes associées.

unité de trame

raster unit

Distance entre des pixels adjacents.

unité de zone morte

dead zone unit

Unité fonctionnelle, dont la variable analogique de sortie est constante sur une plage déterminée des valeurs de la variable analogique d'entrée.

unité fonctionnelle

functional unit

Entité matérielle ou logicielle, ou les deux à la fois, capable de remplir une fonction déterminée.

NOTES

1 Une unité fonctionnelle peut comprendre du personnel.

2 Dans les normes de l'électricité, le terme « entité » est employé à la place d'« unité fonctionnelle ».

unité générique

generic unit

Modèle, éventuellement paramétré, d'un élément de langage, dont est dérivé, au moment de la traduction, un élément de langage conforme.

unité lexicale

lexical token, lexical element, lexical unit

Chaîne d'un ou de plusieurs caractères de l'alphabet d'un langage de programmation représentant, par convention, une unité sémantique élémentaire.

EXEMPLES Un libellé tel que 2G5 ou un identificateur tel que last_name, en Pascal.

≈ entité lexicale

unité temporelle

time unit

Unité fondamentale de mesure du temps, dans un système de coordonnées temporelles.

univers de blocs

➡ **monde de blocs**

univers du discours

universe of discourse

Dans un contexte particulier, ensemble de toutes les entités pertinentes.

EXEMPLE Si le domaine d'intérêt est « les finances », l'univers du discours est constitué par « les aspects financiers d'une organisation ».

NOTE Un univers du discours peut inclure de nombreux mondes d'entités, et éventuellement des entités qui n'ont pas encore été perçues ou prises en considération.

univers virtuel
virtual world, virtual universe, virtual environment

Environnement qui semble avoir certaines caractéristiques d'un autre environnement, et où les participants se perçoivent eux-mêmes comme des parties interactives.

NOTES
1 Chaque participant doit percevoir au moins un univers tridimensionnel.
2 Dans le cas d'un univers virtuel à plusieurs participants, ceux-ci doivent pouvoir percevoir leurs symboles respectifs.
3 Dans les univers virtuels, les participants peuvent interagir grâce à des périphériques spécialisés, tels que des gants de données ou des visiocasques.

≈ monde virtuel

URL
➡ **adresse URL**

usager
➡ **utilisateur**

usager direct
direct user

Utilisateur qui participe à un traitement de messages par utilisation directe du système de messagerie.

☞ usager indirect
👁 Figure U.1

usager indirect
indirect user

Utilisateur qui participe à un traitement de messages, par l'intermédiaire d'un autre système de communication relié au système de messagerie.

NOTE L'autre système de communication peut être un système postal ou le télex.

☞ usager direct

Usenet

Partie de l'internet utilisée pour des conférences par ordinateur.

usurpation d'identité
➡ **déguisement**

utilisateur
user

(en courrier électronique)
Personne ou unité fonctionnelle qui participe à un traitement de messages, en tant que source ou destination potentielle.

≈ usager

utilisateur d'annuaire
directory user

Personne ou unité fonctionnelle qui accède au système d'annuaire.

utilisateur de service
service user

(dans l'OSI)
Entité qui, dans un système ouvert déterminé, utilise un service par l'intermédiaire de points d'accès à ce service.

utilisateur de service appelant
calling service user

Utilisateur de service, qui émet une primitive de demande afin d'établir une connexion.

utilisateur de service appelé
called service user

Utilisateur de service, avec lequel un utilisateur de service appelant souhaite établir une connexion.

utilisateur de service destinataire
receiving service user

Utilisateur de service, jouant le rôle de collecteur de données au cours de la phase de transfert de données d'une connexion, ou dans le cas d'une transmission sans connexion.

utilisateur de service expéditeur
sending service user

Utilisateur de service, jouant le rôle de source de données au cours de la phase de transfert de données d'une connexion, ou dans le cas d'une transmission sans connexion.

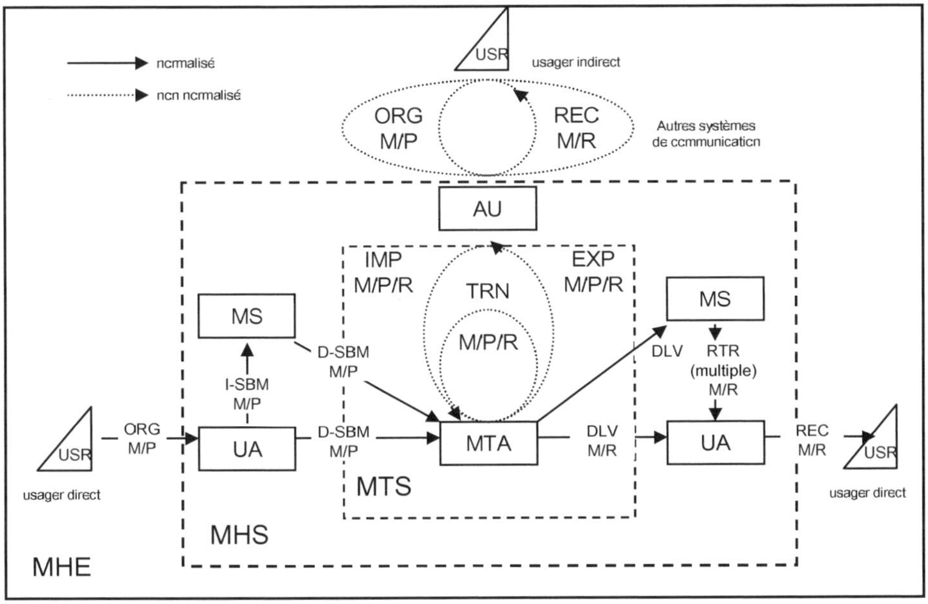

	Environnement ou systèmes :
MHE	environnement de la messagerie
MHS	système de messagerie
MTS	système de transfert de messages
	Unités fonctionnelles :
AU	unité d'accès
MS	mémoire de messages
MTA	agent de transfert de messages
UA	agent d'usager
	Objets d'information transférés :
M/P/R	messages, envois-tests et rapports
M/R	messages et rapports
M/P	messages et envois-tests

	Étapes de transmission :
DLV	remise
EXP	export
IMP	import
ORG	émission
SBM	dépôt
D-SBM	dépôt direct
I-SBM	dépôt indirect
REC	réception
RTR	extrct
TRN	transferters un autre MT

Figure U.1 – Vue dynamique du flux des informations, dans l'environnement de la messagerie

utilisation en vol de cycles

cycle stealing

Processus par lequel le dispositif en cours de fonctionnement est suspendu pendant quelques cycles d'horloge, pour permettre à un autre dispositif ou à une unité fonctionnelle d'effectuer une opération.

EXEMPLE Transférer des données vers la mémoire, par un bus.

utilitaire de base de données

database utility

Programme permettant la mise en place, l'exploitation et le suivi d'une base de données dans son ensemble.

EXEMPLES Programmes utilisés pour le chargement, le déchargement, la restauration, la restructuration, le contrôle de cohérence et les statistiques.

≈ programme de service de base de données

Uudecode

Nom de l'un des deux programmes permettant d'acheminer des données binaires, sous forme d'une chaîne de caractères, sur une voie n'acceptant que les caractères.

NOTE Une autre méthode est fournie par BASE64.

☞ Uuencode

Uuencode

Nom de l'un des deux programmes permettant d'acheminer des données binaires, sous forme d'une chaîne de caractères, sur une voie n'acceptant que les caractères.

NOTE Une autre méthode est fournie par BASE64.

☞ Uudecode

V

vaccin
anti-virus program, vaccine program

Programme conçu pour détecter des virus, et éventuellement pour suggérer ou appliquer des remèdes.

≈ antivirus, détecteur de virus, programme antivirus

valeur absolue
absolute value

Valeur de la position ou de l'orientation, dans l'espace d'un univers virtuel, mesurée à partir d'un point d'origine unique et fixe.

valeur chromatique
color value

Définition d'une couleur en termes de teinte, de saturation et de luminosité.

valeur d'adressage calculé
➡ **valeur de hachage**

valeur d'agrégat
aggregate value

Valeur de donnée associée à un agrégat.

valeur d'attribut
attribute value

Occurrence particulière d'un attribut.

EXEMPLE « bleu » est une valeur d'attribut pour l'attribut « couleur ».

valeur de donnée
data value

Élément d'un ensemble défini d'objets de données qui, dans un contexte donné, est associé à un élément de langage tel qu'une variable ou un type de données.

NOTE En principe, la valeur de donnée devrait être distinguée de « valeur de fonction » en mathématiques, de « valeur de nombre » et de « valeur de position », en représentation numérique.

valeur de hachage
hash value

Nombre résultant d'une fonction de hachage et indiquant la position en mémoire d'un élément déterminé.

≈ valeur d'adressage calculé

valeur de pixel
pixel value

Valeur discrète représentant les attributs d'un pixel, tels que la couleur ou l'intensité.

valeur de voxel
voxel value

Valeur discrète représentant les attributs d'un voxel, tels que la couleur ou l'intensité.

valeur relative
relative value

Valeur de la position ou de l'orientation dans l'espace d'un univers virtuel, mesurée par rapport à une position précédente ou à une orientation précédente.

validation de concept
concept validation

Vérification, par induction, de la justesse d'un concept appris, en comparant sa description à celle d'exemples provisoires et en enregistrant les résultats sur une grille de correction.

validation de données
data validation

Processus servant à déterminer si des données sont exactes, complètes ou correspondent à des critères spécifiés.

NOTE La validation de données peut comprendre notamment des contrôles de disposition, des contrôles de présence, des vérifications par clés de contrôle, des contrôles de vraisemblance et des contrôles de valeurs limites.

validation d'identité
identity authentication, identity validation

Exécution de tests permettant à un système informatique de reconnaître des entités.

EXEMPLE Vérification d'un mot de passe ou d'une preuve d'identité.

variable
variable

Quadruplet, défini par une déclaration ou par une déclaration implicite, constitué d'un identificateur, d'un ensemble d'attributs de données, d'une ou de plusieurs adresses, et de valeurs de données, et dans lequel la relation entre les adresses et les valeurs peut changer.

NOTE Dans certains langages de programmation, les adresses peuvent changer, et donc les valeurs de données associées peuvent changer. Dans d'autres langages de programmation, les adresses restent fixes mais les valeurs de données associées peuvent changer pendant l'exécution.

variable analogique
analog variable

Signal continûment variable, représentant soit une variable mathématique, soit une grandeur physique.

variable de boucle
loop-control variable, loop parameter

Objet de donnée utilisé pour déterminer s'il faut, ou non, sortir d'une boucle.

variable logique
switching variable, logic variable

Variable ne pouvant prendre qu'un nombre fini de valeurs ou d'états.

EXEMPLE Un caractère non spécifié appartenant à un jeu de caractères.

variable partagée
shared variable

Variable à laquelle peuvent accéder plusieurs procédures asynchrones, ou bien plusieurs programmes exécutés de façon concurrente.

variation de focale
zooming

Mise à l'échelle progressive de toute l'image, donnant à l'observateur l'impression du rapprochement ou de l'éloignement d'éléments graphiques.

NOTE La variation de focale doit être uniforme dans toutes les directions.

≈ zoomage

vecteur
vector

Grandeur généralement caractérisée par un ensemble ordonné de scalaires.

vecteur absolu
absolute vector

Vecteur dont l'origine et l'extrémité sont déterminées par des coordonnées absolues.

vecteur de caractéristiques
feature vector

Ensemble ordonné de caractéristiques pouvant servir à décrire des zones ou des objets d'une image.

vecteur relatif
relative vector

Vecteur dont l'extrémité est déterminée par rapport à l'origine de ce vecteur.

vectorisation
vectorization

Transfert d'une image binaire sur une image définie par des vecteurs.

ver
worm

Programme indépendant qui peut se propager à travers des systèmes informatiques ou des réseaux d'ordinateurs.

NOTE Les vers sont souvent conçus pour absorber la totalité des ressources disponibles, comme l'espace mémoire ou le temps de traitement.

vérificateur d'orthographe
spelling checker, spellchecker

Dans un système de traitement de texte, programme qui vérifie l'orthographe des mots du texte.

NOTE La vérification peut s'appliquer soit au fur et à mesure de l'introduction des mots, soit lors d'un traitement ultérieur.

vérification
verification

Fait de comparer une activité, un processus ou un produit, avec des exigences ou des spécifications.

EXEMPLE Comparaison d'une spécification avec un modèle de politique de sécurité, ou comparaison d'un code objet avec un code source.

vérification au clavier
keystroke verification

Vérification de l'exactitude de la saisie de données, par la réintroduction au clavier de ces mêmes données.

≈ contrôle par double frappe

vérification de système informatique
computer-system audit

Examen des procédures utilisées dans un système informatique, pour en évaluer l'efficacité et la conformité, et proposer des améliorations.

≈ audit de système informatique

vérification du locuteur
speaker verification, speaker authentication

Forme de reconnaissance du locuteur, destinée à décider si un échantillon de parole a été prononcé par la personne dont l'identité a été déclarée.

NOTE La vérification du locuteur est utilisée principalement pour limiter l'accès à des informations, à des installations ou à des locaux.

≈ authentification du locuteur

vérification pas à pas

➠ **contrôle de programmation**

verrou

➠ **dispositif de verrouillage**

1 verrouillage
lockout

Technique d'allocation des ressources d'un ordinateur, dans laquelle des ressources partagées sont protégées par le fait qu'on ne permet l'accès qu'à un seul appareil ou un seul processus à la fois, à l'exclusion de tout autre.

EXEMPLE Interdiction de lire des données pendant une mise à jour.

2 verrouillage
lock-out facility

Interdiction d'introduire des données, lorsque la calculatrice est placée dans une situation de dépassement de capacité ou dans une condition d'erreur.

verrouillage logiciel
padlocking

Utilisation de techniques spéciales pour protéger d'une copie illicite les données ou le logiciel.

vêtement cybernautique

➠ **combinaison intégrale**

veuve
widow, widow line
Dernière ligne d'un paragraphe apparaissant seule en haut de la colonne ou de la page suivante.

vidage
➥ **clichage**

vidage après changement
➥ **clichage après changement**

vidage d'autopsie
➥ **clichage d'autopsie**

vidage mémoire
➥ **image mémoire**

vidage sélectif
➥ **clichage sélectif**

vidéo
video
Se dit de données dont le format convient à l'affichage sous forme d'une ou plusieurs images.
EXEMPLES Le contenu d'une cassette de film, le signal d'un radar météorologique.
NOTES
1 Les données vidéo se présentent normalement comme une série d'images, de façon à donner une impression d'action ou de conditions changeantes.
2 Le mot vidéo est, en français, un adjectif invariable ; par exemple, on écrit « des données vidéo ». Ce même mot peut aussi être employé comme nom féminin et comme préfixe.

vidéoconférence
➥ **visioconférence**

vidéodisque numérique express
digital video express (Divx)
Disque optique semblable au disque numérique polyvalent, que l'utilisateur peut examiner pendant une durée limitée, à l'issue de laquelle il n'est plus lisible mais peut être réactivé contre un paiement.
≈ disque Divx

vidéographie diffusée
➥ **télétexte**

vidéographie interactive
➥ **vidéotex**

vidéo inverse
reverse video, inverse video
Inversion des couleurs du premier plan d'image et du fond d'image, dans une zone ou dans la totalité d'une image, généralement pour une mise en évidence.

vidéomémoire
➥ **mémoire vidéo**

vidéoserveur
➥ **serveur vidéo**

vidéotex
videotex, interactive videography, viewdata
Service permettant, au travers d'un réseau de télécommunications, un échange interactif d'informations alphanumériques et graphiques affichées sur un écran.
≈ vidéographie interactive

vider
➥ **clicher**

vignette
thumbnail
Représentation graphique en miniature d'un document.

virtualisation
virtualization
Création d'un objet virtuel à partir d'une image.

virtualité sans fil
wireless virtual reality, wireless VR
Univers virtuel utilisant des caméras et un logiciel pour interpréter une scène, plutôt que des appareils placés sur les participants pour suivre leurs activités, telles que la position, les gestes ou la direction du regard.
≈ réalité virtuelle sans fil

virtuel
virtual

Qualifie un objet qui semble avoir certaines caractéristiques d'un autre objet, pour lequel il sert de suppléant.

virus informatique
virus

Programme qui se propage en modifiant d'autres programmes pour y inclure une copie éventuellement modifée de lui-même, et qui est exécuté quand le programme infecté est invoqué.

NOTE Un virus provoque souvent des dommages ou des ennuis, et peut être déclenché par un événement donné, comme l'arrivée d'une date prédéterminée.

= virus

visibilité
visibility

Capacité de faire référence à un élément de langage particulier, depuis un endroit spécifique dans un module.

visiocasque
head-mounted display (HMD)

Appareil porté sur la tête et comprenant un dispositif d'affichage stéréoscopique, des capteurs de position et d'orientation et, parfois aussi, des écouteurs.

≈ afficheur de tête, casque de visualisation

visiocasque avec vision en transparence
see-through head-mounted display (see-through HMD)

Visiocasque qui permet à l'utilisateur de voir en même temps le monde réel.

visioconférence
video conferencing

Téléconférence permettant, en plus de la transmission de la parole, de texte et de documents graphiques, la transmission d'images fixes ou animées des participants.

≈ vidéoconférence

☞ audioconférence, téléconférence

vision artificielle
computer vision, artificial vision

Capacité d'une unité fonctionnelle à acquérir, traiter et interpréter des données visuelles.

NOTES

1 La vision artificielle utilise des capteurs optiques pour créer des images électroniques ou numériques de scènes visuelles.

2 Ne pas confondre avec visionique.

≈ vision par ordinateur

vision de bas niveau
low-level vision

Processus consistant à extraire des données visuelles d'une scène, en utilisant des techniques sommaires de modélisation, telles que la représentation d'une scène par les arêtes d'un objet ou des contours de luminosité.

vision de haut niveau
high-level vision

Vision artificielle qui comprend des processus simulant la cognition.

visionique
machine vision

Application de la vision artificielle à la conduite des machines et des robots, ainsi qu'au contrôle de la qualité et des processus.

Ce terme est un nom féminin.

NOTE Le terme « visionique » est utilisé en ingénierie et ne doit pas être confondu avec « vision artificielle ».

visionneur
➡ **visualisateur**

vision par ordinateur
➡ **vision artificielle**

vision par robot
robot vision

Visionique qui fournit des données visuelles pour contrôler ou guider un robot.

vision spatiale
spatial vision

Vision dans laquelle on utilise des données pour évaluer la structure spatiale du champ visuel.

NOTE Un robot utilise la vision spatiale pour détecter si l'étiquette d'un emballage est collée dans le bon sens.

vision temporelle
temporal vision

Vision dans laquelle on utilise des données pour évaluer les modifications d'éléments visuels au cours du temps.

vision thermique
thermal vision

Processus de compréhension d'une scène à partir de ses variations de température.

visualisateur
viewer

Logiciel d'application qui permet à un utilisateur d'avoir accès en lecture seule à des documents, sans disposer du logiciel qui sert à traiter ces documents.

≈ visionneur

visualisation de scène
scene view

Affichage virtuel vu sur grand écran ou à travers une fenêtre d'un terminal, plutôt que par des appareils d'immersion.

visualisation scientifique
scientific visualization

Utilisation de l'infographie et du traitement d'image pour représenter des modèles ou des caractéristiques de processus ou d'objets, de façon à les rendre plus compréhensibles.

EXEMPLES L'image d'une tumeur obtenue par balayage à résonance magnétique ; une vue volumétrique horizontale ou verticale d'un lac montrant les températures enregistrées ; un modèle bidimensionnel des ondes électriques du cœur.

≈ représentation visuelle

visualisation tridimensionnelle

➡ **réalisation en réalité virtuelle**

vitesse angulaire constante
constant angular velocity (CAV)

Mode de lecture d'un disque, selon lequel la vitesse angulaire reste la même pour toutes les pistes ou spires de piste.

vitesse angulaire constante zonée
zone constant angular velocity (ZCAV)

Mode de lecture d'un disque, selon lequel la vitesse angulaire reste la même dans une zone de la surface d'enregistrement.

vitesse linéaire constante
constant linear velocity (CLV)

Mode de lecture d'un disque, selon lequel la vitesse angulaire varie de manière que le temps nécessaire pour lire une longueur donnée de piste soit constant.

vitesse réelle de transfert

➡ **cadence brute de transfert**

vitesse utile de transfert

➡ **cadence utile de transfert**

vocabulaire actif

➡ **vocabulaire parlé**

vocabulaire de reconnaissance
recognition vocabulary, passive vocabulary

Ensemble des mots et des expressions identifiés par un reconnaisseur de parole.

≈ vocabulaire passif

☞ vocabulaire parlé

vocabulaire parlé
spoken vocabulary, active vocabulary

Ensemble des mots et des expressions qu'un synthétiseur de parole peut produire en réponse à une requête d'un utilisateur.

≈ vocabulaire actif

☞ vocabulaire de reconnaissance

vocabulaire passif

➡ **vocabulaire de reconnaissance**

vocodeur
vocoder, voice coder

Dispositif de codage de la parole, qui extrait du signal de parole des paramètres permettant la reconstitution intelligible du signal de parole initial.

voie
channel

(en théorie des communications)

Partie d'un système de communication qui relie la source de messages au collecteur de messages.

NOTES

1 Un codeur peut être situé entre la source de messages et l'entrée de la voie, et un décodeur peut être situé entre la sortie de la voie et le collecteur de messages. Ces deux organes ne sont en général pas considérés comme faisant partie de la voie. Cependant, dans certains cas, ils peuvent être considérés comme faisant partie respectivement de la source et du collecteur.

2 En théorie de l'information selon Shannon, la voie peut être caractérisée par l'ensemble des probabilités conditionnelles d'apparition de tous les messages reçus au collecteur de messages, lorsqu'un message déterminé est émis par la source.

voie binaire symétrique
symmetric binary channel

Voie de communication, destinée à la transmission de messages composés de caractères binaires, et dont les propriétés sont telles que les probabilités conditionnelles du changement de l'un quelconque des caractères en l'autre sont égales.

voie clandestine
covert channel

Voie de transmission qui permet à un processus de transférer des données d'une manière qui viole la politique de sécurité.

1 voie d'aller
forward channel

Voie de transmission dans laquelle le sens de transmission coïncide avec le sens de transfert des données de l'utilisateur.

2 voie d'aller
forward LAN channel

Dans un réseau local à large bande, voie affectée à la transmission de données, allant de la tête de bus vers les stations de données.

voie d'entrée analogique
analog input channel

(en commande de processus)

Voie de données analogiques établie entre le connecteur et le convertisseur analogique-numériques employée dans un sous-système d'entrée analogique.

NOTE Cette voie peut comporter un filtre, un multiplexeur de signaux analogiques, et un ou plusieurs amplificateurs.

1 voie de retour
backward channel

Voie de transmission associée à une voie d'aller mais de sens opposé à celle-ci, et employée pour des signaux de surveillance ou de traitement d'erreurs.

NOTE En cas de transfert simultané des données dans les deux sens, les notions « voie d'aller » et « voie de retour » sont relatives à l'extrémité considérée comme source de données.

2 voie de retour
backward LAN channel, reverse LAN channel

Dans un réseau local à large bande, voie affectée à la transmission de données, allant des stations de données vers la tête de bus.

voie de transmission
transmission channel, channel

Ensemble des moyens nécessaires pour assurer la transmission de signaux dans un seul sens, entre deux points.

NOTE Une voie de transmission peut être fournie notamment par multiplexage en fréquence, ou par multiplexage temporel.

voie de transmission affluente
tributary channel

Voie de transmission acheminant des signaux indépendants, par multiplexage et démultiplexage.

voix
voice

Son produit dans le larynx et émis par la bouche.

voix artificielle

➡ **parole artificielle**

volatilité des données
data volatility

Propriété des données, caractérisant leur fréquence de modification pendant une période de temps déterminée.

voxel
voxel, volume element

En modélisation solide, élément tridimensionnel le plus petit auquel on puisse affecter des attributs, tels que couleur et intensité.

NOTE Le voxel n'a pas de structure interne et est normalement obtenu par subdivision équidistante de l'espace tridimensionnel.

≈ élément de volume

VRML
VRML

Nom d'un langage de balisage normalisé, destiné à décrire un univers virtuel qui peut être vu et manipulé de façon interactive.

VRML est l'abréviation de l'expression anglaise *virtual reality markup language*.

vue
view

(en infographie)

Chacune des représentations possibles d'un objet tridimensionnel.

vue réticulaire
Web view

Présentation d'une toile hypermédia montrant ses zones sensibles.

vue utilisateur
user view

Ensemble de données représentant les aspects d'un univers du discours qui intéressent un utilisateur ou un groupe d'utilisateurs, ainsi que les informations pertinentes représentées par un ensemble correspondant de données.

vulnérabilité
vulnerability

Toute faiblesse ou faille d'un système informatique.

NOTE Si une vulnérabilité correspond à une menace, il existe un risque.

☞ menace

W — X — Y — Z

WAIS
WAIS

Nom d'un système de recherche documentaire, composé de serveurs spécialisés et d'un ensemble de logiciels ; il permet de rechercher un document sur l'internet à partir de mots-clés.

WAIS est l'abréviation de l'expression anglaise *wide area information system.*

Web
➡ **toile d'araignée mondiale**

webmestre
➡ **administrateur de serveur**
➡ **administrateur de site**

www
➡ **toile d'araignée mondiale**

XML
XML

Nom d'un métalangage permettant de concevoir des langages de balisage adaptés à la création de documents hypertextes.

XML est l'abréviation de l'expression anglaise *extensible markup language.*

zéro
zero

(en traitement de l'information)

Nombre qui, ajouté à un autre nombre ou soustrait d'un autre nombre, ne modifie pas la valeur de cet autre nombre.

NOTE Zéro peut avoir différentes représentations en machine, telles que « zéro positif » et « zéro négatif », que l'on peut obtenir en soustrayant un nombre de lui-même, ou bien « zéro à virgule flottante », dans lequel la mantisse est nulle et l'exposant peut avoir différentes valeurs.

1 zone
zone

Partie d'un disque optique, allouée à une fonction ou à un but particulier.

2 zone
field

En organisation de données, emplacement déterminé réservé à une catégorie particulière d'éléments de données, sur un support de données ou en mémoire.

EXEMPLE Suite de positions de caractères sur un écran, destinées à l'affichage ou à la saisie de salaires.

≈ champ

zone adresse
➡ **partie adresse**

zone de bridage
➡ **aire de pincement**

zone de chargement de têtes
head loading zone
Zone périphérique de chaque disque magnétique, dans laquelle les têtes magnétiques sont amenées à la hauteur de survol convenable.

zone déclarative
declarative region
Portion d'un programme, composée de déclarations.
≈ région déclarative

1 zone de commande
control area
Zone de mémoire, utilisée par un programme pour le rangement d'informations de commande.

2 zone de commande
control zone, control area
Zone d'un disque optique, contenant les données nécessaires aux opérations de lecture, d'écriture et d'effacement dans les autres zones.

zone de commande de trame
➡ **champ de commande de trame**

zone de contrôle d'accès
access control field
Configuration d'éléments binaires, qui distingue une trame d'un jeton, qui indique quelles stations de données peuvent utiliser le jeton, qui indique à quel moment il faut supprimer une trame et qui permet aux stations de demander le prochain jeton.

zone de délimitation
➡ **cadre d'objet**

1 zone de données
data zone
Zone d'un disque optique contenant les données de l'utilisateur.

2 zone de données
➡ **champ de données**

zone de friction
➡ **aire de pincement**

zone de nausée
barf zone
Dans un univers virtuel, région définie par un seuil d'interaction et à l'intérieur de laquelle l'usager peut ressentir une nausée.

zone de travail
working space, work space, working area, work area
Partie de mémoire utilisée par un programme pour y stocker temporairement des données.
≈ espace de travail

zone de visibilité
visibility
Partie d'un programme dans laquelle on peut faire référence à un élément de langage particulier.

zone épurée
scrub frame, scrub
Périmètre à l'intérieur duquel un imageur est balayé sans lumière incidente, de façon à supprimer toute image résiduelle subsistant à la suite d'une opération de captage d'image.

zone sensible
hotspot
(en hypermédia)
Dans une application hypermédia, emplacement ou plage d'affichage qui peut être sélectionné au moyen d'un dispositif de pointage, et qui constitue un nœud hypermédia source.
EXEMPLE Une icône représentant un nœud hypermédia cible dans un document.
NOTE Une zone sensible est en général un mot mis en valeur par un soulignement ou d'autres moyens, ou bien une petite image.

zone texte
text area, type area
Sur une page ou un écran, zone où figurent généralement le texte et les autres éléments graphiques.

zoomage
➡ **variation de focale**

Index des mots anglais

1GL
langage de première génération

2GL
langage de deuxième génération

3-D animation, 3-D computer animation
animation tridimensionnelle par ordinateur

3D mouse
souris volante

3GL
langage de troisième génération

4GL
langage de quatrième génération

8-bit byte
octet

A/D converter
convertisseur analogique-numérique

abduction, abductive inference
abduction

abend
fin anormale

ablative optical disk
disque optique ablatif

abnormal end, abnormal termination
fin anormale

abort sequence
séquence d'abandon

abort statement
instruction de sabordage

aborted connection
abandon de connexion

absolute address
adresse absolue

absolute assembler
assembleur absolu

absolute code
code absolu

absolute command
commande absolue

absolute coordinate
coordonnée absolue

absolute error
erreur absolue

absolute instruction
commande absolue

absolute loader
chargeur absolu

absolute value
valeur absolue

absolute vector
vecteur absolu

abstract data type
type de données abstrait

abstract syntax
syntaxe abstraite

acceleration card, accelerator board, accelerator card
carte accélératrice

bridge-router
pont-routeur

brightness
luminosité

brightness contrast
contraste de luminosité

brightness sliding
glissement de luminosité

broadband
large bande

broadband LAN
réseau local à large bande

broadcast
diffusion (1)

broadcast mail
courrier en multidiffusion

broadcast videography
télétexte

brouter, b-router
pont-routeur

browser
logiciel de navigation

browsing
exploration (1)
survol

brute-force attack
attaque exhaustive

B-tree
arbre de type B

bubble chart
diagramme à bulles

bubble memory
mémoire à bulles

bubblejet printer
imprimante à bulles d'encre

buffer
mémoire tampon

bug
bogue

bug seeding
injection d'anomalies

built-in
prédéfini

bulletin board
babillard électronique

bulletin board system
système de babillard électronique

bundle
faisceau

burn in
fiabilisation par rodage
rodage fonctionnel

burned-in image
image rémanente (2)

bus
bus

bus mouse
souris de bus

bus network
réseau en bus

bus quiet signal
signal de silence sur le bus

button
bouton poussoir

byte
multiplet

CA
assisté par ordinateur

cable modem
modem câble

cache
cache

cache memory, cache storage
mémoire cache

CAD
conception assistée par ordinateur

CAD/CAM
conception et fabrication assistées
par ordinateur

caddy
boîtier de chargement

CADM
conception et fabrication assistées
par ordinateur

CAE
ingénierie assistée par ordinateur

calculator
calculatrice

calculator with algebraic logic
calculatrice à logique algébrique

copresence
coprésence

coprocessor
coprocesseur

copy holder
porte-copie

copy protection
protection contre la copie

copy recipient
destinataire de copie

cordless modem
modem cellulaire

corner
coin

coroutine
coroutine

corrective maintenance
maintenance corrective

correctness proving
démonstration d'exactitude

correspondence
correspondance

correspondent entities
entités correspondantes

counter
compteur

countermeasure
mesure de prévention

country name
nom de pays

coupling
couplage

covert channel
voie clandestine

CPU
unité centrale

cracker
pirate

credentials
justificatif d'identité

credit/blame assignment
attribution de crédit-blâme

critical section
section critique

cross-assembler
assembleur croisé

crossbar associative network
réseau de Hopfield

cross-compiler
compilateur croisé

cross-sensory substitution
substitution intersensorielle

crosstalk
diaphonie

cryogenic storage
mémoire à supraconducteur

cryptanalysis
analyse cryptographique

cryptanalytical attack
attaque analytique

cryptographic system
système de chiffrement

cryptography
cryptographie

cryptosystem
système de chiffrement

CSMA/CA
réseau à accès multiple par détection de porteuse et évitement de collision

CSMA/CD network
réseau à accès multiple par détection de porteuse et détection de collision

CTF
fonction de transfert de contraste

CUG
groupe fermé d'usagers

CUPS
connexions actualisées par seconde

current pointer
pointeur courant

cursor
curseur

curve follower
lecteur de courbes

curve generator
générateur de courbes

cut and paste
couper-coller

cut-off
élagage

declaration
déclaration

declarative knowledge
connaissance déclarative

declarative part
partie déclarative

declarative region
zone déclarative

decompiler
décompilateur

decryption
déchiffrement

deduction, deductive inference
déduction

deductive learning
apprentissage déductif

default
par défaut

default format
format implicite

defect management
gestion des défauts

deference
ajournement

deferred delivery service
service de remise différée

deferred maintenance
maintenance différée

deferred processing
traitement différé

definition
définition

degree of freedom
degré de liberté

delay line, delay element
ligne à retard

delay statement
instruction d'attente

delayed
retardé

delayed processing
traitement différé

delegation
délégation

deletion
suppression

delimiter
délimiteur (1) et (2)

delivery
remise

delivery notification service
service d'avis de remise

demand paging
pagination à la demande

demodulation
démodulation

demon
démon

demultiplexer
démultiplexeur

demultiplexing
démultiplexage

denary
décimal

denial of service
déni de service

dependency
dépendance

dependent compilation
compilation dépendante

depth-first search
recherche en profondeur

depth-of-field
profondeur de champ

dequeue
file à deux entrées

derived type
type dérivé

description space
espace de descriptions

deserializer
convertisseur série-parallèle

design language
langage de conception

desk application
application bureautique

desk checking
contrôle de programmation
contrôle manuel

duodecimal
duodécimal

duplex transmission
transmission duplex

durability
durabilité

duration
durée

DVD
disque numérique polyvalent

dyadic Boolean operation, dyadic boolean operation
opération booléenne diadique

dyadic operation
opération diadique

dyadic operator
opérateur diadique

dynamic
dynamique

dynamic binding
liaison dynamique

dynamic breakpoint
point d'arrêt dynamique

dynamic buffering
allocation dynamique de mémoiretampon

dynamic image
premier plan d'image

dynamic RAM
mémoire vive dynamique

dynamic relocation
translation dynamique

dynamic resource allocation
attribution dynamique des ressources

dynamic scope
portée dynamique

dynamic storage
mémoire dynamique

dynamic storage allocation
affectation dynamique de mémoire

dynamic time warping
alignement temporel dynamique

dynamic tool display
affichage dynamique d'outil

dynamically programmable connection
connexion programmable dynamiquement

dynamic-link library
bibliothèque de liens dynamique

early binding
liaison précoce

eavesdropping
écoute clandestine

E-cash
monnaie électronique

echo
écho

e-commerce
commerce électronique

edge
contour (2)

edge detection
détection de contours

edge enhancement
amélioration des contours

edge following
suivi des contours

edge pixel
pixel de contour

edge-based stereo
stéréographie de contours

edge-lit display
afficheur à éclairage périphérique

EDI
échange de données informatisé

editing
mise en forme de texte

EDODRAM
mémoire vive dynamique en sortie étendue

EEPROM
mémoire morte reprogrammable
et effaçable électriquement

effective address
adresse effective

effective transfer rate
cadence utile de transfert
débit effectif de transfert

EIDE interface
interface EIDE

EIT
type de codage

elaboration
élaboration

half-duplex transmission
transmission semi-duplex

hand-held calculator
calculette

hand-held scanner, hand scanner
scanneur à main

handle
poignée

haptic
haptique

haptic display
affichage haptique

hard copy
copie d'écran

hard disk
disque dur

hard disk drive, hard drive
lecteur de disque dur

hard error
erreur récurrente

hard hyphen
trait d'union

hard page break
saut de page obligatoire

hard sectoring
sectorisation physique

hardware
matériel

hardware abstraction layer
couche d'abstraction du matériel

hardware design language
langage de conception de circuits

hardware interrupt
interruption matérielle

hash addressing
hachage

hash function
fonction de hachage

hash table search
recherche par calcul d'adresse

hash value
valeur de hachage

hashing
hachage

HDA
ensemble têtes-disques

HDD
lecteur de disque dur

HDL
langage de conception de circuits

HDLC
commande de liaison de données à haut niveau

HDR
étiquette de début de fichier

head crash
écrasement de tête

head gap
entrefer d'une tête magnétique

head loading zone
zone de chargement de têtes

head/disk assembly
ensemble têtes-disques

headend
tête de bus

header label
étiquette de début de fichier

heading, header
en-tête

head-mounted display
visiocasque

head-related transfer function
fonction de transfert asservie aux mouvements de la tête

heap
tas

Hebbian learning
apprentissage de Hebb

height
hauteur

height-balanced tree
arbre équilibré

helper application
module d'extension

heterarchy
hétérarchie

heterogeneous computer network, heterogeneous network
réseau hétérogène

IPE
environnement intégré de programmation

IPL
amorce

IPM
message interpersonnel

IPMS
système de messagerie interpersonnelle

IPN
avis de personne à personne

IPO chart
diagramme d'entrée-sortie

IR
recherche documentaire

IRC
service de causette internet

IRD
dictionnaire de données

IRDS
système de dictionnaire de données

IRQ
demande d'interruption

IRQ line
ligne d'interruption

irrational number
nombre irrationnel

irrecoverable error
erreur irréparable

irrelevance
altération

irreversible encipherment
chiffrement irréversible

irreversible encryption
chiffrement irréversible

IS
système composé

ISDN
réseau numérique à intégration de services

island
îlot

ISO country name
nom de pays ISO

isolated amplifier
amplificateur isolé

isolated-words recognition
reconnaissance de mots isolés

ISP
fournisseur d'accès à l'internet

IT
technologie de l'information

iteration
itération

iteration scheme
type de boucle

iteration statement
instruction de boucle

iteration step
pas d'itération

iterative operation
fonctionnement itératif

IVR
réponse vocale interactive

jabber
jabotage

jabber control
contrôle de jabotage

jam signal
signal de bourrage

JBIG
JBIG

jewel box, jewel case
boîtier

jitter
gigue

job
travail

job control language
langage de commande

job stream
flux de travaux

job transfer and manipulation
transfert et manipulation de travaux

join
jointure

joining
fusion

joint information content
quantité d'information conjointe

mapping
application
mappage

margin
marge

marginal check, marginal test
essai marginal

mark
marque

mark edge
bord de marque

mark scanning
lecture optique de marques

markup
marqueur

markup language
langage de balisage

mask
masque

masking
masquage (2)

masquerade
déguisement

massively parallel processing
traitement à parallélisme massif

master clock
horloge maîtresse

master station
station maîtresse

master task
tâche maître

matched filtering
filtrage par appariements successifs

material requirements planning
planification des besoins en matières

mathematical induction
raisonnement par récurrence

mathematical logic
logique symbolique

mathematical morphology
morphologie mathématique

matrix array sensor
capteur matriciel

MAU
unité de raccordement au support

maximum allowable common mode overvoltage
surtension maximale de mode commun permise

maximum allowable normal mode overvoltage
surtension maximale de mode normal permise

maximum common mode voltage
tension maximale de mode commun

maximum normal mode voltage
tension maximale de mode normal

maximum operating common mode voltage
tension maximale de mode commun avec dégradation

maximum operating normal mode voltage
tension maximale de mode normal avec dégradation

MD
domaine de gestion

MDC
code de détection de modification

MDI
interface dépendant du support

MDU
lecteur de disque magnétique

mean conditional information content
entropie conditionnelle

mean operating time between failures
moyenne des temps de bon fonctionnement

mean rate accuracy
précision nominale moyenne

mean time between failures
temps moyen entre défaillances

mean time to recovery, mean time to restoration
durée moyenne de rétablissement

mean transinformation content
transinformation moyenne

means-end(s) analysis
analyse moyens-fins

mebi
mébi

mechanical mouse
souris mécanique

median filtering
lissage médian

output
de sortie

output data
donnée de sortie

output device
dispositif de sortie

output layer
couche de sortie

output neuron
neurone de sortie

output primitive
élément graphique

output process
sortie

output subsystem
sous-système de sortie

output unit
dispositif de sortie

overflow
dépassement de capacité

overflow exception
exception de dépassement

overflow indication
indicateur de dépassement

overhead bit
bit de service

overlay segment
segment recouvrant

overlay supervisor
gestionnaire de segments recouvrants

owner record
enregistrement propriétaire

package
paquetage

package declaration
déclaration de paquetage

packed decimal notation
notation décimale condensée

packet
paquet

packet assembler/disassembler
assembleur-désassembleur de paquets

packet mode terminal
terminal en mode paquet

packet sequencing
ordonnancement des paquets

packet sniffer
renifleur de paquet

packet switching
commutation de paquets

packet transfer mode
mode de transmission par paquets

packing
tassement

packing density
densité de données

PAD
assembleur-désassembleur de paquets

padlocking
verrouillage logiciel

page break
saut de page

page depth control
commande de longueur de page

page description language
langage de description de page

page frame
cadre de page

page header
titre de haut de page

page length control
commande de longueur de page

page length, page depth
longueur de page

paging
mouvement de page

paging technique
pagination

PAL circuit
circuit PAL

panning
panoramique

panoramic translating
panoramique

PAP
PAP

paper feed
alimentation en papier

pel
élément de capteur
pixel

pen plotter
traceur à stylets

pen scanner
scanneur stylo

penetration
pénétration

penetration testing
test de pénétration

percentage function
fonction pourcentage

perception medium
média de perception

perceptron
perceptron monocouche

perfection image
image réaliste

perform statement
instruction PERFORM

perform until statement
instruction JUSQU'À

perform while statement
instruction WHILE

peripheral accessory
accessoire de périphérique

peripheral, peripheral equipment, peripheral device
périphérique

permanent storage
mémoire permanente

permissible action
action autorisée

peround
circularité

perpendicular magnetic recording
enregistrement magnétique perpendiculaire

personal computer
ordinateur individuel

personal name
nom personnel

PGP
PGP

phase change optical disk
disque optique à transitions de phase

phase coherent frequency shift keying, phase coherent FSK
modulation par déplacement de fréquence à cohérence de phase

phase encoding
codage de phase
enregistrement par modulation de phase

phase modulation recording
enregistrement par modulation de phase

phase shift keying
modulation par déplacement de phase

phase-continuous frequency shift keying, phase-continuous FSK
modulation par déplacement de fréquence à phase continue

PHIGS
système infographique PHIGS

phoneme
phonème

Phong shading
ombrage Phong

physical access control
contrôle d'accès physique

physical delivery
remise physique

physical delivery access unit
unité d'accès de remise physique

physical delivery system
système de remise physique

physical layer
couche physique

physical level
niveau physique

physical medium attachment sublayer
sous-couche de raccordement au support physique

physical record
enregistrement physique

physical recording density
densité physique d'enregistrement

physical schema
schéma physique

physical signaling sublayer
sous-couche de signalisation physique

physical track
piste (1)

polygon fill
remplissage de polygone

polymorphism
polymorphisme

POP3
POP3

pop-up window
fenêtre flash

port
port
port d'entrée-sortie

port replicator
station d'accueil

portability
portabilité

portable computer
ordinateur portable

portal
portail

portrait monitor
moniteur à la verticale

portrait, portrait format
format à la française

pose
pose

position
position

positional notation, positional numeration system
numération pondérée

positional parameter association
affectation par position

positional representation
représentation pondérée

positioning time
temps de recherche

positive example, positive instance
exemple positif

postamble
synchroniseur final

postamble breakpoint
point d'arrêt de sortie

postcondition
postcondition

post-development review
suivi d'un système

postfix notation
notation suffixée

post-implementation review
suivi d'un système

posting
article (1)

postmortem dump
clichage d'autopsie

posttest loop
boucle à test final

potential recipient
destinataire potentiel

PPCS
système de planification et de gestion de la production

preamble
préambule
synchroniseur initial

preamble breakpoint
point d'arrêt d'entrée

precision
précision

precondition
précondition

predefined
prédéfini

predefined identifier
identificateur prédéfini

predefined type
type prédéfini

predicate
prédicat

prediction coding
codage par prédiction

preemptive multitasking
fonctionnement multitâche préemptif

prefix notation
notation préfixée

premise part
partie gauche

preprocessing
prétraitement

preprocessor
préprocesseur

pre-read head
tête de prélecture

real memory
mémoire réelle

real number
nombre réel

real open system
système ouvert réel

real storage
mémoire réelle

real system
système réel

real time
en temps réel

real type
type réel

reality engine
moteur de réalité

realm
partition

real-time environment
environnement temps réel

real-time imaging
imagerie en temps réel

real-time operation
calcul en temps réel

reasoning
raisonnement

receipt
réception

receipt notification
avis de réception

receiving service user
utilisateur de service destinataire

recipient
destinataire

recognition time
temps de reconnaissance

recognition vocabulary
vocabulaire de reconnaissance

reconfigurable circuit
circuit reconfigurable

reconfiguration
reconfiguration

record
enregistrement (1)

record length, record size
longueur d'enregistrement

record type
type enregistrement

recording density
densité de bits

recording layer
couche d'enregistrement

recovery
récupération
reprise
restauration

recovery function
fonction de récupération

recovery time
délai de rétablissement

recurrent network
réseau récursif

recursion
récursion

recursively defined sequence
suite récurrente

redirection
réacheminement

redundancy
redondance

redundant array of independent disks,
redundant array of inexpensive disks
réseau redondant de disques indépendants

redundant code
code redondant

reel
bobine

reentrant
réentrant

reentry point
point de réentrée

referential integrity
intégrité référentielle

referral
renvoi de référence

reflective display, reflective LCD, reflective liquid-crystal display
afficheur rétroréfléchissant

refresh
rafraîchissement

system maintenance
maintenance d'un système

system software
logiciel d'exploitation

system support
prise en charge d'un système

system test and evaluation plan
protocole de test

system(s) analysis
analyse de système

table
table

tactile feedback device
dispositif de rétroaction tactile

tactile glove
gant tactile

tag
balise

tailgating
faufilement (1)

tandem
en tandem

tape drive
dérouleur de bande magnétique

tape row, tape frame
rangée de bande

tape transport
dérouleur de bande magnétique

tape unit
unité de bande magnétique

target language
langage cible

target machine
machine cible

target program
programme cible

task
tâche

task entry
point d'entrée d'une tâche

task state
état de tâche

task synchronization
synchronisation des tâches

taxonomy formation
formation taxinomique

TCP
protocole TCP

TCP/IP protocol
protocole TCP/IP

TDM
multiplexage temporel

TDMA
accès multiple par répartition dans le temps

tebi
tébi

teleconference
téléconférence

telecopy
télécopie (2)

tele-existence
téléexistence

telefax
télécopie (1)

telemaintenance
télémaintenance

telepresence
téléprésence

telerobotics
télérobotique

teletex
télétex

teletext
télétexte

telex
télex

template
forme de référence
modèle de référence

template matching
appariement par forme de référence

temporal cohesion
cohésion temporelle

temporal vision
vision temporelle

tens complement
complément à dix

term
terme

to log on, to logon
connecter (se –)

to log out, to logout
déconnecter (se –)
journaliser

to lurk
observer

to map
appliquer

to maximize
maximiser

to merge
fusionner

to minimize
icôniser

to mirror
réfléchir

to move
transférer (1)

to negate
inverser logiquement

to nest
emboîter

to normalize
mettre à l'échelle
normaliser

to obscure
occulter (2)

to occlude
oblitérer
occulter (1)

to order
ranger

to overlay
recouvrir

to overload
surcharger

to overwrite
écraser

to pack
condenser

to parse
analyser

to patch
rapiécer

to plug
rattacher

to post
déposer

to print
imprimer

to print to file
imprimer dans un fichier

to process
traiter des données

to program
programmer

to propagate an exception
propager une exception

to quantize
quantifier

to raise an exception
déclencher une exception

to read
lire

to recover
récupérer

to relocate
translater

to render
rendre (2)

to reply
répondre

to reset
réinitialiser

to resize
redimensionner

to restart
reprendre

to retrieve
extraire (2)

to return
renvoyer
retourner

to right-justify
cadrer à droite

to roll in
reloger (1)

to roll out
déloger

UML
langage unifié de modélisation

unary operation
opération monadique

unary operator
opérateur monadique

uncertainty
incertitude

unconditional jump instruction
instruction de saut inconditionnel

unconditional statement
instruction inconditionnelle

underflow
soupassement de capacité

underflow exception
exception de soupassement

underflow indication
indicateur de soupassement

underlying type
type de base

understandability
intelligibilité

undo
annulation de commande

Unified Modelling Language
langage unifié de modélisation

unit string
chaîne unitaire

unit test
essai unitaire

universal address administration
administration d'adresse générale

universal type
type universel

universe of discourse
univers du discours

unlearning
désapprentissage

unpacked decimal notation
notation décimale étendue

unrecoverable error
erreur irréparable

unrestricted recognition system
système indépendant du locuteur

unstable state
état instable

unsupervised learning
apprentissage non supervisé

until statement
instruction JUSQU'À

until-construct
élément UNTIL

update dynamics
dynamique d'actualisation

uplink
montant

URL
adresse URL

usability test
test d'utilisation

Usenet news
nouvelles Usenet

user
utilisateur

user agent
agent d'utilisateur

user class of service
catégorie d'usagers

user coordinate
coordonnée d'utilisateur

user data
donnée de l'utilisateur

user facility
service complémentaire

user ID, user identification
identificateur d'utilisateur

user manual
manuel de l'utilisateur

user profile
modèle de comportement
profil d'utilisateur

user terminal, terminal
terminal d'utilisateur

user view
vue utilisateur

user's guide
manuel de l'utilisateur

user-defined link
lien défini par l'utilisateur

watchdog timer
horloge de surveillance

wavetable
table d'onde

wavetable synthesis sound card
carte son à synthèse par table d'onde

weak bit
bit faible

weak typing
typage faible

Web
toile d'araignée mondiale

Web page
page de la toile

Web server
serveur de la toile

Web site
site de la toile

Web view
vue réticulaire

webmaster
administrateur de serveur
administrateur de site

weight
poids

weight-sharing network
réseau à poids répartis

while-construct
élément WHILE

white pages
pages blanches

wide area network
réseau étendu

wide track
piste large

wideband
large bande

widow, widow line
veuve

window cascading
fenêtrage en cascade

window RAM
mémoire vive pour fenêtre

window, display window
fenêtre

window/viewport transformation
transformation fenêtre-clôture

windowing
fenêtrage

winner-takes-all network
réseau tout au vainqueur

winner-takes-more network
réseau plus au vainqueur

wired community
communauté électronique

wireframe modeling
modélisation fil de fer

wireframe representation
représentation fil de fer

wireless modem
modem cellulaire

wireless virtual reality, wireless VR
virtualité sans fil

wiretapping
branchement clandestin

WO disk, WOOD disk
disque à écriture unique

word
mot

word count
comptage de mots

word length, word size
longueur de mot

word processor
système de traitement de texte

word spotting
repérage de mots

word wrap
renvoi à la ligne

word-organized storage
mémoire organisée par mots

work space, work area
zone de travail

working area, working space
zone de travail

working set
partie active

workstation
station de travail

Annexe

Recommandation à propos de l'usage du préfixe « e- »
et de ses équivalents possibles en français

Commission générale de terminologie et de néologie

(Extrait)

On constate actuellement un usage croissant du préfixe « e- », pour « électronique », calqué sur l'anglais (d'où une graphie fluctuante, de *e-* à *i-*, en passant par *é-*), pour désigner des activités fondées sur l'utilisation des réseaux informatiques et de télécommunication.

Au-delà d'un phénomène de mode, qui affecte plus particulièrement le monde médiatique et économique (*e-commerce, e-business, e-book*), et jusqu'à l'Administration (*e-administration, e-ministère*), ce préfixe tend à se répandre dans l'usage français.

On peut supposer qu'avec la généralisation des techniques d'information et de communication, et donc du passage systématique des échanges de toute nature par la voie électronique, il deviendra, dans un avenir proche, inutile de préciser les voies empruntées, et que « e- » ou ses équivalents (« cyber- », « télé- ») n'auront plus de véritable raison d'être.

Cependant, étant donné la fréquence d'utilisation du préfixe « e- » dans la presse, les médias, et même dans les documents à caractère administratif, il apparaît nécessaire de rappeler l'exigence de clarté et d'orienter l'usage vers plus de cohérence, sans toutefois chercher l'uniformité à tout prix, sans vouloir imposer une solution unique.

Après examen des diverses possibilités évoquées, la Commission générale dc terminologie et de néologie estime devoir porter à la connaissance du public les remarques et recommandations suivantes.

Il n'existe pas de solution uniforme pour donner un équivalent adéquat dans chacun des cas où l'on rencontre « e- ». Il convient donc d'apporter une solution, sinon au cas par cas, du moins catégorie par catégorie.

Certaines des solutions rencontrées sont à déconseiller

- « e- » est un néologisme hybride entre lettre, mot et concept, porteur de difficultés de tous ordres. S'il est aisément employé en anglais, notamment pour des raisons phonétiques (voyelle longue et accentuée), il est difficilement identifiable en français. De plus, la signification en est confuse et fluctuante, puisqu'il s'emploie pour désigner indifféremment tout ce qui est lié aux techniques de l'information et de la communication : technique, procédure, missions ou organismes.
- Malgré leur facilité d'emploi, le préfixe « e- », et *a fortiori* le suffixe « -é », sont donc à écarter dans tous les cas pour les risques de confusion liés aux incertitudes de prononciation et surtout de sens qu'ils recèlent.
- L'idée a été également évoquée de créer une abréviation « el », proposée au motif de sa brièveté et de sa facilité d'utilisation, et à employer, selon les cas, comme préfixe ou comme suffixe. Ce néologisme, qui ne s'inscrit pas plus dans la logique de la langue que le préfixe « e- », ne peut être retenu, notamment parce qu'il serait difficile à utiliser oralement (on ne pourrait dire ni *commercel*, ni *le el-commerce*, par exemple).

Le préfixe « cyber- »

Le préfixe « cyber- », entré dans l'usage pour quelques cas (« cybercafé », par exemple), mais qui apparaît périodiquement (« cybercriminalité », par exemple), est peu satisfaisant sur le plan étymologique, ainsi que le précisait dès 1959 l'Académie des sciences : « L'emploi du terme *cybernétique* doit être limité à la science des mécanismes, régulateurs et servomécanismes, tandis que *télétechnique* comprendrait tout ce qui relève de la technique des télécommunications et de la théorie de l'information ». Il peut cependant se révéler utile dans certains cas, ne serait-ce que pour son caractère concret et évocateur. Il convient donc de le conserver lorsqu'il s'est imposé dans l'usage, et, sans s'en interdire l'emploi, de garder à l'esprit que d'autres choix peuvent être préférables.

Les préfixes recommandés

En effet, il semble opportun de recommander l'utilisation de certains préfixes déjà couramment utilisés.

- Le préfixe « télé- », d'usage très fréquent, s'emploie sans difficulté, comme en témoignent les nombreux néologismes tout à fait bienvenus auxquels il a donné lieu (« téléassurance », « télécharger », « téléadministration »). Il convient donc de le privilégier à chaque fois que c'est possible sans créer d'ambiguïté, notamment avec des notions relevant strictement du domaine de la télévision.
- La formule « en ligne », préconisée par la commission générale dans le cas du programme européen « Apprendre en ligne » (pour *e-learning*), peut s'avérer la meilleure solution dans un certain nombre de cas et permettre d'éviter toute ambiguïté ; on peut ainsi, par exemple, distinguer « téléapprentissage » et « apprentissage en ligne » qui correspondent à deux notions différentes.

On peut donc admettre la coexistence de « télé- » et de « en ligne », et opter entre ces deux possibilités en fonction des concepts à exprimer.

***

Attentive à l'évolution de l'usage et soucieuse que les néologismes ne s'écartent pas du génie de la langue, la Commission générale de terminologie et de néologie souhaite que ces recommandations soient diffusées largement et prises en compte notamment par les services de l'État.

Gabriel de Broglie
de l'Académie française,
président de la Commission générale
de terminologie et de néologie

Bibliographie

- **Norme internationale 2382**, *Technologie de l'information – Vocabulaire*

Partie 1 : Norme internationale ISO/CEI 2382-1:1993, *Termes fondamentaux*

Partie 2 : Norme internationale ISO 2382-2:1976, *Opérations arithmétiques et logiques*

Partie 3 : Norme internationale ISO 2382-3:1987, *Technologie du matériel*

Partie 4 : Norme internationale ISO/CEI 2382-4:1999, *Organisation des données*

Partie 5 : Norme internationale ISO/CEI 2382-5:1999, *Représentation des données*

Partie 6 : Norme internationale ISO 2382-6:1987, *Préparation et manipulation des données*

Partie 7 : Norme internationale ISO/CEI 2382-7:2000, *Programmation des ordinateurs*

Partie 8 : Norme internationale ISO/CEI 2382-8:1998, *Sécurité*

Partie 9 : Norme internationale ISO/CEI 2382-9:1995, *Communication de données*

Partie 10 : Norme internationale ISO 2382-10:1979, *Techniques et moyens d'exploitation*

Partie 11 : Norme internationale ISO 2382-11:1987, *Unités de traitement*

Partie 12 : Norme internationale ISO 2382-12:1988, *Périphériques*

Partie 13 : Norme internationale ISO/CEI 2382-13:1996, *Infographie*

Partie 14 : Norme internationale ISO/CEI 2382-14:1997, *Fiabilité, maintenabilité et disponibilité*

Partie 15 : Norme internationale ISO/CEI 2382-15:1999, *Langages de programmation*

Partie 16 : Norme internationale ISO/CEI 2382-16:1996, *Théorie de l'information*

Partie 17 : Norme internationale ISO/CEI 2382-17:1999, *Bases de données*

Partie 18 : Norme internationale ISO/CEI 2382-18:1999, *Informatique répartie*

Partie 19 : Norme internationale ISO 2382-19:1989, *Calcul analogique*

Partie 20 : Norme internationale ISO/CEI 2382-20:1990, *Développement de système*

Partie 21 : Norme internationale ISO 2382-21:1985, *Interfaces entre calculateurs de processus et processus techniques*

Partie 22 : Norme internationale ISO 2382-22:1986, *Calculatrices*

Partie 23 : Norme internationale ISO/CEI 2382-23:1994, *Traitement de texte*

Partie 24 : Norme internationale ISO/CEI 2382-24:1995, *Productique*

Partie 25 : Norme internationale ISO/CEI 2382-25:1992, *Réseaux locaux*

Partie 26 : Norme internationale ISO/CEI 2382-26:1993, *Interconnexion de systèmes ouverts*

Partie 27 : Norme internationale ISO/CEI 2382-27:1994, *Bureautique*

Partie 28 : Norme internationale ISO/CEI 2382-28:1995, *Intelligence artificielle – Notions fondamentales et systèmes experts*

Partie 29 : Norme internationale ISO/CEI 2382-29:1999, *Intelligence artificielle – Reconnaissance et synthèse de la parole*

Partie 30 : Projet de norme internationale ISO/CEI 2382-30:1999, *Intelligence artificielle – Vision artificielle*

Partie 31 : Norme internationale ISO/CEI 2382-31:1997, *Intelligence artificielle – Apprentissage automatique*

Partie 32 : Norme internationale ISO/CEI 2382-32:1999, *Courrier électronique*

Partie 33 : Projet de norme internationale ISO/CEI 2382-33:1999, *Hypermédia et multimédia*

Partie 34 : Norme internationale ISO/CEI 2382-34:1999, *Intelligence artificielle – Réseaux neuronaux*

Partie 35 : Projet de norme internationale ISO/CEI 2382-35:1999, *Réseautique*

Partie 37 : Projet de norme internationale ISO/CEI 2382-37:2000, *Réalité virtuelle*

NB La révision des parties 1 et 10, la fusion des parties 3 et 11, l'achèvement des parties 30, 33, 35 et 37 étaient sur le métier lorsque les travaux du SC 1, chargé de l'élaboration et de la maintenance de cette norme, ont été interrompus.

D'autre part, le projet de partie 36 avait été alors retiré.

Pour les besoins du présent ouvrage, un cercle d'experts français a achevé les tâches entreprises.

- ***Vocabulaire de l'internet et de l'informatique***, Délégation générale à la langue française et aux langues de France, disponible sur le site http://www.dglf.culture.gouv.fr (brochure groupant plusieurs arrêtés parus au Journal officiel).
- ***Vocabulaire électrotechnique international* (VEI)**, Commission électrotechnique internationale (CEI) (document multilingue).

IMPRESSION, BROCHAGE
IMPRIMERIE CHIRAT
42540 ST-JUST-LA-PENDUE
JUILLET 2003
DÉPÔT LÉGAL 2003 N° 8738

IMPRIMÉ EN FRANCE